U0945109

广东省财政科学研究所
广东省立中山图书馆
广东省档案馆　编

民国时期广东财政史料

第二册

法规之二

廣東省出版集團
全国优秀出版社
全国百佳图书出版单位
广东教育出版社
·广州·

图书在版编目（CIP）数据

民国时期广东财政史料．第2册，法规．2 /广东省财政科学研究所，广东省立中山图书馆，广东省档案馆编．—广州：广东教育出版社，2011.9

ISBN 978-7-5406-8541-6

Ⅰ．①民… Ⅱ．①广… ②广… ③广… Ⅲ．①地方财政—财政史—广东省—民国 ②地方财政—财政法—广东省—民国 Ⅳ．①F812.96

中国版本图书馆CIP数据核字（2011）第189102号

责任编辑	杨向群
责任技编	杨启承
出版发行	广东教育出版社
	（广州市环市东路472号 12-15 楼 邮政编码：510075）
网　　址	http://www.gjs.cn
经　　销	广东新华发行集团股份有限公司
印　　刷	广州伟龙印刷制版有限公司
	（广州市沙河沙太路银利工业大厦 1 栋）
开　　本	787 毫米 × 1092 毫米　1/16　46.75 印张　935000 字
版　　次	2011 年 9 月第 1 版
	2011 年 9 月第 1 次印刷
书　　号	ISBN 978-7-5406-8541-6
定　　价	2500 元（全 6 册）

质量监督电话：020 - 87613102　　购书咨询电话：020 - 87621848

目录

广东营业税章案辑览

广东省政府财政厅第五科 编

广东省立中山图书馆 藏

民國廿二年七月

廣東營業稅章案輯覽

廣東省政府財政廳第五科編印

第二册　法规之二

二·三

革命尚未成功

同志仍須努力

總理遺囑

余致力國民革命凡四十年其目的在求中國之自由平等積四十年之經驗深知欲達到此目的必須喚起民衆及聯合世界上以平等待我之民族共同奮鬥

現在革命尚未成功凡我同志務須依照余所著建國方略建國大綱三民主義及第一次全國代表大會宣言繼續努力以求貫徹最近主張開國民會議及廢除不平等條約尤須於最短期間促其實現是所至囑

廣東營業稅章案輯覽目錄

法規

中央法規

本省法規

公牘

附原呈

批廣州市華僑建築東團公會呈請照資本額申報納税未便照准文

附原呈

批廣州市建築業同業公會呈爲既奉删除包工金額請免征營業税未便照准文

附原呈

批廣州市建築業同業公會呈請免征營業税並援例附征應毋庸議文

附原呈

批廣州市建築業同業公會呈爲建築混課主商正符營業主體再三呈明由會熟悉協助以擴税收碍難照准文

附原呈

批廣州市華僑建築東團公會呈請規定每百元營業撥出百分之二十或三十作爲工資課税碍難照准文

附原呈

批廣州市旅店業同業公會酒店業税率應比旅館業較高及酒店旅館兩業税率未便減輕文

附原呈

公函覆廣州市商會關於旅店請減輕營業税率前據該業呈廳業批未便照准在案查照轉知文

批廣州市旅店業同業公會酒店業不能援照旅店業征收千分之二所請碍難照准文

附原呈

批廣州市旅業同業公會下級旅館飯餐准予免征營業税其餘照辦理文

附原呈

表式

（附錄來文不点句）

税制更新

區芳浦题

除舊布新

熊理敬題

題營業稅專業輯覽

良稅導師

梁致廣

序

典録之作。昉於周官。紀載偶疏。稽覽無據。非所以繼軌紹迹也。粵省舉辦營業稅。逾两年矣。章則法令。修訂公佈者。先後至夥。雖有檔案可稽。而檢查徒費手續。斯不獨稅吏之煩。而納稅義務者。更無所依據。爰將此項章則法令。公牘圖表。彙輯成編。付諸剞劂。公行於世。使民吏两方。知所遵循。藉便查考。豈僅國計隱受其益。抑社會實攸賴焉。

中華民國廿二年六月　謝永年序於廣東財政廳

沿革

中央政府通令、由民國二十年一月一日起、全國實行裁釐、指定以營業稅爲抵補、將徵收大綱及補充辦法、分頒各省、時本省財政廳廳長范其務氏、對於此事、早有規劃、事前經派沈穀氏往日本考察營業稅事務、比返、即設處籌辦此項新稅、委沈氏爲營業稅籌備處主任、又派謝永年、朱公準、李超桓三人、草擬徵收章程、及規劃進行事項、並以開辦此項新稅、必須羅致人材、遂有甄用經征官之舉、結果甄定正取者十餘人、備取十餘人、預備分派各屬、負責推行新稅、大致均已就緒、惟徵收章程之課稅標準、係以三種標準配合而成、按省內各種營業、詳分性質、幾經權衡、然後酌定以資本額、營業額、收入金額、包工金額、報酧金額爲主、而以鋪租額從業員爲輔、詎廣州市商民、對於鋪租額及從業員兩項、力爲反對、當經召集各行商人、詳爲解釋、正擬辦間、因省政府改組、事遂中輟、迨同年六月間、兼廳長林雲陔氏、以釐金既裁、新稅未辦、省庫損失、爲數不少、遂派秘書麥棠、繼續規劃進行、並派甄定正取經徵官趙建三姚傳淦鄧衍彬三人、斟酌省情、將原章略事變通、呈經省政府核定、先由廣州市起分十五區舉辦、於是年八月間、各區先後成立、由九月一日起開徵、迄二十一年三月間、廳長馮祝萬氏、以該市營業稅、大致尚稱就緒、將分區改爲專局、以一事權、至同年七八月間、廳長區芳浦氏、復定新會、台山、開平、三縣合設一局、南海、番禺、三水、三縣合設一局、汕頭、中山、瓊山、三屬各設一局、分別派員前往開辦、其餘省內各屬、亦積極規劃進行、此本省辦理營業稅經過之大略情形也、

法規

中央法規

營業稅法

（民國二十年七月公佈）

第一條　營業稅爲地方收入凡在各省及直隸行政院之市內營業者除向中央繳納出廠稅之工廠或繳納收益稅之股份有限公司組織之銀行外均應完納營業稅前項所稱營業謂以營利爲目的之一切事業但農業不在此限

第二條　中央徵收之烟酒牌照稅收入除由中央留十分之一外其餘應撥歸各該省市作爲地方收入

第三條　凡應納營業稅之營業者均應開具左列事項請領營業稅調查証

(一)營業種類商店名稱及所在地

(二)營業人之姓名籍貫及住所

(三)營業資本額

(四)全年營業總收入額

(五)全年營業純收益額

前項營業稅調查証每年換領一次不取証費並不徵收任何稅捐

第四條　營業稅稅率應依左列三種課稅標準由各省政府或市政府按照本地營業性質及狀况分別酌定之

(甲)以營業總收入額爲標準者徵收其千分之二至千分之十

(乙)以營業資本額爲標準者征收其千分之四至千分之二十

(丙)以營業純收益額爲標準者其稅率如左

(一)純收益額不滿資本額百分之十五者徵收純收益額百分之二至不滿百分之五

(二)純收益額合資本額百分之十五至不滿百分之二十五者徵收純收益額百分之五至不滿百分之七，五

(三)純收益額合資本額百分之二十五以上者徵收純收益額百分之七，五至百分之十

第五條　營業稅以營業總收入額爲課稅標準時其營業總收入額年計不滿一千元者免稅以營業資本額爲課稅標準時其營業資本額不滿五百元者免稅以營業純收益額爲課稅標準時其營業純收益額不滿一百元者免稅

第六條　中央政府及地方政府所辦之公有營業免徵營業稅但官商合辦之營業不在此限

不以營利爲目的之合作社及貧民工廠等得免徵營業稅

第七條　營業稅得按年按半年或按季徵收由各省政府或市政府斟酌情形自行釐定之但短期營業得準用第三條至第六條之規定按月徵收

第八條　營業稅不得征收附加稅

第九條　營業稅應由納稅者向徵收機關直接繳納不得由他人承攬包辦

第十條　各省市區有牙稅當稅屠宰稅及其他應依法取締或寓禁於徵之營業稅得暫照原有稅率分別改徵營業稅

第十一條　各省政府或市政府對於營業者依第三條第一項第三至第五各款所開具之數額認爲不確實時得設營業稅評議委員會評定之

前項評議委員會之組織由各省政府或市府自定之但代表納稅者利益之評議委員不得少於委員總數三分之一

第十二條　各省市財政主管機關應將徵收之營業稅款按期公告之並編造報告表呈報財政部查核

各省市徵收營業稅情形財政部與審計部得派員考查或審核之

第十三條　本法自公布日施行

各省征收營業稅大綱

第一條　營業稅爲地方收入凡在各省境內經營商業開設店舖除已向中央納所得稅之公司及由中央征收特種捐票者外無論新開舊設均須開具左列事項請領營業証並遵照本大綱之規定完納營業稅

(一)營業種類字號及其所在地
(二)營業人姓名籍貫及其住址
(三)營業資本額
(四)全年營業收入估計數

前項營業証每年換領一次不取証費

第二條 營業稅應就各省商業分別種類等級征收之

前項課稅種類等級由各省按照本地商業狀況分別酌定

第三條 營業稅征收標準以營業收入數目計算爲原則但對於特種營業得按照資本額或以其他計算方法爲課稅標準

第四條 營業稅稅率應照課稅標準用千分法計算征收至多不得超過千份之二但關於奢侈營業及其他含有應行取締性質者不在此限

第五條 各省征收營業稅時應立營業稅評議委員會以征收官吏與商會代表及指定之會計師充任之

第六條 各省征收營業稅款應由經征收機關每月登報通告每年編造徵信錄經營業稅評議委員會複核全體委員署名公佈之

第七條 營業稅實行後凡各省原有牙帖捐當帖稅捐屠宰稅等以及其他與營業稅性質相同之捐稅均應廢止

(本條已於補充辦法第十一條內規定分期改辦步驟特註)

第八條 征收營業稅條例及施行細則由各省依據本大綱擬訂報由財政部查核備案

第九條 各省征收營業稅應俟釐金裁撤完竣後施行

各省征收營業稅大綱補充辦法

第一條 除依大綱第一條規定外凡銀行暨特種公司及已征牌照稅之烟酒業不在各省營業稅範圍之內

第二條 凡營業資本不滿五百元者免征營業稅

第三條 凡營業須在本大綱及補充辦法公佈後一個月內及此後每年最後一個月內請領營業証主管機關發給營業証時應即決定全年應納營業稅之稅率等級及銀數在此一年度之內不得減輕或加重

第四條　征收時期按月或按季征收由各省斟酌情形自行厘定

第五條　營業稅應由納稅人向主管機關直接繳納不得由他人承攬包辦

第六條　凡販賣物品之營業而以營業收入額數為課稅標準者整賣業之稅率可較零賣業酌量減輕

第七條　各種營業不論其所營者為土貨或洋貨均以同一稅率課稅

第八條　凡以營業收入額為課稅標準者照大綱第四條辦理其以資本額為課稅標準者最高不得超過千分之二十如以其他標準課稅者須先由財政廳擬訂稅率呈由財政部核准方得施行

第九條　各省之主管機關每季應以征收營業稅銀數編造報告表呈報財政部查核財政部並得隨時派員考核之

第十條　財政部呈經國府核准得擇業征稅及減免稅率

第十一條　牙稅當稅屠宰稅以及其他與營業稅相同之稅捐雖須依照大綱分別歸併然為暫時顧全地方收入原案起見可分兩個步驟辦理第一步將牙當屠宰等稅改稱營業稅而其稅率則仍照牙當屠宰各項原定稅率征收作為臨時過渡辦法第二步至營業稅辦理就緒後再將上項原定稅率改從營業稅率征收俾歸一律

第十二條　各省田賦本有省稅縣稅之別營業稅既係出諸縣民其負擔性質自與田賦相同將來所征獲之營業稅究應劃出若干留縣撥用由省政府酌察各該縣裁厘損失情形妥為支配其所支配之款並應先儘因裁厘而致經費不敷之事業俾得賡續維持

第十三條　各省舉辦營業稅時應仍遵中央國地收支劃分標準禁止添設附加稅以符成案而恤民艱

——本省法規——

修正廣東省營業稅征收章程

（民國二十年七月廣東省政府第六屆委員會第八次省務會議議決照通過施行）

第一條　本章程根據各省營業稅大綱及補充辦法規定之

第二條　凡在廣東省內無論中外商民為左列之營業者應照本章程之規定分別征課營業稅

（一）印刷出品業

（二）物品販賣業

(三)儲蓄業
(四)理髮業
(五)製造加工業
(六)銀行業
(七)運送業
(八)電話業
(九)電力業
(十)不動產買賣業
(十一)信托業
(十二)銀號業
(十三)物品租賃業
(十四)茶館業
(十五)映相業
(十六)酒菜館業
(十七)旅館業
(十八)酒店業
(十九)洋服業
(二十)包工業
(二十一)鐵路業
(二十二)倉庫業
(二十三)碼頭業
(二十四)市塲業

(二十五)屠宰塲業
(二十六)廣告業
(二十七)娛樂塲業
(二十八)庄口業
(二十九)報稅館業
(三　十)代理業
(三十一)浴室業
(三十二)經紀業

第三條　物品販賣業係指設有一定之店舖或營業塲所繼續爲物品之批發或零售者而言（其種類另表開列）

製造加工業者在製造塲內將製造品販賣或另設營業塲所將製造品批發均不視爲物品販賣業但無一定之製造塲或無使用一定之職工祇給原料工資製造物品而販賣者仍認爲物品販賣業

物品租賃業係指有一定之店舖或營業塲所以物品之租賃爲營業者而言製造加工業係指設有一定之製造塲使用職工製造物品或僅爲製造工作之一部份者而言

物品修理業或染色業適用製造加工業之規定

以運送貨物入客爲業者作爲運送業但以鐵路運送者適用鐵路業之規定

凡設店舖或營業塲所招待客商其最高房租每日在五元以上者爲酒店業不及五元者爲旅館業

第四條　營業稅每年依左列之課稅標準及稅率表征收之

課稅範圍	課稅標準	稅率
印刷出品業	資本額	千分之五
物品販賣業（另表列）	資本額	千分之五至千分之二十（另表列）

儲蓄業	資本額	千分之五
理髮業	資本額	千分之五
製造加工業	資本額	千分之十
銀行業	資本額	千分之廿
運送業	資本額	千分之十
電話業	營業額	千分之二
電力業	營業額	千分之二
不動產買賣業	資本額	千分之十
信托業	資本額	千分之十
銀號業	資本額	千分之十五
浴室業	資本額	千分之十五

物品租賃業	資本額	千分之十五
茶館業	資本額	千分之十五
映相業	資本額	千分之二十
酒菜館業	營業額	千分之二
戲館業	營業額	千分之二
酒店業	營業額	千分之十
洋服業	營業額	千分之六
包工業	收入金額	千分之三
鐵路業	收入金額	千分之二十
倉庫業	營業收入總額	千分之十
碼頭業	收入金額	千分之三十

市場業	收入金額	千分之三十
屠宰場業	收入金額	千分之三十
廣告業	收人金額	千分之三十
娛樂場業	收入金額	千分之四十暫照收入金額千分之二十
庄口業	報酬金額	千分之五十
報稅館業	報酬金額	千分之五十
代理業	報酬金額	千分之五十
經紀業	報酬金額	千分之五十

物品販賣業稅率表

業名	稅率
糧食業　柴炭煤業　油鹽店業　書籍文具教育用品業（以下各種係新添入） 花生肉業（歸入糧食業）　鮓菜（歸入糧食業）　咸乾炒花生業　機織土布業	千分之五

棉花業　故衣業　鞋帽襪業　梳篦業　絲繭業　油類業（食油除外）　扇業　草織品業　棕籐織品業　竹器業　杉木傢私業　衣箱業　絲綢業　蔴織品業　鮮果業　乾鮮肉類業　家禽業　鮮鹹魚業　蛋類業　藥材業　餅食業　陶瓷業　磚瓦木石灰業　棉織品業　傘業　紙業　裝璜紙盒業　食物雜貨店業　樹膠業　肥皂業　機器業（以下各種係新添入）鋼模業　種子業　印色業　茶葉業　肥田料業　旗幟業　度量衡業　雲石業　蚊香業　幛聯業　牙刷骨角業　乾蓮葉業　牛骨業　頭髮業　醬料業　藥油丸散業（歸入藥材業）　涼果業（歸入鮮果業）　磨牛骨粉業　恤衫業　木屐業　酒餅業　羅經業　火柴業　麵食粥品業　壽板壽衣業　其他與此類相同之業	千分之十
汽水冰食業　電具業　顏料業　糖菓茶食礶頭業　糖類業　水坭業　鉛銅錫類業　花邊業　美術品業　鋪墊業　毡毯業　西藥業　漆器業　玻璃鏡屏業　飛禽業　海味什貨業　潔具業（以下各種係新添入）　輪船什項業　骨鈕骨角翠毛業　象牙玩具業　煖水壺業　眼鏡業　皮革業　雞鵝毛業　奧加可業　其他業　化學雲石業　織襪機用針業　軍衣脚綁糧袋水壺業　其他與此類相同之業	千分之十五
化裝品業　留聲機業　紫檀紅木柚木雜木傢私業　香燭紙寶冥鏹金花神紅炮竹業　首飾珠寶業　山珍海錯業　鐘錶業　顧繡品業　古玩字畫業　參茸玉桂業　呢絨業　皮毛業　金銀器用業　人造絲疋頭業　花布疋頭業　毛冷業　汽車及其機件業　其他與此類相同之業　神香粉業　戲劇服裝業　樂具業　西裝用品業　領帶業　大理石業　味之素業	千分之二十

烟土販賣業徵課資本額千分之二十不列入表內

第五條　以營業資本額爲課稅標準其資本額不滿五百元者免課營業稅
以營業額收入金額或報酬金額爲課稅標準者其全年營業額收入金額或報酬金額不滿一千元者免課營業稅

第六條　左列各項營業免課營業稅
(一)公法人之營業
(二)中央政府已徵收所得稅之銀行及特種公司
(三)中央政府已徵牌照稅之烟酒業
(四)以公益爲目的之營業經奉政府核准者
(五)新聞紙之印刷出版業

第七條　本章程第二條規定之營業者不論其營業之大小應於本章程公佈後十五天內及此後每年元月上旬內依定式之申報單塡明營業種類商號地址營業者姓名籍貫住址及第四條規定之課稅標準等申報該管營業稅徵收機關請領營業証如年內變更營業應即報請換發營業証其新開之營業於開始前申報之
前項營業証每年換領一次概不收証費但首次申請領証時一次過繳納手續費二元

第八條　營業者歇業時應即呈報該管營業稅征收機關并淸繳稅欵

第九條　營業者依本章程第七條之規定申報時應依照左列各項分別計算之其開業未及一年者得以預算定之
(一)資本金額以上一年年結之總資本爲準
(二)營業額報酧金額收入金額以上一年之總數爲準

第十條　前條第一項規定之總資本額以左列各欵算出之
(一)出資金額(如係股份有限公司以其已繳收之股份金額計算)
(二)公積金或與公積金性質相同之資產
(三)附充金及借入金超過上列第一二欵金額之合計部份但銀行業及銀號業之存欵不作爲借入金計算

第十一條　同一商號而兼營數種營業者應照本章程第四條之規定分別課稅如資本係數種營業共同使用時其共同之部份祗計就其一種營業計算其非共同之部份仍分別計算但稅率不同時則就其主要營業課稅惟不能辨別何種營業爲主要時則就稅率較重之營業計算之

第十二條　同一營業而有總店與支店時其資本劃分各別者應分別征課營業稅其未劃分者應合其總數在總店征課之其支店或總店

不在本章程施行地者其資本金以本章程施行地之營業上使用之固定資本及運轉資本算出之

第十三條　個人營業其營業與個人經濟混而為一時其營業資本以供營業上使用之固定資本及運轉資本算出之

第十四條　前第十二第十三兩條之規定固定資本及運轉資本之計算法如左

（一）固定資本以直接供營業上使用之設備裝修船舶機器等資產算出之

（二）運轉資本以原料品之原價製造品之原價賒出貨物之價額存欵現欵等項算出之

第十五條　營業稅照年額分六期征收之自一月一日至二月底為第一期自三月一日至四月底為第二期自五月一日至六月底為第三期自七月一日至八月底為第四期自九月一日至十月底為第五期自十一月一日至十二月底為第六期

第十六條　本章程公佈後新開之營業從開業之次期起開始征收營業稅

第十七條　營業者歇業時其營業稅征至歇業之納稅期為止

第十八條　營業稅征收機關應逐年調查納稅義務人之課稅標準決定其應納稅額於發給營業証時通知納稅義務人

前項稅額決定之後於一年內不得加減

第十九條　納稅義務人對於前條決定之稅額如認為過當時應於接到納稅通知書後十日內呈請該管營業稅征收機關修正之

營業稅征收機關對於前項之呈請認為不當時應提交營業稅評議委員會審查之營業稅評議委員會之組織及審查規則另定之

營業稅徵收機關對於營業者呈請修正之稅項得斟酌評議委員會之審查報告為最後之決定

第二十條　納稅義務人對於前條最後決定之稅額應即照額納稅如有不服時得向該管營業稅徵收機關之上級機關提起訴願至終結時其稅額認為宜減輕者其以前繳長之欵應予發還或流抵之

第二十一條　本章程第二條規定之營業者須設賬簿記明營業上各種事項及其數目並每年編造年結以備考核

第二十二條　營業稅徵收機關於必要時得派員會同當地警察或民團或商會檢驗或提驗營業者之賬目簿據

第二十三條　營業稅徵收機關對於各營業行會或其他營業者之團體咨詢關於營業者課稅標準事項時該行會或團體應依命令所定提出調查報告書

第二十四條　營業者對於每期稅欵應在該期第一個月內繳清逾限一個月以內者加收稅額十分之一逾限兩個月以內者加收稅額十分

之二逾限三個月以內者加收稅額十分之三逾限三個月以上者得停止其營業仍追繳滯納稅款

第二十五條　營業者因疲玩不依照營業稅徵收機關通知日期爲本章程第七條規定申報者處以五元以上五十元以下之罰金但經徵收機關一再催促仍抗不申報者得停止其營業

第二十六條　如違本章程第二十一條之規定不設賬簿記載或記載不實希圖漏稅者處以十元以上五十元以下之罰金

第二十七條　營業者用種種手段希圖漏稅經營業稅征收機關發覺查有確據應照補足稅款並照所漏稅額三倍處罰

第二十八條　曾經參與營業稅之調查或審查者如將調查或審查所知之事洩漏於他人者處以三十元之罰金并須撤職

第二十九條　本章程規定之稅款罰金及手續費均照大洋計算在本省未改大洋爲本位以前以毫洋加二五繳納

第三十條　營業稅征收機關經征營業稅款應按期公佈一次

第三十一條　營業稅實行後本省原有之典稅及整理保險事業所收稅費暨其他向來征收與營業稅相同之稅捐暫行照舊辦理至全省營業稅辦理就緒後再將上項原定稅率改用營業稅率征收之

第三十二條　本章程之施行細則另定之

第三十三條　本章程如有未盡事宜得由財政廳修正呈請省政府核轉財政部備案

第三十四條　本章程自呈奉核准公佈施行

修正廣東省營業稅征收章程施行細則（民國二十年七月廣東省政府財字第五零九號指令核准備案）

第一條　本施行細則依修正廣東省營業稅徵收章程（以下簡稱章程）第三十二條規定之

第二條　凡爲章程第二條規定之營業者不論營業大小一律須照定式申報單填具申報事項請領營業証方得營業

第三條　前條規定之營業証須懸於營業塲所易見之處以便稽查

前項營業証如有遺失或損壞應即呈請該管征收機關補領或換領其換領者并須將舊証繳銷

前項補領換領營業証時應繳納手續費一元

第四條　營業稅徵收機關應將納稅各營業者按照章程第七條規定事項分別地點編造營業稅清册式本一本繳財政廳一本存征收機關

第五條　章程第七條規定之定式申報單由征收機關印製發交營業者填用

營業者應於接到前項定式申報單後拾日內依式填具申報事項呈繳該管營業稅徵收機關

第六條　營業者如有頂盤讓賣歇業遷移改組加記更換商號更改營業種類加設他種營業等情事應於五日內呈報該管營業稅徵收機關並應將以前稅款繳納清繳以後從新申請領証營業

第七條　章程第十四條第一款規定之固定資本以直接供營業上使用之設備裝修船舶機器器具等項之時價算出之

第八條　章程第九條第二款規定之營業額係指該營業上年度所賣出貨物之總價格而言報酬金額係指該營業代客買賣貨物或處理事務所得佣金或其他名目之報酬金而言收入金額係指鐵路業之客車貨車收入娛樂場之入場劵收入屠宰場之屠宰費收入市場擺賣貨物攤位之租金收入倉庫存貨之租金收入碼頭灣泊船舶之租金收入包工業之包工包料總收入而言

第九條　章程公佈後新開之營業其在第一納稅期開業者從第二期開始徵收營業稅其在第二期開業者從第三期開始徵收以下照此類推

第十條　章程第二十一條規定之賬簿須記明左列各事項

(一)出資金額

(二)現金出入細數及其事項

(三)進貨細數及其價額

(四)銷貨細數及其價額

(五)設備裝修器具機器等資產之價額

(六)營業上各項費用(即各項皮費)

第十一條　營業稅征收機關之職員非奉命令及會同當地警察或民團或商會不得擅自檢驗或提調營業者之賬目簿據

第十二條　營業者因逾限納稅受停止營業之處分經清繳稅款罰款後准即復業

第十三條　營業者因抗不申報請領營業証受停止營業之處分一經遵章繳納罰款幷申報請領營業證即予規復營業

第十四條　營業稅徵收機關徵收稅款罰款應即填發收據交繳款人收執

第十五條　前條規定之稅款及罰款收據均用三聯式一聯填給納稅人一聯彙繳財政廳一聯存徵收機關

前項罰款及獎款收據由財政廳印發加蓋徵收機關之鈐記

第十六條 本章程第二十五條第二十六條第二十七條規定之罰金應照財政廳向章以五成充賞線人弍成解廳其餘三成由徵收機關自行分配

第十七條 本細則如有未盡事宜得由財政廳修正呈請省政府備案

第十八條 本細則與修正廣東省營業稅徵收章程同時施行

修正廣東省營業稅評議委員會章程（民國二十年七月廣東省政府財字第五零九號指令核准備案）

第一條 營業稅評議委員會（以下簡稱評議會）依照修正廣東省營業稅徵收章程第十九條第二項之規定設立之

第二條 評議會以左列人員組織之

（一）營業稅徵收機關派出一人

（二）營業稅徵收機關所在地之商會派出代表一人

（三）營業稅徵收機關指定會計師一人如無正式會計師者得由徵收機關指派當地有相當會計學識之公正人或函廣東會計師公會推荐合格人員充任之

（四）當事營業者之同業公會派出代表一人但該種營業無公會之組織者得由該種營業之同業者臨時推派之

第三條 評議會之評議事項以營業稅征收機關交付之評議事項為限

第四條 評議會以營業稅征收機關派出之委員會為主席

第五條 評議會接到交付評議事項時應於三日內召集會議解決之開會時須全體委員出席方得開議多數同意為決議但主席不參與表決

第六條 評議會開會時得通知當事營業者到會詢問或調閱其簿據但當事營業者亦得自行請求列席陳述理由或呈閱簿據

第七條 評議會評定事項應於開會後三日內通知營業稅征收機關

第八條 營業稅征收機關對於評議會評定事項認為不當或交付評議事項經過一個月仍不能評定時得逕行決定

第九條 評議會委員於評議本身有關係之事件時應行迴避對於該項事件應由原派代表之機關另派代表評議之

第十條　評議會附設於營業稅征收機關其經費另定之

第十一條　評議會委員係名譽職但會計師得酌給伕馬費

第十二條　評議會審查規則由評議會擬定呈請財政廳備案

第十三條　本章程之修正由財政廳以命令行之

第十四條　本章程自公布之日起施行

廣東省財政廳營業稅局組織章程

第一章　總則

第一條　廣東財政廳（以後畧稱財政廳）爲征收營業稅起見，特設置營業稅局於省內各適宜地點，

第二條　營業稅局名稱，均冠以廣東省財政廳及所轄區域名稱，

第二章　組織

第三條　營業稅局暫分一二兩等，

第四條　營業稅局設局長一人，

第五條　一等局設總務稅務會計三課，各課設課長一人，二等局設總務稅務兩課，各設課主任一人，各課依事務之繁簡，酌設課員事務員僱員若干人

第六條　營業稅局局長及會計課課長，由財政廳委任，總務稅務課長課主任，由局長荐請財政廳委任，課員事務員僱員，由局長分別委用，呈報財政廳備案，

第三章　職掌

第七條　營業稅局局長，秉承財政廳長之命令，督率所屬職員，處理全局事務，

第八條　營業稅局局長，對於該管稅務，不得私批承商，或認額包收，

第九條　課長課主任，秉承局長之命令，督率所屬職員，辦理一切職務，

第十條　課員事務員僱員，秉承局長命令，及課長課主任之指揮，奉行一切職務，

第十一條　一等局總務課職掌如左，
（一）關於接收及交代事項，
（二）關於一切文件之收發及保管事項，
（三）關於文書之撰擬繕寫編纂事項，
（四）關於印信之保管事項，
（五）關於保証書類之審查保管事項，
（六）關於局內人員任免及考績事項，
（七）關於物品之採購保管及出納事項，
（八）關於公用財產之保管事項，
（九）關於局所之修繕事項，
（十）關於現金及有價證券之出納保管事項，
（十一）關於不屬各課事項，

第十二條　一等局稅務課職掌如左，
（一）關於稅務上調查征收整理，及稅收以外之稅務統計事項，
（二）關於違章處分事項，
（三）關於稅務上檢查事項，
（四）關於稅金之滯納過納誤納短納之處理事項，
（五）關於稅額之核算事項，
（六）關於收支傳票，及納稅書證之填發事項，

第十三條　一等局會計課職掌如左，
（一）關於款項收支之核算及登記事項，
（二）關於稅款報繳劃撥核抵事項，

(三)關於全局預決算之編造事項，
(四)關於保管賬簿及滙計表册等事項，
(五)編造各商店應繳營業稅欵存欠一覽表，
(六)關於稅收上統計事項，
(七)關於呈報日計表及月結表事項，

第十四條　二等局總務課職掌如左，
十一條全條，及前條一至四各事項，

第十五條　二等局稅務課職掌如左，
十二條全條，及十三條五至七各事項、

第四章　薪俸

第十六條　一等局局長每月薪俸三百元，二等局局長每月薪俸二百元，

第十七條　課長月薪一百八十元，課主任月薪一百二十元，

第十八條　一等局課員分三等，一等月薪一百二十元，二等月薪九十元，三等月薪七十元，事務員月薪六十元、僱員分兩等、一等月薪五十元，二等月薪四十元，

第十九條　二等局課員月薪六十元，僱員月薪四十元，

第五章　附則

第二十條　營業稅局之等級及管轄區域，另表定之，

第二十一條　營業稅局辦事細則，由各該局根據本章程第三章職掌之規定，自行擬訂，呈請財政廳核准施行，

第二十二條　各營業稅局職員人數經費額數另定之，

第二十三條　各營業稅局支解欵項規程另定之，

第二十四條　本章程如有未盡事宜，得隨時由財政廳擬議，呈請廣東省政府修正，

第二十五條　本章程自呈奉廣東省政府核准公佈施行，

公牘

(一)籌備處及征收機關成立經過

財廳呈省府爲呈繳營業稅籌備處組織大綱及職員姓名經費預算表各一份請核准備案令遵文

呈爲呈請事案奉
鈞府財字第七四七號訓令，轉奉
行政院第一二二二號訓令內開，案據財政部呈稱，案查民國十七年七月，本部召開全國裁厘委員會會議，議 各省征收營業稅大綱一案，除原文有案，邀免冗叙外，後開，合將奉發各省征收營業稅大綱，及補充辦法抄發，令仰即便遵照，並轉飭所屬一體知照等因，並奉
財政部賦字第二五四四八號令同前因，查營業稅一項，既屬創辦之新稅，將來根據征收之章則，尤貴施行無碍，而職廳各科職員，又須辦理原有職務，對於營業稅各種章則之起草，暨設局地點之指定等，一切籌備事宜，似非組設專處，羅致專門人才，負責辦理，難收速效，職廳爲愼重將事，並期推行盡善起見，擬於廳內附設營業稅籌備處，專管營業稅籌備事宜，一俟籌備完竣，即行呈報裁撤，至該處組織，擬設主任一員，內分總務，法規，設計三組，並經委沈毅爲該處主任兼總務組長，朱公準爲法規組主任委員，謝永年爲設計組組長，李超桓，饒靖中，爲法規組委員，均於二月十六日呈報到差，同日成立，開始辦公，又該處經費，因鑒于省庫支絀情形，務以節省爲主，主任組長及委員，每員祗月支伕馬費式百元，幹事書記，均係專任職，故另規定薪額，此項預算，亦經擬定，每月共支毫銀一千八百六十六元，另每月辦公費壹百元，共應支一千九百六十六元，擬請在職廳臨時費項下，按月開支，奉令前因，除營業稅各種章則，一俟訂定草案，另文呈報外，理合將所有組設營業稅籌備處各緣由，連同組織大綱，暨職員姓名經費預算表各一份，備文呈請
察核備案，仍乞

指令祇遵，實爲公便，謹呈

廣東省政府主席陳，

附呈營業稅籌備處組織大綱，暨職員姓名，經費預算表，各乙紙

廣東財政廳廳長范其務

中華民國二十年三月三日

附廣東財政廳營業稅籌備處組織大綱

第一條　本廳爲實行裁釐舉辦營業稅，特設廣東財政廳營業稅籌備處，專管籌備裁釐，及舉辦營業稅各事項，

第二條　本處設主任一人，綜理處內一切應辦事宜，由財政廳長委任之，

第三條　本處設左列各組

(一)總務組　設組長一人，由主任兼理之，另幹事二人，書記五人，由主任荐請財政廳長委任之，

(二)法規組　設主任委員一人，委員二人，由財政廳長委任之，另幹事一人，由主任荐請財政廳長委任之

(三)設計組　設組長一人，由財政廳長委任之，另幹事二人，由主任荐請財政廳長委任之

第四條　總務組職掌如左

(一)關於文件之收發及撰擬事項

(二)關於印信之典守事項

(三)關於案卷公物圖書表册之保管事項

(四)關於職員之進退紀錄及考勤事項

(五)關於刋物之編輯及印行事項

(六)關於不屬其他各組事項

第五條　法規組職掌如左

(一)關於擬訂營業稅章程，及施行細則事項，

(二)關於各種章則之解釋，及修訂事項，

第六條　設計組職掌如左

(一)關於裁撤厘金，及營業稅收入之比較統計事項

(二)關於全省營業商店，及製造場所之調查統計事項，

(三)關於稅務局所設立地點之規劃事項，

(四)關於稅務局所征收區域之繪圖事項，

(五)關於擬訂稅務局所之歲出預算事項，

(六)關於本處一切設計事項，

第七條　本處經費，由處開列預算，呈請財政廳長核准給發之，

第八條　本處辦事細則另定之，

第九條　本大綱由財政廳核定施行，

附廣東財政廳營業稅籌備處全體職員姓名表

職別	姓名	職別	姓名	職別	姓名
主任	沈毅	總務組幹事	陳芷青	書記	黎楚卿
總務組組長	沈毅（兼任）	總務組幹事	黎國楠	書記	沈冠鑾
設計組組長	謝永年	設計組幹事	戴遂根	書記	陳漢輝
法規組主任委員	朱公準	設計組幹事	鄧尉梅	書記	謝維常
法規組委員	李超桓	法規組幹事	陳養吾		
法規組委員	饒靖中	書記	梁朝		

省府指令財廳爲據繳營業稅籌備處組織大綱及預算表准予備案文

廣東省政府指令財字第一式四八號

財政廳廳長范其務

呈一件爲呈繳營業稅籌備處組織大綱及職員姓名經費預算表各一份請核准備案令遵由

呈附均悉，准予備案，此令，附件存

中華民國二十年三月十六日

委員會主席陳銘樞

呈省府爲廣州市營業稅定九月一日開征並將各區區域及主任姓名開辦費經常費及辦事通則保証辦法請察核備案文營字第一三一號二十年八月十四日

呈爲呈報事，竊查本省營業稅征收章程，業經職廳擬定，呈奉

鈞府財字第三四三號指令，以經第六屆委員會第八次會議，議決照通過等因，並經職廳佈告週知，暨核定本省營業稅先由廣州市舉辦，將全市劃分爲十五區，以利稽征各在案，玆擬定於本年九月一日起開始征收，並限令於八月底以前，所有市區各店，一律申報完竣，暨同時於九月份起，停收該市商業牌照稅，其在本年九月一日以前開始營業者，仍應照商業牌照費條例繳費，以杜取巧，而符定章，除佈告及分行外，理合將廣州市各區區域，暨委定各區主任姓名，連同開辦費概算表，經常費預算表，及各區辦事通則，保証辦法，隨文呈繳

鈞府察核備案，伏乞

指令祗遵，謹呈

廣東省政府，

附呈各區區域暨各區主任姓名表，開辦費概算表，經常費預算表各一紙，各區辦事通則，保証辦法各一紙，

財政廳廳長林雲陔

令委廣州市營業稅各區主任文

廣東省政府財政廳委任令

令委廣東省財政廳廣州市營業稅第　區主任，

為令委事，照得廣州市營業稅第某區主任，查有該員堪以任用，合行令委，仰該員即便遵照，尅速依照本廳核定廣州市營業稅各區主任及所屬職員保証辦法，將保証金及志願書，一併呈廳核辦，此令，

附發履歷表二份保証辦法三份及志願書保証書各七份區域表保証金額清表各一份

財政廳長林雲陔

訓令廣州市營業稅各區主任令知該市營業稅改設專局辦理飭即結束移交文

廣東省政府財政廳訓令營字第四七九號二十一年三月十六日

分令廣州市營業稅各區主任

為令遵事，現查廣州市營業稅業經辦理就緒，所有該市營業稅區，應即裁撤，改設專局辦理，以一事權，而資撙節，除令委本廳第一科長武梅生，兼充局長，暨分令外，合行令仰該主任即便遵照，限本月十七日起，停止征收，辦理結束，並限於二十日以前，移交該局長接收，具報，毋稍違延，切切此令，

廳長馮祝萬

令委武梅生兼充廣州市營業稅局局長文

廣東省政府財政廳委令營字第四七九號二十一年三月十六日

令委兼充廣州市營業稅局局長武梅生

為令委事，現查廣州市營業稅，業經辦理就緒，所有該市營業稅區，應即裁撤，改設專局辦理，以一事權，而資撙節，茲查廣州市營業稅局局長一職，查有該員堪以兼充，除分令各營業稅區，飭于十七日前辦理結束，並限于二十日以前移交外，合將廣州市營業稅局組織表，連同關防一夥，暨履歷表两份，隨文附發，仰即遵照于本月二十日前，分別接收，設局辦理，仍將設局日期，地址，擬委人員，呈核，毋違，此令，

計發廣州市營業稅局組織表　份，木質關防乙顆，文曰廣東省財政廳廣州市營業稅局關防，履歷表两份，

廳長馮祝萬

呈廣東省政府擬開辦各屬營業稅將各局組織章程及經費開辦費呈請察核令遵文 營字第一八〇號二十一年六月二十日

呈爲呈請事，案查廣州市營業稅，辦理大致就緒，所有全省各屬營業稅，自應次第推行，以裕庫收，茲擬就各屬中之汕頭市，及南海，番禺，三水，台山，新會，開平，中山，各縣，先行開辦，除汕頭市，中山縣兩地，商業比較繁盛，擬各設專局辦理外，其南海，番禺，三水，三縣，擬合設一局，定名南番三營業稅局，新會，台山，開平，三縣，擬合設一局，定名新台開營業稅局，辦理征收，以節公帑，而歸簡便，又廣州市營業稅，業於本年三月間，改設一局征收，並經呈報鈞府察核在案，所有各局組織章程，似應迅行擬定，分飭遵守，以昭劃一，而利辦公，理合將擬具章程草案，連同現擬新設各局經費開辦費概算表，呈請鈞府察核，伏乞指令祇遵，實爲公便，謹呈

廣東省政府

附呈組織章程草案拾份各局經費開辦費概算表拾四紙

財政廳長區芳浦

令委汕頭南番三中山新台開營業稅局局長文

廣東省政府財政廳委任令營字第二二四號二十一年七月二日

分令委汕頭南番三新台開中山營業稅局局長

爲令委事，茲委該員爲(某某)營業稅局局長，仰卽尅日前往設局開辦，仍將開辦日期，設局地址，連同履歷表呈核，此令，營業稅局組織章程，新汕南中山營業稅局經費及開辦費概算表各一紙，修正本省營業稅征收章程五份，申報單及收據，調查表，通知書，分戶賬，傳票，等式樣各二份，履歷表二紙，木質關防乙顆，(文曰廣東省財政廳(某某)營業稅局關防)隨發，

財政廳長區芳浦

訓令汕頭市長及南番三新台開中山縣縣長開辦營業稅文

廣東省政府財政廳訓令營字二二四號二十一年七月二日

汕頭市　市　長
分令 南番三 新台開 中　山 各縣縣長

爲令知事，案查關於舉辦本省各屬營業稅，業經擬定先就汕頭市，及南海，番禺，三水，台山，新會，開平，中山，各縣，開辦，除汕頭市中山縣兩地，商業比較繁盛，各設專局辦理外，其南海，番禺，三水，合設一局，定名南番三營業稅局，新會，台山，開平，三縣，合設一局，定名新台開營業稅局，辦理征收事宜，經已呈奉
廣東省政府核准照辦在案，除令委（某某）爲（某某）營業稅局局長，暨分令外，合行令仰該市縣長即便知照，此令，

廳長區芳浦

（二）關於草擬及修正章程之文件

呈省府爲遵令擬訂營業稅征收章程草案連仝說明書繳請察核文

呈爲呈請事，案查奉
令籌辦營業稅一案，業經組設營業稅籌備處，赶速籌備，前經呈報
察核在案，茲據該處將擬訂之營業稅征收章程草案，暨說明書，呈繳前來，查該草案共四十條，均係依照
中央頒定大綱，並根據租稅學理，及體察本省情形而擬訂，核與本省商業習慣，及人民之納稅力，尚屬適當而易行，至起草該章程之意見，已備載於說明書中，據呈前情，理合備文連仝草案暨說明書，呈請
鈞府察核，懇迅轉咨財政部備案，仍乞
指令祗遵，實爲公便，謹呈
廣東省政府主席陳

附呈廣東省營業稅征收章程草案暨說明書各壹份

廣東財政廳廳長范其務

中華民國二十年三月二十八日

附廣東省營業稅征收章程草案說明書

竊查現擬營業稅征收章程草案，係根據中央頒布之各省營業稅大綱，及補充辦法，一方固求無背乎租稅之原則，同時並兼顧本省商業之習慣，及實際情形，務使學理與事實，均無所抵觸，而便於施行，玆謹就其立法意旨，說明如左，

一．課稅範圍　查營業稅，係對於工商之租稅，其與田賦地稅，適成對立之勢，蓋一則課於工商業，一則課於農業，一則課於都市，一則課於農村，二者相並而行，不應重複，故農業礦業等原始產業，已征地稅礦稅，自不宜更列入課稅範圍之內，其自由職業，如醫師律師之類，其收益從勤勞得來者占多數，按之租稅學輕課勤勞收益之原則，似可暫予免稅，故亦未列入課稅範圍之內，至銀行及特種公司，依照　中央頒布之各省征收營業稅大綱，及補充辦法之規定，應另由　中央征收所得稅，不在營業稅課稅範圍之內，惟查此種所得稅，現在尚未舉辦，在　中央未舉辦所得稅以前，似仍應暫行課征營業稅，以期適合普遍公平之原則，故銀行，鉄道，電話等營業，仍擬納入營業稅課稅範圍之中，

二．課稅標準　查營業稅，係一種收益稅，爲適應担稅力而求課稅之公平，自應直接以營業之純收益爲課稅之標準，然純收益計算，至爲困難，尤其個人營業，其個人之費用，與營業之費用，常混而不分，純收益無從計算，而在商業簿記尚未完備之我國，加之本省缺乏熟練之課稅人員，實行益爲困難，純收益標準，既難採用，勢不能不以其他約略可測定純收益之外部或內部事實，爲課征標準，查　中央所定課稅標準，以營業稅額爲主，以資本額或其他標準爲輔，然依照本省目前狀況，營業額之調查，亦屬困難，蓋商人貨物出入，雖有簿記可查，而簿記容易作僞，如必隨時將其貨物起卸及單據等檢查，則不免繁擾，且所謂營業額，或指過去年度之實際營業額，或指本年度預算營業而言，依照　中央頒布之營業稅大綱補充辦法規定，一年稅額，應於年度開始時決定，以後一年內不許加重或減輕，是則所謂營業額者，係指上年度之實際營業額而言，殆無疑義，蓋若指本年度預算營業額，則一年中實際營業與預算不符時，當無不許變更之理，惟欲依照過去年度之營業額課稅，在此稅創辦之初，各個營業過去年度之狀況如何，根據事實，則無從着手調查，根據簿記，則以前營業者，未負有登記定式簿記之義務，不能責令營業者繳驗一定適合調查目的之簿記，辦理尤爲困難，故關於課稅標準，擬略爲變通，對於一般營業，擬用資本，舖租，從業員人數，三種混合標準，對於特種營業，則酌量其性質，以營

業額，報酬金額，收入金額等為標準，以期緩和上述諸種之困難，其理由：

(1)工商業營業資本，大部一部份形成為固定設備，(即固定資本)，一部份形成為積存商品，或債權存欵，(即運轉資本)，其中大部份在一定時間場所，可以檢查，不必一定根據簿記，且本省曾經舉辦商業牌照，商人之資本額，已有陳報，雖所報數目，未必確實而在營業稅開辦之初，亦足以資參攷，較之全無根據者，其難易何啻倍蓰，至舖租額，從業員人數，其調查更比較容易，此為稅收確實便利進行起見，不能不變通者也，

(2)就學理上言，課稅標準如不能採用純收益額，則與其用營業額，或資本額之單一標準，以測定各種營業之大小，似不如採用資本額舖租額從業員數等，數種混合標準，以測定各種營業之大小，比較公平，蓋資本額，依照利率平均原則，約畧可測定純收益，自無疑義，至如舖租額之多少，從業員之衆寡，一方在同種營業中，既可以測定其營業規模之大小，而他方在不同種營業中，其間有偏重營業資本者，有偏重營業地点者，有偏重從業人員者，而採用資本舖租從業員人數混合之標準，復從稅率上適當加減損益，比較單一資本額或營業額之標準，更足以調劑其偏差也，

三・稅率　查中央頒布之各省征收營業稅大綱補充辦法，規定以資本為課稅標準之營業，其稅率最高不能超過千分之二十，現所擬之稅率，除典當業，銀號業，洋服業，酒菜館業外，一般均在千分之五至十之間，加之以舖租從業員之稅率，亦尚在千分之二十以內，至其間分別輕重，則係視其營業之性質，或為負担公平起見，或寓奬勵及抑制之意而定，

四・征收手續　查外國營業稅，其中不少受人責難者，多由於征收手續之繁擾耳，原來營業稅係一種申報稅，倘商人能體念政府之要需，而樂於輸將，則其申報自無隱匿之弊，而政府亦可免於稽查之煩，政府與人民間，自無糾紛可言，但此種納稅道德，實難期於今日我國商人，故關於征收之手續，及稅額之決定，應有詳細之規定，以期減少糾紛，現所擬辦法大致先由商人陳報然後由征收機關加以調查決定其應納稅額，如商人對於決定之稅額，認為不當，則可呈請修正，如征收機關，對於商人之呈請認為不當，則提交營業稅評議委員會評議，然後斟酌委員會之評議報告，再為決定其稅額，如商人仍認為不當，則再可向上級機關提出訴願，此項辦法，雖不能謂為盡善，亦可藉此解決人民與征收機關之爭執，而利稅務之進行也。

財政廳廳長范其務

省府指令據繳營業稅征收章程草案經議決轉咨財部在案仰知照文

廣東省政府指令財字第一四八六號

呈一件遵令擬訂營業稅征收章程草案連同說明書繳請核轉財部備案並乞令遵由

呈及繳件均悉，當經本府第五屆委員會，第一五七次會議，議決轉咨財政部在案，除俟復到再行飭遵外，合行錄案令仰即便知照，此令，繳件存轉，

中華民國二十年四月八日

委員會主席陳銘樞

呈省政府關於修正本省營業稅征收章程草案請核令遵文營字第五號二十年七月三日

呈為呈請事，案查接管卷內，關於本省營業稅征收章程草案，節經范前任據營業稅籌備處擬就，並加具說明書，呈奉

鈞府省務會議，議決轉咨

財政部備案，嗣據各行商民紛紛請求改善，經召集詳爲解釋，嗣奉

鈞府財字第一七九九號訓令准

財政部篠日郵電開，粵省舉辦營業稅，擬以營業資本及舖租從業員三種配合爲課稅標準，核與征收營業稅大綱第二條暨補充辦法第八條之規定，頗有出入，應俟查核修正後再行咨請轉飭依照辦理，等因，迄今數月未奉修正發還，現值軍事時期，餉糈緊急，此種營業稅亟應舉辦，以圖抵補裁釐損失，及應付軍糈，但爲斟酌商情起見，經致函廣州市商會集合各行商意見，擬具辦法函送過廳，以憑核辦，嗣准該會市字第二五六號公函，將各條文之擬請修正，及修正之理由，函復前來，經悉心查核，將本廳原擬草案，酌予修改，務期與部章相符，商情適合，以利進行，而裕庫收，所有修正本省營業稅征收章程緣由，理合備文連同草案及說明書，呈請

鈞府察核，是否可行敬候

指令祗遵，謹呈

廣東省政府，

附呈修正本省營業稅章程草案及說明書各一份

財政廳廳長林雲陔

附修正廣東省營業稅徵收章程草案說明書

(一)查現草案第一條，係此次添入，標明根據各省征收營業稅大綱及補充辦法之規定，以明本章程之根據，

(二)查原草案所列營業種類，共三十三種，現所列祇三十一種，係因鹽稅經中央征收，業於補充辦法規定，不得再征營業稅，自來水經中央通令，以水爲日用最需要最易消費之品，應免征營業稅，故將鹽館及自來水兩業删除，至典當稅及保險業，如照營業額征收千分之式，或照資本額徵收千分之式十，則所得稅額，恐不足以償本省現行典稅，及整理保險事業條例規定所收稅費額，故另於第三十一條訂明，暫行照舊辦理，惟除原草案所列之營業種類外，照本省現在商情，尚有酒店廣告兩業，亦似應徵收營業稅，故加入第十八項酒店業，第式十六項廣告業，

(三)查現草案第三條，係將原草案第式條至第九條，合併一條，另加說明酒店應抽稅之限度一項，以歸簡明，

(四)查現草案第四條，係將原草案第十一條所定課稅標準及稅率，酌量改訂，原草案課稅標準，係採資本額，舖租額，從業員，營業額，報酧金額，收入金額，及包工金額七種，舖租及從業員兩種標準，財部既認爲與大綱有所出入，而市商會又復力爭，故現草案將其删除，祗分別酌採資本額，營業額，收入金，報酧金，包工金額五種，此五種標準之一種，復依各業之對於民生影響，及關係於工商交通社會政策之如何，而分列規定稅率之高下，照資本額征收之稅率，最低爲千分之五，最高千分之式十，未超過各省征收營業稅大綱補充辦法第八條所定，亦與市商會所請求相符，照營業額征收之稅率，最低爲千分之二，最高千分之十，因酒店業及洋服業，係屬奢侈性質，故照各省征收營業稅大綱第四條所特許，及商會來函，認奢侈營業之稅率，應提高之主張，按營業額征收千分之十，至收入金額，及報酧金額，最低爲千分之三，最高千分之五十，因此等營業，其收入金或報酧金額，比較近於純益，故抽率畧高，但包工業，市場業，屠宰場業，鐵路業之稅率，比於原草案所定，未有增減，倉庫及碼頭兩業，原草案除照租額征收千分之七十外，另照從業員每人三員，現草案改照收入額征千分之三十，比於原草案所定，仍屬較爲覈實，庄口，報稅館，代理，經紀，等業，原草案照報酧金征收千分之四十，舖租額千分之七十，從業員每人六元，現草案祇就報酧金征千分之五十，較原草案所定爲低，娛樂場業，現草案所定征收率，比於原草案所定，多過千分之式十，似覺過高，但原草案另照舖租額，征收千分之七十，及從業員每人六元，現草案則將此兩項剔除，且此項營業，屬於奢侈及應取締之性質，故現草案所定，照收入金額，征千分之四十，尚不爲苛，又原草案祇列物品販賣業之名稱，未將包含各業列舉，恐容易引起糾紛，現將此種業名，分四等開列，以清界限，而明稅率之等差，

(五)查現草案第五條，係根據各省征收營業稅大綱補充辦法第弍條規定之意旨，從新訂明，因資本額不滿五百元，或營業額不滿千元，係極小之營業，應免征營業稅，以維持平民之生計，

(六)查現草案第六條，係照原草案第十條轉錄，並照原草案第五條第二項，將新聞紙之印刷出版業，免課營業稅之規定，移入此條，以歸劃一，

(七)查現草案第七條第一項，係照原草案第十二條轉錄，並將原定申報期限，均擬減短，以免與納稅期衝突，又同條第弍項，係照原草案第十二條第弍項轉錄，惟原草案第二項規定，每年換領營業証一次，另收証費弍元，玆將各省營業稅大綱第二條規定，係不取証費，現據商會來函，對於証費，亦請免除，故現草案，改爲每年換証，概不收費，但首次申請領証時，一次過繳納手續費弍元，以示變通，

(八)查現草案第八條，亦將原草案第十三條改列，

(九)查現草案第九條，係照原草案第十四條轉錄，惟將租額及從業員兩項删除，

(十)查現草案第十條，係將原草案第十七條改列，惟將第弍項之歷年積存溢利一句删除，以免與公積金或與公積金同性質之資產重複，第三項將原「上列第一欵金額之部份」一句，改爲「上列第一二項金額之合計部份」，因商會來函，對於此項，亦請修正，故特予修改，以期融洽商情，

(十一)查現草案第十一條，係將原草案第十五條改列，惟商會來函，對於「稅率不同時，就較重之營業計算之」一句，請予修正，故將此句，改爲稅率不同時，則就其主要營業課稅，惟不能辨別何種營業爲主要時，則就其稅率較重之營業計算，以昭公允，而洽商情，

(十二)查現草案第十二條，係照原草案第十六條轉錄，

(十三)查現草案第十三四兩條，係轉錄原草案第十八九兩條全文，其第二十第二十一兩條，係規定租額及從業員之計稅標準，現草案既將租額及從業員兩標準删除，故不將此兩條轉錄，

(十四)查現草案第十五條，係照原草案第弍十弍條轉錄，而規定征收時期，查征收營業稅納稅時期，如依照會計年度決定，於編訂預算，雖屬便利，惟查各省征收營業稅大綱補充辦法第三條，所據以決定一年稅額之營業及資本額，係以上年之全年營業總額，及資本總額，爲全年稅額決定之根據，我國商場習慣，編造全年營業收入，及資本總額之年結，亦在每年之終，倘營

業稅納稅年期，依照會計年度，則於每年七月，決定稅額時，自無上年度全年之年結可查，故決定納稅額時期，自一月起，係使於每年一月決定稅額時，有上年之年結可以查核也，

（十五）查現草案第十六條至十九各條，係全照原草案第二十三至式十六條各條轉錄，

（十六）查現草案第二十條，係照原草案第式十七條修正，事緣納稅義務人，對於已納之稅額，認爲過當，得向營業稅征收機關之上級機關，提起訴願終結，認爲宜減輕者，則以前繳長之欵，自應准予發還，或流抵稅欵，原草案第二十七條，並未列明發還或流抵字樣，似欠明晰，現市商會，請在原草案第二十七條末句，仍應先行照額納稅句下，加入至訴願終結，其稅額認爲宜減輕時，其以前繳長之稅欵，應發還之等語，不爲無理，故現草案第二十條，特照原草案第式十七條末句加入「其以前繳長之欵應予發還或流抵之」字樣，以昭公允，

（十七）查現草案第式十一條，亦係照原草案第式十八條轉錄，惟於營業上各種事項之下，加入「及其數目」四字以期明顯，並容納市商會之請求，

（十八）查現草案第式十式條，係照原草案第式十九條，畧予修改，市商會對於此條，亦請修正，故現草案改爲「派員會同當地警察或商會或民團，檢驗或提驗營業者之賬目簿據」等詞，俾見証有人，以免雙方發生誤會，至市商會請求，不得將簿據携出店外，如該店司理人外出，准由商會代表保証，另定期檢驗一節，似可無庸置議，

（十九）查現草案第式十三條，係照原草案第三十條改列，現廣州市商會對於 應依命令所定提出調查報告書 之上，加入於可能範圍內等字樣，似係預謀卸責地步，如事實上確有欲查明報告而不能者，自可呈明辦理，似無庸加入此等字句，

（二十）查現草案第式十四條，係照原草案第三十一條轉錄，現廣州市商會請求，延至第六期，仍不清繳，始得停止營業，其有特別事故者，又准其呈明辦理，未免延期太久，查政府一限再限三限，已不爲不寬，而商人竟有如是之請求，未免無厭，擬仍照原草案第三十一條之規定辦理，毋庸紛更，

（二十一）查現草案第式十五條，係照原草案第三十二條修正，現廣州市商會，請展至三個月，查商人照現草案第七條之規定，其須申報者，不過營業種類，商號，地址，及第四條規定之課稅標準等項，事至簡單，似不應延至三個月之久，始行申報，擬照現修正條文之規定辦理，

（二十二）查現草案第式十六條，係照原草案第三十三條轉錄，廣州市商會，對於此點，亦無修正之請求，似應照原草案之規定辦

理，

(二十三)查現草案第式十七條，係照原草案第三十四條修正加入，查有確據及補足稅款等詞，現廣州市商會請求，提出評議會審查屬實，然後二倍處罰，實未知評議會無審查漏稅之權，擬照修正條文之規定辦理，

(二十四)查現草案第式十八條，係照原草案第三十五條轉錄，實爲公務人員服務應有之責任，擬仍照舊辦理，

(二十五)查現草案第式十九條，係照原草案第三十六條之轉錄，現廣州市商會請求，暫收毫洋，核與通案不符，擬仍照原草案第三十六條之規定辦理，

(二十六)查現草案第三十條，係照原草案第三十七條轉錄，亦係行政上之一種手續，而廣州市商會，對於此條亦係無修正之請求，擬仍照原草案辦理，

(二十七)查現草案第三十一條，係照各省營業稅大綱補充辦法第十一條之規定，及參照江浙兩省征收營業稅條例加入，以爲過渡辦法，藉維庫收，而免短絀，

(二十八)查現草案第三十式條，第三十三條，第三十四條，係分別照原草案第三十八條，第三十九條，第四十條轉錄，擬仍照舊辦理，

佈告修正本省營業稅征收章程仰週知文

廣東省政府財政廳佈告營字第六號二十年七月十一日

爲佈告事，案查接管卷內，關於本省營業稅征收章程草案，節經范前任據營業稅籌備處擬就，並加具說明書，呈奉
省府省務會議，議決轉咨
財政部備案，嗣後各行商民，紛紛請求改善，業經召集詳爲解釋，隨奉
廣東省府財字第一七九五號訓令，准
財政部篠日郵電開，粵省舉辦營業稅，擬以營業資本，及舖租，從業員三種，配合爲課稅標準，核與征收營業稅大綱第三條，暨補充辦法第八條之規定，頗有出入，應俟查核修正後，再行咨請轉飭依照辦理等因，迄今數月，未奉修正發還，現值軍事時期，庫帑緊急，此種營業稅，亟應舉辦，以圖抵補裁釐損失，及應付軍糈，但爲斟酌商情起見，經致函廣州市商會，集合各行商意見

，擬具辦法；函送過廳，以憑核辦，旋准該會市字第二五六號公函，將各條文之擬請修正，及修正之理由，函復前來，當經悉心審核，將本廳原擬章案，酌量修改，務期與部章相符，商情適合，以利進行，而裕庫收，幾經籌慮周詳，業將修正本省營業稅征收章程草案，及說明書，呈請

廣東省政府察核在案，現奉

廣東省政府財字第三四三號指令開，呈及章程均悉，查此案現經本府第六屆委員會，第八次會議，議　照通過在案，仰即知照，此令，章程草案存，等因，奉此，除呈報外，合將修正本省營業稅征收章程佈告，仰各商民人等一体知照，此佈。

兼廳長林雲陔

呈　省府為修正營業稅征收章程施行細則及評議委員會章程請備案文 營字第八號二十年七月十七日

呈為呈請備案事，竊查修正本省營業稅征收章程，業經呈奉

鈞府第六屆委員會，第八次會議議決照通過，指令行知，有案，其施行細則，亟應依照修正章程改定，以期適用，而利稽征，又

營業稅評議委員會章程，業經范前任呈奉

鈞府財字第一七六零號指令，以經第五屆委員會第一六三次會議議決照准備案，飭行知照在案，茲查原定評議委員會章程，略有出入，亟應一併修正，俾臻完善，所有修正本省營業稅征收章程施行細則，及評議委員會章程各緣由，理合備文呈請

鈞府察核備案，並乞

指令，祇遵，謹呈

廣東省政府

附呈修正廣東省營業稅征收章程施行細則草案評議委員會章程草案各拾弍分

財政廳廳長林雲陔

呈　省府請將修正本省營業稅征收章程內列包工金額字樣除去以符規定文 營字第六七號二十年九月十六日

呈為呈請事，案查本省營業稅征收章程，節經職廳將前擬章案，分別修正，其課稅標準中，包工金額一項，經已刪除，業將修正章程草案，呈奉

鈞府財字第三四三號指令，以經本府第六屆委員會，第八次會議議決照通過行知在案，現查修正本省營業稅征收章程第五條第二項，第九條第二項，仍有「包工金額」字樣列入，查係當時修正草案筆誤，似應照案删去，以正觀瞻，理合具文呈請
鈞府察核，俯賜查案將包工金額字樣除去，以符規定，仍候
指令祇遵，實爲公便，謹呈
廣東省政府

財政廳廳長林雲陔

廣東省政府財政廳佈告營字第四二二號二十年九月二十二日

爲佈告事，案查本省營業稅征收章程，節經本廳將前擬草案，分別修正，其課稅標準中包工金額一項，經已删除，業將修正章程草案，呈奉
省政府財字第三四三號指令，以經第六屆委員會，第八次會議，議決通過行知，並由廳佈告各在案，嗣查修正本省營業稅征收章程第五條第二項，第九條第二項，仍有包工金額字樣列入，查係當時修正草案筆誤，自應照案删去，以正觀瞻，現經呈奉
省政府財字第一二九五號指令開，呈悉，應准如呈辦理，除查案將前繳營業稅征收章程分別將包工金額字樣删除外，仰即知照，此令，等因，奉此，除分行外，合行佈告，仰商民人等，一体知照，此佈。

兼廳長林雲陔

呈省府請將營業稅征收章程施行細則第八條末段之包工金額等字句查案删去以免誤會文

營字第二號二十年十月二日

呈爲呈請事，案查修正本省營業稅征收章程，前以課稅標準中包工金額一項，經已删除，而第五條第二項，第九條第二項，仍有包工金額字樣列入，係屬當時筆誤，應即删去，以正觀瞻，當經林前任呈奉
鈞府財字第一二九五號指令開，呈悉，應准如呈辦理，除查案將前繳營業稅征收章程分別將包工金額字樣删除外，仰即知照，此令，等因，並經林前任佈告分行各在案，玆查修正本省營業稅征收章程施行細則第八條末段，載有包工金額係指該營業上年度所有與顧客所定包工包料之契約或約定之總價額而言，但工作未完成，包工金額未支付之部份，不在此限等字句，似應照案一併删

除，並在同條碼頭灣泊，船泊之租金收入等語之下，而言二字之上，加入包工業之包工包料總收入等語，以符規定，而免誤會，理合備文呈請

鈞府察核備案，伏乞

指令祗遵，謹呈

廣東省政府

財政廳廳長馮祝萬

佈告爲呈奉　省府指令准將修正本省營業稅征收章程施行細則第八條末段之包工金額分別查案更正仰潙知文

廣東省財政廳佈告營字第一五一號二十年十月三日

爲佈告事，案查修正本省營業稅征收章程，前以課稅標準中包工金額一項，經已删除，而第五條第二項，第九條第二項，仍有包工金額字樣列入，係屬當時筆誤，應即删去，以正觀瞻，當經林前任呈奉

廣東省政府財字第一二九五號指令開，呈悉，應准如呈辦理，除查案將前繳營業稅征收章程，分別將包工金額字樣删除外，仰即知照，此令等因，並經林前任佈告分行各在案，玆查修正本省營業稅征收章程施行細則第八條末段，載有包工金額係指該營業上年度所有與顧客所定包工包料之契約或約定之總價額而言，但工作未完成，包工金額未支付之部份，不在此限等字句，似應照案一併删除，並在同條碼頭灣泊，船泊之租金收入等語之下，而言二字之上，加入包工業之包工包料總收入一句，以符規定，而免誤會，業經呈奉

廣東省政府財字第一四九四號指令開，呈悉，准予備案　並已將原繳章程，查照更正矣，仰即知照，此令，等因奉此，除分行外，合行佈告，仰商民人等一体知照，此佈

廳長馮祝萬

(三)關於討論課稅標準之文件

公函廣州市商會於六月十八日以前將集合各行商對於營業稅之意見認爲可行者擬具辦法送廳核辦文營字第一號

逕啓者，案查接管卷內，關於本省營業稅章程，節經范前任呈奉
廣東省政府省務會議，議決轉咨
財政部有案，查本省裁撤行釐之後，每月短收大洋五十餘萬元，現値軍事緊急，餉糈浩繁，亟應舉辦營業稅，以爲抵補，而濟急需，復查范前任當籌備此項營業稅時，經將所擬章程，在各報登載，嗣據各行商民，紛紛請求改善，又經召集詳爲解釋，事隔月餘，想商民對於政府改辦營業稅之苦心，及各條文含義之完善，當已體諒明了，玆爲斟酌商情起見，用特函請
查照，務於本年六月十八日以前，集合各行商意見之經
貴會認爲可行者，擬具辦法，函送過廳，以憑核辦，懸案以待，萬勿遲延爲荷，此致
廣州市商會

廳長林雲陔

公函覆廣州市商會業將營業稅征收章程酌量採納修正文營字第七號二十年七月十三日

逕復者，現接
貴會市字第三〇九號函，請再將營業稅征收章程改善，並補具理由，及附議辦法，函請查照採納，再呈核定見復等由准此，查此案前准
貴會函請將營業稅征收章程草案，分別改善到廳，當經詳爲斟酌，在可能範圍內，儘量容納，務期與部章相符，商情融洽，將原章案悉心修改，經於延請
貴會正式負責代表到廳時，詳爲解釋，並面訂如有其他意見，可於三日內復廳，以憑斟酌，迺守候經旬，未見復到，嗣以營業稅開征，刻不容緩，業將修正章程草案，呈奉
廣東省政府財字第三四三號指令，以經本府第六屆委員會第八次會議，議決照通過行知各在案，復查營業稅現正舉辦，尚未就緒

，自未便遽將台簽府稅先行裁去，致絀庫收，溯自本省裁撤行簽以來，每月短收甚鉅，復值軍事時期，各項支出驟增。若台簽府稅裁去，新稅歉收，將何以應付此項急需，更恐因此而致影響大局，原函希望將台簽府稅一律撤銷，然後舉辦營業稅，自難照辦，又此次發行庫券，純係臨時支付軍需，且須還本，無異常人向外息借欵項，與應付經常支出之稅收，全然不同，有如來函所述，惟臨時支出既增，而經常費用，毫無減少，倘因發行庫券，即須停止正項稅收，豈非因應付臨時支出，便斷絕經常支付耶，我粵商民，素明大義，愛護政府，未肯後人，觀於歷次推銷庫券踴躍情形，可以概見，對於政府此的苦衷，必能深喻而體諒之也，至現請以商業牌照資本額爲課稅之標準，雖屬簡易可行，惟查營業稅大綱，規定每年決定稅額一次，揆其立法之旨，良以營業者資本額及營業狀況，年有不同，若於決定稅額之後，永不更改，資本增加者，而仍照未增資本額課稅，則政府受其損失，資本減低者，而仍照未減資本額課稅，則納稅者難以負担，核與公平原則，實相背馳，故照商業牌照資本額課稅，應以民國十九年份及今年所領之商業牌照爲限，庶免抵觸部章，前准函請照上年商業牌照資本額爲課稅標準，自可酌量採納，又現函請將原草案第十七條刪除，其理由以資本既經課稅，則由資本所生之溢利公積金及週轉於營業上之借入金，自不應課稅，殊不知資本者，從顯淺意義釋之，乃將本求利之謂，而公積金等雖屬源出資本，而一經付於營業上之使用，則營業自然擴充，獲益因而增厚，質言之，昔日撥存之公積金等，即今日營業之資本也，且借入金及附充金，作爲資本計算，係指超過出資金及公積金合計之部份而言，其不超過出資金及公積金合計之部份，不作爲資本計算，已屬格外減輕，原夫借入金及附充金之用途，非爲發展營業，即爲維持營業，姑勿論爲發展爲維持，要之其於營業上之效用及目的則一，理至顯明，至謂若以借入金而亦課稅，商人必不敢多借，結果影響營業等語，準是語以推之，若照出資金課稅，商人爲減輕負稅起見，豈不減少投資，照收入金額課稅，商人亦將減少收入矣，豈通論哉，總之附充金及借入金其超過出資金與公積金之合計部份，始認作資本計稅，無形中已與商人以利便，實屬格外通融，而於政府庫收，亦覺穩定，苟不如是，則不肖商人，將資本金報作借入金以瞞稅欵，政府何從防範，至於所請由同業公會負責証明資本額一節，以初辦新稅，減免糾紛起見，未始非其理由，應俟核明再行函達，此外關於庄口等業，應照報酧金額爲課稅標準，缺相洋服兩業稅率，不能減輕，及柴米業不能免稅各理由，業分別向貴會及柴米公會代表解釋詳盡，茲不復贅，准函前由，相應檢同修正本省營業稅征收章程，連同說明書，一併隨函送達查收爲荷，此復

廣州市商會

附送修正廣東省營業稅征收章程及說明書各一份　廳長林雲陔

附廣州市商會市字第三〇九號公函

逕啓者，案查本省營業稅章程草案，前經敝會彙集各同業公會意見，將擬修正之條文，及擬請修正之理由，備函請求改善，旋准貴廳函囑改派負責代表到廳面商，關於課稅範圍，允將鹽館業剔出，課稅標準允將舖租額從業員額刪除，祗按資本額征收課稅稅率，允照分級辦法，酌量採納各等因，具仰政府體恤商艱德意，惟其中尚有爲商人深感痛苦，未蒙改善者，茲再補具理由及附擬辦法，分述如下，

(一)章程第十七條，應請刪除，不宜將公積金積存溢利及附充金借入金等併入資本計算也，

查採用資本額課稅，各商店資本若干，自以報廳有案之商業牌照爲最明確，按藉以求簡而易行，萬不宜於原有商照資本之外，再事苛求，今章程第十七條第二項有將公積金及積存溢利，併作資本額等語，是則原有資本，既經納稅，而因資本所得之公積及溢利，復須納稅，顯屬重叠担負，又同條第三項有將附充金及借入金其超過出資金額之部份，併作資本額等語，不知普通商店，除有限公司外，壹萬元之資本，而因週轉關係，借入欵項恒有至十餘萬元者，此項借欵僅爲營業上運用性質，絕非固定資本可比，倘就其超過資金部份計算、不啻遽增十餘倍之稅，是則商人不得已而借債，屆期未及償還，一方面既須担任利息，一方面復須担任重稅，情何以堪，其憚於納稅，減少借欵者，即等於自行收束營業，核與營業稅須不得妨碍商業發展之原則，實相背馳，况附充借入之金額，若非調驗部據，難期詳盡，然商塲習慣，其簿據每未便公開，苟政府不時檢查，紛擾情形，寧堪設想，故一般商人，聞章程十七條所規定，莫不動色駭汗，若大禍之將至，認爲萬不可行，勉強行之，稅率重則絕商業發展之機，檢查嚴則貽商界無窮之患，所以章程第十七條，有請求刪除之必要也

(二)章程第十一條，庄口業等課稅標準，宜妥爲改定，不宜另設報酧金額名目也，查章程第十一條庄口業，報稅館業，代理業，經紀業欄內，有就報酧金額征稅千分之四十等語，所謂報酧金者，諒指佣金而言，惟是上列各業，代客沽貨，所扣佣金，實際上包涵起卸整理貨物之苦力及倉租等費在內，其中一大部份，原非屬於收益性質，今一律就佣金課稅，寧得謂平，且營業競爭，恒有不惜貼佣，則所謂報酧金額，豈易剔算清楚，凡商人收入貨項賬簿，大率祗統記進數一柱，各項貨物佣金，既有高下之分，何能一一劃計，更有代客買賣，彼此感情相孚，祗當義務，不收佣金者，倘謂已做生意若干，便有若干佣金計算，亦非事實，

據此情形，劃計則嫌煩瑣，統計則欠公平，而乃征税至千份之四十，商力豈能勝任，是以報酧金額爲課税標準，辦理極感困難，惟經營上列各業者，知之最切，而況庄口等業，本屬於躉賣業，照部定辦法，尤應減輕税率也，

（三）章程中各條，有應參酌粤省商情，及根據部定大綱者，宜分別修正聲明也，査映相洋服兩業，爲社會普通所需，不宜律以奢侈税，柴米兩業，爲民生日用所關，不宜征其營業税，至營業憑證，照案不宜收費，停業處分，爲期不宜太速，又如已向中央納所得税之公司，及已由中央征收特種捐税者，例不再征營業税，部定大綱第一條，業有規定，但當開辦伊始，仍須列舉聲明，俾應免税之各業，不至有紛紛請免之煩，

抑有進者，現時營業税，政府固有事在必行之決心，商民亦無藉端倖免之心理，惟有兩事當顧及者。其一本省庫券正在發行，査第二次廣東軍需庫券發行章程，係按商業牌照資本額分別派銷，恰與營業税按商照資本額征收，同一手續，維庫券有期償還，異乎營業税性質，然在商人既須籌備現金銷券，又須籌備現金納税，二者並行，顧彼失此，恐於將來勸銷庫券，不無障碍，其二本省釐税尚未盡撤，査部定營業税大綱第九條內，有各省征收營業税，應俟釐金裁撤完竣後實行等語，可見營業税實行之期，當在釐税盡裁之後，乃現在本省台釐未裁，而府税廠卡等於通過税者，迭經部令取銷，依然存在，若商人既須繳納營業税，又須繳納台釐府税，將何所措手足，故爲銷券前途計，及裁釐原案計，此項營業税，自應有緩辦之理由，如果軍費孔殷，萬不得已而舉辦，則體諒商人處境之艱，原章程第十七條，必宜删除，專就原有商業牌照資本額征税，以期減少商人痛苦，或疑商照資本，其中恐有少數瞞匿，但年來政府辦理商照人員，均已分別勒令商店報足，所謂瞞匿者，實已微乎其微，觀於最近庫券派銷，亦按商照資本執行，可爲炳據，倘仍疑其中尚有瞞匿，爲手續完密起見，儘可規定由該行同業公會爲之證明，其未有同業公會者，另由商會証明，一經法定團體証明，決無扶同隱匿之患，況更有評議會可以審査救濟，豈猶有瞞匿餘地，苟能如是何必取煩苛辦法，予不肖員司以騷擾之弊耶，同時尤望將台釐府税，一律撤銷，然後舉辦營業税，以副實行裁釐加税之旨，則粤商雖値業務凋敝之餘，亦必竭蹶以赴，所有營業税章程，應再改善各緣由，昨經敝會議決，轉請政府核准在案，相應函達

貴廳査照，希俯賜採納，再呈省府核定，並祈見復，至紉公誼，此致

廣東財政廳廳長林，

執行委員會主席鄒殿邦

公函復市商會准函請再改善營業稅章程除以資本額爲課稅標準者暫准照所領商照資額課稅其餘均難照辦文營字第一八七號二十年八月二十六日

逕復者，迭准

貴會市字第三六四號第四五二號函開，關於敝廳函復

貴會，請求改善營業稅章程各點，並將修正本省營業稅征收章程及說明書，隨函送達查收一案，以經召集各同業公會及商店代表到會討論，將各代表意見彙集，派胡頌棠等賫函佈達，請再賜採納改善核明見復等由，並據花紗同業公會具呈請免課棉紗業營業稅到廳，查各省征收營業稅大綱補充辦法第六條規定，凡販賣物品業躉賣業之稅率，可較零賣業酌量減輕，係對以營業收入額爲課稅標準者而言，本省征收章程所定物品販賣業，係以資本額爲課稅標準，核與此條之規定，並無抵觸，所請將躉賣業稅率減輕，自難照辦，又報酬金一項，即屬佣金，乃依照佣金之收入，直接課征，來函所云商店代客沽貨，所扣佣金，恒無一定，謂做生意即有若干之佣金，殊非事實等語，係屬誤會，況以報酬金爲課稅標準者，祇有庄口，報稅館，代理，經紀四業，而此四業較諸他業，其店租從業員等固少，其固定資本尤輕，謂其所獲較近於純益，誠非虛語，現章程所定稅率，何得云高，且將報酬金額名義取銷，應從何種標準而課稅，蓋數業之外形資本，既與實際營業收入狀況懸殊，有如上述，其資本之大小，自不能範圍其獲利之厚薄，苟以資本額爲課稅標準，實欠公允，若以純收益爲課稅標準，則手續繁瑣情形，當倍於來函所述，此報酬金名目之所以不能取銷也，又查營業稅之課征，凡以營利爲目的之事業，均在征收範圍，與其他對物課稅者，截然不同，所云棉紗經課統稅，請免征營業稅一節，似有誤解之處，至請將歷年所領商業牌照資本額，作爲資本計算，本難照辦，查十九年份以前，商業牌照資本額，與現在實際資本，多不相同，茲因營業稅開辦伊始，爲推行新稅，及減免爭執起見，所有章程內規定以資本額爲課稅標準者，本年內暫准照原日商業牌照資本額課稅，此次申報，其資本額一項，亟應據實填報，其餘借入金及公積金附充金兩項，填報與否，任從民便，其以他項爲課稅標準者，仍照章程規定辦理，以利商民，而符定章，此外關於超過出資金及公積金合計部份之借入金，作爲資本計算，係防備商人取巧瞞稅，台礮府稅等以財政支絀，未能遽先裁撤各理由，前經分別函復

貴會查照有案，茲不再贅，准函前由，除呈報

廣東省政府暨通飭佈告外，相應函復

貴會查照並轉知爲荷，此復

廣州市商會

廳長林雲陔

附廣州市商會市字第三六四號公函

逕啓者，現准

貴廳營字第七號公函，除原文有案，不復冗叙外，後開，相應檢同修正本省營業税征收章程及説明書一件，隨函送達査收爲荷等由，准此，敝會當於本月十七日召集各同業公會會員代表，及商店會員代表，開談話會，將修正章程及説明書提出宣佈，並承

貴廳派趙建三鄧衍彬兩委員到會解釋，討論結果，僉以營業税原則，本應就純收益課税爲標準，現改就資本額課税，不問其盈虧如何，均須納税，已與原則不符，商人仰體時艱，勉力遵辦，惟望免除騷擾，簡便易行，必政府寬大爲懷，庶商塲踴躍應命，開辦伊始，爲政府推行新税計，爲商民消弭糾紛計，經議决各節如下，其一公積金附充金借入金等，萬不能仍併入資本額計算也，査公積金一項，原備下年生意虧折之彌補，與資本金用途不同，附充金借入金更屬暫時週轉性質，與固定資本有別，其隨借隨還者，業蒙聲明不入資本計算，乃年終不克償還者，忽併入資本額之內，不知商業發達，寧肯負債，至年終無力償還，其營業困難，已可概見，在商店因年終無力還欵之故，一方面既須担負債權人利息，一方面復須担負政府税率，情何以堪；且借入若干，勢非檢査賬部，難昭覈寔，各店遂不免時受檢査，騷擾情形，寧堪設想，如慮商店匿報，則既有同業公會爲之證明，自無扶同隱匿之患，何必再取煩苛辦法，貽商人以無窮痛苦，其二商業牌照當以呈報有案者爲準，不必限於十九年份及今年所領之商照也，査本市商店，開張已久，所領商業牌照，多於數年前報明有案，縱有短報者，年來政府辦理商照人員，迭經勸令遵章報足，故最近勸銷庫劵，無不以原報商照爲依據，可爲明證，今若限以十九年份及今年所報商照爲定，然則在十九年前所報者，豈能概作無效，故各店商照凡經核准在案者，自不宜歧視，其三躉賣業税率，應較零賣業税率減輕也，査營業税補充辦法第六條，有躉賣業之税率，可較零賣業酌量減輕等語，吾粤爲中國商務繁盛之地，貨物雲屯，向爲各省各屬所資以販運，本市規模較大之商業，大率營業發行者居多，此項躉賣業，既有减輕税率之條文，自宜明白規定，不與零賣業同等，庶符定章，其四庄口業代理業等，不宜另訂報酧金名目也，査報酬金額，諒指佣金而言，惟商店代客沽貨，所扣佣金，恒無一定，謂造生意若干，即有若干佣金，殊非事寔，現説明書以報酧金額比較近於純收益，故征其税率畧高，不知此項佣金，實際上包涵苦力費用，及倉租使用在內，其中一

大部份，原非屬於收益性質，殊難劃分，固不勝其煩，概括統計，亦難得平允，是就報酬金額課稅，足令該業商人，無所措手足，此外大綱第一條，凡已由中央征收特種捐稅者，免納營業稅，則棉紗業已納統稅，應在免征營業稅之列，大綱第九條營業稅，應在厘金裁撤完竣後實行，則本省台厘府稅，亦應先在裁撤之列，以上各節，經議決請求再為改善，並公推胡頌棠，趙靜山，黃詠雩，馮星垣，褚澤生，五君，賫函請求在案，相應彙集各代表意見，派胡頌棠等賫函佈達

貴廳查照，務希再賜採納改善，核明見復，至紉公誼，此致

廣東財政廳廳長林，

執行委員會主席鄒殿邦

附廣州市商會市字第四五二號公函

逕啟者，關於請求改善營業稅一案，前經敝會再彙集各同業公會意見，(一)請將公積金附充金借入金免併入資本額計算，(二)請商業牌照以呈報有案者為準，不以十九年份及今年所領商照為限，(三)請整賣營業稅率，應較零賣營業稅率減輕，(四)請庄口業代理業報稅業等，不宜另設報酬金名目，此外並請照大綱第一條及第九條辦理各情，當於七月二十日備具公函，並舉派代表胡頌棠等五人前赴

貴廳請願在案，旋據胡委員頌棠於第三十三次執委會會議報稱，日前赴財政廳請願改善營業稅，以原有商業牌照為征稅標準，其附充金借入金公積金等項，免予加入計算各情形，業蒙林廳長允予接納，應否再函明白示復，請公決等語，即席議決改善營業稅一事，本會最後函請各節，既經財政廳長面允接納，且營業稅開辦在即，尤宜核定標準，俾有遵循，應再函請明白示復，并舉派胡頌棠趙靜山兩委員，賫函赴廳陳請在案，相應函達

貴廳查照，希將容納改善營業稅各節，明白函復，以慰喁望，至紉公誼，此致

廣東財政廳廳長林，

執行委員會主席鄒殿邦

公函廣州市關於擬設商店資額審定委員會以審定立名似有未當函覆查照辦理見覆文

廣東省政府財政廳公函 營字第六一一號二十年十二月四日

逕覆者，現准

貴會市字第八零三號函，送廣州市各行商店資本額審定委員會章程草案二份，請爲查核見復，以便組織，而利進行等由，准此，查所擬設之會，既於征收機關決定稅額時，得貲臂助，亦使評議會於評議當中，得所據依，設立之意，尙稱美善，惟查課稅標準之審定，乃督征機關之權衡，即征收機關，亦無此種權限，該擬設之會，以審定立名，似有未當，又官商合議機關，已設有評議委員會，雖擬設之會，名稱與之不同，但所擬議事項，實不出評議範圍之外，且既負責爲各商店資本額之証明，則逕由

貴會及各該同業公會會同組織，已可作公正之諮詢機關，似更無另行由廳派員會組之必要，並查征收章程規定課稅標準，有資本額營業額，收入金額，報酬金額四種，現祇限於資本額一種，其餘三種，及証明之手續如何，並未議及，亦似未盡週全，且既爲他人証明，若有不實，究應負若何之責任，草案內並未聲叙，尤屬無憑核議，准函前由，相應函復

查照酌核見復，至紉公誼，此復

廣州市商會

廳長馮祝萬

附廣州市商會市字第八〇三號公函

逕啓者，查本省舉辦營業稅，關於課稅標準之資本總額計算問題，迭經敝會轉據各行商意見，陳請改善，尙未獲確當解決，在政府初意，以爲非將公積附充借入等項併入資本總額計算，則無以保持征收之準確，力主保留之議，而在商民則以爲此項規定，最涉繁苛，不得不堅請改善，一似官商各有立場，皆爲維護自方利益而然，寔則商民期期以爲未可者，蓋以稅則新頒，必須與社會現狀，及人民習慣，兩相適應，然後推行乃無妨碍，現在商場所用簿據，一沿舊習，出入計算，形式方法，錯綜不一，若必以名目不同之公積金等，一一徵之於年結賬簿內，微論商人手續，未甚明瞭，謬誤罹罰，勢所難免，而稽征人員，藉口檢查，滋生苛擾亦勢所必至，此商人所以再四爭持者，非專在負擔之所難勝，寔以減除騷擾之意爲重，幸而

貴廳顧念及此，曾於敝會前次派員赴廳請求改善稅章時，面予答復，在本年內悉照原報商業牌照資本額征稅，將來二十一年度課標準額，由官商共同組設機關，將各行商資本額審定，務求平允等語，足見

貴廳與民合作，體恤商困主意，惟現距二十一年度，為時僅有兩月，若不從速為資本額之審定，則下年度開始稅收，仍無確當之準據，故資本額審定機關，寔有亟宜組設之必要，然或以營業稅評議委員會，現經成立，關於審定資本事宜可由該會辦理，似無庸再設審定機關，致涉駢枝，不知評議會之評議事項，係以營業稅征收機關交付之評議事項為限，即間有及於資本之評議，亦僅屬某一商店，臨時發生之事，與資本額審定機關之以各行商列送之資本額而為整個之審定，以為營業稅全年度之征收準據者，其性質範圍，寔屬截然不同，各有所需，並行而不為悖者，案經依照

貴廳諭旨，召集各行同業公會代表會議，僉認為審定資本額機關，亟應會同官商兩方，從速設立，務於本年內將各行商店資本額計算問題，可獲確當解決，而官商利益，亦可保持平允，一面由商會設計，從速養成簿記人才，指導各行商店，劃一改善簿據，以期商場計算，與稅章規定，互相適合，然後切寔照章課稅，使稅收商民，兩無妨碍，為計莫善於此，當經一致議決，設立資本額審定機關，定名為廣州市各行商店資本額審定委員會，并將章程草案，議決通過在案，相應繕具章程，備函送請

貴廳查照，希為核奪，迅賜見復，以便組織，而利進行，寔紉公誼，此致

廣東財政廳廳長馮

執行委員會主席鄒殿邦

附送資本額審定委員會章程草案二份

附廣州市各行商店資本額審定委員會章程草案

第一條　廣州市各行商店資本額審定委員會，（以下簡稱本會）由廣州市商會（以下簡稱市商會）呈請廣東財政廳（以下簡稱財政廳）核准設立之

第二條　本會以左列人員組織之

（一）財政廳派出委員三人

（二）市商會選出委員四人

（三）廣州市各行同業公會選出委員二人

前項公會委員於審定各該行資本額時由本會通知各該行公會臨時選派之

第三條　本會設主席一人，由前條（一）（二）兩項委員互選之

第四條　本會職權以審定廣州市各行商店(以下簡稱各行商店)之資本額為限，

第五條　各行商店資本額，經本會審定，呈報財政廳核准備案後，即為該行商店應納營業稅課稅標準之確定總資本額，所有公積金，附充金，借入金等項名目，均免併入計算，

第六條　本會審定各行商店資本額，限於民國二十年十二月底辦理完竣，

第七條　各行同業公會會員之商店，先由各行同業公會按照各商店資本之多寡，及現在營業之大小，擬定資本額等級，由該會逐店編訂，列册送交本會審定，

第八條　各同業公會會員商店之資本額，該同業公會不能自行擬定時，或無同業公會而為市商會會員之商店，均由市商會先行擬定其資本額，再送本會審定，但審定市商會商店會員之資本額時，得由該商店派出代表一人列席，陳述意見，

第九條　各行已設立同業公會，而未入公會之商店，或未設立同業公會，及依法無同業公會，而又非市商會會員之商店，均由本會直接審定其資本額，

第十條　委員會開會時，須有全體委員三分之二出席，方得開議，多數同意為決議，可否同數時，取決於主席，

第十一條　各行商店對於本會審定該商店之資本額數，如有不服時，得聲請再行審定，但須携同簿據或文件到會證明，

第十二條　本會委員均為名譽職

第十三條　本會辦事細則另定之

第十四條　本會附設於市商會內

第十五條　本會章程由市商會呈請財政廳核准備案之日起發生効力

第十六條　本章程之修正須經本會呈請財政廳核准備案

公函覆廣州市商會關于商店資額審委會酌擬辦法覆請查照辦理見覆文營字第八二六號二十年十二月廿八日

逕覆者，現准

貴會市字第一零五八號函復，關於敝廳函請將擬設商店資本額審定委員會各點，查明見復一案，以商店資本額審定委員會章程草案第五條，內載「各行商店資本額，經本會審定，呈報財政廳核准備案後，即為該行商店應納營業稅課稅標準之確定總額」等語，

可見審定之責，雖屬斯會，而核准備案之權，仍在官廳，絕非侵奪督征機關之權衡，又會同組設，無非實現官商合作起見，又以營業額，收入金額，報酬金額三種，早有明文規定，自無容該會再加証明手續，又審定之後，倘須報廳核准備案，倘証明不實，政府應予糾正，此外並無如何責任，函復查照核明見復等由，准此，查審定係有確定之意義，課稅標準額之審定，自屬督征機關之權衡，況現擬設之會，既規定呈經本廳核准設立，則所擬議者，本廳更當有權核定，斯會何得有審定之權，茲查原草案第五條，亦有呈經本廳核准備案字樣，權限上尚無侵越，惟斯會逕以審定立名，仍有未當，擬將「審定」二字，改爲審查，以符名實，又斯會之設立，原爲贊助征收機關，若征收機關對于斯會審查之資本額，事實上認爲不實時，似可准予呈廳複核，蓋審查之資本額，雖經本廳核准備案，但對茲數萬商店，勢難一一實地調查，若有不實，經各區發覺，自應由廳覆核，以昭核實，並查征收章程第十條第二三兩項規定，有公積金與公積金性質相同之資產，又附充金借入金超過出資金及公積金合計之部份，均作資金計算等語，斯會于審查總資本額時，前列各項，自應併入計算，乃查原草案第五條，逕有「所有公積金附充金借入金等項名目，均免併入計算」字樣，核與定章不符，似應將此句改爲「若經營業稅征收機關發覺不實時，仍得呈請財政廳復核」等字，以杜疏漏，而符定章，又關于資本額之計算方法，修正本省征收章程第九條至十四條，業有詳列規定，斯會審查商店資本額時，自當依照辦理，似應于原草案內加入，「審查商店資本額時，應依照修正本省營業稅征收章程規定辦理」一條，以符章制，又營業稅之賦征，係以商店爲課稅單位，照章係按各商店課稅標準額計稅，與全行資本數目，並無關係，現查原草案第二條第三項，有前項公會委員，審定各該行資本額時，由本會通知」等語，似應于各該行之下，資本額時之上，加「入商店之」三字，以符定規，至關于組織一項，似毋庸由廳派員會組，前准

貴會函廳，業經函復查照在案，准函前由，相應函復查照，即希酌核辦理見復，至紉公誼，此復

廣州市商會，

廳長馮祝萬

附廣州市商會市字第一零五七號公函

逕啓者，案准

貴廳營字第六一一號公函，內開，現准貴會函送廣州市各行商店資本額審定委員會章程草案二份，查所擬設之會，既于征收機關決定稅額時，得資贊助，亦使評議會於評議當中，得所依據，設立之意，尚稱美善，惟查課稅標準之審定，乃督征機關之權衡，

卽征收機關，亦無此種權限，該擬設之會，以審定立名，似有未當，又官商合議機關，已設有評議委員會，雖擬設之會，名稱與之不同，但所擬議事項，實不出評議範圍之外。且既負責爲各商店資本額之証明，則選出貴會及各該同業公會會同組織，巳可作公正之諮詢機關，似更無另行由廳派員會組之必要，並查征收章程規定課稅標準有資本額，營業額，收入金額，報酬金額四種，現祇限于資本額一種，其餘三種，及證明之手續如同，並未議及，亦似未盡週全，且既爲他人證明，若有不實，究應負若何之責任，草案內並未聲叙，尤屬無憑核議，相應函復查照，酌核見復等由，准此，查本省舉辦營業稅，關于用資本額課稅一事，在政府方面，則擬將公積金借入金等項併入資本額征稅，以期嚴密，在商民方面，則以爲公積金借入金等項，萬不能併入資本額計算，迭陳窒碍，聯請廢除，以歸簡便，旋蒙貴廳核准本年度課稅標準，暫准照原報商照資本額征收，惟仍慮商照所報，其中或有不實不盡，將來二十一年度課稅標準，擬由官商共同組設機關，將各行商店資本額審定，務求平允，故現擬設之會，正所以仰體貴廳維持稅收，利便商民之旨，承許爲意尙美善，是設立原則，已荷贊同，至來函謂審定命名，似有未當，不知該草案第五條，內載各行商店資本額，經本會審定，呈報財政廳核准備案後，卽爲該行商店應納營業稅課稅標準之確定總資本額等語，可見審定之責，雖屬斯會，而核准備案之權，仍在官廳，絕非侵奪督征機關之權衡，又函謂擬議事項，實不出評議會範圍之外，不知評議會事項，係以營業稅征收機關交付之評議事項爲限，卽有涉及資本之評議，亦僅屬某一商店臨時發生之事，與現擬設之會，係就各行商列送之資本額爲整個之審定，及爲全年度征收根據者，截然不同，且評議會係永久存在，與斯會祇求二十一年資本額之準確審定後，隨卽撤銷者，性質尤別，又函謂商界會同組織，無另行由廳派員會組之必要，不知現擬設之會，係爲政府防止商照資額不實之弊，以利新稅推行，前經派員赴廳，商准會同組設，無非實現官商合作起見，又函謂祇限於資本額一種，似未週全，不知現在課稅標準，如營業額，收入金額，報酬金額三種，早有明文規定，自無容斯會再加証明手續，又函謂証明不實，如何責任，未准聲叙，不知草案內聲明審定之後，尙須報廳核准備案，倘証明不實，政府應予糾正，此外並無如何責任，准函前由，當經敝會第四十九次會議議決，按照函開各節，分別解釋，並派委員胡頌棠等賫函陳明在案，相應將解釋各理由，函復

貴廳查照，卽希將前送資本額審定委員會章程草案，迅賜核明見復，至紉公誼，此致

廣東財政廳廳長馮

執行委員會主席鄒殿邦

公函覆廣州市商會關于商店資額審委會復請選派負責代表來廳面議文

營字第三八六號
二十一年三月二日

廣東省政府財政廳公函

逕復者，現准

貴會市字第八十七號函，再請將擬設各行商資審委會原訂草案，迅予核准備案，等由准此，查前案前准

貴會迭次函請，准予備案，以便設立各等由，業將原草案未妥各点分別改善，先後復請酌核辦理見復在案，玆查該市二十一年分營業稅申報事項，業經開始辦理，前項擬設之會，亟待早日成立，俾勷進行，惟查原擬各点，尚須詳爲斟酌，現擬請由

貴會於本年三月五日下午二時選派負責代表四人來廳，由廳派員會同在本廳禮堂當面商議，再行核定，以免隔閡，而期週密，又查去年分營業稅，前因創辦伊始，爲便利商人起見，凡以資本額爲課稅標準之營業，暫准以商業牌照資本額爲課稅標準，原屬權宜辦法，本年分自難援照辦理，所請在原草案未核准備案，商店資額確定前，仍准照二十年課稅標準征收，核與章案不符，未便照辦，准函前由，相應函復

貴會查照辦理爲荷，此復

廣州市商會

廳長馮祝萬

附市商會市字第八七號公函

逕啓者，關於擬設廣州市各行商店資本額審定委員會一案，昨准

貴廳營字第八二六號公函，內開，查審定係有確定之意義，課稅資本額之審定自爲督征機關之權衡，況現擬設之會，既規定呈經本廳核准設立，則所擬議者，本廳更當有權核定，斯會何得有審定之權，玆查原草案第五條，亦有呈經本廳核准備案字樣，權限上尙無侵越，惟斯會逕以審定立名，仍有未當，擬將審定二字，改爲審查，以符名寔，又斯會之設立，原爲贊助征收機關，若征收機關對於斯會審查之資本額，事實上認爲不實時，應准呈廳複核，蓋審查之資本額，雖經本廳核准備案，但對玆數萬商店，勢難一一寔地調查，若有不實，經各區發覺，自應由廳覆核，以昭核實，并查征收章程第十條第二三兩項規定，有公積金與公積金性質相同之資產，又附充金借入金超過出資金及公積金合計之部份，均作資金計算等語，斯會於審查總資本額時，前列各項，自

應併入計算，乃查原草案第五條，逕有所有公積金附充金借入金等項名目均免併入計算字樣，核與定章不符，似應將此句改爲若經營業稅征收機關發覺不實時，仍得呈請財政廳復核等字，以杜疏漏，而符定章，又關於資本額之計算方法，修正本省征收章程第九條至十四條，業有詳列規定，斯會審查商店資本額時，自當依照辦理，似應於原草案內加入審查商店資本額時，應依照修正本省營業稅征收章程規定辦理一條，以符章制，又營業稅之賦征，係以商店爲課稅單位，照章係按各商店課稅標準額計稅，與全行資本數目，幷無關係，現查原草案第二條第三項，有前項公會委員，審定各該行資本額時，由本會通知等語，似應於各該行之下，資本額時之上，加入商店之三字，以符定規，至關於組織一項，似無庸由廳派員會組，相應函復查照，即希酌核辦理見復等由准此，查此項審定委員會草案，迭由敝會召集各同業公會代表，詳細擬訂，該草案第五條，內載經本會審定，呈報財廳核准備案後，即爲該行商店應立營業稅之確定資本額等語，可見確定意義，係在呈報核准之後，非謂審定時，即爲確定，於官廳權限，並無侵越，已在洞鑒之中，且擬設斯會宗旨，在商民絕無自私自利之見，徒以營業稅征收章程，有將公積金附充金借入金等項併入資本額計算之規定，而按諸商場習慣，及政府收稅方面，皆確有窒碍難行之慮，勉強從事，騷擾必多，故二十年度課稅標準，已奉准按商照資額填報，係屬官商交利，但專就商照資額征稅，政府疑有不實不盡，旋出敝會派員面商，蒙准會同組設斯會，以期資額核實，一以利新稅之推行，一以杜手續之紛擾，尤足以免資額不盡不實之流弊，是對於原頒營業稅章程，既屬兼顧事實，變通盡利，自不必仍以定章條例相繩，致增商民疑慮，本月五日，當經將廳函開同業公會談話會討論，僉以擬設斯會宗旨，已如上述，於權限上，既查無侵越，於名稱上，必求有根據，若改稱爲審查委員會，則實際祗等於政府之諮詢機關，其職務祗等於各區之調查員司，名之不存，形同虛設，似無另組斯會之必要，況官廳若不派員會組，固無以表示官商合作之精神，即將來官廳對於斯會呈報事件，核准備案時，亦諸多隔閡，即席討論結果，一致主張兩項如下，(一)請求照原訂審定委員會草案，准予備案，(二)在審定委員會未審定資額，呈准備案以前，二十一年營業稅，請求仍照二十年度征收標準課稅，以上兩項辦法，交由執委會議備轉達，並經敝會執委會議決，即派員賚函請求各在案，現在二十一年度課稅開始，此項資額審定委員會，亟宜從速設立，相應錄案並推舉委員胡頌棠，趙靜山，陳遠峯，馮陶侶，馮星垣，盧轅屏等，賚函面達

貴廳查照，希將擬設之審定委員會原訂草案，迅予核准備案，即派員會同組設，在原草案未核准備案資額確定之前，仍准照二十年度課稅標準征收，以安商業，而免煩擾，並祈見覆，至紉公誼，此致

廣東財政廳廳長馮

廣州市商會執行委員會主席鄒殿邦

呈　省府關於征課廣州市本年分營業稅擬具變通辦法請核令遵文營字第三三號廿一年五月十三日

呈爲呈請事，案准移交，准廣州市商會函，請准照前送商店資本審委會章程草案，迅予備案，並依規定資額課稅，勿予變更，在原草案未核准，資額未確定以前，仍准照二十年分課稅標準征收等由，准此，查此案經憑前任函請該商會選派負責代表來廳，會同討論，節經討論二次，但事關改善課稅標準問題，非經長時間研求，難臻完善，惟恐時日過久，有碍庫收，値玆庫帑短絀，似可於前項問題未解決前，暫准仍照二十年分征課辦法征收，即凡屬以資本額爲課稅標準之營業，准照商業牌照資本額計稅，以濟急需，又查各省征收營業稅大綱第三條，有發給營業証時，應即決定全年營業稅之稅率等級及銀數，在此一年度之內，不得減輕或加重之規定，並擬於前項問題解決時，即就決定辦法，再行按照從實征稅，以符定規，其已照商照資額納稅者，得照繳過稅額，分別不足追補，有餘發還，或流抵下期稅欵，以期核實，而昭公允，仍限於若干日內，將本年份第一二三各期稅欵繳局核收彙解，免予加收，逾限不遵者，決照征收章程第二十四條規定辦理，以示體恤，而儆疲玩，事關變通辦理，理合備文呈請

鈞府察核，伏乞

指令祇遵，實爲公便，謹呈

廣東省政府

財政廳廳長區芳浦

公函覆廣州市商會關於征課廣州市本年分營業稅變通辦法業呈奉　省府議決照辦在案函達查照並令局及佈告文

廣東省政府財政廳公函營字第八二號二十一年五月二十五日

逕啓者，案准前任移交，准

貴會發字第三四零號公函，請准照前送商店資本審委會章程草案，迅予備案，並依規定資額課稅，勿予變更，在原草案未核准，資額未確定以前，仍准照二十年分課稅標準征收等由，業以此案經憑前任函請

貴會選派負責代表來廳，會同討論，節經討論二次，但事關改善課稅標準問題，非經長時間研求，難臻完善，惟恐時日過久，有碍庫收，似可於前項問題未解決前，暫准仍照二十年分征課辦法征收，即凡屬以資本額爲課稅標準之營業，准照商業牌照資本額

計稅，以濟急需，又查各省征收營業稅大綱第三條，有發給營業証時，應即決定全年營業稅之稅率等級及銀數，在此一年度之內，不得減輕或加重之規定，並擬於前項問題解決時，即就決定辦法，再行按照從實征稅，以符定規，其已照商照資額納稅者，得照繳過稅額，分別不足追補，有餘發還，或流抵下期稅款，以期核實，而昭公允，仍限本年六月十五日以前，將本年分第一二三各期稅款繳局核收彙解，免予加收，逾限不遵者，決照征收章程第二十四條規定辦理，以示體恤，而儆疲玩等詞，呈請

廣東省政府核示在案，現奉

廣東省政府財字第四零一二號指令開，此案業經提出本府第六屆委員會第八六次會議，議決照辦在案，據呈前情，合行錄案令復，仰即知照等因，奉此，除關於改善課稅標準，俟核定辦法，再行函達，暨分令市營業稅局遵照定限收稅并佈告外，相應函達

貴會，即希查照，轉飭各行商人，依限納稅為荷，此致

廣州市商會，

廳長區芳浦

（訓令佈告畧）

公函覆廣州市商會准函仍請照商照資額計稅未便照辦應仍照擬定改善辦法辦理並將擬定商店營業額估委會章程草案及估定辦法請召集各行商人商酌依限見覆核辦文

廣東省政府財政廳公函營字第二四九號二十一年七月十五日

逕復者，現准

貴會第六零五號函復，關於敝廳函送擬定改善課稅標準辦法，請召集各行商會，詳為商酌，依限函復一案，以釐金府稅未裁，商民進納營業稅，並無規避，前奉准專就商照資額課稅，本屬行之無碍，現忽改擬就營業額課稅，雖云可免借入金等併入資本額之爭執，然營業額計算之困難，遠不若資本額計算之簡便，如謂照章須每年決定稅額一次，原報商照資額，或有不盡不實，則前者准設之各行商店資額審委會，由官商合組，公同審定，核實增加，足資救濟，即勉就營業額課稅，恐亦未得確實之標準，徒令不肖員司，意為高下，滋擾情形，何堪設想，年來商場凋敝，外強中乾，每有營業愈大，虧折愈多者，而所定營業額稅率，至千分之十，尤與大綱第四條至多不得超過千分之二之規定不合，仍請對於營業稅准照原定標準征收，并將資額審查委員會核准進行等

由，幷據廣州市米業同業公會，呈請仍照資本額千分之五課稅等情，據此，溯自本省裁撤行籤以來，每月短收甚鉅，茲值勦共時期，各項支出，更復增加，全省營業稅已開征者，現祗廣州一隅，全省各屬，尚未盡行舉辦，自未便遽將府稅台籤，併予撤銷，致絀庫收，再查去年分係以營業稅開辦伊始，爲一時權宜計、凡以資本額爲課稅標準之營業，特准暫照商業牌照資本額計稅，惟查廣州市商業牌照十之八九，係屬多年前給領，其所列資本額，既經多年營業之盈虧，當與現在營業規模多異，若必強照原領商照資額計稅，不問其營業現況若何，則其結果，庫收固屬減短，同時資本減縮者，加重負担，既悖於公平原則，尤抵觸於大綱原旨，本年分起，自未便援照辦理，又

貴會所擬商店資額審委會章程草案，所列各條，與征收章程根本抵觸，均經本廳詳爲解釋，函達

貴會查照有案，茲又再申前請；是政府雖有接納商人合法請求之心，而商人所欲未免強人所不能，置庫收民力於不顧，至謂年來商塲凋敝，營業愈大而虧折愈多等語，準此而言，資本愈大者其虧折亦當比例較大，則按資本額課稅，何嘗不同出一轍，又課稅標準額，是否確實，全在申報之營業商人，倘營業者據實申報，而該管征收機關所定額數爲過當，則有評議會爲之審查，豈員司之所能意爲高下，且入店調查，須會同當地商會，載在章程，倘有滋擾情事，既有見證之人，自可指名呈報核辦，所稱徒令不肖員司，意爲高下，滋擾情形，何堪設想等語，均屬憑空臆斷之詞，又各省營業稅大綱第四條，雖規定有採用營業額最高不得超過千分之二，惟營業稅法第四條甲項，係有以營業總收入額爲標準者，征收其千分之二至千分之十之規定，按營業稅大綱令佈在前，營業稅法頒發在後，前者由財政部頒佈，後者須自立法院，兩者出入之處，自當以營業稅法爲依據，現擬改善辦法，所定營業額之稅率，祗由千分之一起至千分之十，已較法定爲輕，且此事純屬稅率之高下問題，與課稅標準，絕對無關，該商會倘認擬定稅額過高，當詳明理由，請求酌減，何得以現擬照營業額課稅之稅率過高爲詞，作反對改用營業額爲課稅標準之口實，且商人請求照商業牌照資本額計稅，同時反對借入金作爲資本計算，並要求設立商資審委會，則該審委會之未盡妥善，既如上述，縱即准予一一照辦，倘該會所定商店資額，有不妥實時，自當由廳再行從實估計，若不肖商人，將出資金報作借入金，政府何從防範，若是商民得其盡便矣，其如稅收不堪問何，

貴會對於此點，倘有防範瞞稅之方，則政府無不儘量接納，乃置此點於不問直是獎瞞稅而絕財源，總之超過出資金與公積金合計部份之借入金等，若不作爲出資金計算，則出資金亦必報作借入金，事簡單而理明顯，實無待復按而後知，故爲格外俯順商民，免除借入金之爭執，及杜絕不肖商人將資本報作借入金起見，特擬定前項改善辦法，在政府幾經遷就，而同時對於征稅，必也商

情庫收，兩相兼顧，來函竟謂因而取盈，實屬誤會之至，總核現函所稱各節，并非持平立論，秘求便已之方，置稅收於不顧，殊背本廳博訪諏咨，融洽商情原旨，所請仍照原定商照資本額課稅，未便照辦，應仍照擬定改善課稅辦法辦理，以昭覈實，而期公允，并為減省手續，以利商民計，擬暫准設立商店營業額估定委員會，由政府商會，派員會同組設，對於商店營業，以不檢查為原則，經該委員會估定，呈由本廳核准，即按照征稅，其商民不欲經該委員會估定，仍得請由市營業稅局依章照實估計，以便商民，而資體恤，依此借入金問題，既可免除，商店據實申報，更可免受檢查賬目，庫收商情，比較兩得兼顧，除批復外，相應將擬具廣州市商店營業額估委會章程草案，連同廣州市商店營業額估定辦法，函送

貴會，即希召集各行商人，再行商酌，務祈持平立論，勿再徒恃一偏之見，致碍庫收，仍請於七月廿五日以前復廳，以憑核辦，

用叙公誼，此復

廣州市商會，

附送廣州市商店營業額估委會章程草案及辦法各乙份，

廳長區芳浦

附廣州市商店營業額估定委員會章程草案

第一條　廣東財政廳（以後畧稱財政廳）為減免檢查商店營業額手續起見，特設立廣州市商店營業額估定委員會（以後畧稱本會）

第二條　本會以左列人員組織之

（一）財政廳派出委員叁人，

（二）廣州市營業稅局（以後畧稱市營業稅局）派出委員弍人，

（三）廣州市商會（以後畧稱市商會）選出委員弍人，

（四）廣州市各行同業公會選出委員弍人，

第三條　本會設主席一人，由財政廳派出委員為主席，

第四條　本會職權，以估定廣州市各商店營業額為限，

第五條　各商店營業額，經本會估定，呈報財政廳核准備案後，即由財政廳發交市營業稅局按照征稅，若經市營業稅局發覺不

實，或商店對於財政廳核准備案之估定數目，認爲過當時，仍得呈請財政廳復核之，

第六條　財政廳對于本會估定商店營業額數目，認爲不妥實時，得發交本會復估，復估後，財政廳仍認爲不妥時，得由財政廳發交市營業稅局派員依章從寔估計，商人對于從實估計，認爲過當，仍得依章請求修正，

第七條　凡規定以營業額爲課稅標準之商店，應照申報單各項，分別從實填列兩份，一份呈繳市營業稅局申報，一份送由行會市商會分別復核，轉送本會估定，

第八條　本會估定各商店營業額時，應依據各商店營業額審定辦法爲標準，

第九條　本會開會時，須有全體委員三分之二出席，方得開會，多數同意爲決議，可否同數時，取決於主席，

前項全體委員人數，如有同業公會參加者，以若干人爲額，無同業公會參加者，以若干人爲限，

第十條　本章程第二條(一)(二)(三)各項委員，若未經請假，缺席至三次以上者，即由本會向該缺席委員原選派機關，請求另行選派，

第十一條　本會委員均爲名譽職，但得酌送伕馬費，

第十二條　本會一切經費，由廣州市商會負担，

第十三條　本會辦事細則，由本會擬定呈請財政廳核准備案，

第十四條　本會章程，得由財政廳修正呈請省政府備案，

第十五條　本會章程由財政廳呈奉省政府核准公佈日施行，

附廣州市商店營業額估定辦法

第一條　本辦法係爲使廣州市商店營業額估定委員會（以後畧稱估委會）估定商店營業額時，得有劃一標準而規定，

第二條　估委會估定商店營業額，應依據該商店全年一切總支銷，及酌加普通利率爲標準，

第三條　前項總支銷，係指下列各點，

(一)全店從業員全年工金總額，

(二)全年舖租金額，

(三)全年自來水及電燈費總額，

(四)其他關于營業上全年之一切支出，

第四條 前條第二項，全年舖租，若有舖底頂手關係，或係自業，應就其鄰近舖屋租值，比例算定之

第五條 第三條第(三)項自來水電燈，係以關于營業上之使用爲限，

第六條 估委會必要時，得着商店將一切簿據繳驗，

第七條 估委會對于商店列報各項，認爲有不盡不實時，得着商店更正復送，若商店疲玩不復時，得由估委會逕函廣州市營業稅局照章辦理，

第八條 估委會估定商店營業額後，即通知各該商店，商店如有不服時，得於三日內請求重估，但須携同簿據或文件到會証明，估委會于通知商店三日後，未見商店請求重估，即將估定數目，呈報財政廳核辦，

第九條 估委會估定商店營業額，自接到起計，最遲不得過拾天，其有特別情形者，不在此限，

第十條 本辦法如有未盡事宜，由財政廳修正，呈請省府備案，

第十一條 本辦法自呈奉核准公佈施行，

附廣州市商會市字第六〇五號公函

逕復者，案准

貴廳第一六九號公函，并將改善營業稅課稅標準辦法附送，囑即召集各行代表，從詳商榷，於本年六月三十日以前，函復過廳，以憑核議呈請省政府核示等由，准此，當經敝會於本月二十六日召集各行代表開會討論，僉以照營業稅大綱第九條規定，原有各省徵收營業稅，應俟釐金裁撤完竣後實行等語，現在類於釐金之府稅，及各行台釐，尚未裁撤，而各行遵納營業稅，已有年餘，在商民經絕對服從，並無規避取巧之念，在政府宜從民所便，勿存因而取盈之心，關於物品販賣業，從前奉准專就商照資額課稅，本屬行之無碍，現忽改擬就營業額課稅，雖云可免借入金等併入資額之爭執，然營業額計算之困難，遠不若資本額計算之簡便，理最明顯，如謂照章須每年決定稅額一次，原報商照資額，或有不實不盡，則前者准設之各行商店資額審定委員會，由官商合組，公同審定，核實增加，自足以資救濟，况我國商場簿記，尚未完備，業在政府洞鑒之中，即勉就營業額課稅，恐亦未得確實

之標準，徒令不肖員司，意爲高下，滋擾情形，何堪設想，年來商塲凋敝，達於極點，外強中乾，每有營業愈大，虧折愈多者，今不問其虧折如何，惟知計額征稅，固與來函所云營業稅係收益稅之宗旨不符，而所定營業額稅率至千份之十，尤與大綱第四條至多不得超過千份之二之規定不合，是手續既繁，担負既重，商民實無所措手足，討論結果，一致主張仍就商照資額課稅，幷請將審定資額委員會章程，迅予核准成立等議在案，相應函復

貴廳查照，希對於營業稅准照原定標準征收，并將資額審委會核准進行，以弭糾紛，至紉公誼，此致

廣東財政廳廳長區

執行委員會主席鄒殿邦

（四）關於各行商請求改善營業稅之文件

批廣東全省民營電業聯合會呈請免征營業稅應毋庸議文

廣東省政府財政廳批　營字第五六號二十年八月三日

批廣東全省民營電業聯合會

呈一件請援照湘皖成案，准予免征電業營業稅由，

呈悉，查皖省營業稅征收章程，雖未見將電業列入征收，惟查江浙湘等省營業稅征收條例，電氣業均列入征收範圍，可見地方情形，商業狀況，各有不同，而征收範圍，課稅標準，自有分別；又查電力業一項，財政部頒行各省征收營業稅大綱及補充辦法，亦無免課營業稅之規定，本省營業稅征收章程前擬草案第十一條，規定電力業照資本額征稅千份之十，又從業員每人征收三元，當時并不見該會請求免稅，迨本廳爲體恤商艱起見，將課稅標準中之從業員一項，概予删除，而對於電力業之稅率，照舊按資本額征課千分之十，不再增加，是既無悖於部定大綱，又無提高稅率，現修正本省營業稅征收章程，經呈奉

廣東省政府省務會議議決照通過，公佈之後，業已多日，該會乃呈請免征，殊難照准，據呈前情，仰仍遵照修正本省營業稅征收章程辦理，所請應毋庸議，再查原呈以湘省對於電力業免課營業稅，核與湘省營業稅征收條例不符，併飭知照，此批，

廳長林雲陔

附原呈

呈爲呈明電業艱困特情請援照湘皖成案准予免征營業稅事竊閱報載鈞廳修正廣東省營業稅章程將原擬課稅標準關於舖租額從業員人數兩項刪去具見恤民惠商至意惟於原出資金外加入公積金附加金借入金等爲總資本額未蒙刪除此點窒礙殊多然既有各行商之申辯亦無容多說茲謹就電氣業所感稅率過重之痛苦敬爲鈞長陳之查江蘇省浙江省之征收營業稅條例經財政部修正凡交通業電氣業均課營業額千分之二湖南省安徽省之征收營業稅條例并不將電氣業劃入課稅範圍今本省於電話業電力業之稅率均課資本額千分之十實已太高同屬中華國國民同屬電氣業事業所征營業稅率自應彼此從同不宜有異此應呈明者一方今國民政府建首善於廣州仁政之施正宜先及若令本省電氣業之稅率反重於江浙實非所以正觀聽而來遠人此應呈明者二近年吾粵電氣業飽受偷電霸王電不納費之三大害多無溢利官息之可分甚或至於虧本至於停閉其猶勉強支持者不過爲公益公用計又因投資過巨欲罷不能耳自去年金漲後凡電業上平日所求於外國如煤炭油渣車油及各種配料物品無不隨之飛漲而電價獨不能應時增加所損極巨曾經呈請加價維持但亦未蒙邀准勢將淪於破產何堪再課重稅此應呈明者三查營業稅係因裁厘籌抵而起故各業於此雖有新稅之增亦獲舊厘之減若電業本無厘金則新稅一增即是平添擔負況各業所受課稅之數猶可轉嫁於貨價之中若電業則不能自由加價故無論被課何稅無不直接受損此應呈明者四近年中央政府鑒於吾國電業之衰落更以電業爲建設事業之原動力與農工百業關係至多先後頒布民營公用事業條例電氣事業條例及檢查竊電追償電費規則并通令各省政府徵收民營電廠各項稅捐須先呈行政院核准等因所以維持電業而休養之者其用意至遠今若課以過量之營業稅率不特直接壓抑電業勢將間接壓抑百業殆非所以勵建設而闢稅源此應呈明者五或曰江浙所課稅率千分之二係以營業額爲標準本省所課千份之十係以資本額爲標準資本額必小於營業額安見本省所課稅率必大於江浙不知各種商業其營業額有大於資本額數倍乃至數十倍者惟電氣業設備極多所需資本極巨其營業則限於地域累於偷漏故其資本額與營業額之比大約在十與八乃至十與十五之間如廣州電力公司其每年營業額約在三百餘萬元而其原有資本額爲三百萬元若并其公積金計入資產總額則除折舊費外尚有四百餘萬元是其明例也然則吾粵電業營業稅率比之江浙殆加重五倍此應呈明者六查本省營業稅征收章程係根據營業稅大綱及補充辦法而定而大綱第四條規定營業稅稅率至多不得超過課稅標準千分之二此原則也其補充辦法第八條有云以資本額爲課稅標準者最

高不得超過千分之二十此不過泛就各業爲推行便利計耳今電業界之資本額與營業額相差不遠既經明如上然則本省之電氣營業稅率課至資本額千份之十即無異課至營業額千分之十此實超過大綱所規定者甚遠況今章程內發生矛盾的現象此應呈明者七自北伐軍興粵民所負公債租捐軍需庫券金融庫券及各種雜捐均較他省爲特重若在電氣業平時對於公路公園公共處所機關學校等既有減價辦法遇各種紀念歡迎典禮臨時又責以特別報効是則比諸他種工商業其負担尤多更有與地方政府爲特別之規定如廣州市電力公司章程定以溢利十分之一撥充市行政經費如江門新光公司章程規定每年將營業所得之一千燈報効二百元其餘每千燈報効一百元繳縣以助警費者是無異已課以高度之營業稅矣此應呈明者八基上理由擬請

鈞長俯念吾粵電氣業凋敝已極勢將破產准予援照湖南省安徽省征收營業稅條例免課電業營業稅俾得苟延殘喘徐圖蘇息報稱若以軍事緊急餉糈浩繁未許完全豁免則請將征收章程修正將稅率盡量減輕至多不過照商業牌照資本額征收千分之二此有與地方政府特別規定如上述江門廣州等電力公司所特別繳納於地方政府者並准予廢除如此則電業界或尚可忍痛苟存未至同歸於盡然究不如前一法援案暫免課稅之尤足以安工商而勵建設闢稅源而來遠人也屬會上顧國難下念民艱宜

德澤情不敢緘默理合備文呈明懇請

鈞長准予察核施行不勝屏營待命之至謹呈

廣東省政府財政廳廳長林

廣東全省民營電業聯合會常務委員會

主席佛山光華公司代表陳廣材

委員江門新光公司代表趙星如

委員廣州電力公司代表梁允恭

批廣東全省民營電業聯合會呈請減輕稅率未便照准文

廣東省政府財政廳批　營字第三〇八號二十年九月十日

批廣東全省民營電業聯合會

呈一件請根據公布大綱原則減輕稅率以維公用由

呈悉，案查該會前請援照湘皖成案，准予免征營業稅等情，業經本廳營字第五六號批，將殊難照准各種理由，詳細曉諭，批飭遵照有案，茲復據請予減輕稅率等情前來，細核所舉理由，殊欠充份，仍難照准，仰仍遵照前批事理，照章納稅，以符原案，毋庸多瀆，此批，

廳長林雲陔

附原呈

呈為電業艱困懇請根據公佈大綱原則減輕稅率以維公用事竊本年八月三日案奉

鈞廳營字第五十六號批屬會呈一件請援照湘皖成案准予免征電業營業稅由呈悉查皖省營業稅征收章程雖未見將電氣業列入征收惟查江浙湘等省營業稅征收條例電氣業均列入征收範圍可見地方情形商業狀況各有不同而征收範圍課稅標準自有分別又查電力業一項財政部頒行各省征收營業稅大綱及補充辦法亦無免課營業稅之規定本省營業稅征收章程前擬草案第十一條規定電力業照資本額征稅千分之十又從業員每人征收三元當時并不見該會請求免稅迨本廳為體恤商艱起見將課稅標準中之從業員一項概予刪除而對於電力業之稅率照舊按資本額征課千分之十不再增加是既無悖於部定大綱又無提高稅率況修正本省營業稅征收章程經呈奉廣東省政府省務會議議決通過公布之後業已多日該會乃呈請免征殊難照准據呈前情仰仍遵照修正本省營業稅征收章程辦理所請應毋庸議再查原呈以湘省對於電力業免課營業稅核與湘省營業稅征收條例不符併飭知照此批等因奉此查本省修正營業稅征收章程對於電力電話業將從業員一項刪去按資本額征課千分之十其見

鈞長體恤商艱至意惟實際上電氣業設備極多所需資本極巨而其營業額則限於地域累於偷漏與普通商業之少本多賣者迥殊故電氣業之資本額與營業額之比相差殆不甚遠此有事實可查報告可考不能飾說者也今修正廣東營業稅征收章程對於電力電話業課稅在資本額千分之十即無異課至營業額千分之十或千分之七八也是則比之

財政部頒行各省征收營業稅大綱第四條及補充辦法第八條所云營業稅稅率至多不得超過營業收入額千分之二者不啻提高四五倍矣今奉

鈞廳批開既無悖於部定大綱又無提高稅率等因者殆以補充辦法第八條下半有云其以資本額為課稅標準者最高不得超過千分之二十等語而未及深察乎電氣電業之特殊情形也查補充辦法不過補大綱所未備以便辦事要以無悖於大綱為原則故只規定其課稅之最高率而不規定其最低率所以留有餘地以便適合乎大綱而大綱亦祗規定其最高率而不規定其最低率者更留餘地以便察有特殊情形者之可得低減其稅率至於零也皖省之於電業殆為是也今本省民營電業飽受偷電霸王電不納費之三大害與夫金貴之影響其生命不絕如縷宜

受
政府特別之維護者而其營業稅稅率乃課至資本額千分之十在文字上雖無悖於補充辦法但經比例推求而後實際上已超過大綱所定營
業稅最高稅率之四五倍此豈復吾粵垂絕的電業界所能勝任抑亦非
鈞長恤商惠工之初意所計及也查江浙皖湘各省對於電業之營業稅雖或課或不課然要無超過營業額千分之二者湘省雖征電汽業千分
之四然列入奢侈性質則必非指電氣業可知蓋電氣業係製造電光電力電熱不特為市政所必需尤為各製造業及農田灌溉之原動力決不
能列為奢侈品更無所謂汽之可言也然則吾粵縱不能如皖省遴免電氣業之課稅亦豈可超過大綱所規定之最高稅率比之江浙等省之所
課加重至四五倍乎當
范前廳長擬定本省營業稅征收章程草案時屬會未有申辯者以該草案須呈候
財政部之核准方得施行而
財政部對於江浙等省征收營業稅條例固已修正其交通業電氣業之課稅標準為千分之二廣東事同一律無俟喋瀆也伏惟
鈞長明鑒高懸痌瘝在抱既取原草案之最不便於民者免除之更懇
垂念吾粵電業界凋敝已極
准予根據各省征收營業稅大綱原則輕減電力電話業之營業稅稅率依照商業牌照資本額征收千分之二其原日繳納於地方政府類似營
業稅者並准予廢止俾全粵垂絕的民營電業得苟延殘喘徐圖蘇息報稱實為公德兩便謹呈
廣東省政府財政廳廳長林

廣東全省民營電業聯合會常務委員會
主席佛山光華電力公司代表陳廣材
委員江門新光電力公司代表趙星如
委員廣州市電力公司代表梁允恭

批廣東全省民營電業聯合會請照資本額千分之二征稅並將原納地方費廢除均難照准文

廣東省政府財政廳批　營字第二六六號二十年十月廿二日

批廣東全省民營電業聯合會

呈一件爲申述理由，再請照資本額千分之二征收營業稅，幷將原納地方費用廢除由，

呈悉，案據該聯合公會，以前情呈請到廳，經林前任詳細查核，所舉理由，殊欠充份，於本年八月三日，九月十日，營字第五六號，營字第三零八號批令，先後核飭遵章納稅各在案，玆據申述理由，再請減輕稅率，幷將原納地方費用廢除等情，查投資營利，無論經營何業，所投資本若干，總之其最低限度，當以獲得相當利潤爲依歸，至營業額須在投資之幾倍，乃能獲得相當之利潤，則視其所營之事業而不同，蓋營業稅之征收，無論定何標準，當以比較能測定其獲利之多寡者爲適合，今修正本省營業稅征收章程，對於電力業以資本額爲課稅標準，係本此旨而規定，所稱營業額與資本額之比差不遠，請求減低稅率，顯係希圖避稅，又查部定以資本額課稅標準，最高不得超過千分之二十，以營業額爲課稅標準，不得超過千分之二，良以普通營利之事業，其每年營業額，大概十倍於投資，始能獲得相當之利潤，惟經營電力事業，既毋庸營業額十倍於投資，但求營業額與資本額之比差不遠，已獲得相當利潤而有餘，該行商民，又何得以該項事業資本額與營業額之比差不遠，遽請將稅率減輕，況查修正本省營業稅征收章程，對於電力業照資本額征收千分之十，係根據各省征收營業稅大綱補充辦法第八條而規定，且更與物品販賣業第二類日用品物同等課稅，已屬格外體恤，來呈所謂電力關係於民生日用，適與修正本省營業稅征收章程原旨相符，尤足見規定電力業照資本額征課千分之十，實屬輕微之極，詭稱照資本額課千分之十，無異照營業額千分之十，與大綱相矛盾，殊屬牽強附會，又查本省地方情形，商業狀況，與江浙等省，各有不同，而征收範圍，課稅標準，自應分別，前據該聯合公會呈請免課營業稅等情，業經林前任詳晰批示有案，所稱不獲與江浙等省同等待遇，殊屬不明事理，又查裁撤行厘，實因厘性之不良，而營業稅之舉辦，實緣稅性之至善，所謂抵補，尙非主因，復查厘金或於貨物通過時征課，或於買賣成交時，向買主帶收，表面雖由商人繳納，而負担者實爲消費之人，營業稅係征自營業主體，舉凡以營利爲目的之事業，皆入征收範圍，核定稅率之標準時，初未便因各業之有無行銷而爲軒輊，所稱他業受裁厘之益，電業因此而增擔負，殆未甚明營業稅之性質，況查營業稅之征收，係以上年之營業狀況爲標準，是征諸行爲之後，無轉嫁之可能，此對於各種營業皆然，非因電力而獨異，所稱各業猶可將稅轉嫁，尤與事實不符，復查電業年來似近衰落，所稱係因偷電霸電欠費三點，似屬實情，惟查偷電霸電，即或有之，仍係該商等辦理之不善，用戶欠費，亦由該商等派收之未遒，該商等自應就此數點，銳意整理，不能因辦理不善之結果，而求核減稅率，以爲補救，至於種種報効，關於特權稅之性質，該民等既享特殊之權利，應負相當之義務，此種特權稅與營業稅之性質，迥不相同，抑亦并行而不背，該商等更何得藉口求減稅率，復請將原納地方費用廢除，況查糧食業爲人生日用所必需，規定照資本額征收千分之五，已爲最輕，

所請將電力業照資本額千分之二征收，一若電力較民食爲尤重，所見未免太偏，綜上各端，則所陳各節，理由仍欠充分，所請減照資本額征收千分之二，及將原納地方費用廢除，均難照准，據呈前情，仰仍遵照修正本省營業稅征收章程之規定納稅，毋庸嘵瀆，此批，

廳長馮祝萬

附原呈

呈爲補充理由仍懇根據公佈大綱原則減輕營業稅率以維公用而恤商艱事竊本年九月十日案奉

鈞廳營字第三零八號批屬會呈一件請根據公佈大綱原則減輕稅率以維公用由

呈悉案查該會前請援照湘皖成案准予免征營業稅等情業經本廳營字第五六號批將殊難照准各種理由詳細曉諭批飭遵照有案茲復據請予減輕稅率等情前來細核所舉理由殊欠充份仍難照准仰仍遵照前批事理照章納稅以符原案毋庸多瀆此批等因奉此查屬會前以電氣業設備極多所需資本極巨而其營業則限於地域異於偏滿與普通商業迥殊故其資本額與營業額之比相差殆不甚遠今本省對於電力電話業課稅至資本額千分之十卽無異課至營業額千分之十或千分之七八是則比之 政部頒行各省征收營業稅大綱所定營業稅稅率至多不得超過營業收入額千分之二者不啻提高四五倍等情呈請

鈞廳准予輕減稅率理由本極正大今奉

鈞廳批開細核所舉理由殊欠充分仍難照准等因屬會當經召集會員開會討論僉以此次所定營業稅率過重在吾粵今日凋敝的電業確無負担之能力謹將迭次各會員公司所陳意見撮錄補呈如下惟

鈞長垂察焉查修正廣東省營業稅征收章程第一條內載本章程根據各省營業稅大綱及補充辦法規定之等語而其第四條規定電話業電力業之稅率征收資本額千分之十但實際上電氣業之資本額與營業額之比相差不遠故課其資本額千分之十卽無異課其營業額千分之十或千分之七八是不特違背乎各省營業稅大綱所定營業稅稅率至多不得超過營業收入額千分之二之條亦令修正廣東省營業稅征收章程第一條與第四條自生矛盾爲尊重法律計有修正之必要此應續請輕減稅率者一也查江浙等省征收營業稅條例對於電氣業不過課其營業額千分之二得受財政部公布大綱之保障今吾粵電業界乃不獲同等待遇課稅率增重至四五倍爲何重政令求公平計應續請輕減稅率者二也查電氣爲建設事業直接關係於民生日用間接更可促進農工生產若課以重稅則已有電業必日萎縮未來電業難樂振興故爲促進建設利益民生計應續請輕減稅率者三也查歐洲大戰後百業不振惟電氣業仍蒸蒸日上蓋因其用途至廣其希望至多吾國向無保護專章遂至日趨萎敝自近年

國府頒布保護電業各條例并通令各省市征收民營電廠各項税捐須先呈行政院核准然後電業乃有一線生機今若課以逾量的重税是使萌芽之電業立槁於風霜既無以阜民財亦無以增税入故爲國富與税源計應續請輕減税率者四也查營業税係因裁厘籌抵而起而電業向無釐金是則裁厘一舉在他業受其益者在電業却因此而驟增擔負此應續請輕減税率者五也查各業所受課税之數猶可轉嫁於貨價之中而電業則不能自由加價故無論被課何税無不直接受損此應續請輕減税率者六也近年吾粤電氣業飽受偷電竊電欠費之三大害與夫金貴之影響勢已迫於破產若更課以過重之税率而不能自由加價益將陷於危亡此應續請輕減税率者七也查電氣業平日對於公路公園公共處所機關學校等既有優待減價辦法遇各種紀念歡迎典禮臨時又責以特别報効是則比之他業負擔獨多更有如廣州市電力公司規定以溢利十分之一撥充市行政經費如江門新光公司規定每年將營業所得之一千燈報効二百元其餘每千燈報効一百元繳縣以助警費者是無異已課以高度之營業税此應續請輕減税率者八也抑商業牌照資本額在他種商業容有不實不盡而在電氣業則決無短報妄陳蓋其創業初時必呈報官廳存案苟其資本額以多報少則於種種設備上生產上所需之固定的流通的資本必不能適合於事情必不得官廳之核准開辦故電氣業之商業牌照資本額即無異其核准存案的資本額若猶慮其不盡不實固可調案核查無能隱匿至其資本額與營業額之比之相差不遠亦有年報可考并非飾説也此應續請輕減税率者九也在昔專制時代美王政者必曰所欲與聚所惡勿施在今民主時期頌共和者更必曰官民合作官商合作今本省營業税章程規定征收電話業電力業資本額千分之十而考其實際則有如上述種種矛盾與困難故爲排除此等矛盾與困難貫澈共和合作之旨應續請輕減税率者十也凡上所陳皆令會員公司所疊次哀告不勝疑懼者若不准其所請在各公司因受苦萬分在公家亦得不償失屬會上顧
國家之急下念民力之艱宜
體達情義難緘默茲奉前因迫得備文續陳補充理由瀆呈
鈞長察核伏惟
鈞長體國恤民仁聲素著今度重管度支必有利國福民之嘉謀足慰粤人之願望爲此敬懇
鈞長准予根據公布大綱原則輕減電話電力業營業税税率依照商業牌照資本額征收千份之二其原日繳納於地方政府類似營業税者並予廢除俾全粤垂絕的民營電業得苟延殘喘實爲公德兩便不勝屏營待命之至再佛山光華公司現改派孔梓材爲代表合并陳明謹呈
廣東省政府財政廳廳長馮

廣東全省民營電業聯合會常務委員會
主　席佛山光華公司代表孔梓材
委　員江門新光公司代表趙星如
委員廣州市電力公司代表梁允恭

呈省府據廣東民營電業聯合會呈請改照營業額千分之二課稅似應准予將該稅率更正請核指遵文

營字第八四號二十年十二月十五日

呈爲呈請事，案據廣東省民營電業同業公會呈稱，電氣業之資本額與營業額之比差不遠，課其資本額千分之十，即無異課其營業額千分之十，或千分之七八，況電氣爲建設事業，直接關係於民生日用，呈請減照資本額千分之二課稅等情，業以投資營利，無論經營何業，所投資本若干，總之其最低限度，當以獲得相當利潤爲依歸，至營業額須在投資之幾倍，乃能獲得相當之利潤，則視所營事業而不同，營業稅之征收，無論定何標準，當以比較能測定其獲利之多寡者爲適合，今修正本省營業稅征收章程，對於電力業以資本額爲課稅標準，係本此旨而規定，又查部定以資本額爲課稅標準，最高不得超過千分之二十，以營業額爲課稅標準，不得超過千分之二，良以普通營利之事業，其每年營業額大概十倍於投資，始能獲得相當之利潤，惟經營電力事業，既毋庸營業額十倍於投資，但求營業額與資本額之比差不遠，已獲相當利潤而有餘，該行商民，又何得以該項事業資本額與營業額之比差不遠，遽請將稅率減輕，況本省章程，對於電力業照資本征收千分之十，係根據各省征收營業稅大綱補充辦法而規定，且與物品販賣業第二類日用品物同等課稅，已屬格外體恤，來呈所謂電力關係於民生日用，適與本章程原旨相符，尤足見規定電力業照資本額征課千分之十，實屬輕微之極，所請減照資本額征收千分之二，碍難照准等詞，批復遵照在案，茲據該會呈復，錄批轉告各會員知照，旋據復稱，近年電業困憊已極，前請減照商業牌照資本額征收千份之二，既未蒙批准，則應改請依照營業額征收千份之二，有章程案例，可以援據，政府體恤民隱，當蒙恩予准行等情前來，查屬會各會員，所請確具理由，蓋本省營業稅征收章程，係根據合省營業稅大綱而規定，而各省營業稅大綱第三條內載，營業稅征收標準，以照營業收入數目計算爲原則，其第四條又載，營業稅稅率應照課稅標準用千分法計算征收，至多不得超過千分之二各等語，今茲所請，係根據大綱原則，且從其最高稅率，絕非希圖避稅可知，其理由一也，江浙等省，所課電力電話業，皆課營業額千份之二，廣東事同一律，當蒙恩予照行，似不必另立課稅標準，致涉苛抽病民之嫌，其理由二也，使本省營業稅征收章程所定課稅標準，只採資本額之一途，則屬會會員，亦何敢冒昧瀆請，但查該章程，於酒菜館業，旅館業，均採營業額爲課稅標準，且其稅率均課千分之二，則屬會會員之所請，又非故爲多事可知，其理由三也，復查酒菜館業，頗有奢侈性，旅館業，頗有應行取締性，與電力電話業之有公用公益性者迥殊，且彼兩業所需之固定資本，遠不如電力電話業之多，而其所被課營業稅款，雖不能直接轉嫁於顧客，然均可納入解繳，藉以加高貨價房租，以行其間接的轉嫁，非若電力電話業之不能自由加價，絕無可行其轉嫁法者比也，故平心論之，電力電話業所課稅率，應低於酒菜館業旅館業，乃爲公平，今屬會會員，不此之求，而惟求得與該兩業同其待遇，是其所求殊非過分，其理由四也，本省所定各業課稅標準，多採資本額，而少採營業額者，因採營業額則手續較繁，鈎稽不易，且恐事涉騷擾，今電力電話業所用簿據，既比他業易於鈎稽，而採用營業額以爲課稅標準，又爲電力電話業之所自願，政府於此，自無棄大綱所定原則，而採其特例之必要，其理由五也，查營業稅爲收益稅之一種，故其征收標準，自以採純收益額爲最公平，此外則採營業額者，較之採資本額者爲近正，蓋獲利必由於營業，而不必由於資本，世固有無資本而可以營業獲利者，如賒貨發賣者是也，亦有已具資本，而未營業及獲利者，各種工商業之籌備時期是也，若謂營業稅之征收，採資本額爲標準者，較之採營業額者，爲能正確測定其獲利之多寡，則本稅之名，曷爲稱營業稅，而不稱資本稅，各省營業稅大綱，對於征收標準，又曷爲不採資本額爲原則乎，是則今茲所請，按諸事實，與學理較爲吻合，其理由六也，基上所陳，可知屬會會員所請改照營業額征收千分之二，確具理由，查其近年營業艱困情形，年終結算，多不足派股息，甚或至於虧本，則事實具在，可以覆查，若採純收益額爲標準時，殆無營業稅之可課也，其所以未即停止營業者，以投下固定的資本既巨，又負公用公安之責，欲能不能耳，此與普通商業絕異之點，若未知原委，必將疑屬會會員之曉瀆爲不合也，屬會會員，既具此萬不得已之苦衷，屬會自不敢不代爲上達，伏懇

鈞長垂慈諒察，對於電力電話業之課稅，准予改正標準，征收營業額千分之二，俾民營電業，得苟延殘喘，實爲德便等情，並准辦理廣州電力公司委員會函同前由過廳，查該會請求改正電業課稅標準理由有六，均頗充分，尤以第五條確切不移，難於駁詰，據各省征收營業稅大綱第三條所定原則，亦採用營業額爲課稅標準，惟實施時或因手續較繁，難於鈎稽，或恐易涉騷擾，故不得不權取資本額以爲課稅標準，是乃變例，非原則也，今電業所用簿據，既比他業易於鈎稽，而採用營業額以爲課稅之標準，又爲該電業公司等所自願，政府於此，自無棄原則而取變例之理，且電話電力等事業，確有公用公益性，與菜館旅館等業，專圖私人利益者不同，今菜館旅館等業，既採以營業額爲課稅標準，而電業反不准其援例辦理，亦欠持平，似應准予將該稅率更正，惟事關變更課稅標準及稅率，理合按照修正本省營業稅征收章程第三十三條之規定，具文呈請

鈞府察核，伏乞指令祇遵，實爲公便，謹呈

廣東省政府，

財政廳廳長馮祝萬

批廣東全省民營電業聯合會呈請改照營業額千分之二課稅已呈奉省府核准仰知照文

廣東省政府財政廳批　營字第二號二十二年一月六日

批廣東省民營電業聯合會

呈一件呈請改照將全省電力業改照營業額征課千分之式由

呈悉，查此案幷准整理廣東電力公司委員會函同前由過廳，業以該同業公會請改正電業課稅標準各點，尚非無理，似應准予更正，呈情

廣東省政府察核飭遵在案，現奉

廣東省政府財字第二三式三號指令開，呈悉，當經提出本府第六屆委員會第五三次會議，議決，照准在案，合行錄案令復，仰即知照，幷分別函令知照，此令等因，奉此，除分別將章程內電力業一項，改照營業額征課千分之式暨分令佈告外，仰即知照，此批，

廳長馮祝萬

批廣東民營電業聯合會請查案將電話業改課營業額千分之二應准更正文

廣東省政府財政廳批　第一二一號二十一年一月二十日

批廣東全省民營電業聯合會

呈一件呈請查照原案准予將電話業一律改課營業額千分之二併予備案由

呈悉，查前據該會呈請將電業改照營業額千分之二課稅，業經呈奉

省政府核准照辦，由廳分別將電力業稅率改正，並函令佈告在案，現請將電話業稅率一併改課營業稅千份之二，查電話業亦屬電業之一種，應准查照電業稅率核准更改原案，將課稅標準及稅率更正，以符原案，據呈前情，除將章程內電話業一項，改為照營業額課稅千分之二，暨分別令佈外，仰即知照，此批，

廳長馮祝萬

批洋服商代表陳永顧國禧等呈請改善營業稅率礙難照准文

廣東省政府財政廳批　營字第三五二號二十年九月十五日

批具呈人陳永顧國禧等

呈一件聯蓋店章懇請改善營業稅以輕負担由

呈悉，查洋服一項，係屬奢侈性質，江浙等省，均按照營業額千分之十課稅，本省規定稅率，與江浙等省，適相符合，固與營業稅法第四條之規定相符，亦與各省營業稅大綱第四條之規定不悖，所請改照製造加工業課稅，礙難照准，又查該行既以營業額爲征收標準，對於營業上之記載，尤應覆實詳明，毋得瞞漏，至於征收人員檢查簿據時，規定須會同商會執行，所慮騷擾，殊屬杞憂，據呈前情，仰仍遵照修正本省營業稅征收章程之規定納稅，毋違，此批，

廳長林雲陔

批洋服商代表陳永顧國禧等再請改善營業稅率仍難照准文

廣東省政府財政廳批　營字第三四八號二十年十一月二日

批具呈人陳永顧國禧等

呈一件聯蓋店章，呈爲洋服確非奢侈，再懇改善營業稅率，以恤商艱，而省手續由，

呈悉，查衣服雖爲人生要素之一，惟其作用原求護體，洋服一項，製作精美，附屬品物、尤屬繁賾，一襲之製，動輒百數十元，製工之値，恒佔全値之大半，足見洋服之講究，以奢美爲前提，服之者多屬富裕之人，難期普及於各界，是其性質之奢侈，用途之特殊，自不能與中國原有之服裝，相提並論，來呈所稱若以形式不同，視爲奢侈，又稱與包工業之裁縫店略無二致等語，誠屬牽強附會，至洋服種類，係指反領、企領、西裝，及大禮、常禮等服而言，其機關學校之制服，軍人之軍服，當然不入洋服範圍，前據榮興店等具呈前來，業經林前任營字第三二七號批令，詳晰示復在案，該商等又何得將軍服制服強行納入洋服範圍，以爲請求口實，復查地方情形，商業狀況，各有不同，課稅標準及稅率，輕重自應詳爲分別，至滬市營業稅征收章程，未准送廳有案，無憑查考，所稱滬市財政局，頒佈西裝洋服業，列入按照資本額抽收千分之二十，姑無論是否屬實，仍欠充分理由，再查洋服業之固定資本不多，流動資本尤少，外形資本，既與實際營業狀況懸殊，其資本之大少，自不能範圍其獲利之厚薄，自未便准予

改以資本額爲課稅標準，藉杜取巧，而昭覈寔，而況江浙等省，對於洋服業均照營業額千分之十課稅，現章程所定稅率，何得云高，前據該民等呈請減輕稅率等情，經林前任營字第三五二號批令示復在案，所請按照資本額征收千分之二十，核與章案不符，碍難照准，仰即遵章納稅，毋庸曉瀆，此批，

廳長馮祝萬

附原呈

呈爲洋服確非奢侈再懇改善營業稅率以恤商艱而省手續事竊查此次政府頒佈營業稅法將洋服業列入奢侈類課稅似與事實不符前經呈請改善在案旋奉批示未准所請商等經再三會商討論僉以衣食住爲人生三大要素衣居其首足見重要而其形式雖有中西之別但爲生活必要品則一盖洋服包括軍人之絨布軍服學校機關之土布制服文官之大禮服人民之反領常服此皆生活上必要之具而乃謂爲奢侈豈人皆如原始人之披葉蒙皮然後非奢侈乎區區之愚竊所未喻至於材料方面雖間有購自外洋而土貨實居多數且華服原料亦多爲舶來品何以不視爲奢侈此種待遇尤所未明若以式樣不同視爲奢侈殊不知洋服在二十世紀幾成爲世界普通彰身之具故江蘇省當頒佈營業稅率時曾由滬上洋服行商呈請上海市商會稅制委員會詳陳痛苦轉呈京滬市各當道減征結果最多不過照資本額征收千份之二十（滬財政局頒佈西裝洋服業列入按照資本額抽收千份之二十見四月廿日上海申報）而昨讀

鈞廳新規定工業商店稅率如定做品之鋼模業准照製造加工業課稅敝行亦爲工業商店之一多屬來料定做與來料包工之裁縫店畧無二致則事同一律何堪獨課重稅而仿滬市規定照資本額千份之二十稅率征收商等負担已視製造加工業爲重然爲應盡納稅之義務起見不得不勉竭棉薄也理合再行瀝誠具呈

鈞廳懇准予仿滬財政局辦法按照資本額征收千份之二十以恤商艱而省手續實爲公便謹呈

廣東省政府財政廳廳長馮

批廣州市洋服業同業公會籌備員陳永

批廣州市洋服業同業公會陳永等三次呈請改善營業稅率碍難照准文

廣東省政府財政廳批　營字第二一號二十一年一月六日

呈一件呈爲洋服商業確屬困難請准予改善以輕負担由

呈悉，前據該公會呈稱，滬市征收洋服業營業稅，係照資本額千分之二十課稅，今又忽稱接滬電，按資額征收千分之三，前後矛盾，姑無論是否屬寔，所稱各節，仍欠充分理由，叠經營字第三五二號，及營字三四八號，詳晰批復在案，所請照包工業或照製造加工業數倍課稅，均於章程不符，礙難照准，案經碻定，仰即遵章納稅，毋再曉曉瀆辯，此批，

廳長馮祝萬

佈告據廣州市洋服業同業公會呈請按營業額征收千分之三應准減照營業額千分之六課稅，仰週知文，

廣東省政府財政廳佈告　營字第三二四號二十一年二月二十日

爲佈告事，現據洋服業同業公會呈稱，竊查民國初年間，歐風東漸，洋服新興，營之者尙稱獲利，至於現在洋服，已成普通之物，復以前者經營洋服，頗能獲利，營之者日見其衆，職是之故，形成供過於求，市價隨之遞降，各同業店號，皆有倒閉之虞，實則舉辦營業稅之征收，亦恐難以支持局面，況稅率之特高，尤非棉力之所能担負，此應再呈核減稅率者之一也，查部頒大綱，規定按營業額征收者，最高不得超過千分之二等因，準是以推，則按營業額征收千分之二，其於民力已成強努之末，抑以商等各同業之所經營，似近奢侈，則照最高標準按營業額征課千分之二不足，抑更加而爲千份之三，已爲民力之所難應命，又何有此能力照營業額繳納千份之十，此應再呈核減者二也，查營業稅係征自營業主體，無轉嫁之可能，以稅率之輕微故也，今本省營業稅征收章程，規定洋服業照營業額征課千分之十，稅率誠屬太高，確非商等各同業之所能担負，倘如勉強繳納，結果必成轉嫁，即係結果爲消費人担負，尤與征課營業稅之原旨不符，商等管見所及，靡敢不言，此應再呈核減者三也，復查商等以同業現在形勢之觀察，實岌岌可危，已第一点詳爲陳述，倘仍課以重稅，則各店之紛紛閉歇，當在意中，商業之凋零，何堪設想，抑尤有進者，勢必影響工人失業，商等各同業之家屬，及工人之家屬，將何以爲哺，此應再呈核減者四也，查商等之種種困難，有如上述，倘仍課以重稅，何異竭澤而漁，夫征稅須顧稅源，此爲不易之理，倘因稅率太高，商等各同業，紛紛閉歇，固非商等之所願望，亦非政府之所樂聞也，故爲維持商等同業起見，爲顧全政府稅源起見，此應再呈核減稅率者五也，查廣州市上海市同爲通商口岸，其地方情形，商業狀況，種種多屬相同，倘以廣州而比浙江，何如以廣州而比上海之爲近也，茲再查上海征收營業稅，其於製造

西式服裝・按資本額征收千份之三，其販賣西式服裝者，則按營業額征收千份之三，有章程之可據，非敢憑空而杜撰者也，乃同一國之內，其地方情形，商業狀況，種種相同，而同一業務，乃不獲與上海同等待遇，抑亦難昭折服，此應再呈核減稅率者六也，查商等店舖，十之八九爲工人所開，資本極其微薄，組織之初，僅得基金二三百元，或聯合數人集資千餘元不等，而爲適合社會潮流，藉廣招徠起見，勉爲裝修，原不得已之舉，其甚者爲父子夫婦所合力共作，直與女工承接車衣情形，實無二致，亦無營業主體之可言，即規模之較大者，亦與裁縫店全無分別，其所差別者，祗於製造衣服之形式而已，實無特殊之利潤，而稅率之重，誠非力之所逮，此應再呈核減稅率者七也，查顧客定衣，每套收費十數元不等，但此項費用除代購朴裡鈕扣及支給工資而外，商店所得，最多不過一二元或數角之數，前經陳述，所有舖租食用房捐警費等項，皆賴此蠅頭小利，以爲支應，此外實無餘利，又或有全套定造價數十元者，則由商店照疋頭店來辦價格計算，用料多少，經客核算，自往購料價格，反不如由商店代購之廉，故多數即交定銀，由店代購，除料價及朴裡工資之外，每套所得，亦與來料相同，乃外間不明，以爲每套價値動輒數十元，殆有厚利可圖，詎知適得其反，此應再呈核減稅率者八也，查廣州市內近日婦女服裝，靑紅紫綠，無所不至，其華美靡都，實非洋服所能比擬，一裝之價，動輒百金不等，而縫之者爲成衣局，（即裁縫店）尙無特重之稅，以奢侈而論、則洋服又何能與此等女服同日而語，而洋服反徵特重之稅，抑亦不平之甚，此應再呈核減稅率者九也，查服用洋服，似近奢侈，惟營之者似無特殊之利潤，若以爲洋服確爲奢侈，則愚昧之如商等，尙以爲未及化粧品之爲甚也，今本省營業稅對於販賣化粧品，則按資本額徵千份之二十，其製造者則按資本額徵千份之十，稅率尙屬公平，而洋服業其奢侈之性，遠不如化粧品，而課稅標準及稅率之重，特高數倍，又何厚於彼而薄於此者，此應再呈核減稅率者十也，綜上各端，理合再瀝下情，陳請察核，萬懇俯予准照商等前請按營業額徵千份之三，以解倒懸，實爲德便等情，據此，查現呈各節，不爲無理，所請按營業額徵收千份之三，未免過低，應准減照課稅千份之六，以示體恤，據呈前情，〔除將章程內洋服業稅率改正，暨分別呈令批復外，合行佈告，仰商民人等，一體知照，此佈，

廳長馮祝萬

批廣州市洋服業同業公會陳永等呈請豁免逾限申報罰金及抵扣繳長稅欵並由會製定簿記兩種分發記載應分別准駁限制文

廣東省政府財政廳批　營字第四六七號

批廣州市洋服業同業公會陳永等

呈一件呈請豁免營業稅逾期申報罰金及抵扣繳長稅欵並由會製定簿記兩種分發各同業記載由

呈悉，查商店逾限申報，照章應執行處罰，歷經辦理在案，該會各店，既屬申報逾期，自應查照章案辦理，所請免罰，未便照准，至該會各店，如有繳長稅欵，自可照章准予發還或流抵，至稱該同業多有兼營制服及別業，稅率不同，記載當有區別，擬由該會製定簿記兩種，分發應用一節，既爲便利勾稽起見，應予照准，惟查洋服與制服，稅率既不相同，究竟何者屬於洋服，何者屬於制服，若不劃清範圍，易滋流弊，查洋服與制服，形式上不易區分，其所用材料價值，則相差甚遠，茲從價值方面，劃分界限，春夏季之服裝，每套工料銀在十元以下者，方得稱爲制服，在十元以上者，一律定爲洋服，秋冬季之服裝，每套工料銀在二十元以下者，方得稱爲制服，二十元以上者，一律定爲洋服，以資分簿記載，而杜取巧，除分令外，仰即轉飭各同業知照，此批

廳長馮祝萬

批廣州市銀業同業公會請減輕稅率仰照章辦理文

廣東省財政廳批　營字第廿三號二十年七月二十八日

批廣州市銀業同業公會主席鄧殿邦

呈一件請將銀號業稅率改照銀行業等稅率修正頒行由

呈悉，查本省營業稅征收章程原草案，規定銀號業照資本額征收千分之十五，舖租額千分之六十，從業員每人六元，現經將章程修正，對於舖租額及從業員兩項，概已删除，而對於資本額稅率，再不增加，已屬格外體恤之至，至於信托業現在尚無充分之發展，而銀行業之利率，較銀號業爲微，儲畜業關係養成儉德，該會自未便援以爲例，擬請將稅率減輕，據呈前情，仰仍遵照修正本省營業稅征修章程之規定辦理，毋違，此批

廳長林雲陔

附原呈

呈爲稅率過重負担爲難懇予再行修訂准照銀行稅率規定頒行以昭平允而恤商困事竊讀報載

廣東省政府省務會議通過修正廣東省營業稅征收章程第四條表列課稅範圍之銀號業銀行業信托業儲蓄業均以資本額爲課稅標準惟其稅率規定則以銀號業爲特重於省稅征收似未協平等待遇之旨而負擔過重更非所以體恤商民之道況營業稅爲永久征收之稅倘所定稅率偶欠平允則商業稅收均蒙不利屬會爲此特於本月十日委員臨時會議提出討論僉以銀號銀行信托儲蓄各業同屬經營銀業而章程規定其資本額稅率對於銀行信托兩業定爲千分之十儲蓄業千分之五獨對於銀號業定爲千分之十五其稅率之特別加重比銀行信托增加三分之一比儲蓄且爲三倍同業異稅已屬不平況所異有至三倍者更屬相差懸殊負担獨重即欲勉強繳納實覺力有難勝此就章程內容關於銀號資本額稅率應請修正減輕以昭平允者一再查各省營業稅條例規定銀業資本額稅率如江蘇浙江安徽各省錢莊業僅千分之十安徽省且於錢莊業之下特別註明最高得征至資本額全年千分之十可知其現在規定尙不及千分之十如湖南省亦不過按營業金額征千分之○・二倘以廣州銀號營業金額計之則各號之最多者每年不過七八十萬元在湖南所定稅率不過每年征稅一百五六十元若在廣東現定稅率則每號以資本額五萬元計算即須每年征稅七百五十元故章程所定銀號資本額稅率較之江蘇浙江安徽各省加重三分之一較之湖南則又幾至五倍同屬本國所屬省區銀業情況不相上下乃廣東銀號征稅特較各省爲重似宜酌予核減以免負担困難此就各省稅章關於銀號資本額稅率應請修正減輕以昭平允者二況敝行連年業務凋零迭次負担債劵等項又比別行獨重營業艱窘已達極點此時即能維持現狀亦屬力竭筋疲若課以特重稅率無異絕其昭蘇之望敝行營業前途勢將不堪設想當經議決瀝情呈懇

財政廳俯念銀號營業性質係與銀行信托兩業無異其營業困難情形更比各省爲甚請予準酌各省稅率准將銀號業資本額營業稅率核減改照銀行稅率千分之十之規定再行修訂以昭平允而恤商困等議在案理合備文瀝陳

察核懇准將敝行資本額營業稅率照規定銀行稅率千分之十再予修正頒行實爲

德便謹呈

廣東省政府財政廳廳長林

廣州市銀業同業公會主席鄒殿邦

公函復廣州市商會轉飭市銀業同業公會仍照原案辦理文

廣東省財政廳公函　營字第二八三號二十年九月八日

逕復者，現准

貴會市字第五三〇號函，據廣州市銀業同業公會函，請轉函敝廳，仍將該行營業稅率修正，照銀行資本額稅率征收千份之十等情，函請查照准予所請見復轉知等由，准此，查此案據該會以前情具呈到廳，當以本省營業稅征收章程原草案，規定銀號業照資本額征收千份之十五，舖租額千份之六十，從業員每人六元，現經將章程修正，對於舖租額及從業員兩項，概已删除，而對於資本額稅率，再不增加，已屬格外體恤，至於信托業，現在尚無充分之發展，而銀行業之利率，較銀號業為微，儲蓄業關係養成儉德，該會自未便援以為例，擬請將稅率減輕，業經敝廳營字第二三號批飭遵照修正本省營業稅征收章程之規定辦理在案，准函前由，相應查案函復，希煩

查照，轉飭該會遵照原案辦理，至紉公誼，此致

廣州市商會

廳長林雲陔

批廣州市銀業同業公會呈請改照銀行業稅率按資本額千分之十課稅未便照准文

廣東省政府財政廳批　營字第七五七號二十年十二月十七日

批廣州市銀業公會

呈乙件呈請照銀行業稅率資本額千分之十納稅由

呈悉，查銀行之營業，固有範圍，放出欵項，亦有限定，無論對於任何個人，或法人團體非法人團體之放欵總額，不得超過其實收資金及公積金百分之十，更不得買入或承受不動產，即收受他銀行之股票，亦有相當之限制，又銀行之設立，須有所在地之商會，或銀行公會之保証，無限責任組織之銀行，更須繳納保証現金，幷均經財政部核准，方得開設，對於財政部幷負報告營業狀況，及受檢查之責任，業於銀行法詳列規定，銀號銀行，雖同屬銀業，惟銀號之開設，無須呈部核准，及繳具保結，比諸銀行，固較便宜，銀號業之營業行為，既無定限，則作業範圍，比較銀行尤廣，且營業情形，毋須受政府之監督，則種種投機事業，如

買空賣空，操縱金融等，認爲有獲利之可能者，皆可優自爲之，此尤非銀行可能比擬，來呈所云銀行與銀號，營業雖有大小之分，而其營業種類範圍，實無差異之處等語，殊屬言之未當，又銀行存放欵項之利率，係有一定，而銀號則不然，就一般而論，存欵利率，銀號確比銀行爲厚，然因存欵利率厚，則放欵利率亦必比較提高，藉謀相當之利潤，有時或爲營業上之競爭，其放欵利率，減與銀行相等，在此情形，從每項放欵上觀察，銀號收益數目，或較銀行爲少，惟銀行之放欵，例須物業抵押，而銀號之通融，素重信用，若有穩當之信用，即無須抵押，亦可放欵，因是貸欵者，凡屬有穩當信用，而無抵押品，固不得不向銀號請貸，其有抵押品而不欲提出，并欲減省手續，以圖敏捷而示體面，尤樂與銀號業交易，即使逐次放欵，收益較少，而因交易多之故實足相抵而有餘，况支出厚息，則利於存欵，存欵既多，經營生理，比較更形活動，現呈以銀號每次放欵收益少，爲銀號不及銀行之斷定，殊屬偏見之至，至謂銀行之經營滙兌按揭，皆屬大宗，其所收益，更非銀號所能比擬，故就營業實際而言，銀號稅實應較輕於銀行一節，查營業狀況，各有不同，故營業之大小，要視乎資本之厚薄，苟非資本雄厚，自不能經營大宗生理，且資本大者，稅額何常不隨之而大，該商徒見銀行生理大宗，非銀號所可及，其亦見銀行負担稅額，亦非銀號所可比耶，至滙兌一項，銀行或因囿於區域，不能隨意滙兌，銀號則隨地皆有商號，可以滙駁，故銀號滙兌，雖非大宗，但因隨地皆可通滙，經理自多，又多數銀號，對於買賣價格，及各種零星債劵，日中輾轉買賣，不分大少，一律兼營，則營業行爲多，營業收入，自然增大，雖非即能與銀行營業數目相埒，然其獲益之比例，實屬較多，律以經濟原則，用較少之投資，而獲較大效果，更非銀行所可比擬，並查本省營業稅征收章程草案，規定對于銀行業照資本額課稅千分之八，從業員每人六元，舖租額千分之六十，銀號業照資本額千分之十五，從業員每人六員，舖租額千分六十，現章程業將舖租額及從業員兩項標準，概予刪除，而銀行業則照資本額加至千分之十，對於銀號業之稅率，其資本額仍照舊定，並未增加，雖舖租額從業員兩項之刪除，係屬一般之減輕，惟就銀行銀號兩者比較，本章程對於銀號業，可謂特別體恤，前據該會一再呈請減輕稅率前來，當經先後詳明批復各在案，所請將該業稅率改照銀行業規定征稅，核與章案不符，礙難照准，仰仍遵照章程規定納稅，毋再嘵瀆，此批

廳長馮祝萬

批廣州市華洋雜貨同業公會呈請一律照資本額征課千分之十未便照准文

廣東省政府財政廳批　營字第三五三號二十年十一月四日

批廣州市華洋雜貨同業公會主席沈志澄

呈二件呈請將應納稅額酌減，并請減照資本額千分之十課稅等由

呈悉，查各商店兼營業稅率不同之事業，原應分別征課，惟在不能辨別何種營業爲主要時，自應照較重稅率之營業課稅，業於修正本省營業稅征收章程第十一條但書項下，詳列規定，用杜取巧，而維庫收，前據廣州市營業稅第三區請示到廳，當經林前任分別令飭在案，又查各省營業稅大綱補充辦法第六條，有凡販賣物品之營業，而以營業收入額數爲課稅標準者，整賣業之稅率，可較零賣業酌量減輕之規定，闡其立法意旨，良以整賣零賣兩業，在同一營業收入額數上觀之，零賣業所獲之利，確比整賣業爲豊，惟整賣業係將貨品全批發售，而零賣業則逐件零沽，從清貨時間上言，整賣業實速於零賣業，清貨時間既速，輪廻消售次數自然較多，整賣業利率，雖不若零賣業之高，惟因輪廻次數較多之結果，足抵零賣業利率之差額而有餘，故在全年內同一資本以測度兩業之獲益，實無如何差別於其間，此整賣業稅率，可較零賣業爲輕，然實祇限於以營業收入額數爲課稅標準之營業，至若本省修正章程，對於物品販賣業一欄，係以資本額爲課稅標準，自無將整賣零賣兩業稅率，分別輕重之理，核與中央立法意旨，固屬相符，揆諸部定大綱補充辦法第六條，尤無抵觸，前准廣州市商會函廳，亦經林前任函復轉知有案，現呈所云，如照中央規定，則整賣業征收稅率．應予減輕，如以爲廣東征稅，與中央須行不同，故不能遵照中央規定辦理，非特自相矛盾，且任意釐定，豈得謂平各等語，均屬謬誤已極，又既據呈明該業對於章程內物品販賣業四種稅率之物品，均有販賣，更足以証明該業稅率不能劃一確定，蓋若一律照資本額征課千分之十，則販賣稅率較高之物品，而照此課稅，營業者徒增負担，豈得謂平，又營業稅之賦課，係以商業主體（卽商店）爲單位，按照各商店之實際營業，核定其課稅標準額，征課營業稅，斷不能依據全行情形以爲標準，藉昭核實，而示公允，所請將該行稅率，折衷辦法，一律照資本額征課千分之十，核與章案之規定．均不相符，礙難照准，據呈前情，合行剴切曉諭，除分令外，仰卽轉飭各同業遵章納稅，毋再瀆瀆，切切此批，

廳長馮祝萬

附原呈

呈爲呈請事竊敝行向營華洋雜貨照營業稅則應歸物品販賣業一欄課稅查物品販賣業原分四種課稅卽千份之五千份之十千份之十五千份之二十以其營業之種類分別課稅定有專條乃昨閱報載得悉營業稅區主任梁次狂以敝行營業種類甚多請示應照何種課稅旋奉鈞廳批開以照營業稅則如商店兼營數種物品不能分別何種爲主要應照最高之種類課稅卽定爲千份之二十等因敝行同業閱悉之後僉

以所定稅率雖未奉有明文而報章登載諒非虛僞似此切身痛苦且復不平則鳴故特於十月十八日召開特別會議提出討論結果均以敝行所營品物如各種鉛筆墨水筆日記簿擦紙膠等則屬文具照課稅則爲千分之五而衫襪毛巾陶瓷肥皂草蓆織品等課稅爲千份之十照敝行全行計以此種品物爲多至化裝品物爲値無多銷流甚少何得依照最高稅率遽定爲千份之二十以爲課稅標準應即呈請減輕各等情竊查敝行商店原分爲躉賣零賣兩種依照中央規定則躉賣業徵收稅率自應較輕若謂廣東徵稅與中央情形不同不能遵照中央規定辦理則又何以對於各商店兼營數種品物不能分別何種爲主要時仍照中央規定以最高之種類課稅未免自相矛盾敝行同業以稅率綦重實難負担理合具呈

鈞廳察核伏乞俯念商艱准予照減爲千份之十課稅以昭公允實爲德便謹呈

廣東財政廳廳長馮

廣州市華洋雜貨同業公會主席沈志澄

又附原呈

呈爲呈請迅予核示祗遵事竊敝行關於營業稅率綦重實難負担業經具呈

鈞廳請予核減有案查敝行所營品物如鉛筆墨水筆日記簿擦紙膠等屬文具照課稅僅爲千份之五而衫襪毛巾陶瓷肥皂草蓆織品等爲千份之十對於敝行所營品物以基上所列實居多數至化裝品物其銷流極少如照最高稅率遽定爲千份之二十以爲課稅標準商等則以營業疲弊之餘實在無力肩此重負迫得據實續陳呈請將敝行應納營業稅額酌予核減伏乞

鈞廳俯念商艱迅予核准批令祗遵實爲公便謹呈

廣東財政廳廳長馮

廣州市華洋雜貨同業公會主席沈志澄

公函覆廣州市商會關於華洋雜貨公會請將全行稅率照資本額課千分之十前據該會呈廳業批不准在案請查照轉知文

廣東省政府財政廳公函　營字第四一一號二十年十一月十日

逕覆者，迭准

貴會市字第八一六號，八六〇號函，准市華洋雜貨同業公會函，請轉呈財廳將敝行稅率減照資本額課稅千分之十各等由，函請查照核復暫知等由，准此，查此案前據該同業公會具呈到廳，當以該業稅率不能劃一確定，蓋若一律照資本額征課千分之十，則販賣稅率較高之物品，而照此課稅，庫收受其損失，販賣稅率最低之物品，而照此課稅，營業者徒增負担，且營業稅之賦課，係以商業主體爲單位，按照各商店之實際營業，核定其課稅標準額，征課營業稅，斷不能依據全行情形，以爲標準，藉昭核實，而示公允，所請將該行稅率，折衷辦法，一律照資本額征課千分之十，核與章案之規定均不相符，碍難照准等詞，批復遵照在案，准函前由，相應函復

查照，此復

廣州市商會，

廳長馮祝萬

批廣州市華洋雜貨同業公會請准照資本額千分之十課稅仰仍照章辦理文

廣東省政府財政廳批　營字第四五一號二十年十一月十六日

批廣州市華洋雜貨同業公會沈志澄

呈一件爲再請迅將敝行營業稅率准予照資本額千分之十課稅由

呈悉，前據該公會請酌定照資本額千分之十課稅，當經詳細批復在案，茲復據稱各節，仍要求全行劃一徵稅，不獨於章案之規定原則不符，尤於章程第十　條之精神，顯相違悖，查該行商店所營之華洋雜貨業，各有不同，其營業主要之部分，亦各自有別，自應按照各店營業之主要部分，核定徵稅，以昭覈實，斷不能依據全行情形，核定劃一稅率，理甚顯明，前經明白批示，至謂定爲千份之二十，其不平更甚一節，查各區報告，對于該業課稅，或有定爲千份之十，有定爲千份之十五，或二十不等，要皆視各商店實際營業之主要如何，以爲核定標準，何嘗有一律定爲千份二十之事，查該行各商店所營之物品，各有不同，所稱同屬一業，而稅率各異，有悖部章，誠屬誤會，况章程規定，納稅義務人對於決定之稅額，如認爲過當，得請求修正在案，該行各同業，對於各區核定稅額，如有認爲過當，自可依据章程第十九條之規定辦理，又何庸鰓鰓過慮，既據呈明該業各商店，以販賣棉織品等物爲最多，如果屬實，自可照章程第四條物品販賣業稅率表第二欄規定按資本額千分之十征稅，如有其他物品爲營業之主要部分，仍應按照章程第十一條之規定辦理，以杜取巧，而昭核實，除分令營業稅各區主任遵照分別辦理外，仰即知照，此批，

廳長馮祝萬

附原呈

呈爲同業異稅治絲益棼仍懇按照部章認定主要部份課稅以杜紛擾而恤商艱事竊敝行前因營業稅征收不公經由敝會逕呈鈞廳請予酌定照資本額千份之十課稅以示公允旋於本月五日奉營字三五三號批開呈悉查各商店兼營稅率不同之事業原應分別征課惟在不能辨別何種營業爲主要時自應照較重稅率之營業課稅業於修正本省營業稅征收章程第十一條但書項下詳列規定用杜取巧而維庫收前據廣州市營業稅第三區請示到廳當經林前任分別令飭在案又查各省營業稅大綱補充辦法第六條有凡販賣物品之營業而以營業收入額數爲課稅標準者躉賣業之稅率可較零賣業酌量減輕之規定闡其立法意旨良以躉賣零賣兩業在同一營業收入額數上觀之零賣業所獲之利確比躉賣業爲豐惟躉賣業係將貨品全批發售而零賣業則逐件零沽從清貨時間上言躉賣業實速於零賣業清貨時間既速輪廻消售次數自然較多躉賣業利率雖不若零賣業之高惟因輪廻次數較多之結果足抵零賣業利率之率額而有餘故在全年內同一資本以測度兩業之獲益實無如何差別於其間此躉賣業稅率可較零賣業爲輕然實祇限於以營業收入額數爲課稅標準之營業至若本省修正章程對於物品販賣業一欄係以資本額爲課稅標準自無將躉賣零賣兩業稅率分別輕重之理核與中央立法意旨固屬相符揆諸部定大綱補充辦法第六條尤無抵觸前准廣州市商會函廳亦經林前任函復轉知有案現呈所云如照中央規定則躉賣業征收稅率應予減輕如以爲廣東征稅與中央頒行不同故不能遵照中央規定辦理非特自相矛盾且任意纂定豈得謂平各等語均屬謬誤已極又既據呈明該業對於章程內物品販賣業四種稅率之物品均有販賣更足以證明該業稅率不能劃一確定蓋若一律照資本額征課千份之十則販賣稅率較高之物品而照此課稅庫收受其損失販賣稅率最低之物品而照此課稅營業者徒增負担豈得謂平又營業稅之賦課係以商業主體（即商店）爲單位按照各商店之實際營業核定其課稅標準額征課營業稅斷不能依據全行情形以爲標準藉昭核實而示公允所請將該行稅率折衷辦法一律照資本額征課千份之十核與章案之規定均不相符礙難照准據呈前情合行剴切曉諭除分令外仰即轉飭各同業遵章納稅毋再謬瀆切切此批等因敝會奉悉之下惶惑莫名當卽於六日召集全體會議提出報告僉以文明政府對於民衆公意應加採納且新稅頒行之始尤應與民意妥協乃易推行况敝會以切身痛苦代表會員陳訴誠非有意干瀆故雖奉嚴諭終難禁不平之再鳴因復一致議決根據部定辦法及全行商業狀况再爲懇切之陳訴冀當局之終能容納庶無碍新稅之進行查

鈞廳頒佈修正本省營業稅徵收章程第十一條但書項下凡兼營稅率不同之事業則就其主要營業課稅惟不能辨別何種營業爲主要時則就稅率較重之營業計算敝行營業於章程內物品販賣業四種稅率之物品均有販賣驟視之似難辨何種爲主要然在該店內各種物品中擇其銷售較廣需用資本較多之數種當可定爲主要敝行物品雖雜而其中以鞋帽襪傘如棉織草織棕織蔴織陶瓷橡膠肥皂等各品實爲日用

所必需故其銷售至廣需用資本亦至多惟上列各種在稅率表內皆定爲千份之十就以線襪線衫而論土製與舶來廠口不下數十種類每種以烟治半打之大小計算已成爲數百種則其估資本全額之最多者可知豈尚非謂爲主要之部份耶其他如毡毯化粧品等類不過祗爲一種副業聊備供求而

林前廳長令覆本市營業稅第三區主任以敝行營業物品繁雜不能辨別何種主要欲概就稅率較重之一種計算今敝行各商店發售物品既如上述已有主要部份應就主要部份營業課稅方爲公允而不違章現奉

鈞廳批示則云若一律照資本額徵課千份之十則販賣稅率較高之物品照此課稅庫收受其損失販賣稅率較低之物品照此課稅營業者徒增負担寧得謂平不思敝行稅率定爲千份之十既認爲不平則定爲千份之二十其不平豈非更甚蓋敝行販賣物品其稅率最低者固不止表內規定千份之十之數種更有規定千份之五之教育用品其消售額亦足與千份之二十之化粧品等相埒則酌中以千份之十課稅實爲最公允之請求倘必於每店物品內逐項比較以求得更精確之主要品既不勝其紛擾且同屬一業而稅率各異縱能勉強辦到亦與部頒各省征收營業稅大綱補充辦法第七條所載各種營業不論其所營者爲土貨或洋貨均以同一稅率課稅明文顯相抵觸更恐不肖之征收員司得藉以任爲軒輊上下其手若照

鈞批所云既悖部章復昧商情徒予不肖者以因利乘便之機會而於庫收亦未見其果能獲益廹得再行懇切瀝呈請仍照敝會請求原案迅將敝行營業稅率准予照資本額千份之十課稅俾有遵依而免滯納干罰實爲公便謹呈

廣東省政府財政廳廳長馮

廣州市華洋雜貨同業公會主席沈志澄

批廣州市華僑建築東園公會呈請照資本額申報納稅未便照准文

廣東省政府財政廳批　營字第二三〇號二十年十月二十日

廣州市華僑建築東園公會主席蘇泳沂

呈一件呈請照資本金額報稅幷予展限申報由

呈悉，查建築時帶繳之附加費，建築物料之台費，及大學經費等，均屬轉嫁性質，與直接向商業主體征課之營業稅，逈不相同，該業既係代人包工建築，自屬包工業之一種，照章程規定，應按全年收入金額征課千分之三，又該業流動資本不多，固定資本極少，從業員一項，尤多臨時僱請，其資本之大小，實難範圍其獲利之厚簿，所請改照資本額申報納稅，未便照准，再查廣州市商店申報期限，前經再三展至九月二十日止，逾限即行罰款，若至十月十五日而仍不申報，即行停止營業，分別通令佈告在案，現查已屆停止營業時期，該業既未遵章申報，本應照案執行，據稱故障情形，姑准從寬辦理，暫免停止營業，以示體恤，惟應照章繳納逾限申報罰金，仍限於十月廿三日前，到各該地營業稅區申報，倘逾限尚未申報，決照定案執行停業，而資限制，據呈前情，除通令外，合行令仰該商即便遵照，毋違，此批，

廳長馮祝萬

附原呈

呈爲呈請事竊屬會現准各會員報稱竊現奉

財政廳限令報繳營業稅維查我建築界並未定有專條又聞包工制一項經已删除建築本行申報稅費當然依照資本額申報固無疑義但各區辦事處對於申報書仍不准以資本額申報似此辦法致令各存觀望查各區辦事處多以本行承辦工程於包工之中仍有代辦各項建築材料則非盡然屬於包工性質故不在删除之列不知本行承判工程無論多寡例將圖則價目材料開列呈請市工務局核准給照並帶繳每百抽二之附加費始准開工建築而買入各項物料除正稅外則有台費及大學經費等均由承判人負担繳納似此我行對於國稅與地方稅等等稅費重至每千元繳納至三十元之鉅足在資額抽收營業稅已負担過重若再在營業部份抽收實屬力難負担請爲轉呈

政府懇准仍照資本額申報辦理以示體恤並令行各區辦事處知照以免稽延申報再者本行承辦建築其各司理人間有在外屬工廠督理工程一時急速不能回省報領營業牌照以至過限者在所多有祈並呈明懇准通融展限是爲至要等情准此查所請各節尚屬實情今政府辦理營業稅費目是正當稅收屬會固當贊助但各會員等實有負担過重之痛苦情形理合據情轉呈伏乞

鈞廳察核俯予體念商艱仍准建築行依照資本金額報稅並請額外恩恤准予展限申報並令行各營業稅區辦事處知照仍請

批示祇遵實爲公便謹呈

廣東省政府財政廳廳長馮

廣州市華僑建築東關公會主席蘇泳沂

批廣州市建築業同業公會呈爲既奉删除包工金額請免征營業稅未便照准文

廣東省政府財政廳批 營字第三四六號二十年十月二十二日

批廣州市建築業同業公會主席鄺鴻年等

呈一件呈爲既奉删除包工金額請免征營業稅并令區執行由

呈悉，查本省營業稅征收章程草案，對於各業課稅標準，原定有資本額，營業額，收入金額，報酧金額，包工金額五種，嗣因包工金額一項，含義未括，經即删去，改照收入金額課稅，此實爲課稅標準之改換，而非將課稅範圍之包工業删除，業於修正章程明白規定，呈奉

廣東省政府提出省務會議照通過，由廳分別函令佈告，旋以修正章程及施行細則，仍有包工金額字句列入，查係當時筆誤，應照删除，以正觀瞻，又經呈奉

廣東省政府指令准予照辦等因，分別令佈各在案，該業既據呈明係承接工程，代人包工包料，建築物業，自入包工業範圍，照章應照全年收入金額課稅千分之三，現呈稱既奉删除包工金額，請免征建築業營業稅，又謂細閱營業稅章，本未提及建築二字，然不忍征稅，厥有六點等語，均屬誤會，總之營業稅之性質，係對於一般商業賦稅，凡屬以營利爲目的之營業，除修正本省營業稅征收章程第五第六兩條規定外，俱列入課稅範圍，該業既以營利爲目的，豈能獨異，所請免課飭區執行，未便照准，除分令佈告外，仰即遵照，毋違，此批，

廳長馮祝萬

附原呈

呈爲既奉删除包工金額請免征建築營業課稅事竊閱報刋

鈞廳佈告內開爲佈告事案查修正本省營業稅征收章程前以課稅中包工金額一項經已删除而第五條第二項第九條第二項仍有包工金額字樣列入係屬當時筆悞應即删去以正觀瞻當經林前任呈奉

廣東省政府財字第一二九五號指令開呈悉應准如呈辦理除查案將前繳營業稅征收章程分別將包工金額字樣删除外仰即知照此令等因幷經林前任佈告分行各在案茲查修正本省營業稅征收章程施行細則第八條末段載有包工金額係指該營業上年度所有與顧客所定包工包料之契約或約定之稅價額而言但工作未完成包工金額未支付之部份不在此限字句似應照案一幷删除業經呈奉

廣東省政府財字第一四九四號指令開呈悉准予備案并已將原繳章程查照更正矣仰即知照此令等因奉此除分令外合行佈告仰商民人等一體知照此佈等因奉此職會自當遵辦溯歟行相沿數千年建築自由忽一旦建築壓迫已皆怨讟乃近遭工務局變本加厲非拘則罰非罰則停或累蕩產傾家或累鬻男賣女或累抵凍捱飢以爲人謀安住幸福反爲己貽痛苦慘冤承匠何辜墮斯地獄惟細閱營業稅章本未提及建築二字然不忍征稅者厥有六點（一）並無買賣性質動嗟窮乏（二）祗有承接工程每處勢虧（三）包支坭水做木瑣屑人工資本不多（四）包購磚瓦木石最慳材料數部不設（五）若富家貴宅齊予承建又工務局准予報建則窮匠賤工方供覓食（六）若富家貴宅縱予承建而工務局拒予報建則窮匠賤工便歎停炊可知建築行各窮匠賤工之口糧悉仰工務局及富家貴宅之鼻息似此悽寒狀況勿論眞否刪除包工金額者應請免征建築營業課稅也明矣伏願

廳長體恤匠民豁免稅率如邀　恩准令區執行實爲德便謹呈

廣東省政府財政廳廳長馮

廣州市建築業同業公會主席顧鴻年等

批廣州市建築同業公會呈請免征營業稅並援例附征應毋庸議文

廣東省政府財政廳批　營字三〇三號二十年十月二十八日

批廣州市建築業同業公會主席顧鴻年等

呈一件再呈明建築業非完全直接包工，并擬具改善意見書，乞恩免稅窮賤工匠，援例附征富貴僱主，可否由會協力督辦，請核示遵由，

呈悉，查該公會前請免征營業稅，當經批復未便照准在案，茲再據稱各節，并附具意見書，擬求改征附加費，由會協力督辦等情，查凡屬以圖利爲目的之營業，皆應按類分別課稅，該業既以包工爲營業，當然爲圖利之行爲，照章征稅，理甚顯明，前經明白批復在案，况此乃按該業全年包工及包料之總收入，照章課稅千分之一，稅率本極輕微，且征課者在於該業之營業主體，並非按工征稅，來呈所稱征及微賤工匠，未免誤會，至所請由該會協辦，改征附加稅一節，查建築業帶繳之附加費，乃屬轉嫁性質，與直接向商業主體征課之營業稅，迥不相同，該業既係代人包工建築，自屬包工業之一種，所請援例附征，由會協力督辦，核與營業稅性質不符，應毋庸議，此批，

廳長馮祝萬

附原呈

呈爲再呈明建築業非完全直接包工是悽寒間接營利現決照前具改善意見書乞恩免稅窮賤工匠援例附征富貴僱主可否由會協力督辦以維營業稅收而副官民合作事竊當籌備營業稅之初奉　范前廳長召集全市民衆團體參觀征收章程草案幷奉面諭如有窒碍任具意見書以憑改善等示職會當以建築營業皆間接而徒負包工業之名且近遭工務局留難勒罰金不休之同業窮匠賤工應准免征全直接而正稱包工業之實且每赴工務局報建慷交附費不吝之各界富家貴宅應予轉取經於四月廿九日會繕意見書呈請改善在案玆奉鈞批二四六號原文邀免冗錄昨開緊急會議僉謂查財政廳批既以包工爲範圍豈知僱主慣獨操權或自行包料兼包工者有之或自行包料不包工者有之或自行中途包料包工者有之可知承匠包工非完全直接明明不入範圍矣卽以營利爲目的豈知承匠輒嗟貽害咸因代支人工而虧蝕者有之或因代購材料而虧蝕者有之或因代支人工與代購材料而並虧蝕者有之愈見承匠營利是悽寒間接總已乖目的矣衡情論理忍征包工稅云乎哉忍征營業稅云乎哉現決將意見書貢獻雖繕呈' 范廳長改善之於前盍另呈　馮廳長改善之於後惟有乞恩免稅同業窮匠賤工轉求援例附征各界富家貴宅倘嫌手續可否由會協力督辦未始非維營業稅收及副官民合作之道也等語遂經公決理合呈請

鈞廳核示飭遵實爲德便謹呈

廣東省政府財政廳長馮

計署貢由會協力督辦意見一紙

廣州市建築業同業公會主席顧鴻年等

謹將由會協力督辦正副官民合作政策署貢意見四種附呈

鈞核

(一)各界僱主悉是富家貴宅本係完全直接包工料征稅甚易且歷赴工務局呈報建築先繳附加經費始予興工如奉佈告飭其附征營業包工稅者雖千萬住戶孰不樂從

(二)本行承商類皆窮匠賤工向稱悽寒間接包工包料征稅極難且近遭工務局嚴絺建築勒違章罰欵憤欲停業如奉佈告准其免征營業包工稅者則廿萬匠人咸歌恩恤

(三)工程價額預算浩繁征收稅額尤紛手續如許由熟悉情形之本建築同業公會協力督辦自當負責隨時請示以重稅收

（四）以合行擁護之精神助　財廳新頒之稅率官民合作正書相符

批廣州市建築業同業公會呈爲建築混課主商正符營業主體再三呈明由會熟悉協辦以擴稅收碍難照准文

廣東省政府財政廳批　營字第三四七號二十年十一月三日

批廣州市建築業同業公會主席顧鴻年等

呈一件呈爲建築混課主商正符營業主體再三呈明可否由會熟悉協辦以擴稅收由

呈悉，查凡以營利爲目的，乃可稱爲營業主體，該業以包工包料爲營業，何得謂爲間接營業，至請轉征僱主，更無理由，所請碍難照准，仰仍遵叠次批示，尅日巾報領証，毋再曉瀆，此批，

廳長馮祝萬

附原呈

呈爲建築混課主商正符營業主體再三呈明可否由會熟悉協辦以擴稅收事竊奉

鈞批營字第三零三號捧讀之餘悚慨奚似然職會全體同業僉要摘錄原文復爲下情上達且分別呈明之先摘錄

鈞批內稱查建築業帶繳之附加費乃屬轉嫁性質與直接商業主體征課之營業稅迴不相同等語豈知建築僱主名非直接營業主體與建築承商實是間接營業主體本有密切交易之關係如果明向承商征稅勢必暗向僱主取償徒釀糾紛而已現貫委曲求全辦法與任承商暗取償於僱主終遭主厭盡由

鈞廳明征稅於僱主藉恤商艱至避免轉嫁須在所繳營業稅收據上註明每逢建築稅由僱主每與建築繳自承商等字樣是稅在此而繳在彼正爲混課主商標準者惡乎迴不相同似此官民公開固符營業稅性質之主體矣次摘錄

鈞批內稱該業既係代人包工建築自屬包工業之一種所請援例附征由會協力督辦核與營業稅性質不符應毋庸議等語豈知建築一途雖屬包工業一種但僱主或自包料而兼包工者有之或自包料而不包工者有之即承商或不包工而不包料者有之或僅包工而不包料者有之惟有上年度確少包建築工料而下年度忽多包建築工料者固有之或半年前畧有包建築工料而半年後絕無包建築工料者又有之參差不整稅額奚均設未定僱主出稅及未定承商繳稅恐收成折而已現謀積極擴充進行却寄仗各區主任分段劃辦以振先聲可否乞

鈞廳許會協力督辦以資熟悉至援例附征並非有觸營業稅章程中不過以全市建築附加費尚行之於昔而距難而全行建築附加稅者行之於今而更易等緣由是附加費即附加稅正爲混課主商變通者惡乎應毋庸議似此官民合作尤符營業稅性質之主體矣理合再三呈請

鈞長核示飭遵實爲德便謹呈

廣東省政府財政廳廳長馮

廣州市建築業同業公會主席顧鴻年等

批廣州市華僑建築東園公會呈請規定每百元營業撥出百分之二十或三十元作爲工資課稅碍難照准文

廣東省政府財政廳批　營字第五二六號二十年十一月二十四日

廣州市華僑建築東園公會主席蘇泳沂

呈一件請規定每百元營業撥出百分之二十或三十元作爲工資課稅由

呈悉，查該業經營建築，既係包工包料，姑無論包工部分，或包料部分，皆以獲取利潤爲目的，前據該會具呈前來，業經本廳營字第二三〇號批令，詳細示復在案，所請除出代辦材料價值，而單獨征課工資千份之三一節，殊無理由，碍難照准，仰仍遵照前批辦理，又來呈未遵用正式呈紙，及以令紙繕遞，又漏押日期，殊屬糊混，併斥，此批，

廳長馮祝萬

附原呈

呈爲呈請將建築營業稅課率重新規定以恤商艱而維營業事竊查

鈞廳本年十月二十日營字第二三零號批令內開呈悉查建築時帶繳之附加費建築物之台費及大學經費等均屬轉嫁性質與直接向商業主體征課之營業稅迥不相同該業既係代人包工建築自屬包工業之一種照章程規定應按全年收入金額征課千份之三又該業流動資本不多固定資本極少從業員一項尤多臨時僱請其資本之大小實難範圍其獲利之厚薄所請改照資本額申報納稅未便照准再查廣州市商店申報期限前經再三展至九月二十日止逾限即行罰款若至十月十五日而仍不申報即行停止其營業分別通令佈告在案現查已屆停止營業時期該業既未遵章申報本應照案執行據稱故障情形姑准從寬辦理暫免停止營業以示體恤惟應照章繳納逾限罰金仍限於十月廿

三日前到各該地營業稅區申報倘逾限尙未申報決照定案執行停業而資限制據呈前情除通令外合行令仰該商卽便遵照毋違此批等因奉此自應遵照辦理維查建築行營業確係無一定之固定資本因此種營業與別種營業性質不同多數由於業主方面信托而給予一單工程者此一單工程代價或有價值逾萬但承建人所獲得之工資只有百份之二三十其餘百分之七八十如磚瓦木石英坭沙鐵料等完全是因建築所需之材料不過承建者與其代辦而已而建築材料已有各行之營業稅屬行若照包工制課稅則應先除出代辦之材料價值而單獨征課所得之工資千分之三方符包工制課稅率千分之三原旨若

鈞廳對於此項辦法恐有流弊之處請規定每百元營業撥出百份之二十或三十元作爲工資而征課稅以甦商困實爲德便謹呈

廣東省政府財政廳廳長馮

廣州市華僑建築東園公會主席蘇泳沂

批廣州市旅店業同業公會酒店業稅率應比旅館業較高及酒店旅館兩業稅率未便減輕文

廣東省政府財政廳批　營字第二三一號二十年九月二日

廣州市旅店業同業公會馬祥等

呈一件呈爲營業稅課稅過重萬難担負聯懇俯賜減輕以恤商艱由

呈悉，查旅館每日之房租，有不及一元數目，而酒店房廳，日租竟有數十元者，兩相比較，執中計算，相差何止十數倍，若不差別其稅率，何昭公平，且旅店房租每日在五元以上，已入奢侈性質，照各省征收營業稅大綱第四條但書規定，酒店業稅率，亦應比旅館業稅率較高，用符部定大綱之意旨，并查湘鄂等省營業稅章程，對於旅棧業，均照營業額課千份之二十以上，現本省章程所定稅率，實屬格外減低，所請將旅館酒店兩業稅率減輕，未便照准，此批，

廳長林雲陔

附原呈

具呈人廣州市旅店業同業公會常務委員馬祥等

爲營業稅課稅過重萬難担負聯懇俯賜減輕以恤商艱事竊查修正廣東省營業稅征收章程第三條內載凡設店舖或營業場所招待客商其最高房租每日在五元以上者爲酒店業不及五元者爲旅館業又第四條內載旅館業營業額千份之二酒店業營業額千份之十等因奉讀之餘曷勝惶悚查酒店旅館實爲不動產租賃之一類而所僱員役設置物品與夫消耗之種種費用則儼乎不動產買賣業與物品租賃業數十倍

以上而不動產買賣業征稅尙僅定資本額千分之十物品租賃業征稅亦僅定資本額千份之十五是合兩項比較其純利收益均比旅館酒店爲高是旅館酒店所征營業稅應比不動產買賣業與物品租賃業較低方合原理乃該章程反定旅館業以營業額征稅千分之二酒店業以營業額征稅千分之十竊以爲未昭平允且酒店旅館自表面觀之則似收益甚豐實則內中費用之繁匪言可喩論其純利收益實遠不如物品販賣業故旅館業以營業額征稅千分之二已不能担負而況酒店業以營業額征稅千分之十尙豈能担負耶再査酒店與旅館以營業收支比較其營業大者支出自多其營業少者支出亦少酒店業征稅又奚能多於旅館業四倍倘非格外減輕萬難担負迫得聯呈

鈞廳伏懇逾格垂恩將所定旅館業酒店業營業稅率俯賜減輕以恤商艱而維旅業實叨德便謹呈

廣東財政廳廳長林

公函覆廣州市商會關於旅店業請減輕營業稅率前據該業呈廳業批未便照准在案請査照轉知文

廣東省政府財政廳公函　營字第三六四號二十年九月十八日

逕啓者，現准

貴會市字第五八六號函，據廣州市旅店業同業公會函，請轉達財廳將旅館業酒店業營業稅率減輕等情，函請査照核復轉知等由，准此，査此案前據該同業公會具呈到廳，以旅館業每日之房租，有不及一元數目，而酒店房廳，日租竟有數十元者，兩相比較，執中計算，相差何止十數倍，若不差別其稅率，何昭公平，且旅店房租每日在五元以上，已入奢侈性質，照各省征收營業稅大綱第四條但書規定酒店業稅率，亦應比旅館業稅率較高，用符部定大綱之意旨，幷査湘鄂等省營業稅章程，對於旅棧業均照營業額課千份之二十以上，現本省章程所定稅率，實屬格外減低，所請將旅館酒店兩業稅率減輕，未便照准等詞，批復遵照在案，玆准前由，相應函復

貴會査照轉知爲荷，此復

廣州市商會

廳長林雲陔

批廣州市旅店業同業公會酒店業不能援照旅店業征收千分之二所請碍難照准文

廣東省政府財政廳批　營字第三〇一號二十年十月二十七日

廣州市旅店同業公會馬祥等

呈一件為營業稅過重續請俯減以恤商艱由

呈悉，案據該會以前情呈請到廳，經林前任批示在案，茲據續請核減等情，查旅店為居停必需，酒店塲面奢侈，二者情形既別，稅率自應殊科，卷查本廳營字七號復市商會公函，內附營稅章程及說明書各一份，書內第四條，經指明酒店業，洋服業，係屬奢侈性質，嗣據商會第二五六號復函，對於此點亦無異議，且並認奢侈種類，應加重徵稅，現任章程對于酒店業祇課以營業額千分之十，已屬格外從輕，權衡至當，該會仍以課稅過重為辭，殊未喻本廳維護深意，來呈既謂有日租數十元價目，又云備達官貴人之居停，而同時又極力否認奢侈，支離矛盾，羌無理由，所請依照旅館業征稅千分之二，礙難照准，仰即遵照先令批示，轉知各同業遵章繳納，毋再曉瀆，切切此批，

廳長馮祝萬

附原呈

為營業稅課稅過重續請俯減以恤商艱事竊敝會前以營業稅課稅過重萬難担負聯懇　林前廳長俯賜減輕在案旋奉批示呈悉查旅店每日之房租有不及一元數目而酒店房廳日租竟有數十元者兩相比較執中計算相差何止十數倍若不差別其稅率何以昭公平且旅店房租每日在五元以上已入奢侈性質照各省征收營業稅大綱第四條但書規定酒店業亦應比旅業稅率較高用符部定大綱意旨并查湘鄂等省營業稅章程對於旅棧業均照營業額課稅千分之二十以上現本省章程所規定稅率實屬格外減低所請旅館酒店兩業稅率減輕未便照准此批等因竊查酒店房廳雖有日租數十元價目之列惟每一酒店僅得一二間藉以標榜為本市增繁華而聊備達官貴人之居停而已以房數論固居最少數若以住客計常有一月而僅得三數天以平均計算其名列數十元之房廳實不及四元房舍之收益故各酒店房廳仍以二元二元五角三元三元五角四元四元五角五元之價為最多而旅店之不及一元房雖多而在四元以上之房亦不少是旅館與酒店實相差一間耳而酒店業征稅竟多於旅館業四倍竊以為未得公平若以五元以上之房租認為入於奢侈則竊以為未當查本市之房租費用日見高漲以租賃營遍房舍而言稍能容納數人又適合衛生者租值已不菲況加之各種費用其數當倍蓰而酒店雖號稱四元五元之房但容納數人且供給種種備置并不加值即數人平均每人亦僅占一式元奚能認為奢侈哉廹得將酒店業不能担負營業稅額千份之十情形呈請
審核伏懇
俯賜將酒店業營業稅率依照旅館業征稅千分之二以恤商艱而昭公允實叨德便謹呈
廣東省政府財政廳廳長馮

批廣州市旅業同業公會下級旅館飯餐准予免課營業稅其餘照案辦理文

廣東省政府財政廳批　營字第八二三號二十年十二月二十九日

批廣州市旅店業同業公會

呈乙件呈請撤銷飯店餐課稅由，

呈悉，查關於酒店旅館飯餐一項，前經規定凡酒店旅館，必須旅客搭膳，所定租費，係將飯餐房租合併計算，其膳費自屬該業營業上之一部，應彙併房租照規定稅率征課，如設備飯菜供應旅客，膳食與否，任從客便者，其飯菜一項，雖非該業本身營業之部分，亦屬兼營他業之一種，自應分別計稅，并照酒菜館業規定，按全年營業額課稅千分之二，以昭公允，通飭佈告在案，所有酒店旅館之飯餐，自應按其規定，分別計稅，以符章案，所請免予征課，應未便照准，惟查本市學校，多未設備宿舍，一般學子，多在市內下等旅館（原日學旅）膳宿，此項旅館膳費甚廉，每餐多不及二角，對於學子，尚稱利便，茲定凡旅館其房租每人每日不過四角，飯食每人每餐不過二角者，作為下等旅館業，其飯餐一項，准予免課營業　，其餘仍照規定辦理，以示體恤，而符原案，據呈前情，除分令外，仰即知照，此批，

廳長馮祝萬

附原呈

為據情轉達懇撤銷飯餐課稅以維旅業事竊敝會現據各會員投稱近奉

鈞廳佈告內開為佈告事現據廣州市營業稅第一區主任劉友豪稱查收稅章程第四條稅率表內載旅館業應照營業額千分之二課稅酒店業應照營業額千分之十課稅等規定照章自應會同商會或當地警察按址調查惟此等營業其營業金收入大率以房租飯菜為大部份據商業調查員稱應將飯餐數目剔除不入此項營業計算等語現當核計稅額通知書究竟房租飯餐應否合併計算未奉規定明文事關稅收主任未敢擅便理合備文呈請

鈞廳察核示遵等情前來查旅館酒店兩業凡規定旅客搭膳所定租費係將房租飯餐合併計算者其膳費自屬該旅館及酒店營業上收入之一部應彙併房租照旅館或酒店業規定稅率征課如設備飯菜供應旅客膳食與否任從客便者其飯菜一項雖非該業本身營業之部分亦屬兼營他業之一種自應分別計稅并照酒菜館業規定按全年營業額課稅千分之二以昭公允而符定章除指復分令外合行佈告仰商民人等一體知照此佈等因竊查酒店旅館兩業以營業額課稅原比其他別行以資本額課稅已屬加重茲復奉佈告以飯餐一項亦照酒菜館業規定

按全年營業額課稅千分之二殊以爲未得公平且該飯餐似應不入課稅之列請轉呈財政廳將飯餐課稅撤銷等情前來查酒店旅館純爲招待旅客住宿除有西餐設備已依酒菜館業申報繳稅外至飯餐一項俱由旅客任便呼役另講或命厨役臨時代製均於酒店旅館無涉亦非酒店旅館兼營他業之一種似不屬課稅範圍蓋酒店旅館原備厨役以司夥伴伙食而旅客或因就便用膳臨時命厨役代製其膳費多寡悉由旅客自命厨役爲之與酒店旅館無涉此不屬課稅者一又查酒店旅館兩業以學旅爲最占多數幾達全數十分之三而學旅飯餐亦祇僱備厨役以供使喚學生有托學旅代製飯菜價全月收回八元或九元平均每餐實不及二角若課營業稅尚屬苛細且爲代辦性質并非營利行爲況政府正爲培育人材設法補助教育經費籌辦學校寄宿舍此等學旅不啻爲補助學校宿舍之不足而又屬於最廉之家常飯食此不屬課稅者二再查下級飯店已規定免課營業稅而效其赴下級飯店酒食者以一人論尚有常逾數角或一元之數而旅店學旅任命厨役爲之尤不及此數是與下級飯店比較尤倍低廉此不屬課稅者三據投前情理合據情轉呈察核伏懇府賜將酒店旅館飯餐課稅准予撤銷以維旅店實叨德便謹呈

廣東省政府財政廳廳長馮

批海珠戲院同樂公司
廣州市影院同業公會着遵章報納營業稅並令局知照文

分批海珠戲院同樂公司商人陳啓明
廣州市影畫院同業公會盧少棠

廣東省政府財政廳批　營字第八八號二十一年五月二十七日

准前任移交，該商會呈一件，請援本省現行修正營業稅征收章程第卅一條，暫予照舊繳納捐餉緩征營業稅由，

呈悉，此案業經本廳查明營業稅法第十條，有「應行取締或寓禁於征之營業稅，得暫照原有稅率改征營業稅」之規定，惟查廣州市戲捐，向由該市市政府征收，係屬娛樂捐之一種，實含銷費稅性質，且決定其繳餉額在未開始營業以前，核與征自營業行爲以後屬於收益稅範圍之營業稅迥不相同，自未便依照營業稅法，及修正本市省營業稅征收章程第三十一條規定辦理，又既據呈明係屬承商，按承商之地位，上有征收餉款之政府，下有繳納餉款之營業商人，所謂承商乃居於此兩者之中，爲包餉之行爲而已，現該商竟併包餉營業兩行爲於一身，是承商而兼營業者，在承商行爲方面，當可免課營業稅，至營業方面，自應飭令申報納　以昭平允，而符定規，呈奉

廣東省政府財字第四零一三號指令，以此案業經提出本府第六屆委員第八六次會議議決照辦，飭行知照，等因，各在案，仰卽遵飭各同業尅日遵章申報繳納營業，毋再逾延，切切，此批，

廳長區芳浦

附廣州市影畫院同業公會呈

呈爲呈請備案事，竊敝會現據所屬各影畫院投稱，接到各區營業稅申報單，應如何辦理，等情前來，竊查修正廣東省營業稅征收章程第卅一條內載，營業稅實行後，本省原有之典稅及整理保險事業，所收稅費暨其他向來征收與營業相同之稅捐，暫行照舊辦理，至全省營業稅辦理就緒後，再將上項原定稅率改用營業稅率征收之等語，又查中央財政部各省征收營業稅大綱補充辦法第十一條，牙稅當稅屠宰稅以及其他與營業稅相同之稅捐，雖須依照大綱分別歸併，然爲暫時顧全地方收入原案起見，可分兩個步驟辦理，第一步，將牙當屠宰等稅改稱營業稅，而其稅率則仍照牙當屠宰各項原定營業稅率征收，作爲臨時過渡辦法，第二步，至營業稅辦理就緒後，再將上項原定稅率改從營業稅稅率征收，俾歸一律，屬會各影畫院按月均繳納戲餉及娛樂捐，此項餉捐，名目雖異，實與營業稅性質相同，且市財政局認畫院爲承商之列，現營業稅開辦伊始，按照上開條例，自當暫行照舊辦理，俟全省營業稅辦理就緒後，再將原定稅率改用營業稅率征收規定，至爲清晰，但屬會仍恐各營業稅區誤會，理合具文呈請

鈞廳察核備案，並乞通令各營業稅區，對屬會各畫院依照修正本省營業稅征收章程第卅一條辦理，實爲公便，謹呈

廣東財政廳，

廣州市影畫院同業公會主席盧少棠

附承辦海珠戲院同樂公司呈

狀爲查明稅章，狀請示遵事，竊查修正廣東省營業稅征收章程第三十一條內載，營業稅實行後，本省原有之典稅及整理保險事業，所收稅費，暨其他向來征收與營業稅相同之稅捐，暫行照舊辦理，至全省營業稅辦理就緒後，再將上項原定稅率改用營業稅率征收之，等語，查商公司承辦海珠戲院，向來繳納大戲捐，此大戲捐卽與營業稅相同之稅捐，自無同時並征之理，惟現在本市營業稅已開辦，商公司應否照章照舊繳納大戲捐，免繳營業稅，抑卽改征營業稅，免征大戲捐，擬請明白解釋，俾便遵辦，至商公司承辦海珠戲院，純粹承商性質，尤在免征營業稅之列，理合狀請

鈞廳察核批示，祗遵，實爲公便，謹狀

廣東省政府財政廳

具呈人陳啓明

佈告廣州市各影畫院大劇場應卽遵章申報納税文

廣東省政府財政廳佈告　營字第二一七號二十一年七月一日

爲佈告事，現據廣州市税税局呈稱竊查影畫院大劇場征收營業税一案，前奉
鈞廳營字第八十八號訓令開，關于影畫院大劇場在營業方面，自應飭令申報納税，並呈奉
廣東省政府財字四零一三號指令，經提出第八六次省務會議，議決照辦在案，飭卽知照，等因，下局，職局當以申報手續及應塡事項，殊覺繁瑣，誠恐各戲院或有未明辦法，故爲利便辦理起見，特派員携帶申報單前赴各戲院按戸發給，飭令照實申報，並善爲指導，庶收妥捷之效，玆據該員復稱，遵卽前赴各娛樂場大劇場影畫院按戸發給申報單二紙，飭令各場院依表照實申報，並指導其塡報事項及申報手續，惟據各場院司理均稱此案經商公會再請照舊繳納捐餉，緩征新税，或廢除繳餉，純征營業税，俟批復後再行申報各等語，奉令前因，合將遵辦情形呈報察核，等情，據此，查影畫院大劇場在營業方面自應申報納税，既經
鈞廳飭令知照有案，玆各院場均稱此案經該行同業公會再請緩征新税，或廢除繳餉，純征營業税，俟批復後再行申報一節，事關申報納税，應如何辦理之處，職局未敢擅定，理合備文，呈請
鈞廳察核，伏候指令飭遵，等情，據此，案查迭據廣州市影畫院同業公會承辦海珠戲院同樂公司紛請援照修正本省營業税征收章程第三十一條，暫准照舊繳納捐餉，緩征新税各等情，業經本廳查明，營業税法第十條有「應行取締或寓禁於征之營業税得暫照原有税率改征營業税」之規定，惟查廣州市戲捐，向由該市市政府征收，係屬娛樂捐之一種，含消費税性質，且課于未營業以前，與征自營業行爲以後，入收益税範圍之營業税迥不相同，自未便依照營業税法第十條及修正本省營業税征收章程第三十一條規定辦理，又既據呈明係屬承商，按承商之地位，上有征收餉欵之政府，下有繳納餉欵之營業商人，所謂承商，乃居于此，兩者之中，爲包餉之行爲而已，現該商等覔併包餉營業兩行爲于一身，是承商而兼營業者，在承商行爲方面，當可免課營業税，至營業方面，自應飭令申報納税，以昭平允，而符定規，呈奉

廣東省政府財字第四零一三號指令，以此案業經提出本府第六屆委員會第八六次會議，議決照辦，飭行知照，等因，由廳分別批令各在案，所有影畫院及大劇場自應仍飭申報納稅，以符章案，據呈前情，除指復外，合行佈告，仰該業商人一體遵章到局申報納稅，毋稍違延，致干罰辦，切切，此佈，

廳長區芳浦

批廣州影畫院同業公會戲院游藝場同業維持會據呈繳緩征營業稅核章案不符未便照准文

批廣州市影畫院同業公會
戲院游藝場同業維持會

廣東省政府財政廳批　營字第二九二號二十一年七月二十五日

呈一件聯請援照典稅保險之例緩征營業稅由

呈悉，查戲院游藝場等，既據呈明，除認繳戲餉外，並須繳納娛樂捐附加費，按附加費即屬附稅，既有附稅，當有正稅，惟各該場院等，除繳納娛樂捐附加費及戲餉外，別無娛樂捐一項，則更足証明戲餉，即屬娛樂捐正稅，又娛樂捐之課稅目標，係在娛樂消費，娛樂情形不同，則各場院究收轉解之捐餉額數自當各別，該商等竟以戲院游藝場等戲餉額數不同，遽指戲餉為收益稅，殊屬牽強附會，又查保險商人，除每年繳納特許証費大洋一百元外，并須照所收保險費額，繳納百分之一保險稅，且規定由受保人負担，不得移嫁於投保人，又典稅（即當稅）之照舊辦理，緩徵營業稅，係有各省營業稅大綱，補充辦法第十一條之特列規定且當按店，所定利率，更不能隨意擅改，均與戲院游藝場等能任意高下劵價，以施行戲餉之轉嫁者迥不相同，各該場院商等，何得請求援照辦理，前據該電影院同業公會，承辦海珠戲院商人呈請援照本省營業稅征收章程第三十一條，暫予照准繳納捐餉，緩征營業稅等情，業以該戲院等，所繳戲餉，係娛樂捐之一種，核與營業稅性質不同，未便依照營業稅法第十條及本省營業稅征收章程第三十一條規定辦理，應飭申報納稅，以符定規，呈奉廣東省政府核准照辦行知，由廳分別批復，暨飭令遵照嗣據廣州市營業稅局呈，以據各場院均稱，經由商公會再請照舊繳納捐餉，緩征新稅，俟批復再行申報各等語，請核示遵等情，再經由廳佈告，飭即遵章納稅各在案，所請緩征營業稅，核與章案不符，碍難照准，據呈前情，除分令外，仰分別轉知各同業迅速遵章到局申報納稅，毋再違延，致干究辦為要，此批，

廳長區芳浦

附原呈

呈爲未明實況重定稅收謹訴緣由，懇賜垂察分別核辦以免重征事，竊屬會等各塲院，前以營業稅章則施行後，對於征收章程第三十一條暨補充辦法第十一條已有明白規定，則各塲院原向市府認繳院餉及娛樂捐數額，在未奉撤銷以前，暫行照舊辦理，以免負担重稅等情，轉請屬會等呈請

鈞廳察核在案，現奉營業稅局訓令，轉奉

鈞廳營字第八十八號訓令後開，關於影畫院大戲塲征收營業稅辦法，認定廣州市市府所征收戲捐係屬娛樂捐之一種，含有消費稅性質，且決定其繳納餉額在未開始營業以前，核以征自營業行爲，以後屬於收益稅範圍之營業稅不同，又以該出稅餉係屬承商包征性質，按照承商地位，上有征收餉款之政府，下有繳餉之營業商人，謂爲以包餉營業兩行爲併於一身，應仍飭令申報納稅等詞，呈奉

廣東省政府第六屆委員會第八次會議，議決，照辦，令仰通告知照，等因奉此，屬會等對於

鈞廳此項擬定辦法，認爲未明各塲院負担市府所征收之院餉及娛樂捐之狀況，遂致重爲核定征收，玆謹分別釋明如下，(一)查各塲院須於開始營業之前，報明市財局核定，各該塲院負担院餉及比照院餉附收娛樂捐額數，飭知後照數繳納清楚始准開始營業，而各塲院商人，將此項負担列入常年經費項下，盈虧計在全年，並未征諸顧客，其性質當與消費稅不同，如謂營業稅爲收益稅，則各塲院所負担之院餉，及娛樂捐正復類似，蓋大戲院收益最多，規定其認繳餉額更重，有聲畫院及游藝塲收益畧少而認繳餉額比較大戲院爲低，默片畫院收益更少比較有聲畫院之認繳餉額尤低，是明明以收益範圍而定其稅率，又何可強詞謂爲所繳餉額在未開始營業以前卽屬於消費稅相類行爲，(二)查屬會等各塲院，既須認繳院餉復須認繳娛樂捐附加費，是院餉爲一事，固不能征諸客人娛樂捐附加費又爲一事，亦不征諸客人全屬於營業收益範圍之支出預算，更何消費之可言，

鈞廳以爲戲餉屬於娛樂捐之一種，而不知院餉之外另有娛樂捐之負担也，且均非取償於顧客而爲各塲院所自擔，自非消費稅可知，(三)查當按押店之典稅及保險公司之保險稅，均在未開始營業以前核定，並非在營業行爲以後征收，與戲院戲餉正復相同，政府爲謀稅收豫算之確定及便於征收起見，始將典稅保險稅及院餉提前定額征收，而不及俟其營業收益後始行征稅，在前在後權操　政府與商人無關，不能因此而謂典稅保險稅院餉均非收益稅中之營業稅，尤不能對於納典稅保險稅者免營業稅，而對於納典

稅保險稅類似之院餉者獨不能免營業稅也，(四)各場院繳餉奉發令告後始准開始營業，故令告已如營業牌照也，查當押店及保險公司亦先繳餉給照始能營業，其繳餉行爲與各場院相同，其營業行爲亦與各場院相同，如謂繳餉行爲爲承商則當按押店及保險公司之承商已免營業稅，如謂繳餉營業行爲爲應征營業稅，則當按押店及保險公司竟免徵營業稅，要之素稱餉商之當按押店及保險公司已不能區別爲承商及營業商人，則各場院事同一律，何堪再議重征，現在各場院於戲餉之外，又有娛樂捐，廣告捐，特種印花稅，負担不爲不重，命中區區收益，已耗去巨額餉捐及附加各費，若又重征營業稅，實與營業征收章則三十一條及補充辦法第十一條規定之本旨相去益遠，伏思廣州市市政府

鈞廳均屬

廣東省政府統治下之征收機關，既須征收營業稅，自應取銷戲院餉及娛樂捐，則應援照典稅保險稅之例，緩征營業稅，復查各國實行營業稅時，均將一切類似什稅撤銷，以杜復稅重征之弊，吾國

政府方以解除人民痛苦，免除苛細什捐，昭示民衆，營業稅既屬良稅，當採革新辦法，庶足以爲整頓稅政之良規，同屬餉商，允宜平等科征，方不致啓偏倚懸殊之咨怨，屬會各院場公同討論，認爲營業稅局誤定稅收緣由，似係未明各場院眞況，自宜瀝情上陳，除分呈外，理合聯同呈請

鈞廳察核，伏乞復加衡情審議，秉公辦理，分別興廢，豁免重征，藉解苛苦，實爲公便，謹呈

廣東財政廳廳長區

廣州市影畫院同業公會主席盧少棠

廣州市戲院游藝場同業維持會代表張兆江

佈告戲院游藝場商民迅卽遵章納稅不得拒絕調查文

廣東省政府財政廳佈告 營字第八九五號廿一年十一月十五日

爲佈告事，現據廣州市營業稅局呈稱，竊查惠愛中路大新公司，前以天台游藝場，因本市各娛樂場所均未征收營業稅，請緩調查一案，業經呈奉

鈞廳營字七二八號指令，關於大新支店游藝場部份，請求暫緩征稅，碍難照准，等因，下局，當卽遵照，再派委員前往調查，該公司天台游藝營業收入額，以憑核課，去後，旋據復稱，遵卽前赴該大新公司據該公司司理人蔡凱元稱，本公司娛樂場，十九二

十兩年度收入金額，未接本市戲院游樂場公會通告，是否照章繳稅，本公司未便獨異，如有通告，一律繳稅，自當照辦，並由該公司司理人蔡凱元交出名片一紙，請予照復等語；究應如何辦理之處，理合連同該公司司理人名片呈復察核，等情，具復，前來，查職局迭經派員調查該公司支行及支店天台游藝場營業收入狀況，該公司或以正在請求豁免征收娛樂場營業稅，或以未接該行同業公會通告，藉詞推諉，以致迄今仍無法核征稅款，似此情形，對於稅收前途，不無窒碍，理合具文，呈請鈞廳察核，伏乞嚴飭戲院游藝場同業公會迅即轉飭各戲院游藝場，毋得如前疲玩拒絕調查，並即遵章納稅，以維稅收，實爲公便，等情，據此，案查關於影畫戲院游藝場，前經呈奉廣東省政府核定，仍飭遵章申報繳納營業稅，由廳分別令佈遵照，嗣據廣州市影畫院同業公會戲院游藝場同業維持會聯呈請求緩征營業稅等情，復經照案批令轉飭各同業遵章申報納稅各在案，乃各該同業會等迄今仍未轉飭遵辦，殊屬不合，據呈前情，除令飭各該同業公會轉飭遵章納稅，暨令復外，合行佈告，仰娛樂場商民一體遵照，迅即遵章納稅，對於營業稅局派員到查，毋得以未接公會通告爲詞，再行拒絕，致干嚴咎，切切，此佈，

中華民國二十一年十一月五日　廳長區芳浦

佈告各戲院劇場娛樂場營業稅率暫准減照收入金額課稅千分之二十仰遡知文

廣東省政府財政廳佈告　營字第九七三號廿一年十二月五日

爲佈告事，現據廣州市各戲院劇場聯呈稱，竊商等各戲院場同業，例須繳納戲餉方准營業，自營業稅開辦後，迭經陳請查照本省征收牽稅第三十一條暨補充辦法第十一條辦理，昨准廣東財政廳批營字第二九二號，除原文有案，邀免複叙外，後開，仰該會尅即轉知各同業迅速到局申報納稅，毋再遷延，等因，奉此，遵查原令，所據爲應課營業稅之理由；大意係認定戲餉爲娛樂捐，正稅屬於轉嫁稅性質，並認各戲場劵價可以自由高下爲施行轉嫁戲餉之行爲，謂與營業稅性質不同，應併征營業稅，商等以爲此項認定確有未當，敬爲鈞廳剖晰陳之，查賦課之所稱爲轉嫁稅者，必不能越價外取償，或價內取償二種，例如集商販入某貨百觔納稅拾元於賣出時向受貨者於貨價外另收每百觔稅金十元此價外取償之謂也其將所納稅金之數並入於貨價內以發售者價內取償之謂也，今各院場繳納戲餉並無貨物成交，已無按貨取償之機會，而客座之旺淡無定，亦無按客取償之可能，此認戲餉爲轉嫁稅之確有未當者也，又查各

院場客劵價不能不隨時高下者，在大戲院方面，其唱演高班時，則劵價不高無已酬高班之索值，其唱演下班則劵價不賤無已招顧之來觀，在畫院方面則畫片之價值高者，租金必高，劵價不能不隨之而高，反之則價值低而租金低，劵亦不能不賤，故劵價之高下因事實爲轉移，絕無轉嫁戲餉之意味，此認劵價高下爲施行轉嫁戲餉之確有未當者也，又查營業稅應俟裁厘金而設，故大綱第九條，有各省征政營業稅應俟厘金裁撤後實行之規定，夫厘金之完納，商販莫不轉嫁於售客，事無可諱，以確屬轉嫁之厘金，營業稅猶不能與之併征，以並非轉嫁之戲餉而併征營業稅，揆諸理法，豈可謂平，此認戲餉爲轉嫁稅而併征營業稅之確有未當者也，抑尤有進者，現在商等各院場營業於担認戲餉之外，又有娛樂捐附加費，廣告捐，及每劵上粘貼特種印花稅，疊床架屋，一業四征，負担綦重，已屬竭蹶難支，若未撤銷上列各種戲餉稅，而重征營業稅，匪特與營業稅征收章則第三十一條及補充辦法第十一條規定之本旨不符，而在商等各同業無論如何萬難再行負担，若不蒙矜全，則院場破產，必在目前，茲奉轉令前因，合將稅非轉嫁重征，職商請予免征緣由，具詞呈請
鈞廳俯賜察核，准予暫行免征營業稅，或商請廣州市政府撤銷現有戲餉及娛樂附加費，特種印花稅等，一律改辦營業稅，以符法規，而維商業，實爲公德兩便，等情，據此，查租稅之轉嫁係由納稅者將稅額加入課稅目的事物價格之內，或附加於價格之外，以轉嫁於最後消費者負担，誠如來呈所云，價內價外取價，至戲餉一項，其課稅目標係在娛樂營業者，自可將繳過戲餉加入娛樂劵價內，以轉嫁於娛樂消費人，是租稅之轉嫁，何嘗限於實物之交易，現呈稱各院場繳納戲院，並無貨物成交，無按貨取價之機會等語，殊屬昧於事實之言，又戲院劇場，從每次營業觀察，自屬旺淡無定，然就全年內出盈補虧以計之，自可測定其平均約數以行斟酌轉嫁，即一般營業皆有旺淡之時，何得以一時之旺淡據爲不能轉嫁取償之理由，又事物之價格，自無絕對不受社會需求之影响，各該場院所定娛樂劵價時不一律，或爲事實使然，然謂此即無轉嫁之可能，則非，蓋各該場院其所繳戲餉，係在未營業以前，而所收劵價更無不能超越之定額，既能高下劵價，而無定額之限制，即有施行斟酌轉嫁之可能，又何得謂無轉嫁戲餉意味，前據影畫院同業公會暨該海珠戲院承辦商人呈請緩照本省營業稅征收章程第三十一條，暫予照准繳納捐餉，緩征營業稅等情，業以該戲院等所繳戲餉係娛樂捐之一種，含消費稅性質，固與營業稅性質不同，且課於未營業以前，與征自營業稅行爲以後，入收益稅範圍之營業稅，更不相同，未便援照章程第三十一條規定辦理，呈奉
廣東省政府核定，仍飭遵章申報繳納營業稅，由廳分別令佈遵照，旋據廣州市影畫院同業公會暨戲院游藝場同業維持會呈請援照典稅之例緩征營業稅等情，亦以當按店所定利率更不能隨意擅改，均與戲院游藝場等能任意高下劵價以施行戲餉之轉嫁者，迥不

相同，未便准予援照辦理，當經批令轉飭同業申報納稅，嗣據廣州市營業稅局呈以各戲院游藝塲經調查，又經由廳飭令該市戲院游藝塲影畫院各同業公會轉飭同業，對於稅局派員到查，不得再行拒絕，幷分別令佈各在案，所請緩征營業稅，礙難照准，仍應飭令申報納稅，以符章案，並查娛樂塲業一項修正本省營業稅征收章程規定，係核收入金額課稅千分之四十，玆爲特別體恤起見，暫准減照收入金額千分之二十課稅，據呈前情，除分別批令暨呈請

廣東省政府備案外，合行佈告仰商民人等一體知照，此佈

廳長區芳浦

公函覆廣州市政府／廣州市商會關於該市戲院劇塲商人請免營業稅前據各該商呈廳業經核明未便照准暨暫准減照收入金額千分之二十課稅在案函復查照由

廣東省政府財政廳公函　營字第一〇三八號二十一年十二月五日

逕復者，現准

貴府／貴會市字第八四七／一五二九號公函，關于廣州市戲院劇塲商人，呈請轉請免征營業稅一案，請准酌核辦理／照辦見復，等由，准此，查此案，前據該市戲院劇塲商人聯呈到廳，業以「租稅不轉嫁，係由納稅者，將稅額加入課稅目的事物價格之內，或附加于價格之外，以轉嫁於最後消費者負担，誠如來呈所云，價內價外取償，至戲餉一項，其課稅目標，係在娛樂消費，娛樂營業者，自可將繳過戲餉，加入娛樂劵價內，以轉嫁于娛樂消費人，是租稅之轉嫁，何嘗限于實物之交易，所稱各院塲繳納戲餉，並無貨物成交，無按貨取償機會等語，殊屬昧于事實之言，又戲院劇塲從每次營業觀察，自屬旺淡無定，然就全年內絀盈補虧以計之，自可測定其平均約數，以行斟酌轉嫁，即一般營業，皆有旺淡之時，何得以一時之旺淡，據爲不能轉嫁取償之理由，又事物之價格，自無絕對不受社會需求之影响，各該塲院，所定娛樂劵價，時不一律，或爲事實使然，然謂此即無轉嫁之可能則非，蓋各該塲院，其所繳戲餉，係在未營業以前，而所收劵價更無不能超越之定額，既能高下劵價，而無定額之限制，即有施行斟酌轉嫁之可能，又何得謂無轉嫁戲餉意味，前據影畫院同業公會暨海珠戲院承辦商人，呈請援照本省營業稅征收章程第三十一條暫予照准繳納捐餉，緩征營業稅等情，經以該戲院等，所繳戲餉，係娛樂捐之一種，含消費稅性質，固與營業稅性質不同，且課于未營業以前，與征自營

業稅行爲以後，入收益稅範圍之營業稅，更不相同，未便援照章程第三十一條規定辦理，呈奉廣東省政府核定，仍飭遵章申報繳納營業稅，由廳分別令佈遵照，旋據廣州市影畫院同業公會暨戲院游藝塲同業維持會呈請援照典稅之例，緩征營業稅等情，亦以當按店所定利率更不能隨意擅改，均與戲院游藝塲等能任意高下劵價，以施行戲餉之轉嫁者，迥不相同，未便准予援照辦理，當經批令轉飭同業申報納稅，嗣據廣州市營業稅局呈以各戲院游藝塲拒絕調查，又經由廳飭令准市戲院游藝塲影畫院各同業公會，轉飭同業對于稅局派員到查，不得再行拒絕，幷分別令佈告在案，所請緩征營業稅，礙難照准，仍應飭令申報納稅，以符章案，幷查娛樂塲業一項，修正本省營業稅征收章程規定，係按收入金額，課稅千分之四十，玆爲特別體恤起見，暫准減照收入金額千分之二十課稅」等詞，分別呈批令佈在案，准函前由相應函復查照爲荷，此復

廣州市政府
廣州市商會

廳長區芳浦

附廣州市商會市字第一五二九號公函

逕啓者，現據廣州市影畫院同業公會主席盧少棠函稱，竊屬會等各戲院塲同業，例須繳納戲餉，方准營業，自營業稅開辦後，迭經陳請查照本省征收章程第三十一條暨補充辦法第十一條辦理，昨奉廣東財政廳批，營字第二九二號，除原文油印附送不敘外，後開，仰該會尅卽轉知各同業迅速到局申報繳納，毋再違延，等因，奉此，遵查原令所據爲應課營業稅之理由，大意係認定戲餉爲娛樂捐，正稅屬于轉嫁稅性質，並認各院劵價可以自由高下，爲施行轉嫁戲餉之行爲，謂與營業稅性質不同，「應並征營業稅，」商等以爲此項認定確有未當，敬爲貴會剖晰陳之，查賦課之所稱爲轉嫁稅者，必不能越價內取償，或價外取償二種，例如某商販入某貨，百觔納稅十元，于賣出時向受貨者于貨價外另收每百觔稅金十元，此價外取償之謂也，其將所納稅金之數，倂入于貨價內，以發售者價內取償之謂也，今各塲院繳納戲餉，並無貨物成交，已無按貨取償之機會，而客座之旺淡無定，亦無按客取償之可能，此認戲餉爲轉嫁稅之確有未當者也，又查各塲院劵價，不能不隨時高下者，在大戲院方面，其唱演高班時，則劵價不高，無以酬高班之索値，其唱演下班，則劵價不賤，無以招顧客之來觀，在畫院方面，則畫片之價値高者，租金必高，劵價不能不隨之而高，反之則價値低，而租金低，劵亦不能不賤，故劵價之高下

，因事實爲轉移，絕無轉嫁戲餉之意味，此認券價高下爲施行轉嫁戲餉之確有未當者也，又查營業稅爲抵補裁厘而設，故大綱第九條，有各省征收營業稅應俟厘金裁撤後實行之規定，夫厘金之完納，商販莫不轉嫁于售客，事無可諱，以確屬轉嫁之厘金，營業稅猶不能與之併征，以並非轉嫁之戲餉，而併征營業稅，揆諸情理，豈得謂平，此認戲餉爲轉嫁稅而併征營業稅之確有未當者也，抑尤有進者，現在屬會等各院塲同業，於担認戲餉之外，又有娛樂捐，附加費，廣告捐，及每劵上粘貼特種印花稅，叠床架屋，一業四征，負担綦重，已屬竭蹶難支，若未撤銷上列各種戲餉稅捐，而再重征營業稅，匪特與營業稅征收章則第三十一條及補充辦法第十一條規定之本旨不符，而在屬會等各同業無論如何萬難再行担負，若不函請維持，則破產立見，素仰貴會鼎言碩望，洞悉商情，相應函達貴會查照，務懇分別轉呈

廣東省政府暨　廣東財政廳察核，俯賜明令，准予免征，或商請廣州市政府將現征戲餉及附加費各稅捐一律撤銷，改辦營業稅以符法規，而維商業，等情，據此，查戲院繳餉業與當押繳餉營業，事同一律，依照本省征收章程第三十一條規定，似均在免納營業稅之列，相應轉函

貴廳希煩查照，准予將戲院業營業稅明令免征，或商請市府將現征戲餉及附加費各稅捐一律撤銷，改辦營業稅，使輕負担而維商業，並祈見復，轉知，至紉公誼，此致

廣東財政廳廳長區

執行委員會主席鄒殿邦

批中國戲院劇塲等聯呈仍懇照章緩征營業稅核與章案不符仍難照准文

廣東省政府財政廳批　營字第一〇五五號二十一年十二月二十日

批中國戲院陳衛民等

呈一件聯呈仍懇照章准予緩征營業稅由

呈悉，案查前據該海珠戲院商人等呈，請照章豁免營業稅等情，當以本省營業稅征收章程第三十一條，對於與營業稅相同之稅捐，係有暫行照舊之規定，惟營業稅與戲餉兩者性質迥不相同，未便准予援照章程第三十一條規定辦理，緩征營業稅，應飭遵章申報納稅，以符規定，呈奉

廣東省政府核准照辦，由廳分別批令佈告遵照，嗣據各該塲院聯呈，以繳納戲餉無轉嫁可能，仍請豁免營業稅等情，業經按照章

案，據理詳爲批駁，幷飭限於本年底止到局申報，又以該業章程規定，係按收入金額課稅千分之四十，特准暫行減照收入金額千分之二十課稅，分別呈批通令佈令各在案，已屬特別體恤，所請緩征，核與章案不符，仍難照准，據呈前情，除分令外，仰即遵章依限申報納稅，切勿遷延，致干罰辦爲要，切切此批

廳長區芳浦

附原呈

呈爲一業已經四征，確難再担重稅，仍懇　俯賜矜全，在原有各種稅捐未廢止前免予重征，以符部章，而維商業事，竊商等廣州市各娛樂場院，前以

鈞廳核議再征營業稅，按照收入金額課稅千分之四十，當以商等各院場營業向納鉅額稅捐，於　市政府無力再行担負，狀請

鈞廳豁免在案，現奉營字第九七三號批內開，茲爲特別體恤商艱起見，暫准減照收入金額千分之二十課稅，等因，奉此，具徵洞悉，商困至意，伏念商等各場院營業已由廣州市政府財政局征收鉅額戲餉稅捐，本年又於戲餉之外增收附加戲餉捐，另各院場於每戲票之上均須貼特種印花稅票，如開演各戲目粘貼廣告時，又須另徵廣告稅捐，似此叠床架屋，一業四徵，支柱爲難，已時虞竭蹶，今於原有稅捐未廢止之前，復重征營業稅，徵論與部章條例，是否抵觸，在商等各場院以當此筋疲力竭之時，無論如何萬難再行担負，況商等因營業而繳納稅捐，於政府名稱縱有分歧，而性質實無差異，謹按部定各省徵收營業稅大綱第七條載，營業稅實行後凡各省原有牙帖捐當捐屠宰捐以及其他與營業稅性質相同之捐稅，均應廢止，又按部定大綱補充辦法第十一條載，牙稅當稅屠宰稅以及其他與營業稅相同之稅捐，雖須依照大綱分別歸併，然爲暫時顧全地方收入原案起見，可分兩個步驟辦理，第一步，將牙當屠宰等稅改稱營業稅，而其稅率則仍照牙當屠宰等各項原定稅率征收，作爲臨時過渡辦法，第二步，至營業稅辦理就緒後，再將上項原定稅率改從營業稅徵收，俾歸一律，又按部定大綱補充辦法第十一條，各省舉辦營業稅時，應仍遵中央國地收支劃分標準，禁止添設附加稅，以符成案，而恤民艱，又按修正廣東省營業稅征收章程第三十一條載，營業稅實行後，本省原有之典稅及整理保險事業所收稅費，暨其他向來征收與營業稅相同之稅捐，暫行照舊辦理，至全省營業稅辦理就緒後，再將上項原定稅率改用營業稅率征收之，等因，具見

政府頒布法規，隨事均寓維持民生至意，此次頒布營業稅法，商等各場院同業以原担重叠稅捐，爲數至重，希望　政府施行營業新稅，廢止舊稅，或可稍輕負担，否則爲顧全地方收入原案起見，暫時縱不能減輕以前稅率，亦只應查照部定大綱補充辦法第十

一條辦理，若照第十三條對于營業稅征收統轄問題，只許劃分標準，禁止添設附加條文，至為明晰，奉批前因，合再瀝情詳陳，懇懇俯賜矜全，在商等各場院原有各種稅捐未廢止以前，暫行照舊辦理，免予重征，或商請　市府廢止原有稅捐，一律改辦營業稅，俾有適從，以紓商困，不勝屏營待命之至，謹呈

廣東財政廳廳長區

具呈人陳衛民等

批廣州市報關業同業公會關於推定報酬金額核定照營業總數百分之四計算文

廣東省政府財政廳批　營字第三二四號二十年九月十一日

批廣州市報關業公會主席李卓如

呈乙件呈為陳明會員申報報酬金額辦法，請鑒核示遵由，

呈悉，查報關業即報稅館業，照章程規定，係按報酬金額徵課千份之五十，現呈擬請由全年營業總數，推定其獲得之報酬金額，手續尚稱簡便，惟所請照營業總數百分之二，即二厘計算，作為獲得報酬金數目，實屬過低，按報稅館業佣金，普通有四五厘之多，即據附繳之說明書，亦謂佣金在四五厘之間，所有報稅館業報酬金一項，似應照其上年全年營業總數百分之四，即四厘計算，作為獲得之報酬金數目，再按照章程課千分五十之營業稅，以歸簡便，而昭公允，除分令外，仰即遵照，此批

廳長林雲陔

附原呈

呈為陳明會員申報報酬金額辦法懇請鑒核示遵事竊屬會所屬會員關於近日接到營業稅處發下申報單限期填繳一事業經嘗衆討論僉以限期將屆自應遵照辦理惟行內營業向例所謂佣金多在包價之列故所有代客包支包結如關稅特稅艇力各等費用均計在內而且更有客人減扣情事若核以佣金二厘以上數目申報則於商人資本確有損虧茲為求於商人資本與政府稅收兩無損虧起見其申報辦法應以二厘計算即係以上年度全年營業金額總數九八核扣所得據實申報最為公允復經屬會委員會議查核行內營業情況亦屬實在謹將會員申報報酬金額辦法陳明理合備文呈請

鈞廳鑒核批示祇遵謹呈

廣東省政府財政廳廳長林

廣州市報關業同業公會主席李卓如

批廣州市報關業同業公會呈請推定報酬金額應准以營業總數白分之三計算文

廣東省政府財政廳批　營字第十四號二十年十月二十一日

批廣州市報關業同業公會主席李卓如

呈一件爲稅率太重，無力負担，乞准照原呈請求，以恤商艱由，

呈悉，查報關業之營業總數，係包括關稅特稅艇力佣金等在內，關稅增加，營業額隨之而大，而佣金未必增多，所稱尙屬實情，若以營業總數百分之四，推定其報酬金額，在關稅未加之前，尙非過重，但在本年一月一日增加關稅以後，似爲畧高，惟所請照原呈以營業總數百分之弍計算，作爲報酬金額，又未免過低，應予改爲以營業總數百分之三，卽三厘計算，作爲其獲得之報酬金額，然後照章課稅，以示體恤，除呈報分行外，仰卽知照，此批，

廳長馮祝萬

附原呈

呈爲稅率太重無力負担乞准照原呈請求以恤商艱事竊屬會會員申報報酬金額納稅辦法業於九月三日呈請核示在案旋奉

鈞廳第三二四號批示內開呈悉查報關業卽報稅館業章規定係按報酬金額征稅千份之五十現呈擬請由全年營業總稅推定其獲得之報酬金額手續尙稱簡便惟所請照營業總數千份之二卽二厘計算作爲獲得報酬金數目實屬過低按報稅館業佣金普通有四五厘之多卽據附繳之說明書亦謂佣金在四五厘之間所有報稅館業報酬金一項似應照其上年全年營業總數百份之四卽四厘計算作爲其獲得之報酬金數目再按章程課千份五十之營業稅以歸簡便而昭公允除分令外仰卽遵照此批等因奉此竊查前繳說明書內載佣金在四五厘之間者原係指往年而言但客減扣佣金幾成習慣是以結果所得往往不及原額半數者此應請核減報酬金額之計算法者一查屬會會員營業行棧必須宏偉方能堅客人信仰因是館中費用較之其他各業年需利息皮費甚巨實得佣金猶恐不及二厘倘照四厘納稅實難負担此應請核減報酬金額之計算法者二伏查屬行年來營業冷淡近更不前多數虧蝕不貲復查屬會會員本年之營業額大概比往年爲低卽與往年相埒而本年之佣金比往年爲少蓋營業額之大不在貨物多運而在關稅之增加此則屬會會員營業額之大不足以獲報酬金增多之明証此應請核減報酬金額之計算法者三綜上三因迫得再瀝下情陳請

鈞廳察核俯賜仍照屬會前呈按營業額百份之二以算出報酬金額之數伏乞

廣州市報關業同業公會主席李卓如

批示祇遵實爲德便謹呈

廣東省政府財政廳廳長馮

公函復廣州市商會准函請將葯材參茸等業稅率減輕未便照辦文

廣東省政府財政廳批　營字第三四四號二十年九月十四日

逕復者，現准

貴會市字第五六一號函，據生藥參茸同業公會投請轉達財廳，懇請准予將所有葯材參茸玉桂稅率，一律減輕至千分之五等情，希准予所請辦理，并祈復會轉知等由，准此。查藥材雖爲療病之物，惟與日用必需品之柴米，實不可同日而語，又參茸玉桂，其爲療病之用少，爲滋補之用多，且價值昂貴，不能普及一般，與普通療病藥品，實有懸殊，并查江浙湘鄂等省營業稅征收章程，對於藥材業俱照營業額征課千分之二，參茸參燕等業，亦均照營業額課千分之三，以上按部章規定，營業額千分之二，即等於資本額千分之二十，營業額千分之三，即等於資本額千分之三十，本省章程所定，實較各省征收稅率特輕，現函請將參茸玉桂及藥材業減至千分之五，未便照辦，准函前由，除分令外，相應函復

貴會查照轉知爲荷，此致

廣州市商會，

廳長林雲陔

附原呈

逕啓者現據生藥參茸同業公會具詞投稱竊敝會經營葯業原爲療病所需關係民生與糧食同爲重要查葯物之來自外省外洋者均經抽稅特重祇餘土藥出產極少價值復微所以前次征收營業稅草案幷未列入藥材則其嘉惠病民意至深遠惟查現時財政廳所定征收營業稅率藥材以牌照額千分之十征收參茸玉桂以千份之二十征收同是藥材同爲療病需用之品征額多寡既已懸殊而旣經重稅之葯材何堪再加重稅敝會同人籌議再三僉稱藥材稅率層累遞加豈特商人不勝担負且重病人痛苦不免有碍民生廹得將情投請貴會察核懇請據情轉達財政廳覆加考察實情准予核減所有藥材參茸玉桂一律減輕至千分之五以惠病民而維商業等情前來查藥材爲療病原料實與糧食同爲人生需要現將葯材營業稅率按照資本額征收千分之十復將葯材中之參茸玉桂以資本額千份之二十徵收負担旣不均平抽收同感煩重

所請將葯材參茸玉桂一律援照糧食業營業稅率按資本額徵收千份之五似可准行相應函達

貴廳希准予所請辦理以衞民生而安商業幷祈覆會轉知至級公誼此致

廣東省財政廳廳長林

執行委員會主席鄒殿邦

廣州市生藥參茸業同業公會潘文生

批廣州市生葯參茸業同業公會請將葯材業及參茸玉桂業一律減照資本額千份之五征稅均難照准

文

廣東省政府財政廳批　營字第一六一號二十年十月十四日

呈乙件請將藥材參茸玉桂業一律減照資本額千份之五征收由

呈悉，案准廣州市商會函同前由，又據該文呈同前情，業經　林前任以藥材雖爲療病之物，惟與日用必需之柴米，實不可同日而語，又參茸玉桂爲療病之用少，爲滋補之用多，且價值昂貴，不能普及一般，與普通療病葯品，實有懸殊，並查江浙湘鄂等省營業稅征收章程，對於葯材業俱照營業額征課千分之二，參茸參燕等業，亦均照營業額征課千分之三，以上按部章規定，營業額千分之二，即等于資本額千分之二十，營業額千分之三，即等于資本額千分之三十，本省章程所定，實較各省征收稅率特輕，所請將參茸玉桂及藥材業減至千分之五，未便照准等詞，分別函復批令各在案，復查關稅係於貨物經過時征收，屬於通過稅，台簽係於買賣成交時，向買主帶征，屬於消費稅，兩者結果，轉嫁於消費之人，而繳納稅簽之商人，尙可從中沾潤，惟營業稅則專向營利爲目的之事業征課，其負担在於營業主體，性質截然不同，豈能與關稅台簽，混提幷論，所稱藥材已担負關稅簽費，若再征營業稅，商力確有未逮各節，殊屬誤會，況查關稅簽費，對於藥材之征收最輕，而藥材推銷之旺淡，則視乎市民健康，所稱重重抽收，藥業日形冷淡，尤屬不明事理，總之普通藥材，與參茸玉桂，既已分別緩急輕重，各定稅率，礙難率請變更，據呈前情，仰仍遵照修正本省營業稅征收章程之規定藥材業，及參茸玉桂業，分別納稅，所請將藥材業及參茸玉桂業一律減照資本額征課千分之五，均難照准，再查核原呈並未加蓋私章，殊屬不合，併飭知照，此批，

廳長馮祝萬

附原呈

呈為稅率太重確難遵辦懇請准予核減以免困迫而維藥業事竊敝會前以稅率過當防碍民生呈請
鈞廳准予核減以恤病民旋奉
鈞令呈悉查藥材雖為療病之物惟與日用必需品之柴米實不可同日而語又參茸玉桂其為療病之用少為滋保之用多且價值昂貴不能普及一般與普用療病品實有懸殊並查江浙湘鄂等省營業稅征收章程對於藥材業俱照營業額征課千份之三參茸參燕等業亦均照營業額課千分之三以上按部章程規定營業額千份之二等於資本額千份之二十營業額千份之一即資本額之三十本省章程所定實較各省征收稅率特輕請將參茸玉桂及藥材業減至千份之五未便照辦此令等因奉此當經敝會集議再三討論僉稱全市連年多故商務凋殘我藥業各家尤蒙影响追維藥材之運粵若關稅若釐費已有重重之担負抽收不為不重而藥業日形冷淡生活程度日益增高若再強担重稅百上加觔商力確有未逮而況藥材既為療病之用即屬關係民生與柴米同等重要更宜格外維持從輕課稅加惠病民即就參茸而論亦與藥材同為療病所需原無二致且敝會各店并無專營參茸玉桂或藥材業者則征收稅率詎可藥材稅千分之十而參茸則征千分之二十即千份之十已極其重若千份取二十更重至難勝迫得披瀝上陳籲呈
鑒核伏乞體念商艱考察實情所有藥材參茸玉桂一律減至千份之五征收庶民生藥業兩可保持血本瘡痍同蒙培護仰天呼籲無任屏營謹
呈
廣東省財政廳廳長

廣州市生藥參茸業同業公會主席潘文生謹呈

批廣州市釀酒業同業公會請准予附屬之米業一律免課營業稅碍難照准文

廣東省政府財政廳批　營字第二六三號二十年九月五日

批廣州市釀酒業同業公會代表　羅耀庭　陳祝三　吳鳳鳴

呈一件懇請准予酒業附屬之米業一律免課營業稅由

呈悉，案據廣州市米業同業公會呈，以米爲民食日用必需品，請將米業免征營業税等情，業經本廳營字第三七號批飭碍難照准有案，所請將酒業附屬之米業，一律免課營業税，碍難照准，據呈前情，除分令外，仰即遵照頒定本省營業税征收章程第四條糧食業之規定納税，毋違，此批，

廳長林雲陔

附原呈

呈爲請願事竊敝行酒業因政府已徵牌照税故蒙照章免予徵收營業税蓋敝行以酒爲主業米爲附業者緣酒以米製造米是酒之原料故每以一店而兼營兩業者也至營酒業者自民元裁釐徵税之初土酒每埕徵收二毫民二徵俄附加五合共三毫民二取銷徵俄改爲四毫另公賣費半毫共四毫半以至民十四增至九毫至今則連大洋計共一元一毫二五徵收將達六倍（查各省徵收税率每埕僅四角甲等牌每季僅三十二元乙以下從畧）其每日蒸酒四埕者按之每年納税至一千六百餘元而牌照其初每月普通徵收二元高等者不過三四元而止今則一等者每月徵收一百二十元以大洋計之將六十倍是酒之負担綦重且有久藏貯蓄之法而米則隨買沽可見兩行資本酒之負責重而米則負責輕若分而計之則酒着八而米僅二成而已似此酒既照章免課營業税而米爲民食所關向來無論何項税費皆蒙官廳概從豁免且米爲酒之附業又爲釀酒資料酒爲主業負担國課已如是之重既蒙規定免予再徵其民食所關之附屬米業聯同酒業全體敬懇

鈞廳請願伏乞

察核准予酒業附屬之米業一律免課營業税以恤商艱實爲德便謹呈

廣東財政廳廳長林

批廣州市釀酒業同業公會代表梁一偉等

批廣州市釀酒業同業公會關於該行之兼業如欲不照商照資額計税自可照章估定以示平允文

廣東省政府財政廳批　營字第三二六號二十年十月三十一日

呈一件呈爲酒業營業税，各區復行抽收，於部章不符，商店負担綦重，俯賜准免重征由，

呈悉，查已由中央征收牌照税之酒業，係經規定免課營業税，惟兼營他業者，其兼營之部，係未必小於酒業，若遽照商業牌照資本額撥出二三成，作爲兼營他業之課税標準額，征課營業税，則庫收固受損失，而兼業較大，與兼業較少者，仝一負担，尤與租税公平原則相違，所請將酒業中有釀酒者，其副業照商業牌照資本額撥以二三成，無釀酒者，則撥以五成計算，未便照准，前據

廣州市營業稅第三區主任梁次狂呈廳，以菸酒業之兼營他業者，其應稅部份，擬照商業牌照資本總額課稅，請察核令遵前來，當以菸酒業兼營他業者，其兼營之業，照章自應分別從實估定其課稅標準額，征課營業稅，如營業者欲免勾稽數目，准予改照商業牌照總資本額課稅，惟不得請將菸酒部分數目除去，以歸簡便，而示限制，經林前任分別令佈在案，該業之兼營他業者，對於兼業，如欲不照商業牌照總資本額計稅，自可按照規定，向其兼營之他業，從實沽定稅額，以示平允，而昭核實，據呈前情，除分令外，仰即遵照，毋違，此批，

廳長馮祝萬

附原呈

呈爲酒業營業稅定章業蒙免課各區復行抽收於部章既不相符商店負担綦重釀戶必多歇業或遷移港澳轉至有碍稅源伏乞鈞廳俯賜准免重征以恤商艱而維國課事竊奉

財政部廣東省營業稅征收章程第十修內開左列各項營業免課營業稅第二項中央政府已征牌照稅之菸酒業等因奉此足見

財政部洞悉菸酒業經已征收牌照幷製釀已成又征酒稅故有此免課營業稅之條且查屬會全行同業商店負本合計四十餘萬元以千份之五每年計收所得營業稅不過二千餘元而已至酒業牌照一等者每月征收百二十元二等者九十元三等者六十元而釀酒之家每埕納稅九毫連大洋加水及加二征收共銀一元一毫二仙五其每日釀出酒四埕者每年負担酒稅至一千八百餘元似此負担不惟不重查江浙各省牌照比較吾粵一等者每季僅征三十二元而已與粵省輕重懸殊若此倘粵省酒業再加抽以營業稅重負胡所底止勢必至於停歇或而遷移港澳此時國課得不償失素悉我

廳長愛民若赤仁德爲懷屬會目睹同業各店咸此困難用特公推代表趨赴

台前面陳業務痛苦伏乞

鈞廳長俯恤商艱准予主業酒類概行豁免課徵營業稅而副業則由商店營業牌照所報資本額酌量撥分其主業之有釀酒者或以兼營之副業稅率撥以二成或三成若祗係領牌沽酒而無釀酒者則撥以五成酒中報繳納俾國課商情兩無窒碍實爲德便謹呈

廣東財政廳廳長馮

批廣州市釀酒業同業公會呈請准將釀酒者劃分二成或三成爲副業沽酒者劃分五成申報兩無窒碍仰仍遵照前批納稅文

廣東省政府財政廳批　營字第三七五號二十年十一月五日

批廣州市釀酒業同業公會主席陳祝三

呈一件爲營業稅各區，將於酒業兼營他業者，不分主副業抽收，於部章不符，請准將釀製者劃分二成或三成爲副業，沽酒者劃分五成申報，兩無窒碍由，

呈悉，案據該會前以酒業營業稅，各區復行抽收；於部章不符，商店負担綦重，請准照資額釀製者劃分二三成，沽酒者劃分五成納稅，以免重征等情前來，業經本廳營字第三二六號批示，明白飭遵矣，仰卽遵照前批事理納稅毋違，此批，

廳長馮祝萬

附原呈

呈爲牌照既有徵收酒稅遵照繳納因而部章准免再行課徵營業稅若復重徵商人負担力窮勢必移甑他徙國課得不償失昨經呈請依照部章辦理伏乞迅賜批示祇遵事竊屬會會員各商店既經遵照政府定章按期繳納牌照稅及釀酒酒稅在案現奉鈞廳開辦營業稅頒發部章內開中央政府已徵牌照稅之於酒業免課營業稅等因無如各區營業稅徵收專員不理於部章之不符凡酒業不分主副兩業照全店所報商業牌照資本額悉令照課營業稅忖思原徵稅率其每日甑酒五埕應領一等牌照者每年繳納共計二千四百餘元負担不惟不重祇以國課攸關不得不勉爲其難若營業稅率其釀酒爲主業兼營油米及其他副業者屬會會員一百八十餘家合共資本四十餘萬元以千分之五計營業稅每年所課僅二千餘元而已且部章定爲免課而專員則違章徵收商人再四思維情何以甘誠恐力窮担負勢必移甑他徙卽此一家遷出徵稅範圍之外年中稅收損失已超過屬會全會商店營業稅額有奇則國課已得不償失倘他店效尤損失胡底前經具詞將商人痛苦及國課得失情形訴陳
鈞察伏乞
鈞廳長俯賜令飭營業稅各區專員遵照部章凡酒業商店免課營業稅其兼營油米及其他副業照章應征營業稅者如係釀製之家其稅額劃分二成或三成若無釀製祇係領牌沽酒者則對半劃分爲五成申報照納俾商情國課兩無窒碍素稔

鈞廳長愛民若赤明鏡高懸用特瀆詞呈請
鑒核迅賜批示祗遵實爲公便謹呈
廣東財政廳廳長馮

公函覆廣州市商會關于釀酒業公會請照資本總額劃出五成作爲米業資額計稅一案函覆查照文

廣東省政府財政廳公函　營字第六一七號二十年十二月四日

逕復者，現准
貴會市字第九八四號函，據市釀酒業同業公會請照資本總額劃出五成，作爲米業資額計稅一事，除原文免冗敘外，後開，希即分令本市各營業稅區，對于酒米業共同資本各店，務照資本總額劃出五成，作爲米業資額，一律計稅，以免參差，而維商業，仍祈復會轉知，至紉公誼等由，准此，查菸酒業兼營他業者，其菸酒業部分，自應照章免稅，但其兼營之業，照章自應分別從實估定其課稅標準額，征課營業稅，如營業者欲免勾稽數目，准予改照商業牌照總資本額課稅，惟不得請將菸酒業部分數目除去，以歸簡便，而示限制，至營業者對於兼業，如欲不照商業牌照總資本額計稅，自可按照規定，向其兼營之他業，從實估定稅額，以示平允，而昭核實，業經先後飭行，嗣據廣州市營業稅第三區呈，據該同業公會報請同前情，復經查案令復及佈告分行各在案，茲細核該同業公會投詞，既不願照資本總額計稅，又不願從實估定，而強請將全行兼營米業部分，劃爲五成計稅，殊無理由，所請未便照准，茲准前由，相應函復
查照轉知爲荷，此復
廣州市商會，

廳長馮祝萬

附原函

逕啓者現據廣州市釀酒業同業公會具詞投稱竊本省營業稅以資本額爲征稅之標準酒業在免課之範圍屬會同業各店多有兼營米業是則酒爲主業米爲副業所領商業牌照其資本均係籠同總額具報奉讀
廣東省營業稅征收章程第十條內開左列各項營業免課營業稅(二)中央政府已徵牌照稅之菸酒業等因奉此查主副兩業所用資本難畫

既不相同稅務應免各有區別緣主業資本照總額計算恆佔七八成其餘則爲副業所有不得不劃分俾免課者得邀免課應稅者照章繳納前經呈請
財廳懇請准予照撥計稅隨奉三二六號指令內開該業之兼營他業者對於兼業如欲不照商業牌照總資本額計稅自可按照規定向其兼營之他業從實估定稅額以示平允而昭核定等因昨營業第三區主任梁次狂以可否折衷辦法懇呈　財政廳規定一律照總資本額劃出五成作爲兼營米業資本計稅奈各區現以總資本額有以六成有以五成或竟以全額計稅者參差不一因而各商店以各區征收異同來會請予維持廹得據情報請察核伏乞貴會轉咨財政廳請照各店資本一律五成折衷准予規定一律照總額劃出五成以爲兼業征稅標準以免各區征收歧異而昭一致等情前來查酒業已徵牌照稅原有免課營業稅之規定其兼營米業既經營業稅第三區擬照資本總額劃出五成爲米業部份課稅呈廳一律辦理本屬折衷適當據稱現有照全額計稅顯係征及酒業固屬違章卽以六成課稅者亦非平允且辦理紛歧更啓滋擾之漸相應據情函達
貴廳查照希卽分令本市各營業稅區對於酒米業共同資本各店務照資本總額劃出五成作爲米業資額一律計稅以免參差而維商業仍祈覆會轉知至紉公誼此致
廣東省財政廳廳長馮

批廣州市釀酒業同業公會呈爲兩業兼營奉批按資本從實估定分課惟各區仍以兩業資額計稅請通飭照案執行批覆解釋文

廣東省政府財政廳批　營字第七〇二號二十年十二月十六日

批市釀酒業同業公會主席陳祝三

呈一件爲兩業兼營，奉批按資本從實估定分課，惟各區仍以各店兩業資額計稅，請令各區遵批執行由，

呈悉，查營業稅係按店調查，就其營業情形，逐一從實估定計稅，辦法至屬公平，復查同一店舖，投資多少，與營業種類，雖或其間有相同，惟內部各業之投資，未必絕無差別，所擬按各店總資本之大小，以劃定其兼營米業部分之佔總資本額成數，核與租稅公平原則不符，況倘如原呈所謂資本五千元以上者，以四成課稅，是則投資五千元以上，經營米業之店，僅兼營酒業少許，便可照投資總額四成計稅，似此情形，適足啓避稅之漸，又查調查計稅權，雖在經征機關，惟各店對於決定稅額，如認爲過當，自可根據章程第十九條之規定，請求修正，修正之後，如仍不服，自可根據章程第二十條之規定，向營業稅征收機關之上級機關，

提起訴願，自未便遽由督征機關，先行派員估定，飭行遵辦，致亂章制，所請均難照准，復查照商業牌照總額計稅辦法，原爲利便不願估稅之酒米店起見，現該行商民，既願從實估定計稅，查與章案尚無不合，應予分行各區照辦，據呈前情，除分行外，仰即知照，此批，

廳長馮祝萬

附原呈

爲兩業兼營率批應按資本從實估定以分課免惟各區仍以各店兩業資本全額計稅是則已無免課之可言迫得呈請

鈞廳派員估定並乞飭令征收各區一律遵照估定執行俾得有所遵循事竊屬會酒類營業原奉定章准予免稅惟有兼營他業在應課之列者其商業牌照皆以一店之主副兩業資本總額合併報領而營業稅以資本計征但兩業之中資本固有輕重之不同征稅應課免課之互異前經

呈請

鈞廳將應課者劃分以爲征稅之標準旋奉

鈞廳營字第三二六號批示內開批廣州市釀酒業同業公會關于該業之兼業如欲不照商業牌照總額計稅自可按照規定向其兼營之他業從實估定稅額以示公平而昭核實等因奉此自應遵照辦理惟各營業稅區仍多以資本總額全數計稅勒令照爲繳納並不遵令估計以致各商店無所適從若全數計稅則連同免課之酒業資額亦並爲征收何免課之可言可否折衷以其資本在五千元以上者以四成以三千元以上者五成二千元以上者六成二千元以下者七成爲估定之標準俾易遵照而省手續抑仍由我

鈞廳長派員從實估定計稅訓令營業稅征收各區遵照執行並乞

鈞廳長批示祇遵實爲公便謹呈

廣東財政廳廳長馮

廣州市釀酒業同業公會主席陳祝三

批廣州市米機業同業公會呈請照資本額課稅千分之五未便照准文

廣東省政府財政廳批　第四七〇號二十年十一月十九日

批廣州市米機業同業公會主席韓卓甫

呈一件呈請准予一律課稅千分之五由

呈悉，查米機業係屬製造加工業之一種，與販賣糧食業，逈不相同，照章自應按資本額課稅千分之十，所請改照糧食業規定照資本額千分之五課稅，核與定章不符，未便照准，據呈前情，除分令外，仰仍恪遵修正征收章程第四條製造加工業之規定納稅，毋違，此批，

廳長馮祝萬

訓令廣州市營業稅各區併案查明米機業課稅情形呈復核辦文

廣東省政府財政廳訓令 第六三二號二十年十二月八日

分令廣州市營業稅各區主任

爲令飭事，現據廣州市米機業同業公會主席韓卓甫呈稱，竊敝會前以營業稅第十五區征收米機業，定爲千分之十，呈請

鈞廳察核，復爲千分之五，以維民食，而昭劃一等詞在案，現奉

鈞廳第四七零號批，內開查米機業係屬製造加工業之一種，爲販賣糧食逈不相同，照章自按資本額課稅千份之五課稅，核與定章不符，未便照准等因，奉此，伏查製造加工業，係指形未成而加工使之成，質未備而加工使之備，如以棉花製紗，以紗製布，以砂製玻璃，以玻璃製器皿之類，今穀內米形已成，祇磨去穀殼，將米販賣，手續簡單，雖鄉婦用手磨，亦可去殼成米，固非如機製品之必藉機器而成，亦非如纖質纖維質必憑加工製造，而物形始具，蓋米在穀內，天然形質完備，僅破除穀殼，豁露米形，如小兒開蕉，販夫剝柑，其非製造，不辯自明，夫社會事業進化，最重文化宣傳，而宣傳以印刷爲要需，印刷以機器爲樞紐，此猶以千份之九課稅，夠宣傳與民食孰重，民食不給，救死惟恐不贍，奚暇言文化哉，況土穀米源，全在鄉農，土米銷路，都在民衆，若以

先總理民生主義言之，則敝同業征稅，不特當視凡百稅率爲輕，即視販賣洋米業，亦當末減，緣土米與洋米之分，卽土貨與洋貨之例，而敝同業公會，與糠米發行業公會、與及直接零售之米業同業公會，同爲糧食販賣業等一也，今土米征稅，反倍于洋米，寧得謂平，素仰

鈞廳眷顧民生，軫念民食，用敢瀝情再請，懇援照糧食一律課稅千分之五，俾民食前途有賴，毋任儻便之至等情，據此，查此案前准廣州市商會函，轉據該公會函稱，營業稅第十二第四等區均係照章課稅千分之五有案，等由，過廳，當經令行該主任查明該

區對於米機業課稅情形呈復，以憑核辦在案，茲據前情，除分令外，合行令仰該主任即便遵照，迅即併案呈明，剋日查復，以憑核辦，毋延此令，

廳長馮祝萬

佈告米機業准照資本額課稅千份之五仰週知文

廣東省政府財政廳佈告　營字第一五四號廿一年一月二十三日

為佈告事，案據廣州市米機業同業公會，迭次具呈懇照糧食販賣業按資本額課稅千份之五，以維民食等情，當經先後分令各區查明該區對于米機業課稅情形，呈復核辦在案，現據各該區呈復，或有課稅千份之五者，或有課稅千份之十者，查米機業，原屬製造加工業之一種，惟各區課稅既未能一律，殊不足以昭折服，現據該公會具呈，所稱關係民食一節，尚屬實情，姑予通融，准照糧食販賣業課稅千份之五，以昭劃一，除分別函令外，合行佈告，仰商民人等一體知照，此佈，

廳長馮祝萬

公函覆廣州市商會關於行口欄頭在營業場所沽出貨物應准作物品販賣業計稅如兼營或專營他業仍應照規定分別征課文

廣東省財政廳公函　營字第二四一號二十年九月四日

逕復者，現准

貴會市字第五一七號函，請關於行口欄頭等業，適用物品販賣業課稅一事，迅予明令公佈，并祈見復等由，并據廣州市紙張雜貨發行同業公會呈，以商行各號，填申報書時，應列入物品販賣業，抑代理經紀業，請明令指遵到廳，查各行口欄頭，其在該營業場所出沽貨物，其物價贏虧，與原貨主無關者，雖習慣有佣金，仍應准作為物品販賣業計稅，若兼營代理及莊口事業時，其兼營部份，仍應按章分別征課，至純為代理及莊口事業之行欄，自應全照代理或莊口兩業規定辦理，以昭公允，而符定章，准函前由，除通飭外，相應函復

貴會查照轉知為荷，此復

廣州市商會

廳長林雲陔

附原函

逕啓者現據本市北江紙張雜貨業同業公會三江鄉花生芝蔴雜糧業同業公會猪欄業同業公會鮮魚欄業同業公會鮮果鹹貨業同業公會等到會投稱竊敝行等前因營業稅課稅標準有改用報酬金額征稅之規定曾將種種窒碍理由備具意見書察交

貴會轉遞在案蓋此項報酬金諒指佣金而言不知敝行等所得佣金係包涵舖租工食倉租苦力等費在內其中一大部份原非屬於純收益更緣營業競爭主客感情關係有減收佣金及倒貼佣金者並非做生意若干即有佣金若干如籠統計算固欠公平如逐柱計算亦嫌煩瑣故以佣金名目課稅實難遵辦况敝行等對於客貨均係貨到交銀包支包結表面上似收佣金實際上等於物品販賣業苟訪察敝行等曾貨情形即可知確係居於販賣物品地位此與普通經紀憑口舌介紹貨物成交者逈不相同現接貴會通告謂派員請求改善營業稅此事已准財政廳答復凡行口欄頭等業可以歸入物品販賣業征稅不日即有明文聲明及函商會知照至應用報酬金爲課稅標準者係指打餉館代理煤油業代理捲菸業等而言因其所集資本甚微所獲報酬金甚厚未便照商業牌照爲課稅標準等語具見政府洞達商情之德意惟現在營業稅開征在即敝行等既蒙援照物品販賣業課稅但今尚未奉到明文理合投請貴會轉遞財政廳從速公佈俾資循率等情前來查行口欄頭等業均備具固定資本營業誠非僅憑口舌獲佣可比核其營業辦法皆係貨到交銀包支包結雖表面上有收佣金而實際上將貨出沽直接担負盈虧之責完全與販賣物品無異則准予援照物品販賣業課稅於稅制商情均屬妥協相應函達

貴廳査照希關於行口欄頭等業適用物品販賣業課稅一事迅予明令公佈并祈見復轉知以符事實而昭公允至紉公誼此致

廣東財政廳廳長林

執行委員會主席鄒殿邦

佈告關於各行口欄頭在該營業塲所沽貨本年內暫照物品販賣業課稅不在營業塲所沽貨純爲莊口等項事業仍照定章辦理文

廣東省政府財政廳佈告　營字第四四三號二十年九月廿五日

爲佈告事，案准廣州市商會函，請將行口欄頭等業，照物品販賣業課稅過廳，業以各行口欄頭，其在營業塲所，出沽貨物，其物價贏虧，與原貨主無關者，雖習慣有佣金，仍應准作物品販賣業課稅，若兼營代理及莊口事業時，其兼營部份，仍應按章分別征課至純爲代理莊口事業之行口欄頭，自應全照代理或莊口業規定辦理，函復在案，現准該商會函復，以行口欄頭各業，均具有關定會本營業，與憑口舌介紹，獲取佣金者，迥不相同，奉准作爲物品販賣業課稅，原屬事理之平，倘謂間有兼營代理庄口事業，應剔出就報酬金額計算，勢非逐杜檢查簿據不可，必至紛擾滋多，所請將行口欄頭等業，純照物品販賣業課稅等由，准此，查營業稅係屬創辦，爲減免勾稽及體恤商民起見，所有各行口欄頭其在該業營場所出沽貨物，或有兼營小部份之代理或莊口事業，在本年內，姑准暫照物品販賣業課稅，若行口欄頭，不在該營業場所出沽貨物，純爲莊口等項事業者，仍應分別照章程規定辦理，以杜取巧，而符定章，除分別函令外，合行佈告，仰商民人等，一體知照，此佈，

廳長林雲陔

批廣州市炮竹業同業公會呈請免課營業稅未便照准文

廣東省政府財政廳批　營字第一三七號二十年十月九日

批廣州市炮竹業同業公會

呈一件呈請免課營業稅由

呈悉，查部定大綱第一條規定，營業稅爲地方收入，凡在各省境內經營商業，開設店舖，除已向中央納所得稅之公司，及由中央征收特種稅捐「者」外，無論新開舊設，均須領証納稅等語，其 者 字係指營業主體之商店而言，其向中央繳納特種稅捐之營業者，自可免課營業稅，惟查炮竹類印花稅，係對物征課，與課自營業主體之營業稅，迥不相同，又查硝磺係製造炮竹原料之一種，何得以硝磺繳納專賣稅，以爲邀免炮竹業營業稅之根據，所請免課，未便照准，除分令外，仰即遵照，毋違，此批，

廳長馮祝萬

附原呈

呈爲炮竹業已由中央征收特種稅捐懇請明令劃出免課營業稅以符部章而免重征以維民生事竊商行各家向在本市經營炮竹生理已由中央征收炮竹類印花特稅原定稅率值百抽十迨後再加二五加二加零五統計歷次加抽其征收稅率已達值百抽一五·七二五復有炮竹原料之硝磺專賣稅是商行對於納稅義務比較特重惟近本省征收營業稅章程有征收商行砲竹者捧讀之餘期期以爲不可查部定各省征收營業稅辦法大綱第一條有營業稅爲地方稅凡在各省境內經營商業除已由中央征收特種稅捐者外無論新開舊設均須領證納稅之文依此規定則商行所納之炮竹類印花稅乃中央特種稅捐對於本省營業稅當然在免予重征之列況炮竹物品原爲出口貨物一大宗關於此

種工作貧民所賴以維持生計者不下百數十萬人近以負担上述印花硝磺等之重稅銷額銳減因而失業者日多以故商行連年生意有虧無已觀諸近年炮竹出口數量比之早上五七年前僅得三分之一足資證明今若更征及營業稅商等當營業凋敝之餘苟延殘喘勢成弩末倘因負担過重不能繼續企業則此僅存之貧民生計亦不足以圖存爲此情由理合具文檢同炮竹業出口關稅比較表暨製造炮竹經過工作表各一紙呈請

察核懇請顧念商行所業之炮竹已由中央征收特種稅捐又是貧民生計之一種工作伏乞明令劃出免予再課營業稅以符部章而免重征以維民生實爲德便謹呈

廣東省財政廳廳長馮

附呈炮竹業出口關稅比較表及製造炮竹經過工作表各一紙

批綢巾行梁達生等呈請減輕綢巾業稅率仰候函粤海關查覆核辦文

廣東省政府財政廳批　營字第三五二號二十年十一月三日

批梁達生
綢業關

呈一件呈請減輕綢巾業營業稅以資獎勵而維國貨由

呈悉，候函粵海關查復再行核辦，除分函外，仰即知照，此批，

公函粵海關請查明綢巾出口是否免稅見覆辦理文

廣東省政府財政廳公函

逕啓者，現據梁達生等呈稱，竊查敝行綢巾一項，原爲絲綢業，不過加工刺繡，純然一種國貨絲織品物，全係推銷外國，以挽漏巵，政府以比項綢巾，爲我國出口貨大宗，爲獎勵國貨，及挽囘利權起見，故對於此項出口稅，特令海關豁免征收，歷經辦理有案，則此項綢巾應課營業稅，自應按照征收絲綢業課稅辦理，以期貫澈維持國貨之本旨，惟現奉本市營業稅第五區辦事處營業稅納稅通知書，核定此項綢巾，照顧綉品業千分之二十課稅，似此辦理，不無過重，實難肩負，爲此蘯將減稅緣由，呈請察核，伏乞俯念商艱，准予查明，令飭營業稅區按照絲綢業稅率辦理，以資獎勵，而維國貨，實爲德便等情，據此，查此種綢巾，爲我國出口大宗，惟有無豁免出品稅，敝廳無案可稽，相應函請

貴監督查明該綢巾業，是否特准免稅，錄案見復，俾資辦理，至紉公誼，此致

粵海關監督周，

廳長馮祝萬

訓令綢巾行梁達生等關於綢巾營業稅准照絲綢業課征資本額千份之十文

廣東省政府財政廳　營字第四四二號二十年十一月十日

爲令知事案據該商呈稱以綢巾一項經政府令行粵海關免稅，歷有成案，現奉市營業稅第五區通知書，核定照顧綉品業課征千分之二十，不無過重，請予准照絲綢業課稅，以維國貨等情，當批候函粵海關查覆核辦在案，現准粵海關函覆開書，是該商所稱無免出口稅情形，尚非捏搆，所請按照絲綢業課征資本額千分之十，暫予照准，除分令外，仰該商等即便遵照，此令，

令梁達生
馮紫開

廳長馮祝萬

附粵海關原函

逕覆者昨准

貴廳營字第三五二號公函以梁達生等呈關於綢巾一項現奉本市營業稅第五區辦事處營業稅納稅通知書核定照顧綉品業千分之二十課稅請按照絲綢業稅辦理函請查明該綢巾業是否特准免稅錄案見復一案當即轉函粵海關稅務司查明見復去後茲准復函以該項刺綉綢巾按照稅則規定係免征出口稅等由准此相應函復

貴廳長查照辦理此致

廣東省財政廳廳長馮

監督周寶衡

批廣州市鮮果鹹貨業同業公會請將鹹貨類歸入糧食業課稅應准照辦文

廣東省政府財政廳批　營字第五七八號

批廣州市鮮菓鹹貨業同業公會主席李月生

呈一件呈爲鹹貨類係屬糧食，請准照糧食業課稅，以恤商艱由，

呈悉，查枚菜，鹹蝦，豆豉，頭菜，鹹蘿蔔，欖豉等鹹貨，自係糧食之一種，所稱福源號等，係專營此等鹹貨，並無兼營生菓，請照菜欄行成案歸入糧食業之規定，按資本額征課千分之五，以維民食。如果屬實，應准照辦，但經營此等鹹貨之店，如有兼營生菓或他種業務，仍應照章分別課稅，以符規定，據呈前情，除佈告及分行外，仰即知照，此批，

廳長馮祝萬

附原呈

呈爲鹹貨類屬糧食課稅輕重懸殊懇請援照糧食征稅以維民食而恤商艱事竊查敝會原屬鮮菓鹹貨兩業共同組織現據鹹貨業之福源店昌義棧常安店德安店生聚祥棨安店生記店公興店福昌店源興店昌興店同安店均安隆大豐隆店等十餘家投稱係專營枚菜鹹蝦豆豉頭菜鹹蘿蔔欖豉等類並無兼營生果查上開等類爲貧民日用所需與糧食具有連帶關係其性質亦與瓜菜無異乃菜欄行同信堂經奉准財廳批飭應照章程第四條物品販賣業第一類糧食業之規定課稅但我鹹貨業不屬章程第四條第二類之規定而征稅千分之十負担殊欠平允等情據此查該福源店等所稱各節均屬實情復查該十數店確無兼營生果其所經營之物類乃貧民佐膳之品其與糧食同爲民生日用必需該業課稅似應援照菜欄行同信堂成案應照章程第四條第一類糧食業之規定課稅較爲平允爲此據情呈請

鈞察伏乞　准照糧食業課千分之五營業稅以維民食而恤商艱實爲　德便謹呈

廣東財政廳廳長馮

廣州市鮮果鹹貨業同業公會主席李月生

批烟土行永和堂呈請酌免營業稅應不准行文

廣東省政府財政廳批　營字第十二號

批烟土行永和堂行董梁就

廣東營業稅章案辦覽　　公牘

准前任移交據該商呈一件呈爲營業免稅，大綱載明，奉批未准，殊切惶惑，謹再根據說明，乞予照准由

呈悉，查營業稅係對營業者而課征，並非對物課稅，迭經剴切曉喩在案，烟土已由中央抽稅，乃係對物課征與經營烟土之商行店舖本身負担之營業稅，截然不同，所稱該行所營烟土，已由中央征收特種稅，所以不再課地方營業稅等語，查各省征收營業稅大綱第一條，規定凡在各省境內，經營商業，開設店舖，除已向中央納所得稅之公司，及已由中央征收特種捐稅者外，云云，此者字，係指經營商業之店舖而言，並非指貨物而言，煙酒業及鹽業之牌照稅，即屬此項特種捐稅，所以免征營業稅，該烟土行商店舖，既未向中央繳納此項特種捐稅，何得請免營業稅，所稱大綱所定，顯有免稅明文等語，不知究何所指，殊屬冒昧，所請酌免營業稅，應不准行，仰仍遵照營字第三九三號批令剋速申報納稅，毋得多瀆，切切此批，

廳長林雲陔

批榮興號代表余文灼等該店等製造軍衣糧袋及行軍各物應屬物品販賣業第三類之規定課稅文

廣東省政府財政廳批　營字第三二七號

批具呈人榮興號代表余文灼等

呈一件聯蓋店章請規定營業稅稅率由

呈悉，查該商等既以製造軍衣脚綁及糧袋水壺行軍各物，而無一定之製造場與職工，祗給原料工資，製造物品，以爲販賣，照章應定爲物品販賣業，并應列入征收章程第四條物品販賣業稅率表第三類，照資本額千分之十五課稅，惟該店等如有兼營洋服者，其兼營洋服之部份，仍應照洋服業之稅率征收，仰即知照，此批，

廳長林雲陔

附原呈

爲規定營業分別征收聯懇請照物品販賣業輸納以資遵守而示區別事竊商等在廣州市內營造軍服用具生理所有軍衣脚綁及糧袋水壺行軍各物純用原料工料分發工人製造物品而販賣以維生計現率

鈞廳頒發申報書分別填報呈請征收機關繳納以爲人民納稅之義務商等查閱征收章程課稅範圍祗編洋服一類并無釐訂軍務用具稅率殊不知洋服價格工值奇昂與商等軍服性質奚啻霄壤惟敝行商業狀況確與營業稅征收章程第三條之解釋無一定之製造場或無使用一

定之職工祇給原料工資製造物品而販賣者仍認爲物品販賣業似此營業相符稅率平允理合聯同蓋章呈請
察核伏乞准予敵行商等之營業稅依照物品販賣業繳納以重功令而資遵守實叨德便謹呈

批廣州市輿加可業同業公會呈請免課營業稅未便照准文

廣東省政府財政廳批　營字第三七一號

批廣州市輿加可業同業公會何輯屏

呈乙件呈請免課營業稅由

呈悉，查菸酒印花稅，係屬轉嫁性質，與直接征自營業主體之營業稅，迥然不同，又菸酒業之免課營業稅，因有各省營業稅征收章程補充辦法第一條，「已征牌照稅之烟酒業，不在各省營業稅範圍之內，」特別規定，該業既未向中央繳納牌照稅，所請免課，未便照准，除分令外，仰即遵照，此批，

廳長林雲陔

附原呈

竊爲既征特稅免課營業懇請明白規定遵章免征以符原案而便遵循事竊商會所屬各店皆係專營輿加可業其性質與酒業相同即其所征印花特稅亦由省河菸酒稅稽征局征收按諸事實所征印花係屬特種稅捐之一亦與捲烟所征印花無異查部頒各省征收營業稅大綱第一條(除已由中央征收特種捐稅者外)又補充辦法第一條「已征牌照稅之烟酒業不在各省營業稅範圍之內」等規定揆之定章烟酒業既屬除外則商會各店所營輿加可業既征特稅當亦在免課營業稅之列可無待言第現値營業稅開征伊始本省征收營業稅章程未嘗明白規定則各區經辦人員恐或未盡明瞭不無易滋誤會理合具呈陳明伏祈
鈞察准予將輿加可業遵章免征營業稅之規定明白宣示以便遵循而符原案實爲公便謹呈
廣東省財政廳廳長林

批縫業職業工會黎恭靜等所請免征營業稅未便照准文

廣東省政府財政廳批　營字第七〇一號

批廣州市縫業職業工會黎恭靜等

呈乙件爲呈請俯恤商艱准予免徵營業稅由

呈悉，查營業稅係征自營業主體，來呈以爲向工人征收，殊屬誤會，復查縫業係屬包工業範圍，照章程第四條之規定全年，收入一千元以上，每千元僅課稅三元，殊非過重，又查章程第五條收入金額不滿一千元者免課營業稅，是政府於維持稅收之中，已寓體恤商艱之意，本市現尙少大規模之成衣店號，果如來呈所稱艱困情形，則其年中收入，必無一能及千元之數，自可照章免予課稅，倘如全年收入在千元以上，則與原呈各節，均屬不符，該會又何必鰓鰓過慮，所請概予免征，未便照准，除分令外，仰即知照，此令，

廳長馮祝萬

附原呈

呈爲呈請准予免征營業稅事竊屬會工人所操職業均屬艱苦貧賤之縫級工作一切生計皆靠十指不綳以維持艱苦生活惟近來生活程度日高工資低廉雖終日不息尙有不敷之感但一至夏天工作銳減欲做而不得勢必飢饉頻來坐受痛苦生活困苦未有如屬會工人之甚也茲據各工友來會報告謂營業稅局屢來催繳營業稅費幷嚴限淸繳如逾限不繳則停止營業等語查營業稅之征收乃向大企業之資本家征收幷非向勞苦貧困之工人征收屬會工人純爲手工業之操作非有絲毫營業性質此應請免征者一也屬會各工人之工作場所幷無一分一厘之貨物售賣焉有營業之可言各工作場所之較剪尺熨斗等工具綜其所値不及五十元之數根據修正營業稅征收章程第五條之規定當免課營業稅此應請免征者二也屬會工人所操之縫級工作亦有閒季忙季之分在忙季時期仍須日出而作日落不綳孜孜不倦僅免饑寒倘在閒季時期工作鮮少欲做而無饑饉之慮在在堪虞生活費用是形竭缺此應請免征者三也現在世界各國莫不兢兢焉圖謀工業之發展藉向吾國傾銷我國經濟落後被人侵畧之原因皆由工業之不振屬會工人爲刷新工業共謀國民生計以冀減除痛苦此應請免征者四也基此四者應請

鈞廳免予征收理合備文呈請

鈞廳察核懇請將所擬向屬會工人征收之營業稅費一槪豁免藉以貫徹

孫總理扶植勞工之旨而減工人之痛苦伏乞迅予批示指遵謹呈

廣東省政府財政廳廳長馮

批廣州市聯保火險聯合總會呈請援案免征營業稅查征收章程第卅一條已有規定仰知照文

廣東省政府財政廳批　營字第四〇四號

批廣州市聯保火險聯合總會常務委員譚棣池溫舜琴梁兆山等

呈一件呈以該會既經領証納稅又無營業資本請豁免營業稅以免重征由

呈悉，查修正本省營業稅征收章程第三十一條，內載營業稅實行後，本省原有之典稅，及整理保險事業，所收稅費暨其他向來征收事與營業稅相同之稅捐，暫行照舊辦理，至全省營業稅辦理就緒後，再將上項原定稅率，改用營業稅率征收之等語，是對於保險事業之征稅，已有明白規定，所請援案豁免營業稅，係屬誤會，茲據前情，除分令外，仰卽知照，此批，

廳長林雲陔

附原呈

呈爲聯保公會既經領証納稅又無營業資本懇將營業課稅查核豁免以免重征而維業務事竊職會前奉
鈞廳頒發所屬各聯保火險公會報領保險營業特許証條例規定每年換領壹次每次繳納証費大洋壹百元另各公會遵章領用保險稅票按照事實所有納費征稅原屬特種捐稅之一查部頒領征收營業稅大綱第一條及補充辦法第一條□除征收特種捐稅與已征牌照之烟酒業均不在營業稅範圍之內　等知定援諸定章職會所屬各公會之聯保火險事業既經每年納費遵領營業特許証復征特種保險稅票除會友本身基金外絕無營業資本之可言當在免課營業稅之列可無待言第以營業稅開辦伊始本省征收營業稅章程尚未明細規定恐各區經辦人員或有未盡明瞭不無悞會理合具文陳明
鈞察伏懇准將聯保火險業援照核定成案豁免營業課稅以免重征而維業務實叨公便，謹呈
廣東財政廳廳長林

批廣州市花紗行同業公會棉紗暫准免征營業稅棉花則仍須照章課稅文

廣東省政府財政廳批　營字第四一一號

批廣州市花紗行同業公會主席崔勉餘

呈一件，爲依據大綱，棉紗已由中央征收特種稅捐，懇准免征營業稅由

呈悉，據呈棉紗貨物，由上海出口來粵，業經在滬，完納統稅，及運抵廣州，又須在粵統稅局，完納統稅，方准行銷，計納滬粵兩重統稅，誠恐稅率加重，成本轉高，生意銷場，愈形減縮，况棉紗爲平民日用所必需，尤爲手工織造所托命，呈請准予免課營業稅，以恤商艱等情，案查前據該同業公會，呈以棉紗經課統稅，請免征營業稅等情，經以營業稅之課稅目標，在於營利之事業，與對物征課之統稅性質，截然不同，所請未便照准，函請廣州市商會，轉知在案，茲據前情，原未便准予豁免，惟查廣州市花紗店，係營棉花及棉紗兩種，所稱現在棉紗在滬在粵，完納兩重統稅，負担重複，提高成本，影響工業，尙屬實情，其棉紗一項，姑予在負担重複統稅期內，免課營業稅，俟全國統一，棉紗祇納一次統稅時，再飭照章納稅，其餘經營棉花之部份，應卽照章征課營業稅，以示體恤，而符規定，據呈前情，除分令外，仰卽知照，此批，

廳長林雲陔

附原呈

呈爲依據大綱棉紗已由中央征收特種稅捐懇准免征營業稅以符稅制而恤商艱事竊敝會七月廿八日關於請求豁免棉紗業營業稅一案現經一月未奉　明令况生意値凋零之候棉紗經累稅之餘敝業痛切剝膚盼

鈞廳明令免征營業稅正如大旱之望雲霓倒懸之待解救査敝業棉紗貨物由上海出口來粵業經在滬完納統稅及運抵廣州又須在廣東國民政府粵統稅局完納統稅方准行銷比較別行貨物不征統稅者其負担之輕重誠有天淵之別伏讀各省征收營業稅大綱第一條「營業稅爲地方收入凡在各省境內經營商業開設店舖除已向中央納所得稅之公司及已由中央征收特種稅捐者外無論新開舊設均須開具左列事項請領營業證並遵照本大綱之規定繳納營業稅」依據本條所載則廣州棉紗業既在廣東國民政府直接負担鉅額之統稅此項統稅當然屬於特種稅捐自應適用大綱第一條之例外査廣州市烟酒業及鹽業均無征收營業稅之規定敝業直接負担繳納中央征收之棉紗統稅與上述各業事同一律自不容有所歧視方足以昭折服而示大公且敝行單純營業棉紗現已負納滬粵兩重統稅誠恐稅率加重成本轉高生意銷場愈形減縮况棉紗爲平民日用所必需尤爲手工織造所托命實與　先總理提倡國貨維護民生之本旨關係至深敝行深恐經征官吏不察誤將已征特種稅捐之棉紗列入應征營業稅之範圍則紗業前途何堪設想開征在卽時日無多用敢再瀝下情瀆陳

鈞廳伏乞俯准依照中央征收營業稅大綱第一條對於

國民政府直接征收統稅之棉紗業明令准予免征營業稅以符稅制而恤商艱不勝迫切待命之至謹呈

廣東財政廳廳長林

批廣州市織造土布業同業公會該業准予改照糧食業之規定課稅文

批廣州市織造土布業同業公會主席劉維文

廣東省政府財政廳批　營字第七〇五號

呈一件呈為棉紗經征統稅織造土布懇援案免征營業稅由

呈悉，查織造土布，既以棉紗為原料，棉紗已暫准免稅，即間接減輕土布成本，所請援案免稅，係屬重複，礙難照准，復查織造土布業，照章應歸製造加工業之規定，按資本額千分之十課稅，惟查土布亦為平民日用必需，自應酌予減征，准改照糧食業之規定，按資本額千分之五課稅，以資維護，除分令外，仰即知照，再查核來呈係以令文紙繕遞，殊屬不合，併飭知照，此批

附原呈

呈為棉紗經征統稅織造土布業懇免征營業稅以恤商艱而維工業事竊前奉頒營業稅章程對於織造土布業雖無特定專章若援照製造加工業一項稅率征收則與財政部征收棉紗統稅本旨實有未符屬會因織布原料棉紗經征統稅曾於本年四月三十日瀝情呈請鈞廳豁免織造土布業營業稅以符部令乃至今未蒙批示到會致令各同業對於營業稅豁免望切雲霓近閱報載棉紗販賣業已邀准暫免征收營業稅查棉紗販賣業所持理由不外以棉紗關係於平民日用所必需尤為織造工業所托命誠以棉紗為織造土布原料有如該會所云然夫棉紗營業本屬販賣性質尚邀鈞廳體恤澂情轉呈省府暫免征營業稅矧屬會是棉紗直接銷費者尚未得營業稅豁免何厚於彼而薄於此即財政部舉辦棉紗統稅時屬會認為有碍國貨發展迭次力爭始得財政部特准對於用已完納統稅之紗織布疋概予免征一切稅捐等因況棉紗統稅是按價征收每百元貨價征收大洋五元在上海既已征收統稅到粵又再征統稅是一物二稅再加以營業稅實百上加斤之慘予織造土布業於絕地至棉紗輸入屬會同業固可直接其資本薄弱者則購諸棉紗販賣店統稅繳納表面似乎出自棉紗販賣業而實際則取諸織造土布工廠今棉紗販賣業既得暫免徵收營業稅而棉紗消費者織造土布業自當根據財政部令及營業稅章程第十條免課營業稅範圍如銀行業中央政府已徵所得稅於酒業中央政府已徵牌照稅之意義相同豁免織造土布業營業稅以符財政部令及營業稅本旨抑尤有進者查茲外侮方殷舉國同奮正如中央黨部與國民政府通令凡屬黨員及機關職員一律穿着土布為民衆表率提倡國貨以救危亡素仰鈞長體念時艱對於

孫總理所提倡織造土布業定能特別注意加以維持用敢再行上懇免征收織造土布業營業稅以維國貨而裕民生實爲公便謹呈

計抄呈本年四月三十日呈文乙紙

財政部代電乙紙

廣州市織造土布業同業公會主席劉維文謹呈

批廣州市機織衫襪同業公會呈請將該業免課營業稅礙難照准由

批廣州市機織衫襪同業公會主席符澤生

廣東省政府財政廳批 營字第二十二號

呈一件呈請將織造衫襪業免課營業稅由

呈悉，查營業稅之課征，凡以營利爲目的之事業，皆在征收範圍之內，並非對物課稅，所稱棉紗經課統稅，請免征營業稅等語，未免誤會，至如菸酒營業，已由政府征課牌照稅，此項牌照稅與營業稅性質相同，是以不再重征營業稅，該會工廠，既以棉紗織造衫襪爲營業，自與菸酒業之已納牌照稅者不同，應適用修正本省營業稅征收章程第四條製造加工業之課稅範圍辦理，所請免課營業稅，礙難照准，仰即知照，此批，

廳長馮祝萬

附原呈

呈爲織造衫襪業請免列入營業稅賦稅範圍瀝陳下情懇賜察核事竊維

鈞廳舉辦營業稅屬會關於織造衫襪雖未有特定專條然伏查章程內有製造加工業一項已明定稅率竊思屬會工廠與其他製造業情形確有不同未可以一例課稅謹爲

鈞座縷陳之屬會前奉

國民政府財政部二月寒日電內開署以棉紗開辦統稅爲裁厘後必行要政故自裁厘之後屬會工廠所用棉紗概負統稅而棉紗統稅之徵收係廿三支以下每担稅銀二元七角五分廿三支以上每担稅銀三元五角其他則值百抽五在此幼紗中國尚未有出產而廣東更無紗廠之時所有市面普通價值三五毫一對之襪一元餘一件之衫其棉紗原料皆自外洋購來每包價值千餘元在從前負厘金等費祇需五元今負統稅值百抽五已成爲每包稅五七十元視厘金何啻十倍衫襪工廠資本泰半用於棉紗假如某廠資本額爲壹萬元即是有六七千元已負值百抽

五之稅率負担不爲不重且視營業之規定乃有過之在　政府認厘金爲國家秕政必須撤除商民深感厘金痛苦之餘遂聽新猷無不額手稱慶惜裁厘加稅視厘金更重其担負商等仰體　政府愛民至意䵷勉以從未敢告勞　中央既以裁厘而加統稅矣今又以抵補厘金舉辦營業稅在　中央爲維持稅收起見自有不得已在其他商業未有負統稅稅率者則免去厘金而改負營業稅率尙有可論獨是屬會工廠以裁厘而納重量統稅若今又以裁厘之故再課以營業稅是不特一物二稅幷且一稅二抵律之人民負稅公平之原則固不相符卽按之政府詳定稅制以不防碍商業爲宗旨之苦衷亦似不無抵觸査銀行業與菸酒均因　中央征稅而免課營業稅織造衫襪業亦由　中央課征統稅自不宜更列入課營業稅範圍之內而應與奉頒章程第十條所定同在免課營業稅之例政府愛民若赤民爲依歸視此幼稺工商業扶植牖掖之未遑諒當不忍孽其萌芽使視其他各業負稅爲特別繁重而無發展餘地也今者外洋線衫線襪海關入口稅祇值百抽十金單而已而棉紗原料進口海關已課以百抽七，五金單乃粵海關更不依稅制強課以值百抽十二，五金單又負担棉紗統稅值百抽五加以其他副要原料稅率統計廣東內地織造已負稅值百抽十七八有奇彼此相衡與舶來品已難於抵抗若今又再使負營業稅則廣東織造衫襪業處此凋敝之時寧復有喘息餘地勢非外貨肆行侵略粵廠盡見倒閉不止揆之

先總理民生遺訓能勿遐庭素仰

鈞座維護實業便利商民理合具呈乞賜

察核伏懇俯念商艱准將織造衫襪業列在免課營業稅之條以維國貨則眞絲繡平原感大德於無涯矣謹呈

廣東財政廳廳長林

廣州市機織衫襪同業公會主席符澤生

批廣州市機織衫襪同業公會呈請准予免稅以維國貨仍難照准文

批廣州市機織衫襪同業公會主席符澤生

廣東省政府財政廳批　營字第一七三號

呈一件呈請准予豁免土織衫襪業營業稅以維國貨由

呈悉，前據該會呈請免課營業稅前來，當經詳細批覆碍難照准在案，現呈所稱織造衫襪，以棉紗爲原料，認爲一物兩稅，不知凡屬製造加工業，其所用原料，類多另有專稅，查棉紗已暫准免稅，卽間接減輕衫襪成本，較之其他製造加工業，已屬格外便宜，所請免稅，仍難照准，仰卽遵照章案辦理，毋再嘵瀆，此批，

廳長馮祝萬

附原呈

呈爲呈請豁免營業稅以維工業而裕民生事竊屬會各廠向以棉紗織造衫襪爲業抵抗舶來倘照營業稅章程以製造加工業一項稅率征收不無偏重似有未平伏查棉紗營業爲販賣性質倘蒙
鈞廳體恤暫免征收營業稅況服御爲民生日用之必需品且爲抵抗舶來維持內地工業起見土織衫襪全省數萬工人藉以維持生活尤爲脣齒相關而我　先總理維護國內工業體恤入微誠以維護工業抵抗舶來以免外貨侵畧實爲富國之源也各廠土織品全賴棉紗爲原料而海關棉紗入口課稅值百抽七，五加以統稅值百抽五合計棉紗一項已抽至百份之一二五另其他副要原料如鏹水顏料漂粉等等重稅及統稅近日加二中紙繳納未計而既織成衫襪之舶來品入口稅僅課百份之十並無其他負担以致土織衫襪業難與舶來品爭衡誠以稅法偏重百尺加斤無從担負于本年七月間已呈請
鈞廳維持俾土織衫襪業留一分元氣在案今棉紗販賣業既得暫免征收營業稅而棉紗消費者又爲織造衫襪業詎可輕此重彼致令向隅況棉紗在上海既已征收統稅入粵又復征收是已一物兩稅重重叠叠力豈能勝若不予豁免實無異置織造衫襪業於絕境也自當呈請
鈞廳查照　財政部明令及營業稅法第十一條免課營業稅範圍如銀行業中央政府已征所得稅烟酒業已征牌照稅之意義相同准予特免土織衫襪業營業稅以符部令及營業稅本旨素仰
鈞座關懷工業軫念民生伏乞　准予豁免以維國貨而挽危機實爲公德兩便謹呈

廣東省政府財政廳廳長馮

批廣州市柴欄米業同業公會呈請豁免柴米兩項營業稅碍難照准文

廣東省政府財政廳批　營字第三七號

批廣州市柴欄米業同業公會主席　黃邁卿　李福田　等

呈乙件呈請豁免柴米兩項營業稅由

呈悉，查凡將本求利之營業，均須繳納營業稅，並非對物抽捐可比，今該兩行商請求之理由，係援引賑濟免貼印花，及路局減

免還柴車脚，並禁止海員勒收佣金之各種經行事情，以為請求豁免營業稅口實，查核所舉種種，均係對物行為，與對營業課稅，迥然不同，所呈各節，誠屬誤會，况查經營柴米業之店，未聞免征商業牌照稅及房捐，可為例証，不過柴米為日用必需品，故稅額比較他種物品販賣業為最輕，已屬體恤民艱之至，即部定大綱對於該兩項營業，亦無免稅之規定，江浙各省條例，均將該兩項營業列入課稅範圍，所請將該柴米兩項營業稅豁免，碍難照准，除分別呈函外，仰即遵照，此批，

附原呈

呈為米珠薪桂民不聊生聯懇恩准明令豁免營業稅以甦民困事竊吾粤自反正以還兵燹連年戰爭不息水火盜賊交相為厲粤人幾無日不在水深火熱之中最近生活程度日高人民生計日賤而柴米兩項價格飛昂柴則每元僅四五十觔米則每元僅七八觔蚩蚩者氓飽嘗痛苦實逼處此何以為生近聞

鈞廳舉辦營業稅關于柴米兩項未有規定征收明文想當道體念民艱諒邀在免征之列惟敝會有不能不過慮者則以近日薪桂米珠民生日形凋敝若根據普通販賣業征收則價格隨昂荒象立見雖曰取償於物價而物價既漲民生自艱柴米為日用所必需有非其他物品所能比擬者若果竭澤而漁人民慘遭荼毒生機不將垂絕耶此敝會等所由籲請明令豁免營業稅以維民生而裕民食也伏維吾粤糧食缺乏每歲縱事豐收僅得四月之糧荒歉則更不堪言狀故當道于去年籌撥鉅欵賑濟平素印花之徵准予免貼凡所以軫念民食者異覺無微不至人民感戴實深至以柴薪而言近因盜賊披猖江河梗塞來源時告斷絕故建設廳籌造農林以謀救濟迴憶民六七年間粤地柴價飛漲每元僅沽三十觔當時三法團主李芝畦君召集柴商在總商會討論救濟並派代表聯謁

先總理荷蒙電飭路局減免車脚並飭沿途釐廠不准留難民十七年海員第三支部主任湯坤勒將柴把每百抽佣金弍毫當道查知即將湯坤正法凡斯種種無非體念民生今日勢易時移比前尤厲以云訓政建設尤當竭力維持况柴米兩項自前清以迄今日均予免稅免釐稅向既豁免則今日實無籌抵可言際茲民生痛苦之秋豈忍變本加厲以苦吾民耶敝會等為民請命思患預防用敢具文呈請

察核伏乞恩准明令豁免營業稅以期稍甦民困民生前途實嘉賴之謹呈

廣東省政府財政廳廳長林

廣州市柴欄同業公會主席黃達卿

廣州市米業同業公會主席李福田

批廣州市米業同業公會前後呈請准將穀米營業稅減輕為千份之一或千份之二仰仍遵照前批納稅文

廣東省政府財政廳批　營字第二九六號

批廣州市米業同業公會主席李福田

呈二件呈請准將谷米營業稅減輕為千份之一或千份之二由

前後兩呈均悉案據該會與廣州市柴欄同業公會聯呈以柴米為民食日用必需品請將柴米業免課營業稅及釀酒同業公會呈報釀酒以米為資料請將酒業附屬之米業一律免課營業稅各等情前來業經本廳營字第三七號及營字第二六三號先後批飭礙難照准並飭遵照頒定本省營業稅征收章程第四條糧食業之規定納稅各有案又查糧食業照資本額征課千分之五實為章程所定最輕之率所請核減仍難照准據呈前情除分令外仰仍遵照迭次批飭事理納稅以符原案毋庸多瀆此批

附原呈

呈為呈請減輕米業營業稅以維民食而示體恤事竊敝會前于八月五日具呈
鈞廳請求核減米業營業稅一案至今未荷
批示葦情彌切悚惶伏維民為國本食為民天國之主要在民民之要需在食而民食之最重要者莫如米營業之最艱苦者又莫如米故前清迄今優待米石一項概予免稅免釐既免稅釐自無籌抵之必要則今日營業稅之開征對于米業允宜予以極量之體恤也查現行營業稅率規定米為糧食業稅率千份之五而以書籍文具教育用品業並行不知米業獲利最微而文房用品獲利綦厚相提並論毋乃不平若謂關于文化宣傳則養生與宣傳孰重衣食惟恐不贍奚暇治禮義哉此米業請求減輕稅率之理由一緬維我
先總理主義首重民生民生要需厥為民食而民食中之最重要者曰米今也粵地米食恒虞缺乏接濟恒賴外洋內地江河不靖輸運維艱或值風雨天災時虞饑饉由是米價日趨奇昂最近米價每元僅得八九觔市民咸感痛苦益以潦水為災幾及全國哀鴻遍地待哺嗷嗷在關心民瘼者具有維持之責對于營業稅率允宜酌予減輕若以非對物抽稅而言豈知物價與資本原屬相連其抽諸資本者勢必取償諸物價成本重則取價昂此為商場通例今也米食情形缺乏若此米價又復綦昂果能使成本輕一分之負担則市民備受一分之利益揆諸實施民生主義之初衷亦屬相符以云訓政時期則更當有以嘉惠民生矣此米業請求減輕稅率之理由二以上各節業經敝會召集全體同人會議一致議決作為

最後之請求除通告所屬各商店遵章先行申報外理合備文瀆請
鑒核俯乞准將米業營業稅特別恩准減爲千份之一或千份之二以示優異而利民生百粤人士每飯不忘矣謹呈
廣東財政廳廳長林

廣州市米業同業公會主席李福田

訓令錦綸行工人李受之等應准免課營業稅仰知照文

廣東省政府財政廳訓令

令錦綸行工人李受之等

爲令知事案據該民等呈爲純粹工人並非商販懇請免予課稅以維勞工等情前來當查營業稅之課征係賦自營業主體並非稅及工人所稱均屬散工向各辦庄取貨織造湊資租屋共同工作無所謂主僕及商號各節是否實情亟應派員查明以憑核辦業經令派本廳科員湯雪筠前赴調查現據復稱上西關一帶機房並無營業主體又無店鋪名號祇靠工作以博取工資係屬純粹工人等情據此既屬純粹工人自應准免申報納稅惟其中如有出資租屋僱工向辦庄取貨包工織造以爲營業者仍應申報納稅以符定章除分令外合行令仰該民等即便知照此令

附原呈

呈爲純粹工人並非商販懇請免予課稅以維勞工事竊受之等工友一千餘人歷在上西關一帶接造織造工作其工作原料悉取之於各辦庄俟織成疋頭始得工值生活微苦現值營業稅開辦伊始當地辦事人員誤以工等爲商販屢次催報業由受之等工友兩次呈訴
鈞廳在案嗣復奉發最後
批示仰候查明再行辦理等因茲再將工行真相爲
鈞廳陳之竊工等一千餘人平日以力博食皆稱散工訪諸輿論便知確非商販即賃屋而居共同工作亦不過聯合三五輩湊給租金固無所謂主僕也更無所謂商號也譬諸輪船抵埗有手車館無數車伕拖車請僱及抵目的地即各得資而去矣就其表面觀之意爲此車仔館似包工業也究其實則車伕皆爲純粹工人車仔館乃車夫之集合場所皆無納稅之義務其所應納稅者資本家之手車公司耳今工行情況即類是其赴各辦庄取貨織造則猶諸車夫拖車受僱也及其織成疋頭收取工值亦猶車夫之得車資也其作工之舖屋亦猶車仔館也所應納稅者如爲資本店如光復南路北裕綸廣利祥洗基之祥興泰等號耳但查該號等則多已遵章完稅矣又查市內住戶約有二三千工人在家內自備針車專

向國光南強等樹膠鞋廠取鞋車造又向五章與發等軍裝店接取軍衣等件皆係以工爲業亦未聞征以營業稅也今受之等既爲異正純粹工人照章應免課稅及免予申報伏乞俯准並令飭營業稅第十一區知照實叨 恩便謹呈

廣東財政廳廳長馮

批廣州市機器商務聯益總會請減輕營業稅碍難照准文

批廣州市機器商務聯益總會正主席陳桃川 副主席陸卓甫

廣東省政府財政廳批 營字第三四五號

呈一件呈請減輕營業稅稅率由

狀悉，查營業稅之課征，凡以營利爲目的之事業，均在征收範圍之內，並非對物課稅，所稱該會商廠所製機器之原料，入口出口，均經抽稅，此係對物本身課征，與營業稅性質迥然不同，來狀引爲請求減免營業稅之口實，未免誤會，至該會既以製造機器爲營業，照章應屬製造加工業，按資本額千分之十課稅，此項稅率，實屬輕微，所請減輕爲千分之二，碍難照准，仰即知照，此批，

附原呈

呈爲呈請減輕征收營業稅事竊查營業稅之征收原因裁厘而設且對於已有特稅之各項營業莫不規定免予征收或酌予減輕以示體恤屬會會員係營製造機器商業按照營業稅征收章程應從千份之十征收當茲機器業凋零之候而復有此項重征將來營業益爲艱困謹臚陳困難請求減輕爲

鈞廳一陳之查屬會所轄之機器商廠所有機器之製造其原料當以銅鐵爲大宗此種原料無論購自外洋抑運自別省入口出口均經抽有重稅不過到廠後始用機器製成物品是原料既已課稅而又須征營業稅且廠方製成之物其出口也亦須繳納方能運出是入口出口均已有稅矣此應請求減輕者一查今日之世爲商戰之世而商戰尤以機器爲重前數年

汪委員當機器總工會開幕之頃曾有演詞謂我國人應振興機器以救國現我

政府亦日以提倡國貨爲不容緩本省機器業始見推進當局尤當加以扶植使蒸蒸日上以塞漏巵若重抽營業稅是不啻欲樹之茂而不培其

本根也此應請求減輕征收者二具此二因伏乞
鈞廳體念商艱扶植國貨將規定征收機器商之營業稅原征收千份之十者減爲征收千份之二俾國貨得之振興而商人得免負担之重不勝
感德之至謹呈
廣東財政廳廳長林

批廣州市機器業同業公會准照製造加工業課稅文

廣東省政府財政廳批營字第六七九號

批廣州市機器業同業公會常務委員陳桃川等

呈一件呈爲舉派代表晉謁懇請對于該會征收營業稅一律照製造加工業課稅由

呈悉，據稱對於該會同業懇請一律照製造加工業課稅等情，查廣州市機器店 有自造機器發售，亦有包工代造，惟爲獎勵製造工業起見，姑准概照製造加工業，按照資本額千份之十課稅，除分令各區遵辦外，仰即知照，此批，

附原呈

呈爲舉派代表晉謁懇請對於屬會征收營業稅一律照製造加工業抽收事竊屬會前以河南第十四區主任對於屬會會員宏興號廣和興德興號等三家所征營業稅係照包工業征收與屬會其餘各會員照製造加工業征收不同呈請
鈞廳飭令河南第十四區主任仍照製造加工業征收以歸劃一而免紛歧等情具呈在案久未奉
批示屬會查各會員均爲機器營業若同屬一會而巾帑納稅竟分兩歧未免令各會員發生誤會查屬會會員營業雖有大小而爲製造機器則一若打磨等機器廠雖專做打磨生意而任用職工因有一定打磨機件亦具設備製機之能不能視爲包工之純賺佣錢者比爲此推舉代表陳桃川等前赴
鈞廳面陳一切伏乞
予以諮詢俾得面陳所懷不勝屏營之至謹呈
廣東財政廳廳長馮

廣州市機器業同業公會常務委員　陳拔廷　陳桃川　陸卓甫

批廣州市汽車業同業公會呈請免課營業稅未便照准文

廣東省政府財政廳批　營字第二七五號

批廣州市汽車業公會主席關心如

呈一件呈請援照鹽業典押等業准予免征營業稅由

呈悉，查汽車業爲運送業之一，照章程規定，祗按資本額征稅千分之十，其以販賣汽車爲業者，乃課千分之二十，該業既係以運送客貨爲營業，應照運送業之規定課稅，現呈謂課千分之二十，係屬誤會，又查烟酒業之免營業稅，有各省征收營業稅大綱補充辦法第一條特別規定，當押業亦係遵照補充辦法第十一條規定辦理，至鹽業一項，業向中央繳納鹽稅，領有牌照，故亦免課營業稅，該業既未向中央繳納特種稅捐，部章亦無特別規定，所請免課，未便照准，仰卽遵照章程第四條運送業之規定納稅，毋違，此批，

附原呈

呈爲增加負担行業垂絕用敢據情轉呈懇將征課營業稅一案援照鹽館當押烟酒等業准予免征以蘇商困而維營業事竊敝會現據會員寶昌八達新天昌汽車公司等紛紛投稱鈞廳近爲舉辦營業稅一案決定九月一日開征對於本市商民凡經營業者不論其營業之大小應分別征課營業稅商等業務汽車亦在征稅之列惟關於課稅一節敝行已向市公用局請領牌照繳納照費書明營業字義按年分上下兩期每期征收照費大車六十元中小車五十元嗣以上年七月間又經市行政會議議決對於敝行營業汽車每年除原征牌費大車每輛壹百弍十元中小車每輛壹百元外各種車輛一律再加征牌照費四十元合計壹百六十元年年如是負担已屬力盡筋疲惟念政府財政奇絀不得不忍痛服從此次政府課征營業稅以裕稅收對於敝行營業其汽車用途各件概納稅率似不能再予重征商等當日聞命之餘亦以爲邀免之列後查修正廣東省營業稅征收章程對於汽車業課稅標準照資本額征收千份之二十不勝焦灼現在敝行日就衰落以全市計雖尚存四五十間但一種冷落慘象不堪言狀祇以欲罷不能勢成騎虎姑暫株守企圖殘喘苟延乃近則形勢益劣每月負担一切稅捐費用及開銷工件薪値爲數不貲當此百業凋零煤油機件不斷漲價之際闔行營業岌岌可危用敢具詞投請轉呈主管各當道體恤艱困准予援照鹽館當押烟酒等業免征以蘇商困等情據此敝會復查投稱各節尙屬實情重以全行營業所關未敢安於緘默况

約廳頒行修正營業稅之征收章程第六條第三項規定中央政府已征牌照稅者則可免課營業稅今敝行事同一律似當茲敝行營業不絕如縷黃台之瓜斷不忍一摘再摘必蒙格外矜恤予以維持核准仍照鹽館當押烟酒等業免征則感維持之賜者不僅敝會即闔行工商亦共荷成全於靡旣矣謹呈

廣東財政廳廳長林

廣州市汽車業同業公會主席關心如

批花埭貨倉行聯和堂請援照旅館業課稅及將工銀部份除去未便照准文

廣東省政府財政廳批　營字第二十號

批花埭貨倉行聯和堂何作優梁惠甫廖國

呈乙件呈爲營業冷淡請照收入金額剔除代支上落工銀援照旅館業征收千分之二由

呈悉，查貨倉業之營業場所，祇須寬敞之倉地，除購置磅秤等物外，餘無他項設備之必要，且貨倉開設必在郊外地方，租值低廉，其所收入實近純益，核與設在城市繁衙地點，租值昂貴，陳設完備之旅館業，大相懸殊，又上落工銀一項，查繳來儲貨章程，旣係規定必須儲貨者，連同倉租併繳，自屬該業收入之一，所請援照旅館業課稅，及將工銀除去，未便照准，除分令外，仰遵照章程第四條倉庫業規定納稅，毋違，再此件係前任移交辦理，合併飭知，此批，

附原呈

呈爲倉庫營稅課定偏重謹詳細陳述請審查分別核減以恤商艱事竊查本省營業稅現正開征商等經遵章申報惟查征收章程第四條內載倉庫業係照收入金額千分之三十征收與旅館業千分之二比較懸殊緣花埭貨倉向名公棧代客寄儲米穀糠粗笨貨物爲多其餘儲花生豆子豆麵等每萬觔每月倉租扯計三元之譜其上落工銀原係貨客所出因將就招徠起見由倉主代墊與租併收且上貨至出貨時期超越十日內亦以一月計租溯自洋商各設巨倉而花地各貨倉大爲冷淡或有乍旺之時必在本省失收之候所需穀米紛由安暹蕪湖運入船期迫速須暫上倉方能轉輸始多貨物入倉如本省豐收其穀米陸續分到無庸入倉則冷淡非常間有貨到亦訂七折計租至花生豆子到省先上洋倉半月後乃計倉租不計落工奚用移倉故生意多爲所攙奪若牛莊豆子豆麵豆油祇有三二牛莊鄉自辦近又被日商從大連運來自行運入日本貨倉貶價攻擊致令粵商幾難立足此我國商戰頹敗無可諱言就此推論所以花埭貨倉日形衰落況倉庫二字當有分別蓋花埭貨倉已如上

述其所謂庫者所寄儲必爲貴重貨品如生絲綢緞布疋花紗暨一切貴重品物儲在通爽樓閣租値必昂較之花地盡儲粗貨舖在平地收租微薄實不可同日而語而倉內管賬司磅上落料理防變在在需人週來業主增租尤非昔比是以時勢論則收入短以開銷論則日益多復思營業稅爲外國先有似宜審查所營業實際平定稅率以期官商妥協方易推行今貨倉稅率定爲收入金額千分之三十而與旅館業營業額收千分之二比較高低懸殊查旅館業以廳房定租金按日計租貨倉租金以月計收均取償於地位無可區別合將花埭貨倉近來營業冷淡及負担爲難情形將收入金額征收稅率懇請核減緣由瀝情呈請

鈞座伏乞審查將收入金額剔除支上落工銀以實際收入倉租計算征收千分之二以示體恤而維商業實叨大德謹呈

廣東省政府財政廳廳長

附呈花埭貨倉行聯和堂儲貨章程乙紙

批花埭貨倉行聯和堂廖國等

批花埭貨倉行聯和堂呈爲稅率太重請予核減碍難照准文

廣東省政府財政廳批　營字第六七六號

呈一件爲稅率太重懇核減由

呈悉，案據該堂呈請照旅館業稅率征收等情，經本廳營字第二十號批令，詳細查明示復，嗣據該民等呈請減輕稅率等情，復經營字第三二七號批示，應毋庸議各在案，現呈各節尙無充分理由，所請改照資本額計稅，碍難照准，仰卽遵照定章及迭次批令納稅，毋違，此批，

附原呈

爲稅率太重商困難支聯懇派員會同本區主任詳查呈覆核減以昭覈實而恤商艱事竊商等所設公棧代客存貯穀米糠豆等粗笨貨物除實備資本設備貨倉幷担負昂貴租項稅捐又隨時添置磅籮篸笪竹園籐落等物僱足工人代客上落貨物外又須墊支工資幷支發各伴工金伙食每棧伙伴通常須僱用十四五人尙須隨時僱匠修葺地方種種皮費手續甚屬浩繁支持不易現奉鈞廳征收營業稅敝行各棧定爲征收千份之三十其稅率則與碼頭市塲相等而較諸旅館業征收千份之二竟相差至十四倍之多稅重商艱生機垂絕迭經冢舉艱困情形請求核減以免虧累等詞詎奉批行未允所請但查敝行同業頻年凋敝一則困於外人貨倉之攙奪一則生意鋭

減工貴費重連年倒閉所存者不過數間且爲招徠計僅照原定棧租減至七成五且貯貨倉租四十天亦作一月計算故去年收入壹四千元而支出竟達柒捌千元以上收支比較虧折不貲較之市埸碼頭純然取益者實不可同日而語卽以外洋貨倉及旅館營業論或有洋商補助且倉租亦十五天後起算或則按日收租其收支情形亦難比擬蓋敝行營業原有資本總額報領商照係屬營業流動性質且肯投出鉅資始獲此區微利現率

鈞廳核定敝行各公棧征收千份之三十確屬稅重難支種種艱苦實情不難一查便見當蒙洞察爲此再瀝情上陳懇請特加體恤恩准敝行各棧一律按照商業牌照資本金額計稅征收亦屬情理兼盡理合續呈

鈞廳伏懇迅賜派員會同本區主任稽查明確準照資本額征收以紓財力而恤商艱實爲公便切赴

廣東省財政廳廳長馮

批花埭貨倉行聯和堂呈請撤銷收入額計稅改照商照額徵收礙難照准文

廣東省政府財政廳批　營字第八一二號

批花埭貨倉行聯和堂廖國等

呈乙件請撤銷收入額計稅准照商照額征收由

呈悉，查營業稅之征收，乃課自商業主體，故無論經營何業，皆負納稅之義務，且稅額之決定，係就各倉庫收入多寡爲依歸，辦法至屬公平，標準權衡至當，該民等既經營貨倉爲業，應在征收範圍，所謂重征，實屬不明事理，且該民等先後呈請照旅館業征收，及減輕稅率各等情，經本廳營字第二十號及三二七號批示，應毋庸議，嗣據該民等呈請，照資本額計稅等情，復經本廳營字六七六號批復，礙難照准各在案，現呈所請撤銷收入額爲計稅標準，改照商照額征收，尤無理由，礙難照准，仰仍遵照定章及迭次批令納稅，毋再曉瀆，此批，

附原呈

呈爲呈請變更貨倉營業稅率撤銷收入額准照商業牌照額征收令區知照以示體恤事竊查自頒征營業稅各行商以商業牌照額爲稅率標準者十居八九敝行代客儲貨原名公棧迄今尚有三四家仍以棧稱所謂貨倉係近年新名詞故有改名貨倉矣至代儲之貨今屬六二三馬路一帶之豆米等店自開闢馬路各舖地方淺促不能自儲迫得移運到花埭暫儲爲短期轉輸但各貨主店號均領商業照另遵繳新定之營業稅

是則同一宗貨物輾轉重征理甚顯著現敝行代儲之貨既如上述而敝行各家均經已領商業牌照如奉令派借與及封存紙幣屢皆照辦際此營業税額緊促征收用敢瀝情聯籲鈞廳對於貨倉以收入額爲税率准予撤銷改照商業牌照額爲征收標準伏乞恩准令區知照實叨德便謹呈
廣東省政府財政廳廳長馮

批志在行等廣告社呈請免課營業税未便照准文

廣東省政府財政廳批　營字第一七八號

批志在行廣告社蘇志偉等

呈一件呈請准予免課營業税由

呈悉，查該行等係業廣告，以營利應在征收範圍之內，核與宣揚社會文化之新聞報紙，全然不同，況各省征收營業税大綱，對於廣告業並無免課營業税之規定，北平市等處營業税條例，亦將此項營業列入課税範圍，所請將廣告業免課營業税，未便照准，仰卽遵照，此批，

附原呈

呈爲呈請准予免征收廣告業營業税以維工商公益事務商等目覩吾粵工商事業之落後非仿用歐美廣告宣傳方法無由發展故先後在本市組織廣告業志在代替工商各業設計宣傳以喚起民衆之注意幷同時盡力爲國貨鼓吹銷路以圖挽回利權之損失故商等經營此項業務實以維護工商公益爲宗旨並非與其他商業祇圖謀利者可以相提並論且廣告業在本省正屬幼稚時代商人多不知其眞正價值除一二大商號畧肯關照外其餘雖費盡唇舌亦不願惠顧分文加以頻年地方多故商務凋零商人更無力量負担大宗廣告之費用是以近來本市廣告社之興起雖如雨後春筍但每因毫無生意不旋踵間卽告歇業現所存在之商等廣告業家自開設以來歷與惡劣環境抵抗經已犧牲財力不少然目前仍未脫離於風雨飄搖之地位商等之所以堅持到底繼續奮鬥者不過以廣告業爲社會上工商業發展之原動力但因現在工商界昧於時代之認識啓廸功夫必需時日故仍忍痛做去以圖爲社會服務而已乃政府不知商等之苦衷以爲廣告業爲新興事業之一種必有厚利可圖於是由公用局規定種種廣告捐征收惟恐不力遂致商等負担艱鉅幾至無力支持正擬呼籲救濟乃鈞廳又頒佈征收營業税之章程內註明廣告業照收入額課税千份之三十商等聞訊之下徬徨失措咸以此項新税如果實行不啻置廣告業

於死地而阻止商業之生機故特聯呈懇請
鈞長准予免征營業稅以免廣告業完全失敗有碍工商公益抑更有進者廣告業與新聞紙業同爲工商宣傳事業之一性質亦屬相同根據本省營業稅修正章程第六條第四欵公益事業及新聞紙業准免征營業稅則廣告業亦應一視同仁且廣告業目前所負担之種種捐稅及廣告位置之租值尤爲繁重與新聞紙廣告不用納捐及支給廣告位置之租值比較苦樂實有天壤之別如新聞紙業免征種種捐稅而廣告業除負担廣告捐外今復再征營業稅則未免偏重偏輕不得謂爲平允且廣告業不過寥寥數家政府即使征收營業稅而所得之收入幾何乃忍使廣告業陷於崩敗不可復振工商業無由發展耶素仰
鈞長洞達商情對於商人疾苦向加體恤伏懇如呈照准俾廣告業得以苟延殘喘而衰落之工商業得以復興實爲德便謹呈
廣東省政府財政廳廳長林

批志在行等廣告社請援照物品租賃業課稅未便照准文

廣東省政府財政廳批　營字第四〇六號

批具呈人志在行廣告社蘇志偉

呈一件呈請改照物品租賃業課稅由

呈悉，查廣告業一項固定資本不多，流動資本尤少，其所收入較近純益現章程規定稅率，實屬非高，又廣告業之營利，爲人代作廣告，而物品租賃業，在以物品租賃於他人，兩者性質，絕對不同，該業遽引爲比擬，殊有未當，所請照物品租賃業稅率征課，未便照准，據呈前情，除通令外，仰仍遵照章程第四條廣告業規定納稅，毋違，此批

附原呈

呈爲呈請改善廣告業營業稅標準及稅率事竊商等前呈請
鈞廳免課營業稅旋奉
鈞廳第一七八號批內開呈悉查該行等係業廣告以營利應在征收範圍之內核與宣揚社會文化之新聞報紙全然不同況各省征收營業稅大綱對於廣告業並無免課營業稅之規定北平市等處營業稅條例亦將此項營業列入課稅範圍所請將廣告業免課營業稅未便照准仰即遵照等因奉此查廣告業雖屬營利惟亦與新聞紙業同爲社會公益事業之一種不過新聞紙業爲社會文化大部份之宣傳而廣告業祗扶助

工商發展之宣傳而已且新聞紙業其目的亦關營利所經理之廣告與商等同一收費但其營利手段稍異耳再查江浙各省營業稅章程對於廣告業雖無規定免征但亦無明文指定征收故謹再將廣告業之營業艱難及不能再負担重稅之實情爲

鈞廳陳之廣告業之營業担負至鉅如墻壁廣告每幅在一華丈以內者每月納廣告捐二元其長途汽車尾之廣告牌每月每幅納廣告捐十五元除此項負担外尚須先給墻壁及汽車地位租值製造油繪廣告牌費用其取償則須候至滿期方能向顧客方面收欵而每幅墻壁廣告每月不過收費十元八元汽車尾之廣告每月每幅收費廿餘元至卅元所得之利能有幾何尚須開支伙伴工值辦事地方之租金雜費開銷倘不能將廣告費收回則其虧折更不堪問在外界未明瞭此情者尚以爲廣告業有大利可圖實則商等暗中受損難對局外人伸訴矣且廣告業如無生意則所租得廣告位置空納租值無所取償非比其他商業尚有貨底可以維持至於各行之廣告宣傳原可不交廣告社代辦不過商人方面缺乏廣告學識並且對於公用局交涉手續多不明瞭故不能不交廣告社代辦所以廣告業實非有利可圖僅能維持現狀已屬幸事倘再照收入額課稅千分之三十則欲求其不虧折者難矣然在國民對於國家自應負納稅之義務惟政府亦應體諒商人之困難加以維持廣告業雖屬於新興事業之一種現在處此不景氣之環境而政府不減輕其擔負尚課以重稅必至陷於全體歇業則後之新興事業商人尚安敢投資耶況廣告業其性質與物品租賃業亦屬相同惟物品租賃業課稅之標準不過資本額千分之十五何同一性質之事業相差若是之鉅爲此具呈

鈞廳懇請將敝業營業稅課稅標準改爲照商業牌照資本額課稅千分之十五使廣告業得一線之生機而免全部崩敗在

鈞廳方面則仍有收入不致影響稅收而商等亦感激無旣也伏懇如呈

批准實爲德便謹呈

廣東省政府財政廳廳長林

(五)關於征收機關呈請核定征課辦法及稅率之文件

指令市營業稅第五區主任據呈絲綢店所販物品不能分別何種爲主要應以絲綢業抑人造絲疋頭業爲課稅標準飭照稅率較重之人造絲疋頭業規定課稅文

廣東省政府財政廳批營字第一六三號

令廣州市營業稅第五區主任李一鳴

呈一件呈爲絲綢店所販物品不能分別何種爲主要究竟以絲綢業抑以人造絲疋頭業爲課稅標準請核示遵由

呈悉，查同一商號而兼營數種營業，其稅率不同時，則就其主要營業課稅，惟不能辨別何種營業爲主要時，則就稅率較重之營業計算之，業於修正本省營業稅征收章程第十一條但書項下詳列規定，該項絲綢店，所販賣之絲綢，既係以人造絲蠶絲混合製成，不能分別，兩者成分之多寡，未能斷定其何種爲主要，自應照其稅率較重之人造絲疋頭業規定稅率課稅，即按資本額征課千分之二十，以符定章，除分令外，合行令仰遵照，此令

附原呈

呈爲呈請事竊查職區轄內店號申報者有絲綢店多家攷其內容絲綢之中多以人造絲混合蠶絲織成其中含有人造絲四五成蠶絲五六成不等並完全人造絲或完全蠶絲製成疋頭者亦屬有之查征收章程物品販賣稅率表絲綢業按照資本課千份之十人造絲疋頭業按照資本課千份之二十兩業稅率各有不同而所屬之絲綢店所販物品以人造絲蠶絲混合製成者居多所含分量則多寡不一似不能一一分拆何者居多卽不能分別何種爲主要究竟以絲綢業抑以人造絲疋頭業之稅率課稅爲合職未便擅擬所有查得絲綢店販賣物品不能分別何種爲主要各緣由理合具文呈請

鈞廳察核指令祇遵謹呈

廣東省政府財政廳廳長馮

廣州市營業稅第五區主任李一鳴

佈告據市營業稅第十二區呈請再行曉喻分別物品販賣業與代理業經紀業界限應予佈告仰週知文

廣東省政府財政廳佈告 營字第三二五號

爲佈告事，現據廣州市營業稅第十二區主任何星耀呈稱，竊職區昨奉鈞廳訓令營字第二四一號內開，關於行口欄頭在營業場所，沽出貨物，應請作物品販賣業計稅，若兼營或專營他業，仍應照規定分別征課一案，除原文有案邀免冗叙外，後開，仰該主任即便遵照，此令，等因奉此，查職區段內有魚欄柴欄豬欄等業，其中或兼營代理，或純爲代理業者不少，伊等連日到處申報均誤會，

鈞廳此次之訓令，概作物品販賣業計，不肯將兼營代理，或純爲代理業依式填註，不知販賣二字之解釋，議價買入，得價賣出之謂也，非該店但有物品出賣，便可作爲販賣業故

鈞廳訓令以該營業場所，其物贏虧，與原貨主無關者，准作爲物品販賣業計，質言之，該場所物品議價買入，得價賣出，直接負贏虧之責也，今查各行口欄頭各客鄉到貨，該行欄不需議價承受，祇擔任隨時價沽出，其貨到交銀者，係貸與之性質，結算數目，概歸某鄉某字號名下，其物價之贏虧，原與該行欄無關，該行欄祇包支包結，取得佣金已耳，此等場合非代理而何，遵奉

鈞廳訓令，其兼營代理，或純爲代理業者，仍應照規定分別征課，則需派員會同商會逐店翻閱數部，始能分別清楚，職區誠恐此時各行欄誤會此次之訓令，以各行口欄頭已准作爲資本率課稅，謂職區此舉，多生事端，有意騷擾，因此或生惡感，職再三思維，惟有懇

鈞廳再行曉諭，凡營業場所，對於各鄉貨物，議價買入，得價賣出，直接負贏虧之責者，謂之物品販賣業，若不需議價承受，祇擔任隨時價賣出，直接不負贏虧之責者，謂之代理業，或經紀業，照章規定征課，俾職區有所遵守，而各行欄亦不致誤會，致生異議，是否有當，仍候指示飭遵，等情據此，應予照辦，除分令外，合行佈告，仰商民人等一體知照，此佈

佈告核定土洋什貨業骨鈕骨角業征收辦法及稅率仰週知文

廣東省政府財政廳佈告　營字第四六一號

爲佈告事，現據廣州市營業稅第三區主任梁次狂呈稱，竊查職區轄內德星路即原日長壽里，乃土洋雜貨總滙之區，市內及各鄉洋貨店品物販賣，多屬仰給於此，其營業總類多至二三百款，而以化粧舶來品居多數，即土織線衫襪亦不少，包含極廣，複雜非常，以言何爲主要，何爲副業，實無辨別之可能，倘若依照條文，分別計算，則彼此均覺繁瑣，該項土洋雜貨，擬請核定，照修正本省營業稅征收章程第四條物品販賣稅率表第四項以資本額千分之二十課稅，用歸簡便，又骨鈕骨角兩業稅率表，未見列入，查

骨鈕有舶來土製兩種，自與骨角完全土製之梳篦牙擦日用品不同，課稅亦應有所分別，並請明白規定，俾昭平允，所有擬請核定士洋雜貨業照資本額千分之二十課稅，並分別規定骨鈕骨角兩業稅率各緣由，理合具文呈請鈞廳察核，伏乞指令祗遵，等情據此，查士洋雜貨店經營之貨品，既有多種，而不能辨別何種爲主要，應照征收章程第十一條末段載明，不能辨別何種營業爲主要時，則就稅率較重之營業計算之規定辦理，至骨鈕骨角兩業，既與日用品不同，應列入征收章程第四條物品販賣業第三類照資本額千分之十五課稅，據呈前情，除呈報暨分別飭行外，合行佈告，仰商民人等一體知照，此佈

佈告核定運館業應照運送業之規定課稅仰週知文

廣東省政府財政廳佈告　營字第一二八號

爲佈告事，案據廣州市營業稅第十二區主任何星耀呈稱，竊職區段內有運館業一行，專代各商店包報釐稅，在火車站運送貨物，收取酬金者，該行逐日所填申報單，均自附於運送業一種，以資本額課稅，惟查廣東省營業稅征收章程第三條，以運送貨物人客爲業者，作爲運送業，但以鐵路運送者，適用鐵路業之規定，該行既在火車站代客商運送貨物，似又適合於鐵路業，惟鐵路業照收入金額征收千份之二十，運送業照資本金額征收千份之十，稅率絕不相同，職區未敢擅斷，究竟該運館一行，應課以何種稅率，理合備文呈請伏乞指令祗遵，等情前來，當以該運館業之營業主體，在運送抑在報稅，應先查明，再行核辦，業經指令該主任查覆去後，現據覆稱，查各運館性質，係包請伕脚，代各商號運輸貨物，設有鐵道運輸同業公會，其所收之酬金，係包有伕脚在內，主體似側重運送方面，至應否按照運送業征稅，或代稅業征稅，職未便擅便奉令前因，理合將調查情形呈復察核，伏乞指令飭遵，等情據此，查運館業之主要營業，既據查明在運送方面，自應照運送業之規定課稅，除指覆暨分行外，合行佈告，仰該行商民一體知照，此佈

佈告擬定茶葉營業稅率經呈奉　省府核准在案仰週知文

廣東省政府財政廳佈告　營字第九一號

爲佈告事，案准廣州市商會函開，現准廣州市茶葉同業公會公函開，此次開征營業稅，先從本市舉辦，荷蒙貴會陳請政府將征收章程次第改善，凡在商民，同深感戴，惟查財政廳營字第七號致送貴會公函，附送修正廣東省營業稅征收章程，內列物品販賣業

稅率表茶葉一欵，未有明瞭載列，深恐納稅時，無所適從，伏查茶葉關係飲料爲人生日用所必需，實與柴米油鹽同一需要，故諺有所謂柴米油鹽醬醋茶七事之諺，現糧食業柴炭煤業油鹽店業其稅率，定爲資本額千分之五，茶葉既與食料燃料同爲日用必需，所征營業稅率，自當一視同仁，免分軒輊，況年來茶葉業衰落，一蹶不振，尤當減輕負担，俾藉維持，相應函達貴會尚希轉達財廳准將茶葉業列入物品販賣業稅率表第一項征收稅率按照資本額千分之五，俾輕負担，而恤商艱，等由，查茶葉關係飲料，既與糧食燃料，同爲人生日用所必需，現請援照糧食柴炭煤業及油鹽店業所征營業稅率，一律定爲資本額千份之五，理由自屬充分，且於人民生計，亦賴維持，准函前由，相應函達貴廳查照，希將物品販賣業稅率表第一項內列入茶葉業一律按照資本額征收稅率千分之五，以重民生，而昭平允，仍祈覆會轉知，至紉公誼，等由，業以江浙皖湘鄂及北平市各營業稅征收章程，對於茶葉均照營業額千分之二以上課稅，按部章規定，照營業額課稅，最高不得過千分之二，照資本額，則不得過千分之二十，故照營業額課千分之二，與照資本額課千分之二十，實際相同，惟查茶葉一項，係我國出口最大宗之產物，且爲飲料品之一，其需要程度，雖不與柴米等，實亦爲日用之所需，若依江浙等省辦理，照資本額千分之二十以上課稅，未免過高，所請照柴米兩項規定征課千分之五，亦屬過輕，應列入物品販賣業第二欄照資本額千分之十征稅，以別輕重，而示體恤，呈請

廣東省政府察核飭遵在案，茲奉

廣東省政府財字第七〇八號指令開，呈悉，查此案現經本府第六屆委員會第十六次會議議決照辦在案，合錄案飭知，此令，等因

奉此，除分別函復分飭外，合行佈告，仰商民人等一體知照，此佈

廳長林雲陔

中華民國二十年八月八日

佈告擬定恤衣等營業稅率經呈奉　省政府核准在案仰週知文

廣東省政府財政廳佈告　營字第四三二號

爲佈告事，案據廣州市營業稅第五區主任李一鳴呈請，規定專營恤衫領帶之西裝用品業燈籠業裁縫織襪機用針業大理石業化學雲石業花生業(鹹乾炒花生)木屐業找換仙士碎錢之錢枱業等稅率，呈請核示祇遵，等情據此，查恤衫一物，不祗爲西裝之襯衫，亦爲軍學制服及中山裝之內衣，用途尚屬普遍，似可列入修正本省營業稅征收章程物品販賣業稅率表第二欄按資本額課千份之十，領帶及西裝用品，均屬西裝之襯物擬援照化裝品業之規定，按資本額千份之弍十課稅，燈籠業一項，屬製售者多，似應照製造加

工業規定，按資本額征課千份之十，裁縫業純屬包工業之一種，擬照包工業規定稅率按全年收入金額征課千份之三，至其營業規模狹小，全年收入總額，不及千元，照章自可免予課稅，至織襪機用針業似應援照鉛銅鐵錫類業規定，按資本額征課千份之十五，大理石價值昂貴，用之者俱屬富貴之家，似應列入修正章程內物品販賣業課稅率表第四欄按照資本額課稅千分之弍十，化學雲石一般，食物館多以之作桌面，爲用尙廣，似可列入前項稅率表第三欄按照資本額課稅千份之十五，鹹乾炒花生，似可援照核定花生肉業稅率，按照資本額課稅千份之五，木屐利便一般平民，稅率似不宜過高，擬列入物品販賣業稅率表第二欄按資本額課稅千份之十，找換銅仙碎錢之錢枱，實予人民毫銀以下找換便利，且此項營業資本不多，似未便照銀業規定稅率征課，擬照資本額課稅千份之十，其有兼營銀幣，或鈔票之兌換事業者，仍應照銀號業規定辦理，以杜取巧，而符定章，至煖水壺業前經擬定按照資本額征課千分之十五，呈奉

廣東省政府核准在案，以上各業中如恤衫領帶西裝用品織襪機用針大理石化學雲石花生木屐等業，如屬加工製售者，似應均照製造加工業規定，按資本額千份之十課稅，以符規定，業經呈請

廣東省政府察核，令遵去後，茲奉

廣東省政府財字第一八二五號指令內開，查此案經本府第六屆委員會第四十三次會議議決，照辦在案，仰即知照，此令，等因奉此，除指覆及分行外，合行佈告，仰商民人等一體知照，此佈

廳長馮祝萬

中華民國二十年十一月十三日

佈告擬定眼鏡等營業稅率經呈奉　省府核准在案仰週知文

廣東省政府財政廳佈告　營字第一六四號

爲佈告事，案准移交據廣州市營業稅第五區主任呈請，規定眼鏡業戲服戲劇用品業（如音樂器具業等麵食粥品各業稅率，又下級飯店業，應否歸入酒菜館業，壽板壽衣業，應否加入製造加工業，請核示遵等情，當以眼鏡一物，純爲補助目力，及抵禦風塵，倘非奢侈物品可比，似應照本省修正營業征收章程物品販賣業稅率表第三種玻璃鏡屏業規定，按資本額千分之十五課稅，戲劇服裝乃劇員演戲時化裝用品擬照物品販賣業稅率表第四類化裝品業規定照資本額征課千份之二十，戲劇用品如音樂器具等，係屬娛樂器具，擬稱作樂具業列入物品販賣業稅率表第四種照資本額千分之二十征課，麵食粥品業規模甚少，獲利低微，與酒菜館業，

實不相同，自未便援引酒菜館茶館等業規定辦理，似應照資本額千分之十課稅，又壽板壽衣，係人生歸化不可少之物，稅率不宜過高，且此項營業，自製自售者多，茲擬不論是否製售，一律准予援照物品製造加工業規定按資本額課千分之十，至下級飯店，卽市上所謂晏店，實爲一般勞動者餐食場所，且經營此項事業，資本無多，獲利匪厚，擬准予豁免營業稅，以示體恤，而維勞食，并擬定每欵菜色不過二角，不用錫碗牙筷，不設香檳，不售鮑參翅肚等，無酸枝椅桌，不分廳房及其他新式間格（此項係根據筵席捐章程規定）乃得稱爲下級飯店，由區查明屬實，呈廳核定，方准免稅，以杜取巧，而昭核實，呈請

廣東省政府察核指遵在案，現奉

廣東省政府財字第一五二六號指令開，呈悉，查此案現經本府第六屆委員會第三十五次會議議決通過，照修正辦理在案，仰卽知照，此令，等因奉此，除分別函令外，合行佈告，仰商民人等一體知照，此佈

廳長馮祝萬

中華民國二十年十月十四日

佈告核定旗幟業等一十四項營業稅率仰週知文

廣東省政府財政廳佈告　營字第四一〇號

爲佈告事，現據廣州市營業稅第二區主任李翰藻呈稱，竊職前以皮革業等項營業未列入課稅範圍，經呈請分別核定有案，茲又查有旗幟業洗染業度量衡業鋼模業泡水館業象牙玩具業翠毛業雲石業肥田料業蚊香業種子業帳聯業牙刷骨角業輪船雜項業等一十四種，亦尚未規定課稅稅率，理合備文呈請

鈞廳分別核定，明令飭遵，等情據此，查洗染業與染色業大致相同，照修正本省營業稅征收章程第三條第四項之規定，應適用製造加工業之稅率課稅，泡水館業，經奉

廣東省政府財字第一六五二號訓令，准

財政部賦字第一八五七九號咨規定，自來水業及售水業，免征營業稅，等因有案，應照案准予免稅，輪船雜項業，查輪船雜項，多屬銅鐵之品，應列入征收章程第四條物品販賣業第三類鉛銅鐵錫業照資本額千分之十五課稅，鋼模業，多係定造之品，絕少買入發沽，應照製造加工業按資本額千分之十課稅，以歸簡便，種子業肥田料業兩項均與農業有關，經營此兩項事業者，如屬代理性質，應照代理業之規定課稅，如屬販賣性質，應列入物品販賣業第二類照資本額千分之十課稅，以示優遇，而維農計，旗幟業

度量衡業象牙玩具業翠毛業雲石業蚊香業帳聯業牙刷骨角業等八種，其經營此八種業務者，如屬製造加工性質，應照製造加工業之規定課稅，如屬販賣性質，其翠毛業及象牙玩具業較近於奢侈，應列入物品販賣業第三類照資本額千分之十五課稅，其餘旗幟業等六種，均屬日用之品，應列入物品販賣業第二類照資本額千分之十課稅，除呈報暨分別飭行外，合行佈告，仰商民人等一體知照，此佈

中華民國二十年九月廿一日　廳長林雲陔

佈告核定頭髮業等營業稅率仰週知文

廣東省政府財政廳佈告　營字第一六二號

為佈告事，案准前任移交據廣州市營業稅第十四區主任江仲雅呈，以販賣包燒肉叉燒等用之乾蓮葉，製造用品之牛骨，辦往外洋之頭髮，製神香之香粉等業，章程未有列明，分別表列，請核示祇遵，等情前來，當查乾蓮葉係約物之一，兼用以包裹食品，物賤價廉，營此業者，獲利殊薄，牛骨乃製造日用物之原料，頭髮既據呈明辦往外洋，此三項營業從社會經濟兩政策上言，均應從輕課稅，列入本省營業稅征收章程物品販賣業稅率表第二種照資本額征課千分之十，以示體恤，而資維護，至於香粉，雖為原料之一種，但係製造無益，銷耗之神香，自應高其稅率，以示寓禁於征，應援照物品販賣業稅率表第四種香燭紙寶等之規定，按資本額千分之二十課稅，業經呈奉

廣東省政府財字第一五二五號指令開，呈悉，此案現經本府第六屆委員會第三十五次會議議決，如擬辦理在案，合錄案令覆，仰即知照，此令，等因在案，除指令覆及分別函行外，合行佈告，仰商民人等一體知照，此佈

中華民國二十年十月十五日　廳長馮祝萬

佈告核定車玉店及機房課稅辦法仰週知文

廣東省政府財政廳佈告　營字第四六三號

為佈告事，現據廣州市營業稅第十一區主任吳孟絳呈稱，竊查職區荷溪關，內有車玉店百餘家，係以玉石製成器皿攜往市上，或

別處販賣，西禪鄉內有機房一二百家，係置機織造紗綢運往市面銷售，此等工業，其原料之供給，無論自行購備，抑或仰給於人，但既有一定製造場所，使用職工製造物品，與征收章程所定製造加工業，適相符合，自應照章申報，隨後按其資本多寡，分別征免營業稅，乃申報展期，已歷多次，復經主任再三分派通告，及派員勸導，而申報者，仍屬寥寥無幾，察其用意，自以爲純係工人的工作，營業稅與彼等無關，似此情形，對於將來稅收，諸多窒碍，理合據情呈報察核，可否由

鈞廳出示曉諭，促其來報，抑應如何辦理之處，伏乞指示祇遵，等情據此，查車玉店及機房，既係以製造物品而爲販賣，自應適用製造加工業之規定課稅，如由顧主供給原料，該店房祇任使用職工代製物品而取工資者，應歸包工業之規定課稅，如該店房已營製造加工業，同時兼營包工業務者，應分別課稅，如不能劃分時，則就主要部分計算之，以符章制，據呈前情，除指復及分行外，合行佈告，仰商民人等一體知照，此佈

中華民國二十年九月廿五日　　廳長林雲陔

佈告核定皮革業等率六項營業稅仰週知文

廣東省政府財政廳佈告　營字第三三〇號

爲佈告事，現據廣州市營業稅第二區主任李翰藻呈稱，竊職區所轄各商店，其營業種類，有皮革業凉菓醬料業土洋雜貨業鷄鴨毛業等類，均屬物品販賣業，惟營業稅課稅範圍，未見列入，究應如何征收，理合呈請核示，至藥油丸散，應否照藥材業類課稅，修理業應否歸入製造加工業，烟酒類營業，領有販賣証，應否免領營業証統乞指令飭遵，等情據此，查皮革業鷄鴨毛業，應列入征收章程第四條物品販賣業稅率表第三類照資本額千份之十五課稅，凉菓業應歸入鮮菓業，醬料業應列入物品販賣業，第二類均照資本額千分之十課稅，土洋雜貨業，應照征收章程第十一條，同一商號，而兼營數種營業者，應照本章程第四條之規定，分別課稅，如資本係數種營業，共同使用時，其共同之部份，祇就其一種營業計算，其非共同之部份，仍分別計算，但稅率不同時，則就其主要營業課稅，惟不能辨別何種營業爲主要時，則就稅率較重之營業計算之之規定辦理，藥油丸散，應歸入葯材業課稅，修理業，照征收章程第三條第四項之規定適用，製造加工業烟酒營業，雖領有販賣証，免征營業稅，但爲易於稽核起見，仍應照章申報，請領營業証，除呈報暨分別飭行外，合行佈告，仰商民人等一體知照，此佈

中華民國二十年九月十二日　　廳長林雲陔

佈告擬定花生肉業等項營業稅率經呈奉　省府核准在案仰週知文

廣東省政府財政廳佈告　營字第三六二號

為佈告事，現據市營業稅第十二區主任何晨耀呈稱，竊查職區轄內各商店，其營業種類，有花生肉業苧蔴業麵業磨牛骨粉業暖水壺等類，案查改正廣東省營業稅征收章程，未有此等類列入，職現擬定花生肉業物品販賣業第二項鮮果業相似應否依照鮮果業千分之十課稅，苧蔴行業係以此種原料為織造品，而供給人使用，又與販賣業第二項蔴織品業相近，可否列入蔴織品業課稅千份之十，麵業及暖水壺業二項，征收章程，未有如此類業相近，究應歸如何課稅，征收稅率若干，無所適從，磨牛骨粉業此粉性質及其用途，實與肥田料一般，應否照肥田料業征稅千分之十，以上四種營業，如何分別征稅，職未敢擅便，統祈核示，再者，同一商店一部份係販賣業，一部份係代理業，是否先行照資本額全部征稅，再又征其一部份之代理業稅率所有呈請各緣由，理合備文具呈察核，伏乞指令祗遵，等情據此，查花生肉業與鮮菓業相似，擬照鮮菓業之規定課資本額千分之十，苧蔴業與蔴織品性質相同，擬列入蔴織品業按資本額千分之十課稅，原擬兩項稅率，似尚可行，至麵業一項，如屬經營製麵，似應照製造加工業之規定課稅，如以販賣麵粉為業，擬照物品販賣業第一類糧食業之規定課稅，暖水壺雖為日用品之一種，惟用之者，多屬中上之家，應列入物品賣賣第三類按資本額千分之十五課稅，如以代理暖水壺為業，應照代理業之規定課稅，至磨牛骨粉業，原應照章以製造加工業之規定，按資本額征課千份之十，既據呈明，其性質及用途，與肥田料相同，其以販賣此項牛骨粉為業者，自可照物品販賣業第二類肥田料業之規定，按資本額千分之十課稅，是無論其為製造與販賣，稅率均屬相同，至同一商店，一部分營販賣業，一部份營代理業，應照征收章程第十一條之規定，分別課稅，如資本共同使用時，則就其主要營業課稅，惟不能辨別何種營業為主要時，則就其稅率較重之營業計算之，業經呈請

廣東省政府察核在案，現奉

廣東省政府財字第一七零五號指令開，呈悉，查此案經本府第六屆委員會第四十次會議議決，除花生肉照糧食業征稅，餘照辦在案，合錄案令仰知照，此令，等因奉此，除令覆及分行外，合行佈告，仰商民人等一體知照，此佈

廳長區芳浦

中華民國二十年十一月四日

佈告擬定酒餅羅經等營業稅率經呈奉　省府核准仰週知文

廣東省政府財政廳佈告　營字第五一〇號

爲佈告事，案據廣州市營業稅第一區主任劉友豪呈稱，查職區段內有酒餅業爲釀酒所必需，其原質係以米料及辣麪等雜合製成，可否援照章程第四條物品販賣稅率表第二欄食物雜貨業之規定以千份之十課稅，又專收義會，而無其他營業者，可否照代理業征稅，此外如羅經業價目低昂不等，論其製造，畧稱工巧，可否照製造加工業課稅，抑照稅率表第三欄美術品業課以千份之十五，又鑛業查章程尚無規定征收，但既據來區申報，是否仍照菸酒營業辦理，以上各種，皆爲章程所未載，但事關稅收，主任未敢擅便，理合備文呈請

鈞廳察核，懇予指令祇遵，實爲公便，等情前來，當查酒餅照菸酒稅規定，係列入酒類範圍，并須繳納牌照稅，但酒餅牌照稅，與酒類之土酒洋酒菸酒等之牌照稅，微有不同，蓋土酒洋酒菸酒等之牌照稅，係對於製造及販賣，兩者均課征酒餅牌照稅，係祇征自製造者，對於販賣酒餅之營業，未有課稅，現對於酒餅一項．如屬製造爲業既領有牌照，照章應免征課營業稅，以免重複，如屬販賣爲業，既未納過牌照費，似仍應課征營業稅，并列入征收章程第四條物品販賣業稅率表第二類按資本額征課千份之十，又專收義會之店，係屬代理性質，所擬照代理業之規定課稅，自屬可行，至羅經一物，爲航海建築所必需之物，尚無奢侈性質，其以製造羅經爲業者，應照製造加工業之規定課稅，惟以販賣羅經爲業者，章程尚無明定，應列入物品販賣業第二類，照資本額千份之十課稅，至鑛業照各省征收營業稅大綱，及營業稅法，雖無免稅明文，但查本省營業稅征收章程原草案說明書，關於課稅範圍，載有農業鑛業等，原始產業已征，地稅鑛稅自不宜更列入課稅範圍之內等語，本省現行營業稅征收章程，對於鑛業一項，并未列入課稅範圍，係根據原案辦理，自應豁免營業稅，惟仍飭申報領証，以便考核，業經呈請

廣東省政府察核在案，現奉

廣東省政府財字第一八五八號指令開，呈悉，查此案經本府第六屆委員會第四十四次會議議決通過在案，仰即知照，此令，等因奉此，除分令外，合行佈告，仰商民人等一體知照，此佈

中華民國二十年十一月二十四日

廳長馮祝萬

佈告擬定浴室營業稅率經呈奉 省府核准在案仰週知文

廣東省政府財政廳佈告　營字第五一九號

為佈告事，案據廣州市營業稅第八區主任黎厚生呈稱，竊查浴室一項，職區計有數間，應如何課稅，章則未有規定，且事關創辦，未敢擅擬，理合備文呈請

鈞廳察核，究應如何課稅之處，仰候指令祇遵，等情據此，查浴室業係設備沐浴用具，冷熱水喉間格浴房，專爲顧客浴身之所，而收取浴費，此項營業係以固定資本爲主要，其流動資本極少，應以資本額爲課稅標準，征課千分之十五，業經呈請

廣東省政府察核在案，現奉

廣東省政府財字第一九三二號指令開，呈悉，此案業經本府第六屆委員會第四十六次會議議決照辦在案，據呈前情，合就錄案令復，仰即知照，此令，等因奉此，除分令外，合行佈告，仰該行商民一體知照，此佈

中華民國二十一年一月二十四日　廳長馮祝萬

佈告擬定販賣火柴等營業稅率經呈奉 省府核准在案仰週知文

廣東省政府財政廳佈告　營字第九二號

為佈告事，案據市營業稅第六區主任陳植榮呈以火柴一類，有設廠製造發行者，有營業火油而兼營火柴者，又查航業一種，有輪渡船公司，有自置火船租賃拖帶各江貨物者，更有專代理人客運貨，收取佣金者，營業情形，各有不同，征收稅率，似有分別，其他如舶來品之味之素，入口之奧加可等業，均屬章程所未規定，究竟應征以何項稅率，請察核示遵，等情前來，查火柴一類，照部咨解釋辦法五項文內第一項凡廠或公司已納統稅，或特種消費稅者，各省不得再向其廠或公司征收營業稅，但推銷販賣之商行店舖，應仍征營業稅之規定，其設廠製造火柴，既繳納統稅，自應免課營業稅，但仍應遵章申報領照營業，以便查核，其推銷販賣火柴者，自應仍課營業稅，以符規定，復查火柴係日用之品，其以販賣火柴爲業者，自可列入物品販賣業第二類照資本額征課千份之十，至火油係屬油類之一種，而非食油之類，應照章程第四條物品販賣業稅率表第二類油類業之規定課稅，至輪渡船公司，其自置火船租賃與人者，自應照物品租賃業之規定課稅，其專代人客運貨，收取佣金者，自應照運送業之規定課稅，如同一

公司，而兼營上列兩項業務者，自應照章程第十一條之規定辦理，又味之素係爲調味之用，既非日用之品，尤含奢侈之性，應列入物品販賣業第四類照資本額征課千分之二十，與加可蘇爲工業，及醫藥上所常用，亦爲製造香水等項所必需，應列入物品販賣業第三類照資本額千分之十五課稅，業經呈奉

廣東省政府財字第二三三五號指令開，呈悉，查此案經本府第六屆委員會第五十三次會議議決照准在案，合錄案令仰知照，此令

，等因奉此，除分行外，合行佈告，仰商民人等一體知照，此佈

廳長馮祝萬

中華民國二十一年一月十五日

佈告核定庄口業之報酧金額應就其營業額百分之五推定文

廣東省政府財政廳佈告財營字第一八九號

爲佈告事，現據市營業稅第二區主任李翰濂呈稱，竊查庄口業營業稅課稅標準，照報酬金額征收千分之五十，惟庄口有自辦庄，與代辦庄之別，代辦庄有取償於貨價，而無報酬金，自辦庄係私自販運，亦無報酬之可言，在此兩種場合，關於征收營業稅，以何爲標準，章程尚無規定，理合備文呈請察奪，指令飭遵，等情據此，查自辦庄口，與代辦庄口，均入庄口範圍，照章自應按其全年所得報酬金額課稅千分之五十，至謂取償於貨價，而無報酧金，又自辦庄，係屬自販，亦無報酧之可言，應就其全年營業額百分之五，作爲其應得報酧金額計算，再按此額照章課稅千分之五十，以昭覈實，而示公允，據呈前情，除指復暨分令外，合行佈告，仰商民人等一體知照，此佈

指令廣州市營業稅局毛筆業無論製造或販賣均應照資本課稅千分之五文

廣東省政府財政廳指令 營字第四〇三號二十一年八月十九日

令廣州市營業稅局局長武梅生

呈一件呈爲毛筆應否定爲教育品業乞示遵由

呈悉，查毛筆係屬文具之一，又手工製造業，經核准照製造加工業規定稅率減半征稅，即按資本額課稅千分之五，而毛筆之製造，俱用手工，所有毛筆業，無論販賣製造，均應按資本額千分之五課稅，以符章案，仰即遵照辦理，此令，

廳長區芳浦

佈告關於印色業稅率經呈奉　省府核定仰週知文

廣東省政府財政廳佈告　營字第四六七號二十一年八月三十一日

為佈告事，現據南番三營業稅局局長楊淇，呈請核定印色業稅率，以資遵辦，等情前來，查印色一項，專營者多屬製造業，其餘俱由文具店兼營販賣者多，惟既據呈明該處印色，係屬物品之大宗，該項販賣業稅率，自應另行規定，俾資遵辦，復查印色一物，無論機關學校團體商店等，均所必需，為日用品之一，自應列入征收章程物品販賣稅率表第二欄，（即日用品販賣業欄）按照資本額千分之十課稅，當經呈請
廣東省政府核示在案，現奉
廣東省政府財字第五二六五號指令開，呈悉，此案業經提出本府第六屆委員會第一一四次會議議決照准在案，據呈前情，合即錄案令復，仰即知照，此令，等因奉此，除令覆及分行外，合行佈告，仰該行商民一體知照，此佈

廳長區芳浦

指令廣州市營業稅率局呈請核示影相葯料稅率飭照西葯業之規定征課文

廣東省政府財政廳指令　營字第三六〇號二十一年八月十日

令廣州市營業稅局局長武梅生

呈一件呈為影相葯料與西藥業類相同，應否按照西藥業類征課千分之十五由，

呈悉，查藥品類從歐美各國運入內地者，例如治療用葯等等，均稱西藥，而影相用藥，係屬化學用葯之一，該合德店既經該局查明係經營影相用葯，自可准如所擬照西葯業類按資本額千分之十五征稅，仰即知照，此令，

廳長區芳浦

訓令各營業稅局關於販賣兒童玩具業稅率經呈奉　省府核定仰遵照並佈告文

廣東省政府財政廳佈告　營字第三五〇號二十一年八月六日

為佈告事，案據廣州市營業稅局局長武梅生呈，擬販賣兒童玩具業稅率，可否照物品販賣業第二類象牙玩具業之規定征課等情前來，業以兒童玩具，係能啓發兒童身心，引導兒童志趣，其輔助幼稚教育，實非淺鮮，與象牙玩具比較，性質自有不同，擬將兒童玩具業一項，列入章程第四條物品販賣業稅率表第二類，按資本額千份之十征課，呈請

廣東省政府財字第四九五二號指令開，此案經提出第六屆委員會第一百零七次會議議決照辦在案，據呈前情，合飭令復，仰即知照，等因奉此，除分令外，合行佈告，仰商民等一體知照，此佈

廳長區芳浦

佈告手工織成土布及農具之販賣製造准免課稅手工製造業准減半征稅文

廣東省政府財政廳佈告 營字第一八六號二十二年二月十三日

為佈告事，案查手工織造之土布及一切農具之製造業或販賣業，均准豁免營業稅，其兼售他種物品之商店，而以販賣手工織成土布，或農具為主要營業者，其主要部分，併予剔除免征，又手工製造業，亦准減半征稅，即按資本征課千分之五，均經遇前任核定有案，除分令外，合行佈告，仰商民人等一體知照，此佈，

中華民國二十二年二月十三日

廳長區芳浦

佈告菸酒業不入課稅範圍，其兼營之他業，仍應照章估定，其課稅標準額征課營業稅營業者，欲免勾稽，得照商照總資本額課稅文，

廣東省政府財政廳佈告 營字第三〇七號二十年九月十日

為佈告事，現據廣市營業稅第二區主任梁次狂呈稱，竊查中央政府已征牌照稅之菸酒業，不入營業稅範圍，如有兼營他業，仍應分別課稅，章程經有規定，但商人為意圖避稅起見，菸酒業而兼他業者，申報資本，多係填烟酒占十分之八，他業占十分之二，而資本則實際共同使用，當照章程第十一條如資本係數種營業，共同使用時，其共同之部份，祇就其一種營業計算，現在既准暫照原日商業牌照所報為資本額課稅標準，則烟酒業之兼營他業，而資本並非劃分者，其應稅之部份，自應照商業牌照資本總額課稅，以免鈎稽，而歸簡便，誠恐商人或未明瞭，關于核定稅額，難免有所爭執，擬請

鈞廳佈告商民知照，俾資遵守，而免糾紛，是否有當，理合具文呈請

鈞廳察核，並乞指令祇遵，實為公便等情，據此，查中央已征牌照稅之烟酒業，係不入營業稅範圍，惟兼營他業者，其兼營之業，照章自應分別從實估定其課稅標準額，征課營業稅，如營業者欲免勾稽數目，准予改照商業牌照總資本額課稅，惟不得請將菸

酒業部份數目除去，以歸簡便，而示限制，除分令外，合行佈告，仰商民人等，一體遵照，此佈

廳長林雲陔

(六)關於交涉外商營業稅之文件

佈告外籍商民以營業稅征收章則已送各國領事查閱轉知仰即遵章文

廣東省政府財政廳佈告 營字第三六號二十年十月二日

爲佈告事，照得本省舉辦營業稅，其征收章程第二條，載有凡在廣東省內，無論中外商民，爲本條所列之營業者，應照章分別征課營業稅之規定，業經本廳林前廳長，根據定章，呈請
廣東省政府令行廣州市政府，轉函駐粵各國領事，分飭各該國商民遵章申報納稅，以彰國權，而維庫收，嗣奉
廣東省政府訓令，據廣州市市長呈復，關於奉令分函駐粵各國領事，轉飭各國商民申報納稅一案，先後准駐廣州美總領事，德總領事，丹麥領事，函復，以各該國商民，對於本省營業稅之內容，尚未明悉，迭據到署探詢，用特函復，請將此項章則，檢送過署，以憑查閱轉知爲荷等由，呈府轉令到廳，當經將修正廣東省營業稅征收章程及施行細則共三十份，呈繳
廣東省政府轉發辦理各在案，現奉
廣東省政府財字第一三九六號指令開，呈及繳件均悉，候交廣州市政府轉送各領事分飭在本市營業之各該國商民遵辦可也，除令行外，仰即知照，此令等因，奉此，除分行外，合行佈告，仰外籍商民，一體遵章申報納稅毋違，此佈

廳長馮祝萬

佈告外藉商民奉 省府令知經飭廣州市政府將營業稅章程轉送法領並請從速轉飭該國商人照章納稅文

廣東省政府財政廳佈告 營字第二九九號二十年十月二十七日

爲佈告事，照得本省辦理營業稅，關于外藉商民須遵章納稅一事，前經呈請
廣東省政府令飭廣州市政府，分函各國領事，轉飭各該國商民，遵章申報納稅，旋奉
廣東省政府令，據廣州市政府呈，准駐廣州美總領事，德總領事，丹麥領事，先後函索本省營業稅征收章則，俾資查閱等由，呈

府轉令下廳，當經檢繳修正本省營業稅征收章程及施行細則共三十份，呈繳轉發辦理，並由廳佈告週知各在案，隨奉廣東省政府令，據廣州市市長呈，准駐廣州法領事覆函，以仍未接到該管官廳通知征收營業稅之辦法等由，請併案令飭財政廳知照等情，令廳知照等因，復經具文呈覆察核，現奉廣東省政府財字第一六四八號指令開，呈悉，查此案前據該廳遵將章程及細則繳請核轉前來，當經合行廣州市政府轉送各領事，分別飭遵在案，據復前情，應飭該市府查明，已否將章程轉送法領，并飭即函法領，從速轉飭該國商人，照章納稅，除令行外，仰即知照，此令，等因，奉此，除分行外，合行佈告，仰中外商民，一體知照，此佈

廳長馮祝萬

佈告外籍商民仰遵章依限赴區申報納稅文

廣東省政府財政廳佈告　第字第五二五號二十年十一月二十六日

爲佈告事，現據廣州市營業稅第十五區主任潘壽華呈稱，呈爲呈請察核示遵事，竊查修正廣東省營業稅征收章程內，規定凡在廣東省內，無論中外商民，及營業之大小，均應照章征課營業稅，及請領營業証，方得營業，職區開辦之始，以轄內外商洋行，計有渣甸，日清，三井，德記，亞細亞，南洋等共六家，經即派員會警將申報單不論中外商店，均一律按戶分發，併指導填繳手續，限期到區申報在案，嗣據各商號陸續依限來區申報，將次齊全，而各該洋行，仍未遵將申報單填繳，當于本月二十二日再行通告，分飭各該洋商于五日內來區遵章申報，否則照章執行處罰，如各該行籍屬何國政府，曾與本國政府訂有特別條約，或何項成案，無須受本省營業稅征收章程約束者，亦須呈由各該國領事官，轉請鈞廳令飭職區知照，併應于限內將事由先行呈明來區備案，方准免予申報，仰即遵照，此佈，在詞，印發去後，旋于二十四日據亞細亞行二十三日箋函稱，按准貴區九月二十二日，關于營業稅之佈告，查敝公司乃係英籍商行，隸屬大英國，與大中華民國互訂通商條約之下，免課此類稅項，當經將佈告內開各情，稟知敝國總領事官，現聞已將敝公司之事情，轉達廣州市政府市長察核矣，荷蒙貴區于佈告之末段，指導敝公司關于此事之應行手續，良深感謝，茲准前由，相應函達，希即亮察，又據日清公司二十四日箋函稱，頃接貴區佈告，內開各節，謹悉，至于敝行貨倉，經由日本總領事訂有條約，相應函復，請向日本總領事交涉可也，又據渣甸洋行二十四日箋函稱，接續九月二十二號公函，內言及營業稅一事，但此舉請照會英領事爲禱各等情，據此，查核亞細亞行及日清公司函內，均叙明大英國政府，與大中華民國互訂通商條約之下，免課此類稅項，及經由日本總領事訂有條約各等

語，未知是否實情，及條約內容若何，職區無案可稽，惟稅欵征收，既有規定明文，而內地主權，要當力求完整，似未便率任藉
詞諉卸。致失負担之公平，亦不敢稍涉張皇，反增進行之糾葛，所有遵章限令轄內洋商申報納稅，及分據來區聲明各節緣由，理
合具文呈報
鈞廳察核，彙案辦理，至其餘三井南洋及德記三行，至今仍未據來區申報及聲明，究應如何辦理之處，伏乞一併核奪，指令祇遵
等情，據此，查我國與英國訂有一般性之通商條約，如南京條約，北京條約，天津條約，內列各條，對于在我國境內營業之英商
，均無規定免課營業稅之明文，至于日清公司，對於條約之名稱性質，均不聲明，更屬言之太泛，似以情形，實係借此搪塞，況
查章程第二條，既有凡在廣東省內，無論中外商民，爲左列之營業者，應照本章程征課營業稅之規定，似未便率任藉詞抗稅，茲
擬規定所有在該市營業之外藉商民，倘未申報者，統限于十一月底以前，到各該地營業稅區遵章申報納稅，從寬免予處罰，倘逾
限而仍不申報，即行照章辦理，如謂外籍商民，在中國境內營業、確有免課營業稅之條約，并擬飭于十一月十五日以前，將該項
條約之名稱條目，訂約時期，及地址，列明詳復核辦，以杜狡脫，而維庫收，呈請
廣東省政府，轉函駐粵各國領事，分飭在市內營業之各該國商民遵辦在案，現奉
廣東省政府財字第一八五三號指令開，候交廣州市政府，轉函各國領事查照辦理，除令行外，仰即知照，等因奉此，除分令外，
合行佈告，仰外籍商民，一體遵照，迅速依限前赴各該地營業稅區，遵章申報納稅，毋稍違延，致干罰辦，切切此佈

廳長區勵寫

（七）關於召集全省營業稅稅務會議之文件

訓令各營業稅局令發稅務會議規則及提議書式飭依限造具提議書呈廳以憑審查文

廣東省政府財政廳訓令　營字第二六〇號二十二年二月二十六日

分令各營業稅局局長

爲令遵事，查營業稅一項，係本省創辦新稅，其章制異常繁複，舉辦以來，殊多窒碍，揆厥原因，由于一般納稅義務者，信仰未
堅，而經征人員，對于課稅技術運用，未盡諳練，且本省營業稅，係分屬設局辦理，各局因地方環境之關係，與商業習慣之不同
，其辦理困難之點，彼此固有異殊，兼之本廳雖處監督地位，對于各局辦理真相，亦異常隔膜，茲定召集各營業稅局局長，及稅

務主任到廳，開全省營業稅稅務會議，用收集思廣益之效，以利新稅推行，除開會日期另行飭知，暨分令外，合將會議規則，及提議書式，隨文令發，仰即遵照，規則及書式，造具提議書，限三月十五日以前呈廳，以憑審查，編入議事日程，毋違，此令

計發會議規則及提議書式各二紙

廳長區芳浦

附廣東財政廳營業稅稅務會議規則

第一條　本廳為整理稅收集思廣益起見特開全省營業稅稅務會議

第二條　本會以左列人員組織之

(一)各營業稅局局長稅務課長及稅務主任

(二)財政廳第五科(以下畧稱第五科)全體職員

(三)廣州市營業稅評議委員會常務委員

(四)各營業稅局稅務主任以外之職員得隨同局長到會列席

第三條　本會議以財政廳廳長為主席并由本廳第五科函請本廳高級職員出席參加意見

第四條　會議事項以左列範圍為標準

(甲)關於改善方面

子·關於申報事項

丑·關於調查事項

寅·關於核定稅額事項

卯·關於賦課征收事項

辰·關於違章處罰事項

己·關於簿記統計事項

午·關於課稅標準事項

未·關於文書之收發編纂及保管事項

申·關於納稅期限事項
酉·關於會計事項
戌·關於其他改善事項
（乙）關於推辦方面
子·關於推行現在尚未舉辦之各屬營業稅
丑·關於推行已設局而未辦各地之營業稅
提出議案必須依照提議書式造繳

第五條　各營業稅局局長必須依時簽到出席不得委派代表

第六條　各營業稅局局長應遵第四條各項之規定（關於（甲）項子至酉各欵必須提出議案）先將提案呈送本廳以憑審查編入議事日程

第七條　表決議案以出席人數過半贊同者爲通過可否同數時由主席決定之

第八條　議決事項由第五科彙編簽請　廳長核示

第九條　會議期間定爲三天但於必要時得延長之

第十條　會議時間每日下午一時至五時

第十一條　關於會議之審查及庶務事項由第五科科長臨時指定科內職員辦理之

第十二條　會議地址在財政廳內

第十三條　會議日程另定之

第十四條　本規則自核定起施行

「提議書式」

關於〇〇〇事項（即會議規則第四條甲乙項之某一欵）提議

（一）現在辦理情形

第一目關於〇〇〇事項

第二目關於〇〇〇事項……

(二)改善意見

第一目關於〇〇〇事項……

第二目關於〇〇〇事項……

提議人職別姓名

說明 (一)照會議規則第四條甲乙兩項各款每款照式編造提議書乙份

(二)每一提議書目數頁不限多寡每一目不拘行數多少字句務須詳明爲要

開會秩序（第一日即四月三日下午一時起舉行）

(一)齊集

(二)向國旗黨旗及　總理遺像行三鞠躬禮

(三)廳長恭讀　總理遺囑

(四)廳長宣佈開會理由及訓話

(五)本廳第五科科長報告營業稅經過情形及各國辦理營業稅要點

(六)演說

(七)拍照

(八)茶會

(九)散會

議事日程（第二第三兩日即四月四日至五日兩日下午一時起分別舉行）

四月四日討論事項

（一）關於申報事項

（二）關於調查事項

（三）關於核定稅額事項

（四）關於賦課征收事項

（五）關於違章處罰事項

（六）關於簿記統計事項

四月五日討論事項

（一）關於課稅標準事項

（二）關於文書之收發編纂及保管事項

（三）關於納稅期限事項

（四）關於會計事項

（五）關於其他改善事項

（六）關於推辦事項

（七）關於臨時提議事項

訓令各營業稅局令知稅務會議開會日期暨電汕頭營業稅局文

廣東省政府財政廳訓令　營字第三八五號廿二年三月廿二日

分令各營業稅局局長

爲令遵事，案照本廳籌開全省營業稅稅務會議，業將會議規則及提議書式令發遵辦在案，現查各局提議書，經已先後繳到，茲定四月三日起開會，除分令外，合行令仰，即便遵照，依限帶同該局稅務主任到廳出席，勿延爲要，至出席會議往來川資，准由該局在收存解廳罰款項下撥給，其隨同列席者，應飭自備川資，合併飭知，此令，

廳長區芳浦

營業稅稅務會議開會情形

昨三日下午一時財政廳開營業稅稅務會議廳長主席到會者有本廳秘書科長各營業稅局局長玆將是日開會秩序暨演詞畧錄如下

開會秩序（第一日即四月三日下午一時起舉行）

（一）齊集
（二）向國旗黨旗及　總理遺像行三鞠躬禮
（三）廳長恭讀　總理遺囑
（四）廳長宣佈開會理由及訓話
（五）本廳第五科科長報告營業稅經過情形及各國辦理營業稅要點
（六）演說
（七）拍照
（八）茶會
（九）散會

廳長宣佈開會理由及訓話

畧謂，今天召集各位來到開營業稅稅務會議，兄弟有幾句話與各位說說，本來營業稅，係一種新稅，而且亦係一種良好的稅，不過現在辦理未得充分完備，因爲自開辦新稅頭緒紛繁，不然現在比較日好一日，自係各同事努力之結果，兄弟以爲中國前途有無希望，視乎財政之能否上軌道，廣東爲革命策源地，最近三年施政計劃，開始實施，亦視乎廣東的財政有無辦法，但廣東財政紊亂萬分，兄弟負了此種責任，逐漸整理，現在收支差不多適合，關於種種積弊，亦經次第掃除，所謂各種苛細雜捐，現經裁去大部，不過今後要實行施政計劃，建設方面要增加許多費用，如果財政方面有辦法，苛稅雜捐能完全取消至財政方面有無辦法視乎我們肯努力與否，我們能一致努力，把財政整理得好，相信必可達到目的，建設亦必有辦法，三年施政計劃亦必成功，然則無論負何種任務的人，是應該要注意整理稅收，而後才能得到良好的效果，現在我們希望於營業稅的前途很重大，從前營業稅，預算收入四百餘萬，現在比較祗得四分之一，因爲有許多苛稅雜捐要取消，如此種苛稅雜捐不能夠取消，便是民生的痛苦不能解除民生主義不能實現，支出數目日增，而收入不敷其數量，亦是很危險，所以我們一方面要取消苛稅，解除人民痛苦，一方面亦要能多辦一種有便於民生的新稅，以期收支適合，惟大凡辦一種新稅，便是直接使人民加多一重負担，在政府方面，有很大的顧慮，夫辦新稅，要以不害民生爲標準，如果原有稅捐能整理，營業稅能推廣，兄弟相信今後廣東財政，不獨收入日見增加，而且又不病於民，不擾於商，一切建設事業，必有辦法，現在就辦理營業稅的經過而言，政府方面，已不肯有一毫予人民以不便，但商民方面，仍有不便之詞，我們現在如何求免此弊，是值得研究的，所以今日召集各位到來會議，希望各位把從前辦理經過，及對於商民感覺困苦的心理，與夫一切應興應革等事宜，必須詳細研究清楚，各位均係有經驗的人，希望盡量發表意見，這是兄弟今日所誠懇貢獻的幾句話了。

財廳第五科科長謝永年報告本省營業稅辦理經過情形及各國辦理營業稅概要（四月三日）

今日本廳召開營業稅稅務會議，永年得參加大會，非常榮幸，在個人關係，由交換智識，而增加多見聞，在公務關係，從公開討論，發見許多改善辦法，此集會之意義與價値，實在很大。

（一）關於本省營業稅之沿革及重要標準與業體之解釋

本省之有營業稅，至今僅二年有餘，尙屬幼稚時期，恰如一小孩子，尙未能行走，吾人固應如何培植，使其長大成人，能行能走，此爲我輩辦理營業稅共同担負的責任，此創舉的營業稅其經過情形如何，似有明白之必要，在民國二十年，中央政府通令各省裁厘，以營業稅爲抵補，當時本省財政當局范廳長認爲必須舉辦，卽派沈毅君赴日調查，業由沈氏作一詳細報告，復委沈氏爲營業稅籌備處主任，幷聘請朱公準，謝永年，李超桓等勷理籌備事宜，當時認爲最大考慮者，莫若課稅標準問題，爰參考日，普，法三國稅法，並根據財政上之原則，國民經濟上之原則，社會上之原則，財務行政上之原則，而决定採用外標課稅法，以資本金，營業額，收入額，報酬額爲主，以舖租及從業員爲輔，前後僅籌備兩月，關於稅法及各項設計遂告完竣，惟標準之中，最令人懊解者，係資本金一項，殊不知採用資本金額爲標準，係屬改良辦法，稅法上所謂資本金額，乃指固定資本與運轉資本而言，蓋固定資本，係指直接供營業上之使用，如土地，家屋，建築物，船舶，機械，器具等等，不因一時使用而減損之者，至運轉資本，卽營業上所運用之流動資本，如原料品，半製品，製品，賣出貨物價格，貯金，存款，均屬之，又章程第十一條規定附充金或借入金超過出資金與公積金之合計部份，作爲資本金計稅，此係減輕商民負担上着想，爲最平允之法，其次從業體言之，最易滋人誤會者，係物品販賣業，與製造業兩種，蓋物品販賣稅，係指物品之販賣營業而言，在民法上所謂物，係指有體物，而有體物又分動產，與不動產，凡非屬於不動產之物，總稱爲動產，至於土地及其定着物，乃屬不動產，故稅法上所謂物品，亦指民法上所稱動產之意，凡販賣營業直接與消費者，不問其爲整賣或零賣，倘有一定之店舖或營業場，而有物品販賣之行爲者，均稱

爲物品販賣業，

其次則爲製造業，其製造物品之營業，係以販賣爲目的者，蓋製造二字，乃指將原料加以人工，而產出異於原料之物，如以米製酒，米爲原料酒爲製造品，但從稅法上解釋則關於物品之加工修理，亦屬製造業範圍，何謂加工修理呢，對於或一物，加以勞力，使其變更，而不失其本體之程度者是，換一句，加工與製造不同之點，視其物之變更程度，是否失其物之同一性以爲斷，比如以白布染爲黑布，不失其物之同一性，謂之加工，以棉紗而織成白布，是失其物之同一性，謂之製造，又如修理，本屬加工之一種，對於其物之變更，在能恢復其物之原狀，謂之修理，比如補皮鞋底，是恢復其物之原狀，此之謂修理，其義甚明，以上解釋，係商人所常誤會，而反對之者，迨稅法既定，籌備就緒，正欲開辦，竟爲商人反對，幾經召集各行商解釋妥當，正擬施行，又因省府改組，遂又中止，同年六月林廳長蒞任，以厘金既裁，新稅未辦，庫收徒然損失，乃派麥秘書及經征官鄧衍彬姚傳淦趙建三等繼續規劃進行，先將本市分十五區征收，呈由省府核准，銳意開辦，至廿一年三月馮廳長到任，復將分區裁撤，改爲專局辦理，同年七八月間，區廳長蒞任，乃擇商業繁盛地方，擴充征收區域，設局征收，先在新台開，南番三，汕頭，中山，瓊山等處，設局征收，自是以來，稅收日增，辦理亦漸臻完善，此本省營業稅經過之大畧情形也，

(二)關於各局稅收統計

機關名稱	商店總數	已申報店數	平均一期收入數	預計一年收入數	備考
廣州市局	三七·〇二八	二一·八八八	一一大·〇〇〇	九六五·〇〇〇	
南番三局	五·一四八	二·六四九	六·〇〇〇	三六·〇〇〇	係指經開辦佛山一處而言
新台開局	六·〇〇〇	一·九六九	三·〇〇〇	一八·〇〇〇	係指經開辦江門一處而言
中山局	二。〇〇〇	一·一〇〇	一。五〇〇	九·〇〇〇	係指經開辦石岐一處而言
瓊山局	七〇〇	六四七			係指經開辦海口一處而言
汕頭局	四·六八八	二·二八〇	三·三〇〇	二〇。〇〇〇	

(三)關於稅法上慣用術語之解釋，

稅本，係支付租稅之基本，稅源，係由稅本所生之收益爲稅源，比如地稅，土地乃稅本，由土地所生之收益係屬稅源，此稅本與稅源之區別。

課稅標準係指課稅目的物之定量而言，如地稅之地價，所得稅之所得額，又如營業稅之外標，均稱爲標準，

稅率，係對於課稅標準核定稅額之單位，如碼頭業，照收入金千分之三十課稅，此千分之三十，卽稅率，但稅率又分比例率，與累進率，約言之，課稅目的物增加，而稅率均一不變者，謂之比例率，若課稅目的物增加，而稅率不均一的，以差別率而課之者，謂之累進率，將來改善營業稅，倘能辦到用超過額累進率時爲最理想。

(四)關於營業稅納稅義務者之意義

營業稅，係物稅，而非人稅，係直接稅，而非間接稅，其特質雖無發生轉嫁之可能，所以屬於直接稅系之收益稅，就普通轉嫁而言，在競爭事業與獨占事業，其轉嫁各有不同，惟營業稅乃營業者直接負担之稅，如同一人經營數種營業，應各別課稅，如同一人對于同一種營業，分設多處之營業塲，應分別各營業塲課稅，倘營業資本有區分時，應各別課稅，如資本無區分時，則合算課稅，此營業稅之納稅義務者所負担之義務。

(五)營業稅在財政史上之變遷

免許料實爲營業稅之胎形，迨自由思想勃興，及工商業進步，而知免許料足以妨碍營業之自由，且負担不平，於是一轉而變爲營業稅，此稅實近代的產物，其發達在地租家屋稅財產稅之後，各國對於此稅之課稅範圍，雖各有不同，惟括言之，不外數種，或對於公司之利潤而課之，或對於一般之職業及營業而課之，或對於特種營業之利潤而課之，以言夫課稅方法，其變遷可分三種：(一)免許稅法，對於各種營業，爲一次的，或年年定額的征收，此法之缺點，係不能與營業利潤爲比例，其結果小資商人不便，惟獨占營業者有利，(二)外標法，係依一定之外標，推測營業之收益而課之，佛國以營業之種類，及營業地人口，從業者數，舖租爲標準，白耳義，德國，其始對於商工業，旅館業，手工業而課稅，厥後改爲以收入額，及資本金額爲標準，日本在明治十八年，則以營業額收入額資本額報酬額及舖租從業員數爲標準，至大正十五年，始改爲純益課稅，(三)利潤查定法，係調查營業者之利潤爲課稅標準，在日本則由總益金而除去總損金，以其餘額爲純益，但英國伊大利，其對于營業者之利潤而課稅者，非屬于營業稅，而屬于所得稅之一部，以前三年之營業利潤平均額爲標準，從理論言之，本來以純益課稅爲最好，惟必須人民之納稅

德義心發達，與財務行政機關之設備完善，方能辦到，現在各國之稅制，均屬複稅制，用以互相調節公平，固其本意，用以增加收入而應付支出，亦其政策，蓋營業稅不過一補充稅而已，比如營業稅之免稅點爲四百元，所得稅之免稅點爲壹千二百元，雖營業純益在四百元以上，倘與他之所得稅合計而未及一千二百元者，只課營業稅，反之，雖營業稅純益未及四百元，但與他之所得合計，而達到一千二百元以上者，只課所得稅，此複稅制調均之特點也。

(六)結論

營業稅乃對於營業收益而課之稅，其課稅範圍，不向其大規模之營業，與小規模之營業，與其他各種營業，凡以營利爲目的，而有收益者，均負納稅義務，惟農業與商工業畧有不同，如以土地抵當，以融通資產爲業者，當然課營業稅，至于農業，應否課營業稅，則各國立法上，各有不同，大約視其地租之有無，及地價查定法如何而定，本來營業稅，以收益爲標準，係屬至當，惟近代經濟社會之進步，與營業種類之複雜，究竟何業有若干收益，不易查知，求個人營業之收益源泉言之，其組成要素，大別有三，(一)勞力之工錢，(二)投資之利息，(三)運用資本所得之報酬，但小規模營業，其工錢係佔營業收益之一大部分，反之，大規模營業，其資本利息，係占營業收益之重要位置，各營業體之收益組成分子，既有不同，則推測收益多少，實屬不易，其視救方法，只有申報，惟申報之眞假，視乎人民公德心之發達如何，與稅務行政機關之設備如何以爲衡，至於公司組織則不然，因其營業成績與收支計算，係屬公開，較易查知，總之各國在經濟幼穉時代，爲避免種種課稅不便起見，殆無不採用外營課稅標準，以推測營業之大少與收益之多寡，如此似較適應繳納人之担稅力，大約採用外形標準，多以資本金之多少，機械器具之數，工場商店之租項，定原料消費量，從業人數，商品賣價出金額等等，而推測其營業之規模，及收益之多少，更有斟酌營業地狀況，依人口之數，設營業等級而分別稅率以課之者，現在本省營業稅亦採外形標準，將來進一步，當可採用純益課稅，然稅法乃屬死物，其理論之運用，全在人材，所謂徒法不能以自行，有人材，則一切新稅，不難陸續舉辦，斷未有良好之營業稅，而反滋窒礙也。

(下畧)

營業稅稅務會議紀(四月四日)

本省營業稅稅務會議業於昨日下午一時開始討論提案是日出席者第五科科長謝永年及各營業稅局局長暨第五科全體職員

主席　區廳長(謝科長代)　行禮如儀

紀錄　譚　鏘　何友棠

討論事項(一)關於申報事項

第五科提議(一)關於營業稅征收機關應否設立問事處以便商民案

議決　修正通過

(二)擬採用步步緊廹法以促商民遵辦而利推行案

議決　修正通過

廣州市營業稅局提議　(一)關於申報事項請　公決案

議決　仍維持原章辦理

(二)關於申報附充金借入金之增減事項請　公決案

議決　併課稅標準案討論

南番三營業稅局提議　關於申報事項請　公決案

議決　仍維持原章辦理

新台開局提議　關於商店申報遲滯請　公決案

議決　提議會第三日照案通過

汕頭……局提議　關於申報逾期六十天以外者拘押司理人飭具結限期申報後立予省釋一節請　公決案

議決　照前議決案辦理

(二)關於調查事項

第五科提議　關於設立市商店簿記人員養成所是否有當請　公決案

議決　通過

廣州市營業稅局提議(一)關於商店簿據核查之通知事項請　公決案

議決　照案修正通過

(二)關於規定營業應用簿據之實施事項請　公決案

議決　交付審查

南番三局長提議（一）請求增加職員案　議决由該局專案呈廳核辦（二）擬於提繳商店賬目簿據取消會同警察商會或民團案

議决　仍照章辦理　（三）請付與會同團警查辦鼓惑商民抗稅者之權案

議决　修正通過

新台開局長提議　關於調查職務須有專責及增設調查員事項請　公决案

議决　併案辦理

中山局局長提議　關於調查事項請　公决案

議决　併案辦理

汕頭局長提議　（一）關於派員赴會行調查事項（二）商店如認納稅過當接通知書後五日來局請求更正事項請　公决案

議決　均併案辦理

會務中甲論乙駁秩序整然至五時二十分散會

營業稅稅務會議紀（四月五日）

出席者　第五科長謝永年各營業稅局長第五科全體職員

主席　區芳浦（謝永年代）行禮如儀

紀錄　譚鏘　何友棠

（三）關於核定稅額事項

第五科提議擬由官商兩方合組設立廣州市商店資本額審查委員會（審委會章程另議）俟廣州辦有成效再推行各屬案（議決）通過

廣州市營業稅局提議第一目關於附充金借入金之核課事項有兩點（1）新張商號如有附充金當作出資金核課：（議決）照原章辦理

（2）總資本額在五百元以下之借入金應作出資金額核課：（議決）照原章辦理

第二目關於自業產價之核課應就其供營業上使用之一部份劃分估定價格併入資本額核課（議決）照原章程第十四條第一項辦理

南番三局提議擬設立評議委員會案（議決）由該局專案呈廳核辦

新台開局提議（1）商店申報錯誤課稅標準金額發還更正（議決）照辦

（2）商店申報金額不符得由各局調驗年結貨簿以資核算而杜短報（議決）仍照原章程辦理

中山局提議 核定稅額事項（議決）照原章程辦理

璣山局提議 核定稅額第一年暫照商照資額征稅第二年須照章從新切實調查確實課稅（議決 併課稅標準案討論

汕頭局提議 關於核定稅額改善辦法案（議決）交付審查

（四）關於賦課征收事項

第五科提議 擬分設多處征收地方以便商民申報納稅（議決）（1）分區設立征收處（2）經費由各局將專案呈廳核辦

廣州市營業稅局提議 擬在本市西關方面多設征收處是否可行請公決案（議決）併前案辦理

南番三局提議 擬增加人員分配辦事案（議決）由各局體察情形專案呈廳核辦

新台開局提議 關於整理賦課征收案（議決）（1）照章催促（2）照廳定報解條例辦理

汕頭局提議 關於納稅通知書改善辦法案（1）改善收納手續由六期變爲三期繳納（議決）仍舊照章辦理（2）過期未納稅即拘傳飭繳（議決）照步步催促法辦理（3）如商人一次過繳足全年稅額者聽（議決）通過（4）商民遺失納稅通知書除補發外另處以罰金（議決）在期內或期外如有不可抗力情勢之下遺失報請補發者應由局補發免罰過期報失應罰補發手續費一元（5）通知書分爲三聯根（自動收回）

營業稅稅務會議紀第四日（四月六日）

出席者：第五科長謝永年各營業稅局長第五科全體職員

主席 區芳浦（謝永年代）行禮如儀

紀錄 譚衡 何友棠

（四）關於違章處罰事項

廣州市營業稅局提議 第一目關於申報逾限處罰案 議決 照章案辦理

第二目關於舉報違章之線人資格事項案（議決）照原提案修正通過

南番三局提議 （一）違章滯納稅款擬加重處罰 議決 照原章案辦理

（二）請將商店逾限申報罰款標準表列入征收章程第二十五條案 議決 照原章辦理

（三）賬簿年結應明定簿記式樣令商店購用案 議決 併案辦理

新台開局提案 (一)關於處理商店逾限申報罰金案 議決 照原章辦理

(二)關於處理希圖漏稅之商店嚴厲處罰案 議決 通過

(三)關於取締不依各業課稅標準而故報資額商店應嚴厲處罰案 議決 照原章辦理

汕頭局提議 違章處罰案 議決 并前議決案辦理

中山局提議 關於改善逾限罰欵案 議決 并案辦理

(五)關於簿記統計事項

廣州市局提議 (一)關於簿記改善案 (議決 通過)(二)關於統計分類製表案 議決 各種表式由廳製定分發各局

新台開局提議 (一)關於辦理簿記須有專門學識 議決 并案辦理

(二)關於統計事項分別製表呈廳備案 議決 并案辦理

汕頭局提議 擬廢除分戶賬案 議決 照舊仍設分戶賬

營業稅稅務會議紀第五日(四月七日)

出席者 第五科科長謝永年 廣州市營業稅局局長武梅生汕頭營業稅局局長葉孔膺南番三營業稅局局長譚以燗新台開營業稅局局長李象之瓊山營業稅局局長李月恒中山營業稅局局長區汝鏞廣州市評議委員會委員趙灼暨第五科全體各職員及各局稅務主任主席區廳長缺席公推謝科長永年代行禮如儀紀錄譚鏘何友棠

討論事項

本日討論爲課稅標準事項此事爲整個營業稅最大問題亦爲該會議討論事項之重心點出席人員對此問題俱各發揮盡致辨論甚詳玆特擇錄附後(並註)

謝科長永年發言 關於課稅標準問題之議論

資本二字，從學理上言之，係指生產上所使用之生產物與及爲生產而貯蓄之財，以種類言之，從資本之效用上區分，則分爲固定資本與流動資本，從資本之商業上區分，則分爲運轉資本與設備資本，從資本之用途上區分，則分爲生產資本與營利資本，從資本之生產上區分，則分爲增加性資本，與不增加性資本，從資本之性質上區分，則分爲有形資本，與無形資本，但稅法上所稱之資本金額，乃指效用上所區分之固定資本與動流資本而言，固定資本之中，又分旣用資本，與未用資本，此不過資本之分析的解釋，其實稅法第十四條所規定之資本金額，已經包括無遺，在商人開張營業，無不想將本求利，焉有無本而可求利者，故對於採用資本金額爲課稅標準，實在於學理與事實，均甚適當，因爲商業牌照所報之資額，不盡不實，以之爲標準課稅，不獨不公平，且非合理的課稅法，早晚應當改變，論者謂商人非不願意申報確實的資本，因爲商人心理，恐申報確實的資本以後，政府以此爲搭銷公債庫劵之根據，故不敢從實申報云云，此係片面的理由，姑勿論搭銷公債庫劵，總之以商照資本爲課稅標準，係屬不妥，自應依照原章所定之資本金額爲標準，方係辦理營業稅之正路，舍正路而弗由，另外隨便採用標準，反失却營業稅之精神與地位，或云照章辦理，則恐手續繁難等語，此言實未明政府的責任，與稅制的意義，蓋政府的責任，在於解除民苦，不能因繁難而不辦，對於征稅，亦求適合人民之納稅力，如不適合於納稅力者，不能強而行之，故一切稅務行政的施設，與章制之改善，其目的在求人民之利益與方便，如要辦到營業稅上科學的軌道，及不失營業稅之根本精神，自宜照章採用資本金額課稅，較爲完善，蓋固定資本，係指直接供營業上之使用，如土地建築物船舶機械器具等等，不因一時使用而減損之者，至運轉資本，即營業上所運用之流動資本，如原料品半製品，製品，賣出貨價貯金現欵等類屬之，又章程第十條規定，附充金或借入金超過出資金與公積金之合計部份，作爲資本金計稅，其意在於減輕商民之負担着想，爲最平允之法。

鄧股長衍彬發言

南番三營業稅局提議對于本省營業稅征收章程規定以資本額爲課稅標準之各業務改照營業額征稅其稅標如左

每年營業稅額	稅率	備考
五百元以上者	千分之五	
二千元以上者	千分之六	
三千元以上者	千分之七	
四千元以上者	千分之八	
五千元以上者	千分之九	
六千元以上者	千分之十	
七千元以上者	千分之十一	
八千元以上者	千分之十二	
九千元以上者	千分之十三	
一萬元以上者	千分之十四	
二萬元以上者	千分之十五	
三萬元以上者	千分之十六	
四萬元以上者	千分之十七	餘照類推

本人以爲其不可之點甚多茲將各點逐一說給各位參考

(一)原提議不分業類以同一標準稅率征收難昭公允

(二)本省營業稅征收章程規定以資本額爲課稅標準者凡十四種其中儲當業一項如照原提議表列收稅勢必倒閉

(三)理髮業之營業收入向來習慣東西家各分若干成若照營業額征稅務必抽及工人與營業稅征收原旨大相違悖

(四)銀行一項經中央明定征所得稅外其餘銀號一項係以銀爲貨究竟銀出時作爲營業抑銀入時作爲營業抑併出入二者均視爲營業其每千元出入其所獲利潤甚微所提議改照之稅率勢難適合

(五)營業稅法規定每年營業額不滿千元者免稅茲原提議由五百元起計稅抵觸稅法

(六)稅法規定照營業收入總額計稅最高不得超過千分之十茲原提議稅率超過法定

(七)如果用單純累進稅率課稅至最高程度勢必全部財產沒收充公此經濟學者所公認倘如成爲事實這是共產主義之實現與三民主義根本抵觸

姚科員傳淦發言

本省營業稅，以創辦伊始，爲一時權宜計，凡以資本額爲課稅標準者，特准暫照原領商照資額計稅，惟此項辦法，悉心研究之，於事不公，於理不平，庫收固屬影响，尤復抵觸部章，茲就事實部章學理三事言之，

(一)就事實上言，本省商業牌照，辦已多年，遑論其營業規模，已有變遷，卽當時所列資額，已屬不盡不實，事蹟昭然，無待復述，倘仍繼續按照商照資額計稅，結果非影响庫收，卽違背租稅公平原則，

(二)就部章上言，查營業稅應每年決定稅一次，業於各省營業稅補充辦法，明白規定，本省營業稅征收章程第十八條，對於納稅者，亦規定有逐年決定其應稅額之明文，若照原領商照資額計稅，則不論其營業稅現況如何，年年皆納同一稅額矣，背悖定章，莫此爲甚，

(三)就學理上言，稱查租稅原則，首重公平，本省商業牌照，俱屬多年前給領，有如上述，既經多年之盈虧，其營業規模當屬差異，若不問其營業實際狀況若何，仍繼續照商照資額計稅，在資本增加，而仍照未增資本額征課，則政府大受損失，資本減低者，而仍照未減資額課稅，則納稅者難於負担，抑亦與公平原則相違，

依照上述爲負担公平計，爲遵照部章計，爲維護庫收計，凡以資本額爲課稅標準者，實有卽行依章從實估計之必要也，

或謂依章從實估計，其商照資額計稅之商民，不免或有疑議，不若改變課稅標準，以期較善，即將原照資本計稅者，改照營業額或純收益征課，改變課稅標準，未爲無理也，惟查營業稅係收益稅之一種，原應用其純收益爲課稅標準，以適應担稅能力，而符公平原則，惟純收益計算，至爲困難，況我商塲現在商業簿記，尚未完備，實行尤感不便，至從營業額以測其純收益，由表面觀察，似較善於資本額，但營業上，每因原費之漲落，市價之不同，每使營業額與其純收益，不能互相表裏，故就原則上言，營業額與純收益，實非一定之正比例，兼之本省現目狀況，營業額調査之困難，不亞於純收益之計算，至於資本額之大小，雖非爲獲利多小之準則，然資本固乃營業者之經濟能力，經濟力充，則週轉應付當裕，營業機會自多，故從一般而論，經濟能力之厚薄，實爲獲利厚薄之裏因，日本營業稅仍大部分採用資本額，而商業簿記發達之德國亦並採用資本額爲課稅標準者，未常無因也，此亦爲本省營業稅標準採用資本額之理由，至若採營業額，而以外形標準估定，不檢查營業者之賬簿，是則已失去採營業額爲課稅標準之精神，且從外形測定營業額，更遠不若測定資本額之確切，又營業稅大綱，係由財部擬定，其所採課稅標準以營業額爲原則，嗣經中央立法院修正，改以營業額，資本額，純收益額，三項爲標準，由各省斟酌採用，以收因地制宜之效，則本省採用資本額與稅法相符，至謂商人畏派搭庫券必不實報資本額，殊不知派搭庫券何嘗不可由營業額而派銷，況若從外形標準測定資本既比營業額爲易，縱商人中報少塡資額，亦當較易查知也，

鄧尉梅發言

對於課稅標準問題，尚未得適當解決，由於商民不承認借入金附充金作爲資本，爭持不下，當時政府爲權宜計，爲俯順商情起見，凡以資本額爲課稅標準者，一律暫照原領商照資額計稅，原定限于二十年第五六兩期適用，於二十一年開始，即照章從新調查，覈實計稅，不料至二十一年開始，商民仍復堅持借入金附充金不作資本問題，政府又因種種關係，未能解決，因此又復照舊征收，因循至今，積重難返，故前最重要問題，就是設法打破以商照資額計稅的難關云云，

至於以商業牌照資額計稅弊竇甚多，查本省營業稅課稅標準，大部份係採取資本額爲標準，而商業牌照所定之資本額，不實不盡，人人皆知，無可諱言，大約每萬元之資本，祇報二三千元，短報如此鉅大，按照計稅，則庫收損失可知，此其一，廣州市商業牌照大多數都是報領甚久，中間經過長時間之營業，其原報資額，自難相符，其營業有起色者，則資本必有擴充，其營業衰落者，其資額必至減縮，若不調查其現時營業狀況如何，現時資本如何，一律照原領商照資額計稅，則中途增加資本者負担稅款少，而中途資款減縮者，反負担稅款多，殊屬違反公平原則，此其二，中央頒行營業稅征收大綱規定每年決定稅額一次，其原意蓋因

商店營業狀況年年不同，若不每年調查壹次，則對于營業狀況，難得確實，現緣照商業牌照資額什稅，則不經調查，年年祇照原額課稅，與大綱所定違背，此其三，」有此三點弊端，商業牌照資額不能作爲計稅標準，其理明甚，復查營業稅爲本省新舉辦之最善良而又最有希望之稅，將來本省苛細什捐坐厘及一切不良稅捐之能否裁撤，胥視營業稅之辦理是否有起色以爲斷，營業稅所負使命如此重大，我們應如何培養他，保護他，醫理他，現在所受商照資額計稅的束縛，譬之活潑青年染上一種肺癆病，氣息奄奄，毫無生氣，安能希其成大功立大業呢，所以營業稅不將商照資額計稅制度打破，則使再辦下去，敢決其毫無成績，所謂　失今不治將成錮疾」我們無論經征人員或督征人員，都應該一致起來，毅然決然，將此種惡制度打破，依照章稅，從實調查計稅，庶使營業稅無限希望，

關于課稅標準事項之議決案

財廳第五科提議：　照資本金額課稅者其資額似應照章從實估計以昭公允」案

議決　無異議通過

「新開之稅法人營業擬採用純益課稅標準」案

議決　不成立

廣州營業稅局提議「：擬將以報酬金額爲課稅標準者不及五百元免課營業稅」案

議決　「照章不滿一千元者免稅」

「將製造加工業一項改按物品販賣業核課」案

議決·「照原章辦理」

南番三營業稅局提議：「擬將資本額改爲營業額課稅」案

結果　否決

新台開營業稅局提議：「關于審定課稅標準稅率」案

議決　併前案辦理

中山營業稅局提議：「擬採用折衷法執中稅率」案

議決　照原章辦理

瓊山營業稅局提議：「酒菜館照茶館業以資本額課稅」案

議決 照原章辦理

汕頭營業稅局提議：「銀業擬改以營業額課稅」案

議決 交付審查

關於文書之收發編纂及保管事項

廣州局提議：「關于文書收發編纂及保管事項」案

議決 「發交各局參酌採用」

南番三新台開中山汕頭瓊山各局提議：「關于上述事項」

議決 併前案辦

關于納稅期限事項

各局提議：「關于納稅期限事項」案

議決 「照原章分六期征稅」

關於會計事項

廣州市局提議：「關於會計事項將組織附呈案」

議決 照辦由廳分發各局參考

商番三局提議：擬增設會計主任一人

議決 由局專案呈廳核辦

新台開局提議：「添設會計主任一人」案

議決 照前案辦

中山汕頭局提議 關於會計事項」

議決 照前案辦

關於其他事項

財廳第五科提議「1編列商戶總册幷每日調查商店變遷」案

議決　通過

2「推行外商營業税以裕庫收而張國權」案

議決　通過

3「規定各營業税局考成條例」案

議决　交付審查

林顧問提議：「擬編營業税淺説」案

議決　通過

廣州營業税局提議：「關于各月公費騰挪事項」案

議決　由局專案呈核

南番三營業税局提議「擬請增加各局員司薪俸」案

議決　由局專案呈廳核辦

汕頭局提議：關于增加各局員司薪俸及員司保障」案

議決　併案核辦後及俟省府通過三年計劃之保障條例再行分發各局

本日議案太多至五時三十分鐘始行散會尚有重要議案待明日繼續討論

營業税税務會議紀第六日(四月八日)

出席者　第五科長謝永年廣州市營業税局局長武梅生汕頭營業税局局長葉孔膺南番三營業税局局長譚以烱新台開營業税局局長李衆之𧐐山營業税局局長李月恒中山營業税局局長區汝鏰廣州市評議委員趙汋暨第五科全體職員及各局税務主任

主席區廳長(謝科長永年代)行禮如儀

紀錄　譚　鏘　何友棠

謝科長發言

今天爲會議最後的一日，我們應該注意的一件事，就是包商的事情，營業税爲本省一種新税，現在政府直接派員設局征收，惟時有一般捐商，常欲運動包承，這是很危險的事，其實無論那一種稅，其課稅權應操諸政府，不應操諸商人，商人祇知圖利，不惜違章苛收，而且中央營業稅法，以向規定營業稅應由納稅者向征收機關直接繳納，不得由他人承攬包辦，所以我們應該維持營業稅的獨立精神，努力把營業稅辦理得極有成績，那麽，營業稅包商之說就可以自行銷減了，云云

（十一）關於推辦事項

第五科提議：推辦方法有兩種（一）分區設局推辦（二）提成辦法擇地推辦

（議決）　一致贊成推辦并將兩種辦法呈　廳長核辦

趙委員灼提議　如各縣不能設局開辦時期得附該縣縣長兼辦（議決）　呈廳採擇

廣州局提議　「未辦各地」擬派各縣兼辦其經費採提成法撥支案

（議決）　擇地試辦

擬于廣州市內沙河南石頭黃埔等處設處徵收案

（議決）　由局呈廳核辦

南番三局提議　「關于未舉辦各屬劃定區域設局開辦」案

議決　併科案辦

「關于南番三屬內增設征收處」案

議決　由局呈廳核辦

新台開局提議「于屬內擇繁盛市區增派收稅員」案

議決　呈廳核辦

瓊山局提議「關于瓊屬內分設辦事處以資推行」案

議決　併前案辦

「關于未舉辦之瓊州各屬擇地舉辦營業稅案」

議決　併科案辦

臨時動議

葢股長報告商照辦理經過情形

新台關局提議關于免稅商店之應否發証　案

議決（一）公法人之營業免發証

（二）中央政府已征收所得稅之銀行及特種公司免發証

（三）中央政府已征收牌照稅之菸酒業仍發証免收費，其兼營他業，仍發証課稅

（四）以公益爲目的之營業，呈奉政府核准者免發証，

（五）新聞紙之印刷出版業免發証，

評議會趙委員提議「簿記傳習所可否採用華洋折衷式簿記以利傳習」案

議決　通過

瓊山局提議　關于專賣檳榔生意章程未有規定作何種課稅標準案

議決　由局專案呈廳核辦

是日爲會議第六日所有提議各案均經分別解决故鄭科員尉梅將議决案宣讀後即由謝科長宣讀閉會詞（閉會詞從略）

（八）什項文件

佈告關于商店申報期限展至九月十日過期照規定辦法處罰文

廣東省政府財政廳佈告　營字第二七六號

爲佈告事，案查廣州市營業稅，對於營業者，申報期限，業經規定，展至九月五日止，逾限即照章分别罰金，停止營業在案，現查各商店申報固多，而延未申報者，亦屬不少，按照定章，自應執行罰辦，惟查營業稅，係屬創施，各營業者，對于申報手續，或因未盡明瞭，以致逾限，兹特再予寬展五天，由九月六日起，至十日止，在此五日内申報，免予處罰，以示體恤，倘一再逾限，即執行罰辦，並規定逾限申報罰款辦法，俾資遵守，凡逾限兩天申報者，科五元以上十元以下之罰金，逾限四天者，科十五元以下之罰金，逾限六天者，科二十五元以下之罰金，逾限八天者，科三十五元以令之罰金，逾限十天者，科五十元以下之罰金，逾限十天，而仍不申報，是卽有意頑抗，殊難寬宥，卽行停止營業，以儆刁蠻，而符定章，除分行外，合行佈告，仰商民人等，

一體凜遵，毋得再延，致干罰辦，切切此佈，

中華民國二十年九月五日

廳長林雲陔

佈告關于商店申報期限准再展至九月十五日止逾限決照規定處罰不貸文

廣東省政府財政廳佈告　營字第三四一號

為佈告事，現准廣州市商會函開，據各行商，紛紛到會投稱，現塡繳營業稅申報表，雖奉財廳展限，但為期太促，間有未及週知，及未明瞭塡報手續，以致未能依期塡繳，務請轉懇寬假時日，再予展限十天，俾易遵辦，等情前來，敝會查核所稱各節，尚屬實情，所請將塡報期限，再展十天，似可照准，相應函達貴廳查照，希念新稅推行伊始，當從民便，即准予再展限十天，以示體恤，仍祈覆會轉知，至級公誼，等由准此，案查廣州市營業稅，對于商店塡繳申報單，業經一再展至九月十日止，屆限仍不申報，即分別照章罰辦，並擬定申報逾限罰欵辦法，分別佈告分行在案，茲准前由，姑再予展限五天，至九月十五日止，以便商民，而示體恤，倘再逾限，仍不申報，決照前定逾限申報罰欵辦法，逾限在兩天內者，科五元以上十元以下之罰金，逾限在四天內者，科十五元以下之罰金，逾限在六天者，科二十五元以下罰金，逾限在八天者，科三十五元以下之罰金，逾限在十天內者，科五十元以下之罰金，逾限十天而仍不申報，即作為固意抗不申報論，實行停止營業，決不寬貸，除分別函令外，合行佈告，仰商民人等，一體知照，此佈

中華民國二十年九月十二日

廳長林雲陔

佈告關于商店申報期限姑准再續展至九月廿日止文

廣東省政府財政廳佈告　營字第三八五號

為佈告事。現准廣州市商會，市字第六零零號函開，現准貴廳函開，案查廣州市營業稅，對於商店塡繳申報單，業經一再展限五天，至九月十日止，屆時仍不申報，即照章分別罰辦，並擬定申報逾限罰欵辦法佈告分行在案，茲准會函，姑再予展限五天，至九月十五日止，以示體恤，而便商民，等由准此，當經敝會轉函各行商知照，惟現據各同業公會，紛紛到會投稱，竊營業稅申報單，雖蒙財政廳一再展限，但事屬施行新稅，各商店或因手續不明，須待考究，或因司事不在，未敢主張，以致稽延，並非玩抗

，且每區之內，舖戶林立，展限之期極促，亦有赶報不及之患，一旦科罰，情何以堪，聯懇轉求續予寬限十天，至本月二十五日止，俾全市得一律依期填報等語，敝會查核所稱，係屬實在情形，現計全市商店，未及填繳申報單者，尚居多數，而延遲原因，實出於不得已，此與匿報違抗者，迥不相同，揆情既有可原，行法不妨寬大，當新稅推行伊始，欲求普遍，誠有最後展限之必要，相應函達，貴廳查照，希念此項申報單，現在全市未及填繳者尚多，遽行罰辦，苛累必衆，即准予續展限十天，至本月二十五日止，爲最後之展限，仍祈復會轉知，等由准此，查廣州市營業稅商店申報期限，業經一次寬展，延至九月十日止，嗣准廣州市商會函，請延限過廳，又經再予寬限五天，至九月十五日止，函令佈告在案，自難再行續展，惟查營業稅，現值推行伊始，茲爲特別體恤商民起見，姑准再展五天，爲最後之展限，由九月十六日起，至二十日止，一經此次展限期滿，無論如何請求，斷不續展，決照前定延期申報辦法，嚴厲執行，准函前由，除函令外，合行佈告，仰商民人等，一體遵照，務須依限踴躍申報，毋再觀望，致干罰辦，切切此佈

中華民國二十年九月十八日

廳長林雲陔

佈告關于營業稅申報逾限停業一案准展限至十月十五日以前申報免予停業期滿決定執行文

廣東省政府財政廳佈告　營字第六五號

爲佈告事，案查舉辦廣州市營業稅，關於商店申報，經林前任再三展限至九月二十日止，並規定逾限申報處罰，及執行停止營業辦法，分別佈告函令在案，現准廣州市商會，市字第六七七號公函，請將營業稅申報逾限停業之案，暫緩執行，等由，准此，查無知商民，對於營業稅進行，多有確因尚未明瞭，致逾此次期限，仍未申報者，自可姑予從寬辦理，展限至十月十五日以前申報，免予執行停業，以示寬大，但徵稅期迫，斷難再事優容，一經此次展限期滿，決照定案執行，無論如何，斷不能再展，惟聞市面，間有一二敗類，四出招搖，以抗不申報爲能，公然誇耀，或有唆擺抗稅之行爲，似此阻礙新稅推行，不能不加以懲戒，故對於此種奸徒，所開商店，雖未屆十月十五日限期，仍應由區查明情節，呈請執行停業，以昭儆戒，准函前由，除函覆暨分行外，合行佈告，仰各行商民，一體知照，此佈

中華民國二十年十月五日

廳長馮祝萬

佈告未申報商店應速卽申報遵罰毋違致干停業文

廣東省政府財政廳佈告　營字第四六〇號

為佈告事，照得廣州市營業稅，對商店逾限申報辦法規定，逾越申報期限，在十天內者，分別罰金，逾限十天，而仍不申報，卽行停止營業，分別令佈，幷函請廣州市商會查照在案，查申報期限，已過迅屆十天之期，茲查該市各商店，連日到區申報遵罰者，尙屬踴躍，惟仍有等商民，遲廻觀望，延不申報，冀圖幸免，殊屬不明事體，須知政府此次舉辦營業稅，為抵補裁厘之損失，亦為稅制之改善，斷無中止舉辦之理，一經十天限滿，卽照規定，實行停止營業，決不寬貸，除分別函令外，合亟重申佈告，仰各未申報商店遵照，剋速馳赴各該地營業稅區申報，毋再遷延，致干停業，切切此佈，

中華民國二十年九月二十五日　　廳長林雲陔

佈告關于二十年第五期稅欵應予展至十月底以前繳納免予加收文

廣東省政府財政廳佈告　營字第二三一號

為佈告事，現據廣州市營業稅，第十四區，江仲雅呈稱，竊查前奉鈞廳營字第一三一號訓令略開，為令飭事，現查廣州市營業稅十五區，業經先後呈報開辦在案，所有開征日期，自應迅行決定，以便開收，茲定各區，一律由九月份起，開始征收，幷限於八月底以前，所有市區各店，一律申報完竣，等因奉此，自應遵辦，查此項新稅，創辦伊始，因各商店，多有未明手續，及遲疑觀望，或藉東家不在，未敢作主申報，又奉鈞廳，迭次展期，仍屬未得完全報清，惟職區自開辦至今，歷將鈞廳種種佈告罰則等，印發通告，妥為勸導，現在經已申報者，約有七成以上，現為迅速征收稅欵起見，每日輪派僱員，協警分頭調查，至於收入，營業，報酬，金額三類，多有推搪東家不在，故尙未十分調查明確，在資本一類，已調查完竣者，卽計稅額，通知納稅，同時填備營業証分發，但查營業稅章，第二十四條，對於營業者納稅，須在第一個月繳清，逾限卽應處罰，職區因歷次展期申報，現雖陸續發出稅欵通知，而現在已是十月中旬，尙有應待調查，須稍費時日者，似於稅章期限，有所出入，故納稅期限一節，應請鈞廳明令規定，俾免手續煩亂，商人無所適從，而生窒碍也，奉令前因，理合將職區辦理經過情形，幷管見所及，備文呈請察核

伏乞指令祗遵，實爲公便，等情據此，查所稱各節，尚屬實情，應予展至十月底以前繳納，本年第五期稅款，仍免加收，一經限滿，即照修正本省營業稅征收章程，第二十四條之規定，分別加收，據呈前情，除令復及分行外，合行佈告，仰商民一體知照，此佈

中華民國二十年十月二十日

廳長馮祝萬

訓令廣州市營業稅各區關于逾期申報　欵應按各該商店情形擬表呈廳核明方得執行以昭愼重文

廣東省政府財政廳訓令　營字第四六號

分令廣州市營業稅各區主任（查塡）

爲令遵事，案查廣州市營業稅，商店申報期限，經林前任展至九月二十日止，并規定逾限申報，分期罰金辦法，分別函令佈告在案，其在該日以後申報者，自應依照逾限期次，分別罰金，以符規定，惟查各商店資額不一，營業狀況各殊，若不察其實情，遽予同一科罰，殊欠平允，抑亦難昭折服，所有關於逾期申報罰欵，亟應由區按各該商店情形，妥擬列表開具，各該被罰商店名稱，地址，資額，營業狀況，呈廳核明，方得執行，以昭愼重，而免失當，除分令外，合行令仰該主任，即便遵照，辦理，毋違，此令

中華民國二十年十月一日

廳長馮祝萬

訓令廣州市營業稅各區關于營業細小之商店逾限申報經區查實呈廳核明准減半處罰文

廣東省政府財政廳訓令　營字第十九號

分令廣州市營業稅各區主任（除第三區外餘請查塡）

爲令飭事，案准移交，據廣州市營業稅第三區主任梁次狂呈稱，案查廣州市營業稅，商民申報期限，本月二十日，業經續展限滿，惟尙多未據申報，其中立心延抗，玩視功令者，自屬無可寬貸，但間有細小營業，原日並無商業牌照，此次營業稅申報，或未盡明手續，以致延期者，亦所在多有，揆情不無可原，主任體察情形，悉心考核，擬請於原定罰則，酌量變通，凡商號資本，在二百元以下，而營業確屬細小者，准予減半處罰，庶於執行懲勸之中，仍寓體恤小民之意，是否有當，伏候

鈞裁，理合具文呈請鈞廳察核，並祈指令祇遵，實爲公便，等情據此，查廣州市營業稅商店，逾限申報，辦法規定逾越十日內者，加罰垙金，凡商店在逾限十日內申報，自應照章分別執罰，以符規定，惟查章程規定(一)以資本額爲課稅標準之營業資本，不及五百元者、及(二)以報酧金，收入金，營業額，爲課稅標準之營業，全年之收入金，報酧金，營業額，不及千元，免課營業稅，所有前列第(一)種資本不及二百元，及第(二)種全年營業，收入，報酧等，不及四百元者，照章係應免課稅，其因營業細小狀況不佳，或未明手續，以致逾限申報經營業稅區，查明屬實，呈由本廳核明，擬准減半處罰，以資懲勸，而示體恤，除指復分令外，合行令仰該主任卽便遵照辦理，毋違，此令，

佈告核定小資商店逾限申報及補領商照辦法表仰週知文

廣東省政府財政廳佈告　營字第八一壹號

爲佈告事，現准廣州市商會函，據委員李卓如提議，擬請對於各商店，在本年九月一日以前開業，資本不及二百元者，免予補領商照，資本在二百元以上者，補領免罰，又不及二百元資本商店申報，並准予免收手續費，及豁免逾限罰金，至申報單與商照微有不符，如有相當証明，卽予給証，以恤商艱，等由，函請准予照辦，以示體恤，飭區遵照復會轉知，等由准此，茲參酌本省營業狀況，規定小資商店逾限申報，及補領商照辦法，以求適應營業者之負担能力，藉資維護，而培稅本，至各店申報單，若與商照微有不符時，除銀業另案規定外，其餘各業，如有相當證明，或保結，自可准予給發營業証，以利商民，准函前由，除分別呈函通飭外，合行佈告，并將辦法表開列，仰商民人等，一體知照，此佈

中華民國二十年十二月廿六日　廳長馮祝萬

佈告核定商店逾期申報罰欵標準表仰週知文

廣東省政府財政廳佈告　營字第二一六號

爲佈告事，案查廣州市營業稅，對於商店逾限申報，業定分期罰欵辦法，其以資本額爲課稅標準，而資本不及二百元者，及以報酬金，收入金，營業額，爲課稅標準，而全年營業，收入，報酬，不及四百元者，因營業細小，狀況不佳，或未明手續，以致逾限申報，經營業稅區查明屬實，呈由本廳核明，准予減半處罰，經廳分別飭遵在案，所有逾限申報商店，自應分別執罰，以符原

案，惟查各區商店，逾限申報者，爲數不少，且各商店，營業狀況各殊，資本亦有厚薄，若均予同一科罰，殊欠公允，茲根據修正本省征收章程第二十五條規定，逾限申報罰欵數目，及分期罰欵辦法，暨減半處罰原案，從寬核定，廣州市營業稅商店逾限申報罰欵標準，通飭各營業稅區遵辦，以昭平允，而歸一律，除通飭外，合行佈告，并將罰欵標準表開列，仰商民人等，一體知照，此佈

計開

廣州市商店逾限申報罰欵標準表

逾限申報日期 \ 應納稅額 \ 罰欵數目	十元以下	十元至四十九元	五十元至九十九元	一百元至二百九十九元	三百元至五百九十九元	六百元至九百九十九元	一千元及以上	備考
四天	免	五元	六元	八元	十元	十二元	十五元	三天以內免罰六天以內照逾限四天計
七天	二元	七元	十元	十四元	十八元	二十四元	三十五元	九天以內照逾限七天計
十天及十天以上	四元	十元	十四元	二十元	二十六元	三十六元	五十元	
附註	應申報而免課稅之商店逾限罰欵照此例計							

此表係對普通一般而定如有奸商抗稅有據查明屬實其所開設之店舖逾期申報仍得酌量加重處罰至於經區填發罰欵通知書其已遵繳罰欵者毋庸紛更其已填罰欵通知書尚未遵罰者仍應照現定罰欵數目分別更正

佈告核定商店逾期申報罰欵補充辦法及延不遵罰辦法仰週知文

廣東省政府財政廳佈告　營字第四五九號

爲佈告事，現據廣州市營業稅第一區主任劉友豪等呈稱，竊職區等，前奉鈞廳營字第二一六號訓令，內開，爲令飭事，案查廣州市營業稅，對於商店逾限申報，業定分期罰欵辦法，除原文有案，邀免冗贅外，後開除分別令佈外，合將，標準表一紙，令發仰即遵照辦理，仍將逾限申報商店，名號，地址，應繳稅欵罰欵數目列表呈核，毋違，此令，等因，幷附發標準表一紙，奉此，自應遵照辦理，職主任等奉閱標準表，所列各罰欵辦法，覺比前定之罰額更屬輕微，具見鈞廳素持寬大，愛護商人，無微不至，若稍具知識者，自當迅速申報完竣，俾政府稅收有着，早竟事功，方足以盡其義務，唯查自佈告之後，各區所餘未申報者，前來申報，仍屬寥寥無幾，似此情形，推其究竟，非屬立心頑抗，似亦輕視罰則，更有經區三令五申，苦心勸導，仍然置若罔聞，復查前奉鈞令展限至十月十五日以前申報者，准免停業之處分，亦已限滿多時，是在十月一日以後，屢催始來申報，各店如仍適用此次標準，擬罰則，其餘尚未申報者，更爲躭延觀望，自在意中，以後職區等辦事，更加感覺困難，況職主任等，任事以來，對上自當奉公維謹，迅速將事，以圖補過，對下亦仰承鈞廳意旨，以寬大爲懷，唯默察環境，確因罰欵太輕，商人藐玩，擬請核定，凡逾期在半個月以外，始行申報之商店，准由各區酌量加重罰辦，庶足以儆其餘，抑尤有請者，如將來各區所有罰欵處分，一經擬定罰額通知之後，遇有延不遵繳者，究應如何之處，亦請明白規定，飭知各區遵照辦理，奉令前因，理合聯仝呈請察核，伏乞指令祇遵，實爲公便，等情，據此，查關於該市商店，逾限申報罰欵辦法，業經規定罰欵標準，幷以寬大爲原則，所有罰欵數目，定至最輕，可謂體恤商艱之至，迺據呈明各商店到區申報者，仍屬寥寥可數，既屬玩視功令，抑亦罔知政府體恤原旨，現呈所稱，輕視罰則，躭延觀望，尚屬實情，若不另定補充辦法，實不足以儆疲玩，而維庫收，幷查前定罰欵標準，係規定至逾限十天止，其逾限在十天以上者，亦照逾限十天計算，仍欠公允，所請准由各區酌量加重罰辦，亦屬漫無限制，玆核定廣州市商店逾限申報罰欵標準補充辦法，用昭公允，而促申報，其逾限七十天，而仍不申報者，殊屬弁髦功令已極，應卽按照章程第二十五條規定，執行停止營業，以儆刁頑，至申報逾限罰金應飭連同稅欵併繳，其祇繳稅欵，而不將罰金附繳者，對於所繳稅欵，應予停收，倘逾越規定，繳納期限，而仍不將稅欵連同罰金併繳時，應卽按照修正章程第二十四條規定，分別辦理，以杜取巧，而符定章，據呈前情，除分令外，合行佈告，幷將罰欵標準表，開列，仰商民人等，一體遵照，尅速前赴各該地營業稅區申報，毋稍違延

，至于停業，切切此佈

計開

廣州市商店逾限申報罰欵標準補充辦法表

逾限天數	罰欵辦法
在十五天內者	仍照罰欵標準分別辦理
在二十五天內者	照罰欵標準加一處罰
在三十五天內者	照罰欵標準加一五處罰
在四十五天內者	照罰欵標準加二處罰
在六十天內者	照罰欵標準加四處罰
在六十天及六十天以外者	照罰欵標準加六處罰
附註	罰金數目最多仍以不超過五十元爲限以符定章

佈告各商店如有推避調查時得由調查員以外形觀察逕行估定仰週知文

廣東省政府財政廳佈告　營字第二八〇號

爲佈告事，現據廣州市營業稅第十四區主任江仲雅呈稱，現奉鈞廳營字第二零五號令開，爲令遵事，查辦理營業稅手續，應於各商店申報之後，即從事調查，核定稅額，塡發納稅通知書，俾得照額納稅，除原文有案，邀免冗贅外，後開仰該主任，即便遵照辦理，毋稍違延，切速此令，等因奉此，自應遵辦，查營業稅創辦伊始，各商店申報者固多，遲疑觀望者，亦屬不少，此種經過情形，業經呈報鈞廳察核有案，迨經職主任用種種通告，并每日派員按戶勸諭，及鈞廳迭次佈告後，各商始稍漸明瞭此稅之不能避免，故亦多陸續前來申報，但對於來申報資本額之商店，經已塡發納稅通知書，及塡備營業証，以便到領，惟收入報酬營業額三類，連日派員會警，分頭調查，期收迅速之效，茲據該員復稱，各商店多以東家不在，未敢作主，爲推搪之詞，意圖避查，再着其取出數部查閱，又稱在東家之手，若以口頭詢查，更有以滑稽口吻，作種種藐視態度，結果，終不得要領，似此情形，實在感覺異常困難，調查匪易，若再有遇此等之商店時，可否以眼光觀察，估量定之，似爲較易辦理，更可免商人有此避免調查之觀念，等語，據此，似屬實情，是否可行之處，理合備文呈請察核，究應以如何辦理便利，伏乞迅賜，指令祗遵，俾有遵循，而利進行，實爲公便，等情據此，查各營業稅區，對於以營業額，收入金額，報酬金額，爲課稅標準之商店，自應派員，會同商會，或警察，到店調閱簿據，以憑決定稅額，此屬正當手續，乃各商店，每有以東家外出爲詞，推諉規避，殊屬非是，嗣後各營業稅區，派員調查上項商店，如遇有再三推諉，避免調查時，得變通辦理，由該調查員，以外形觀察，逕行估定，以免躭延時日，致碍稅收，除令復及分行外，合行佈告，仰商民人等，一體知照，此佈

中華民國二十年　月　日

佈告規定追繳歇業商店欠稅辦法及商店變遷應將照証繳銷仰週知文

廣東省政府財政廳佈告　營字第三號

爲佈告事，現據廣州市營業稅第五區主任李一鳴呈稱，窃查營業稅開辦以來，商店變更，如歇業遷移等事，在所常有，查修正本省營業稅征收章程施行細則第六條，雖經規定營業者，如有頂盤，讓賣，歇業，遷移，改組，加記，更換商號，更改營業種類，

加設他種營業等情事，應于五日內呈報該管營業稅征收機關，并應將以前稅欵截結清繳，以後從新申請領証營業等語，惟是初行新稅，類多不明章制，而營業者，每每雖經頂盤，歇業，遷移，改組，加記，等事，固不知規定，須要呈報該管營業征收機關，甚或有意隱匿不報，在征收機關，事前固無由察覺，事後發覺，則商店已經閉歇，雖查有欠繳稅欵，已屬無從追繳，似非另行規定辦法，則如有歇業商店，欠繳稅欵，便難清理，爲維持稅收起見，職竊擬如有歇業商店，欠繳營業稅欵者，須俟前戶商店，所欠稅欵，清繳後，方許發給，在後新開業店戶之營業証，逾限滯納稅欵，至加三征收爲止，以示限制，又營業者，如有頂盤讓賣，歇業遷移，改組加記，更換商號，更改營業種類，加設他種營業等情事，各該商店以前所領之營業証，或商業牌照，當然與以後變更事實不符，似宜規定，商店如有變遷，于呈報該管征收機關時，將營業証，或商業牌照，一併附呈繳銷，再由該管征收機關，按據所呈事實，將所繳之營業証，或商業牌照，及分戶賬，分別批註塗銷，以杜弊端，若不規定繳銷，自必留存外間，難保不發生流弊，以上所陳各節，是否有當，理合具文陳請鈞廳察奪，公佈施行，并候指令祗遵，等情前來，查各商店，繳納營業稅欵，規定兩個月爲一期，各該區自應按期征收，則歇業商店，雖有欠繳稅欵，大率欠繳一期居多，現該主任，所擬歇業商店欠繳營業稅欵者，須俟前商清繳所欠稅欵後，方發新商營業証一節，是該歇業商店，雖有新商，繼續批租，而因前商欠稅，未能領証開業，倘前商欠稅數月未清，即新商數月不能開業，如此辦法，不無影響稅收，查歇業商店，如有舖底頂手者，自可責令新商，在該頂手欵內，先行扣出，前商所欠稅欵，代爲清繳，方得承頂，如因倚欠別人欵項，由債權人呈准，將該店傢私貨物，提交商會投變攤派欠欵者，亦可函請商會，將投變之欵，先行代爲清繳欠稅，然後攤還各債權人欵項，似此辦法，舊欠既可清收，新稅亦無窒碍，又擬規定商店如有變遷，于呈繳該管征收機關時，將營業証，或商業牌照，一併繳銷，以杜流弊，除令復及分行外，合行佈告，仰各商民，一體知照，此佈

中華民國二十一年一月六日　　廳長馮祝萬

佈告各商民對於營業証須懸於營業塲所易見之處以便稽查而符章制文

廣東省政府財政廳佈告　營字第八三號

爲佈告事，照得舉辦廣州市營業稅，業由各營業稅區，將營業証陸續塡發各商店，以資營業，查征收章程，施行細則第三條，載有營業証，須懸於營業塲所易見之處，以便稽查之規定，自應依照辦理，惟查從前辦理商業牌照時期，各商人習慣，每將該項牌

無收匿隱藏，甚少掛在當眼之處，偶遇政府人員，因案到店查詢時，則復諸多推諉，此種積習，亟應革除，須知此項營業証，係爲營業資格之証明，如無此証，則失其營業之資格，自應懸掛於易見之處，以資証明，除分別函行外，合行佈告，仰商民人等，一體遵照，嗣後對於營業証，務須懸掛於營業場所易見之處，以便稽查，而符規定，毋違，切切此佈

訓令廣州市營業稅各區主任潔己奉公文

廣東省政府財政廳訓令　營字第二二二五號

分令廣州市營業稅各區主任

爲訓令事，照得本省舉辦營業稅，乃抵補裁厘之損失，亦爲稅制之改良，如推行得宜，固有裨於庫收，亦無傷乎民力，凡各經征人員，自當本此意旨，努力奉行，尤應廉潔自持，革除積習，暮夜苞苴，固不容有，宴請物贈，亦應力辭，庶幾廉隅砥礪，稅政澄明，商民踴躍輸將，善稅通行無阻，政府人民，實利賴之，其若朋比營私，扶同舞弊，一經查實，決照保証辦法之規定，嚴厲執行，本廳長矢志清勤，愛人以德，合行重申訓誥，仰各凜遵，幷飭所屬，一體遵照，毋違，切切此令，

佈告商民請領營業証須依法貼足印花仰週知文

廣東省政府財政廳佈告　營字第二三三二號

爲佈告事，案准廣東印花菸酒稅局，第一一九三號公函開，現奉財政部印字第二七零四七號訓令內開，案查各省征收營業稅大綱，暨補充辦法，業經本部訂定，呈請行政院，訓令各省遵辦在案，該大綱第一條規定，凡在各省境內，經營商業，開設店舖，除已向中央納所得稅之公司，及已由中央征收特種捐稅者外，均應請領營業証，迭據浙江湖南等省印花菸酒稅局，以各該省營業稅，業已着手籌辦，營業証如何貼花，紛紛請示到部，事關各省通案，亟應規定辦法，通飭遵行，茲經由本部稅務整理研究委員會議決，凡營業証應貼印花稅票，其資本在五百以上者，每証一律貼用五角，其資本在五百元以下者，每証貼用一角，察核所議，尚屬妥洽，應即照辦，除分令外，合行令仰，該局遵照，自該省營業稅開征之日起，凡依省營業稅大綱請領之營業証，一律應照上開稅率貼花，其不在此範圍以內者，仍照印花稅暫行條例辦理，並將遵辦情形具報查核，此令，等因奉此，自應遵照辦理，除呈覆，及分令所屬各印花稅分局，各專員一體遵照外，相應函達貴廳，希爲查照，將來開辦營業稅，請飭主管機關在發營業証時，即飭令領証人依法貼足印花，以符

稅法，而重賦收，等由准此，除通令外，合行佈告，仰商民人等一體知照，此佈

中華民國二十年九月二日

廳長林雲陔

公函廣東印花菸酒稅局以營業稅申報單與普通呈詞申請書不同無庸貼用印花請轉飭照原案免貼

文

廣東省政府財政廳公函　第三七二號

逕覆者，現准

貴局第二六七二號公函，關於敝廳函覆

貴局，對於營業稅申報單，與申請書，微有不同，似不適用印花條例之規定一案，以申請書，與申報單，名目雖別，而意義實同，請轉飭遵貼，以重稅例，等由，查呈請詞申請書單之類，由官廳製定，係取其式樣劃一，以歸簡便，人民遇有請求於官廳時，用以投遞，如無請求於官廳時，自可不用，惟營業稅申報單，乃由征收機關製發，飭令商民遵照填報，藉以調查各商店狀況，以憑查核課稅，係與公安局之戶口調查表相同，前者使用之出發點，在於人民，後者使用之出發點，在於政府，前者申請與否，聽從民便，後者雖絕對遵填，前者有訴願之權利，後者負申報之義務，兩者性質，迥然不同，來函謂呈詞申請書單，亦係由官總製發，自無商民自動請求，及機關發出，令飭填報之分，及商業牌照稅之申報書不貼印花，係人民不明稅例，各等語，似與推行印花稅之原意，頗有出入，至謂土地局，製發人民登記之申請書，亦須貼印花一節，查此項申請書，係人民為請求證明業權保障利益起見，而申請營業稅申報單，係政府頒行，令人民遵限填報，以明其負担納稅義務之輕重，逾限不申報，且執行處罰，兩者之原動，及作用，絕對不同，細繹

財政部印字第二七〇四七號訓令原意，對於營業稅申報單，既未有飭貼印花之規定，即

貴局第一一九三號公函，亦祇對於營業證請飭貼花，而於申報單一項，並未涉及，前經敝廳查案，分別佈告，通飭遵辦在案，准函前由，相應函覆查照，務希轉飭，仍照原案辦理，至紉公誼，此致

廣東印花菸酒稅局

訓令各營業稅局長誡勿章外需索私批承繳並佈告商民如有前項情事發生准即向廳控訴文

廣東省政府財政廳訓令　　分令各營業稅局局長

為令飭事，照得本省舉辦營業稅，乃抵補裁厘損失，亦爲稅制之改良，推行務得正當之方，庶幾有裨庫收，無傷民力，凡各經征人員，自當仰體斯旨，努力奉行，對於征收各欵，務須恪遵定章，一秉至公，則庫收得資抵補，善稅藉利推行，切勿稍涉苛求，章外需索，致招民怨，尤不得私批承繳，明委暗包，致犯法規，須知「營業稅須由征收機關，直接繳納，不得由他人承攬包辦」，又公務人員，對於租稅及各項入欵，其明知不應征收，而征收者，罪屬瀆職」，業於營業稅法刑法各列專條，倘敢故違，一經查實，定必執法以繩，決不寬貸，本廳長矢志公忠，愛人以德，用再重申訓誡，除分令暨佈告週知，如有前項情事發生，准予逕向本廳控訴外，合行令仰，即便查收，分別張貼，凜遵，并轉飭所屬一體遵照，毋違，切切此令，

計發佈告壹百張，

廳長區芳浦

廣東省政府財政廳佈告

為佈告事，照得云云（照前文）（中畧）定必執法以繩，以維法紀，除分令訓誡外，合行佈告，仰各商民一體知照，如有前項情事發生，准即逕向本廳控訴，以憑究辦，此佈

廳長區芳浦

訓令各營業稅局限期申報完竣應推辦之稅區從速開辦認眞振刷精神整理局務文

廣東省政府財政廳訓令　　分令各營業稅局局長

為令飭事，查營業稅征收章程有「營業者應於每年元月上旬內，依定式之申報單，分別填明申報該管營業稅征收機關」之規定，現查已屆本年分營業稅第三期，商民遵章申報者固多，其疲玩不申報者仍屬不少，應即由該局嚴行催促，並斟酌當地情形，定限申報完竣，限滿不遵者，由局開列呈廳核辦，以維庫收，至各局屬內應推辦而未辦之稅區，應即派員分別開辦，各該局長，尤應認

與條章實司，振刷精神，整理局務，源源征解，藉濟餉需，除分令外，合行令仰該局長，即便遵照辦理具報，毋違，此令

廳長區芳浦

訓令各營業稅局令發稅欵罰金手續費加收稅欵一覽表飭裝入鏡架懸於當眼地方並佈告及分令各縣市商會文

廣東省政府財政廳訓令　營字第六三五號二十二年五月二十四日

令各營業稅局局長

爲令遵事，照得營業稅之征收，除正項稅欵外，對於商店首次申報，規定征收手續費，其逾限申報及漏稅者，有罰金之處分，其繳納稅欵逾越納稅期限者，規定分別加收稅欵，營業証之遺失補領，或損壞換領，亦應繳納手續費，業於征收章程及施行細則內，分別詳爲列明，又關於商店逾限申報，并經規定罰欵標準表，及補充辦法有案，惟查營業稅，係屬新稅，各營業者，對於章則，仍恐未盡明瞭，茲爲利便商民起見，特將章程內所列正項稅欵，各種罰金，手續費，加收稅欵，分別額數，征收條件，開列一覽表，分別令佈，俾易遵從，除分令各營業稅局及各縣市商會外，合將佈告及一覽表，隨文令發，仰即查收，粘貼該屬衝繁地方，并將表一份，裝入玻璃鏡架，懸於該局及所屬征收處門首，以便閱覽，仍將遵辦情形具復察核，毋違，此令

計印發佈告三百紙一覽表十紙

廳長區芳浦

附　營業稅稅欵手續費罰金額數征收條件一覽表

類別	額數	征收條件
稅欵		
（一）正項稅欵	稅額之多寡係按照課稅標準額依章定稅率計出之每年分六期征收	凡屬征收章程第二條所列之營業照資本計稅者其資本不在五百元之下者照營業額收入金額報酬金額計稅其全年各該額不在千元以下者均照章征收營業稅

（三）加收稅欵	照稅額加一·加二·加三·三種	凡商民繳納稅欵逾越應繳期限在一月以內者照稅額加一征收在一月以上兩月以內者加二征收在兩月以上三月以內者加三征收
罰金		
（一）逾限申報罰金	最多不得超過大洋五十元（大洋仲毫洋加三計算）	凡商人因疲玩不依照營業稅征收機關通知日期申報者處以罰金關於罰欵標準及補充辦法附列於表後
（二）不設賬簿或記載不實漏稅罰金	同右	凡商人不設賬簿記載營業上各種事項及其數目或記載不實希圖漏稅者處以十元以上五十元以下罰金
（三）用種種手段漏稅罰金	照漏稅額處罰三倍	凡商民用種種手段希圖漏稅經營業稅征收機關發覺查有實據應照補足稅額并照所漏稅額三倍處罰
手續費		
（一）首次申報手續費	大洋弍元（仲合毫洋弍元六毫）	凡商店首次申報及遷移改組加記更換司理更改或加設營業種類到局申報均收首次申報手續費以後按年申報毋須繳納此費
（二）補領換領營業証手續費	大洋壹元（仲合毫洋壹元叁毫）	凡營業証損壞換領或遺失補領均收補換領營業証手續費

附註：營業証上規定應貼印花其資本在五百元以上者貼五角（大洋計加三仲合毫洋六毫五仙）資本在五百元以下者貼壹角（大洋計加三仲合毫洋壹毫叁仙）營業稅征收機關購備印花以待營業者購買原爲利便商民若商人領証時已買備印花到局待貼征收機關不得再強商民購用

注意 營業稅征收人員如有不依前列各項規定額外加收或巧立其他名目需索者均係違章征收准由商民呈廳究辦

附錄：商店逾限申報罰欵標準表（此表上有開列茲從畧）

小資商店逾限申報及補領商照辦法表

營業狀況	辦法
資本額三百元以下或營業收入報酬金額全年不及六百元	(一)仍飭申報遵繳手續費(二)免予逾限申報罰金(三)補領商照免予罰金
資本額一百五十元或營業收入報酬金額全年不及三百元	(一)仍飭申報免手續費(二)免予逾限申報罰款(三)免補領商照

佈告奉 省政府令知據關於議定減免營業稅之原則及辦法四項一案已函准 西南政務委員會秘書處函復照辦仰週知文

廣東省政府財政廳佈告 營字第六〇五號二十一年四月十一日

為佈告事，案奉

廣東省政府訓令開，案奉

行政院第零六五一號訓令開，案據財政實業兩部會呈稱，案據上海等處商會及土布業同業公會先後呈請免征土布業營業稅，又自營業法頒行以後，各業紛紛呈請減免，其中不無可採之處，迭經兩部咨商，派員會同討論，對於維護民生，顧全稅收，兼籌幷顧，妥訂標準，以便施行，茲經議決減免營業稅之原則，及辦法四項，(一)凡屬人工手機織成之手工土布，供需兩方，皆係貧苦人民，為維護貧苦人民之生計起見，手工土布之製造業，及販賣業，均應免征營業稅，兼售他種物品之商店，而以販賣手工土布為主要營業者，其主要部份，亦應剔除免征，(二)製造或販賣農具者，中央或各省市政府認為有提倡或維護之必要時，得酌量免征營業稅，其由各省市政府酌量免征者，應報部備案，(三)民生必需品及其他救急品之製造業，及販賣業，在災荒等特殊情勢之下，含有救濟性質者，中央或各省市政府得指定區域，及期限臨時免徵營業稅，其由各省市政府指定免徵者，應報部備案，(四)國內固有產品及關係貧民生計之手工織品，在國際貿易情勢特殊之下，有提倡維護之必要者，其製造業或販賣業，中央或各省市政府得酌量減徵，或免徵營業稅，其由各省市政府酌量減免者，應報部備案，以上議決辦法，擬請鈞院通令各省市政府遵照辦理，是否有當，理合具文呈請鑒核施行，等情據此，當經提出本院，第四十七次國務會議，決議，通令各省市政府遵照辦理，除指令並分行外，合行令仰該省政府，遵照辦理，此令，等因奉此，合行令仰該廳即便遵照，核議具報，等因，業以衣爲人生四大需要之一，而手工織成之土布，供需兩方，更係貧苦人民，又我國係以農立國，而農事之經營，極有賴於農具，所有製造或販賣手工織成之土布，及一切農具，擬准豁免營業稅，其兼售他種物品之商店，而以販賣手工土布或農具爲主要營業者，其主要部分，併予剔除免徵，以示特別維護，又本省營業稅征收章程，對於國內固有產品及關係貧民生計之手工織品，（如竹草棕籐絲麻棉等手工織品，）之販賣及一切製造加工業，均祇按資本額課稅千分之十，與人生日用品，稅率相同，實已隱示維護之意，似毋庸再行核減，惟查我國工業現況，機製事業雖見日增，而手工製造業之經營，尤屬不少，在此國際貿易情勢之下，實有加以相當維護之必要，擬對於手工製造業，准予減半征稅，即按資本額征課千分之五，以資扶植，而固國本，至關於民生必需品，及其他救急品之製造及販賣業，在災荒特殊情勢之下，含有救濟性質者，得指定區域及期限臨時免征營業稅一節，查本省現在尚無前節所指特殊情形，似可無庸先行特定等詞，呈奉

廣東省政府指令開，所擬是否可行，候轉函西南政務委員會秘書處，轉陳核示，等因在案，茲奉

廣東省政府財字第三四五三號訓令開，現准

國民政府西南政務委員會秘書處函開，案准大函，以財政廳議復，奉行政院令，據財政實業兩部會呈，關於議定減免營業稅之原則，及辦法四項一案，應否照辦，希轉陳核示，等由，准此，查原呈第一點，關於手工織土布及一切農具營業，與部定辦法相符，第二點對於手工織品之征稅，在部定辦法原有各省市政府得酌量，或減或免之規定，既經擬定千分之五，與原案幷無抵觸，第三點本省現無此特別情形，自無庸特定，奉諭照辦，仍着報部備案，等因，相應函達查照，等由准此，查此案前據該廳議復前來，當經轉函西南政務委員會秘書處，轉陳核示在案，現准函復前由，自應照辦，除咨請財政實業兩部備案外合行令仰該廳即便知照，等因，奉此，除令行外，合行佈告，仰商民人等，一體知照，此佈

廳長區芳浦

表式

廣東省財政廳所屬各營業稅局概覽表

名稱	所轄地域	開征日期	成立日期	備考
廣州市營業稅局	廣州全市	民國廿一年九月一日	民國廿一年三月廿四日	該局成立後隨於芳村花地設一征收處於河南亦設一征收處以便商民旋以芳村花地店少事簡將該處裁撤所有事務由河南征收處兼辦
汕頭營業稅局	汕頭全市	民國廿一年九月一日	民國廿一年七月十六日	
南番三營業稅局	南海番禺三水三縣	民國廿一年九月一日	民國廿一年七月十六日	該局設在佛山所有南海全縣營業稅征收事宜由該局辦理其餘番禺三水兩處由該局派員往駐征收
中山營業稅局	中山全縣	民國廿一年九月一日	民國廿一年七月十六日	
新台開營業稅局	新會台山開平三縣	民國廿一年九月一日	民國廿一年七月廿五日	該局設在江門所有新會全縣營業稅征收事宜由該局辦理其餘台山開平兩處由局派員往駐征收
瓊山營業稅局	瓊山全縣	民國廿二年一月一日	民國廿一年八月廿二日	

廣東財政廳各營業稅局經費表（以毫洋爲本位）

局名	每月經費額	全年經費額	備考
廣州市	八·三〇三〇〇	九九·六三六〇〇	
南番三	一·四六〇〇〇	一七·五二〇〇〇	
新台開	一·四六〇〇〇	一七·五二〇〇〇	
瓊山	一·〇八〇〇〇	一二·九六〇〇〇	
汕頭	一·二二五〇〇	一三·七〇〇〇〇	
中山	一·〇二〇〇〇	一二·二四〇〇〇	
合計	一四·五四八〇〇	一七三·五七六〇〇	

民國二十年本省營業稅收入統計表

款目＼月別	十月	十一月	十二月	合計	平均
商店申報手續費	六・三六四	二八・二一五	一四・一〇〇	四八・六七九	一六・二二六
稅款		一一・三八七	八三・五八三	九四・九七〇	三一・六五六
合計	六・三六四	三九・六〇二	九七・六八三	一四三・六四九	四七・八八三

民國二十一年本省營業稅收入統計表

款目＼月別	商店申報手續費	稅款	合計
一月	四・四四三	六〇・六〇四	六五・〇四七
二月	五三九	六・五三六	七・〇七五
三月	五二六	六・一七二	六・六九八
四月	三・三五一	一二・一七二	一五・五二三
五月	八六三	一〇・三二〇	一一・一八三
六月	五六九	一二八・二五四	一二八・八二三
七月		七六・四二八	七六・四二八
八月	六五五	八〇・三〇四	八〇・九五九
九月		一一七・八五〇	一一七・八五〇
十月	一・四四〇	五一・五七三	五三・〇一三
十一月	九五六	四九・五七五	五〇・五三一
十二月	四・二九八	六八・一七九	七二・四七七
合計	一七・六四〇	六七七・九六七	六九五・六〇七
平均	一・四七〇	五六・四九七	五七・九六七

二十年份廣州市營業稅區支出經費表

機關＼月份＼經費	開辦費	八月份	九月份	十月份	十一月份	十二月份	合計
第一區	二三四〇〇	三〇七五〇	六一五〇〇	六一五〇〇	六一五〇〇	六一五〇〇	三・〇〇〇一五
第二區	二三四〇〇	四七二三五	六一〇〇〇	六一〇〇〇	六一〇〇〇	六一〇〇〇	三・一四六二五
第三區	二三四〇〇	三二二五九	六二五〇〇	六二五〇〇	六二五〇〇	六二五〇〇	三・〇五六五九
第四區	二三四〇〇	四一二六七	六一〇〇〇	六一〇〇〇	六一〇〇〇	六一〇〇〇	三・〇八六六七
第五區	二三四〇〇	三二八九六	六〇〇〇〇	六〇〇〇〇	六〇〇〇〇	六〇〇〇〇	二・九六二九六
第六區	二三四〇〇	三二八九六	六〇〇〇〇	六〇〇〇〇	六〇〇〇〇	六〇〇〇〇	二・九六二九六
第七區	二三四〇〇	四一二九〇	六二二〇〇	六二二〇〇	六二二〇〇	六二二〇〇	三・一三四九〇
第八區	二三四〇〇	二三七二四	六一五〇〇	六一五〇〇	六一五〇〇	六一五〇〇	三・〇三一二四
第九區	二三四〇〇	四三二八九	六一〇〇〇	六一〇〇〇	六一〇〇〇	六一〇〇〇	三・一〇六八九
第十區	二三四〇〇	四八二八七	六〇〇〇〇	六〇〇〇〇	六〇〇〇〇	六〇〇〇〇	三・一一七八七
十一區	三二九〇三	六〇〇〇〇	六〇〇〇〇	六〇〇〇〇	六〇〇〇〇	六〇〇〇〇	三・三二九〇三
十二區	二三四〇〇	五六三一二	六〇二〇〇	六〇二〇〇	六〇二〇〇	六〇二〇〇	三・二〇五一二
十三區	二三四〇〇	二五三四五	六〇四四〇	六〇四四〇	六〇四四〇	六〇四四〇	二・九〇五〇五
十四區	二三四〇〇	三五四一九	六一〇〇〇	六一〇〇〇	六一〇〇〇	六一〇〇〇	三・〇二八一九
十五區	二三四〇〇	四〇六四五	六〇〇〇〇	六〇〇〇〇	六〇〇〇〇	六〇〇〇〇	三・〇四〇四五
評議會				一〇二二八	一九八〇〇	一九八〇〇	四九八二八
合計							四六・六一二六〇

二十一年份廣州市營業稅區局支出經費表

各屬營業稅局

機關 \ 月別	開辦費	一月	二月	三月	四月	五月	六月	七月	八月	九月	十月	十一月	十二月	恩薪	合計
第一區		六一五〇〇	六一五〇〇	四九五九五										二三〇〇〇	一·九五五九五
第二區		六一〇〇〇	六一〇〇〇	四九一九三										二四〇〇〇	一·九五一九三
第三區		六二五〇〇	六二五〇〇	五〇四〇三										二七〇〇〇	二·〇二四〇三
第四區		六一〇〇〇	六一〇〇〇	四九一九三										二七〇〇〇	一·九八一九三
第五區		六〇〇〇〇	六〇〇〇〇	四八三八五										二七〇〇〇	一·九五三八五
第六區		六〇〇〇〇	六〇〇〇〇	四八三八六										二五〇〇〇	一·九三三八六
第七區		六二三〇〇	六二三〇〇	五一六一三										二七〇〇〇	二·〇三二一三
第八區		六一五〇〇	六一五〇〇	四九五九五										二五〇〇〇	一·九七五九五
第九區		六一〇〇〇	六一〇〇〇	四九一九三										二一二五〇	一·九二四四三
第十區		六〇〇〇〇	六〇〇〇〇	四八三八七										二七〇〇〇	一·九五三八七
十一區		六〇〇〇〇	六〇〇〇〇	四八三八七										二七〇〇〇	一·九五三八七
十二區		六〇三〇〇	六〇三〇〇	四八五四七										[illegible]	一·八〇九四七
十三區		六〇四四〇	六〇四四〇	四八七四二										二七〇〇〇	一·九六六二二

十四區		六一〇〇〇	六一〇〇〇	四九一九三									一五〇〇〇	一・八六一九三
十五區		六〇〇〇〇	六〇〇〇〇	四〇六四五									一二〇〇〇	一・七二六四五
評議會		一九八〇〇	一九八〇〇	一九八〇〇	一九八〇〇	一九八〇〇	一七八二〇	一七八二〇	一七八二〇	一七八二〇	一七八二〇	一七八二〇	一七八二〇	二・二三七四〇
廣州局	二三六五三〇	二七六八二	六四九〇三六	七七三四三八	七二八二九六	七五八八六五	七四〇七九〇	七四〇七九〇	七四〇七八〇	七四〇七九〇	七四〇七八〇	七四〇七九〇	七四〇七九〇七四〇七八〇	六九・六七七九七
南番三局	二四八〇〇							四四二二九	八五五〇〇	八五五二三	八五五〇〇	八五五〇〇	八五五〇〇	四・九六四二九
新台開局	二四八〇〇							四四二二九	八五五〇〇	八五五〇〇	八五五〇〇一二四	四〇二四七四		五・七四九〇九
中山局	二〇四六〇							四〇〇五〇	八〇二〇〇	八〇二〇〇	八〇二〇〇	八〇二〇〇	八〇二〇〇	四・六一〇一〇
汕頭局	二四八〇〇								四二七五〇	八五五〇〇	八五五〇〇	八五五〇〇	八五五〇〇	四・〇九五九〇
瓊山局	二四八〇〇								二七五八〇	八五五〇〇	八五五〇〇	八五五〇〇	八五五〇〇	三・九四三八〇
合計														一二四・五五二九九

廣東省財政廳廣州市營業稅局調查表

商號	營業所在地	分局	路 街	里 巷 門牌第	號
	司理人姓名		年歲	籍貫	
電話號數	營業種類		總支店及所在地		

調查項目	調查狀況	備考
出資金額		
公積金或與公積金性質相同之資產額		
附充金及借入金總額		
總收入金額		
總支出金額		
舖底頂手額		
舖屋產價		
年結存貨金額		
調查員所見存貨推定金額		
以前每年所納營業稅總額		
其他		

調查注意

（一）出資金額公積金額借入金額總收入金額總支出金額結存貨金額均照年結證明數量填入如商人藉何種口實不將年結交閱則用口頭問明填入至填入之數照年結或口頭備考欄內註明如口頭說明仍托故推卻者在備考欄內註明推卻事由

（二）調查員所見存貨數量推定金額根據所見數量及詢問價值約略推算

（三）營業之資本能分別計算者商號名稱雖同應作數個獨立營業分別填報如資本共同時有可證明者記其能證明額數不能證明者記其口頭詢問額數

營業申報單

字第　　號

給證　年　月　日

申報　年　月　日

商號	營業所在地	分局	街路	里巷門牌第　號
司理人姓名		年歲	籍貫	
開業　年　月　日		所屬同業公會		
電話號數	營業種類	總支店及所在地		

申報項目	數量	申報注意
出資金額		如係股份有限公司填已繳股份金額
公積金額		公積金或與公積金性質相同之資產依照上年年結填入此欄
附充金及借入金總額		附充揭項等依照上年年結填入此欄
舖屋產價		如非自己物業不填此欄倉庫碼頭亦同價額照時值申報
舖底頂手額		照登記額填入
商業牌照金額及領照年月		未領商業牌照者填未領二字
收入金額		照上年度收入總金額填入如非包工鐵路倉庫碼頭市場屠宰場廣告娛樂場營業不填此欄
營業金額		照上年度全年營業額填入如非酒菜館旅館酒店洋服營業不填此欄
報酬金額		照上年度全年所收報酬金額填入如非庄口報稅館代理經紀營業不填此欄
特定設備之建築金額		照時價申報
裝修金額		照時價申報
機器金額		照時價申報
傢俬器具價額		照時價申報
存貨價額		照上年結存貨價額申報
賒出貨價額		照上年年結申報
貯存現金		照上年年結申報

如係個人營業其營業與個人經濟混而爲一或該營業之總店在本章程施行地區域之外資本額不能如前表分別申報者應填此七欄

(一)營業種類照最普通名稱填入並須畧將營業內容申明如兼營數種營業時須同時填入

(二)由支店申報時將「總支店及所在地」欄之「支」字塗去由總店申報時塗去「總」字總支店在同一課稅區域內由總店合作一個營業申報其能劃分者應別申報

(三)同一商號兼營數種業者關於資本除將總額填入外其可以分別計算者須逐一另單開明粘表以憑分別計算

廣東省財政廳廣州市營業稅局局長武

申報人

店號 司理姓名蓋章

局址廣州市廣衞路第八號

此係二十二年份申報應携帶二十一年份營業証或申報單收據檢驗

本局派員調查必有手令証章及該店原具申報單如無此三種憑証即是假冒應即會警扭解勿受所愚爲要

申報單收據

茲收到　分局　街路　巷里門牌第　號

商號申報單　紙此據

廣東省財政廳廣州市營業税局

中華民國　年　月　日

字第　號

存根

此存查

分局　街路　巷里門牌第　號

商號申報單　紙業收填發除給據外填

中華民國　年　月　日

營業稅納稅通知書

營業稅納稅通知書存根

字第　　號

納稅人姓名

冊　字第　　號

地址商號

營業種類

兼營業務

本年度納稅表

期別	稅款大洋數	納稅期限
第一期		一月一日起至月底止
第二期		三月一日起至月底止
第三期		五月一日起至月底止
第四期		七月一日起至月底止
第五期		九月一日起至月底止
第六期		十一月一日起至月底止

說明：該納稅人全年金額經本局查定爲　萬　千　百　十　元　毫　仙，照章應按該額課稅千分之　，計全年應納稅額大洋　萬　千　百　十　元　毫　仙，每期應納稅額如右列合說明。

該納稅人應遵照右表所規定期限及稅額携同通知書向本局繳納

廣東財政廳廣州市營業稅局局長

中華民國　年　月　日

字第　　號

營業稅納稅通知書

字第　　號

納稅人姓名

冊　字第　　號

地址商號

營業種類

兼營業務

本年度納稅表

期別	稅款大洋數	納稅期限
第一期		一月一日起至月底止
第二期		三月一日起至月底止
第三期		五月一日起至月底止
第四期		七月一日起至月底止
第五期		九月一日起至月底止
第六期		十一月一日起至月底止

說明：該納稅人全年金額經本局查定爲　萬　千　百　十　元　毫　仙，照章應按該額課稅千分之　，計全年應納稅額大洋　萬　千　百　十　元　毫　仙，每期應納稅額如右列合說明。

該納稅人應遵照右表所規定期限及稅額携同通知書向本局繳納

廣東財政廳廣州市營業稅局局長

中華民國　年　月　日

局址廣衛路八號

納稅須携上期稅單

携帶二十年申報單收據及二十一年舊證（或二十一年申報單收據）換領新証

營業稅征收章程第二十四規定

滯納罰則

（一）逾限壹個月以內者加收稅額十分之一

（二）逾限兩個月以內者加收稅額十分之二

（三）逾限叁個月以內者加收稅額十分之三

（四）逾限四個月以上者得停止其營業仍追繳滯納稅款

催納書存根

字第　　號　　第　　期　　年度

納稅人姓名

地址商號

稅欵大洋　　千　　百　　拾　　元　　角　　仙

上項稅欵經已逾期未據遵照繳納應限於　　月　　日以前悉數清繳倘再

逾期定予照章執行處罰

廣東省財政廳廣州市營業稅局局長

中華民國　　年　　月　　日

字第　　　　號

營業稅催納書

字第　　號　　第　　期　　年度

納稅人姓名

地址商號

稅欵大洋　　千　　百　　拾　　元　　角　　仙

上項稅欵經已逾期未據遵照繳納應限於　　月　　日以前悉數清繳倘再

逾期定予照章執行處罰

廣東省財政廳廣州市營業稅局局長

中華民國　　年　　月　　日

廣東省財政廳廣州市營業稅局分戶賬

收到申報單　月　日　字　號

分局

商店名號

店東或司理人姓名　年歲　籍貫　住所

滯納　數目

傳票　號數

路　街

巷　里

門牌　舖　號

業別

個　法人　營業

總資本額

營業額

收入額

報酬額

按　額　征千分之

第一期應納稅額　月　日已繳稅額

第二期應納稅額　月　日已繳稅額

第三期應納稅額　月　日已繳稅額

第四期應納稅額　月　日已繳稅額

第五期應納稅額　月　日已繳稅額

第六期應納稅額　月　日已繳稅額

上年度積欠稅額　本年納稅總金額

本年度應納總稅額　積欠總額

備考

營業証　字第　號

通知書　字第　號

財政廳徵收營業稅稅單（此稅單由財廳印發）

丙聯　　號

第　　字

廣東財政廳征收營業稅

存　　根

營業証號數

民國　　年

第　　期

納稅人姓名

地址商號

大洋　　仟　　佰　　拾　　元　　角　　仙整

經手收銀人

中華民國　　年　　月　　日收稅

騎縫銀數要寫深碼

此聯存查

乙聯　　號

第　　字

廣東財政廳征收營業稅

稅　　單

營業証號數

民國　　年

第　　期

納稅人姓名

地址商號

銀數要寫深碼經手收銀人加蓋私章於銀碼字上

大洋　　仟　　佰　　拾　　元　　角　　仙整

上項稅欵經已如數核收除填給甲聯稅單外合填繳驗

中華民國　　年　　月　　日收稅

第　　字　　號征收大洋

騎縫銀數要寫深碼

此聯彙繳財政廳查核

式樣

甲聯　　號

第　　字

廣東財政廳征收營業稅

稅　　單

營業証號數

民國　　年

第　　期

納稅人姓名

地址商號

銀數要寫深碼經手收銀人加蓋私章於銀碼字上

大洋　　仟　　佰　　拾　　元　　角　　仙整

上項稅欵經已如數核收合填稅單給與納稅人收執爲據

中華民國　　年　　月　　日發給

第　　字　　號征收大洋

下期納稅時須携備此單以便查閱

此聯填給納稅人收執

營業稅罰欵收據(此據由財政廳印發)

營業稅罰欵存根

字第 號	營業証號數		納稅人姓名	地址商號

查該納稅人違犯廣東省營業稅征收章程第 條之規定照章判處罰金大洋 除核收暨分別給繳外填據存查

中華民國 年 月 日

此聯存查

字第 號

營業稅罰欵繳驗

字第 號	營業証號數		納稅人姓名	地址商號

查該納稅人違犯廣東省營業稅征收章程第 條之規定照章判處罰金大洋 除核收並給據外合填據繳驗

中華民國 年 月 日

此聯彙繳財政廳查核

字第 號

營業稅罰欵收據

字第 號	營業証號數		納稅人姓名	地址商號

查該納稅人違犯廣東省營業稅征收章程第 條之規定照章判處罰金大洋 除如數核收外合填此收據

中華民國 年 月 日

此聯填給繳欵人收執

[illegible]

营業稅

首次申報手續費收據

茲收到　　分局　　路街　　里巷門牌第　　號

商店繳來首次申報手續費大洋貳元整此據

收款人

中華民國　　年　　月　　日

此聯填給繳款人收執

字第　　號

營業稅

首次申報手續費繳驗

茲收到　　分局　　路街　　里巷門牌第　　號

商店繳來首次申報手續費大洋貳元整除給據外合填

此繳驗

收款人

中華民國　　年　　月　　日

此聯彙繳查驗

字第　　號

營業稅

首次申報手續費存根

茲收到　　分局　　路街　　里巷門牌第　　號

商店繳來首次申報手續費大洋貳元整除給據及繳驗

外填此存查

收款人

中華民國　　年　　月　　日

此聯存查

廣東省財政廳營業稅調查證

營業證號數	商號名稱	營業種類	金額	兼營業務	商店所在地	司理人姓名	司理人籍貫
第　字　號							

中華民國　年　月　日

廳長

此證須掛於當眼之處

此證每年要換領壹次

第　字　號

存根

營業證號數	商號名稱	營業種類	金額	兼營業務	商店所在地	司理人姓名	司理人籍貫
第　字　號							

中華民國　年　月　日

廳長

第　字　號

繳驗

營業證號數	商號名稱	營業種類	金額	兼營業務	商店所在地	司理人姓名	司理人籍貫
第　字　號							

中華民國　年　月　日

廳長

附錄

省府令電車電燈自來水等納稅範圍分別應征應免解釋疑義仰遵知照文

廣東省政府訓令　財字第一六五二號民國二十年四月廿日

令財政廳廳長

為令知事，現准

財政部賦字第一八五七九號咨開，案准北平市政府，第六八號咨開，據財局呈稱，征收營業稅大綱，及補充辦法內規定，銀行及特種公司，電車，電燈，自來水等，納稅範圍，尚有疑義，請分別解釋，等由到部，除以查征收營業稅大綱第一條，載有已向中央繳納所得稅之公司，及已由中央征收特種稅捐者，除外一語，係指已向中央繳納所得稅，或特種捐稅者而言，本部業經定有解釋辦法五項，通行照辦，又補充辦法第十一條所載之銀行，暨特種公司，應由中央另案課稅，自不在各省市營業稅範圍之內，至電車，電燈，自來水公司，如係官營事業，當然不征營業稅，如係民營事業，電車，電燈等，屬於電氣業者，其營業稅稅率，最高不得超過營業收入額千份之二，水為日用品中最須要，最易消費之品，自來水業，及售水業等，自應剔除免征等語，咨復該市府，轉飭財政局知照外，相應咨請查照，轉飭所屬主管機關，一體知照，等由准此，除分行外，合行令仰該廳，即便知照，此令

委員會主席陳銘樞

財政部令據全國醫師聯合會呈請俯准通令各省財廳釋明醫師屬自由職業不得誤認為征收營業稅等情仰遵照國府頒布之營業稅法辦理文

令廣東財政廳

財政部令

為令行事，案據全國醫師聯合會主席徐乃禮呈稱，竊敝會前據武漢醫師公會來函略稱，頃接湖北漢口營業稅局，第二十一號公函

，內開，逕啓者，案查敝局奉令舉辦漢口營業稅事宜，前以貴會會員之醫院診所，應否一律登記，呈奉湖北財政廳指令，飭開醫師之醫院，診所，其性質，現與以營業爲目的之各種私人營業，無甚分別，應准先予登記，等因，奉此，經令飭所屬各所遵照辦理各在案，現在登記期限，業將屆滿，貴會會員之醫院診所，尙未照章登記，於敝局完成登記問題，不無影響；相應函達貴會，請煩查照，迅予轉知各會員，尅日先行登記爲荷，等由准此，查營業稅，則爲我中央統籌規定，對於醫院診所，自應查照，編遵庫劵辦法，免予征收，前經函呈在卷，兹値催征甚急，屬會不能單獨承認，致礙發個進行，等因，屬又據武漢醫師公會來函，亦稱，敬啓者，頃據會員報告，近日本邑營業稅征收局，分向各醫院，散發申報書，囑令塡報，每年收入，以便征稅，等情，到會查各醫院，與商店性質不同，似無營業稅征收之可言，云云，據此，敝會以本事件，旣有乖中央規定之職業分類，尤影響全國醫師之人格與生計，當於第九次執行委員會，討論結果，以爲按照行政院頒布，各省征收營業稅大綱，第二條，第一項，營業稅，應就各省商業，分別種類，等級，征收之等語，是營業稅，爲商業上之一種課稅，商業以商品爲必要工具，而醫師恃勞力，技能，以執業，病人更不得爲醫師之商品，故中央規定職業分類，以醫師，律師，會計師，工程師，學校教員，新聞記者，均歸屬於自由職業之下，不與工商爲伍，蓋不以品物交易，金錢賣買，爲目的，而全賴其學術技能之一種職業也，故對於國家，只有負所得稅之義務，不能應工商業之征，今以非商業性質之醫師，而課征其營業稅，根本未免錯誤，如謂醫師因附帶藥品關係，跡近營業，殊不知醫師治病上，必須之葯，從來仰給於各埠葯房，而葯品之營業稅，現責征於葯，尤不當重征於醫師，其理至極明顯，再進一步，此次創收營業稅，純爲抵補厘金而發，醫院診所，向不担負厘金，更無直接負繳營業稅之義務，敝會以國家賦課，國民納稅，均有一定範圍，固不當縱亦不可濫，醫師執務，旣不屬商業，則與行政院所頒征收營業稅本旨有乖，用敢具呈，仰乞鈞部俯准，通令各省財政廳，釋明醫師屬自由職業，不得誤認爲征收營業稅，實爲公便，等情，到部，查醫師及醫院診所，係屬自由職業之一種，其納稅性質，應屬於所得稅範圍，按照最近國民政府頒布之營業稅法，第三條所列舉之規定，醫師及醫院診所，自不在征收營業稅範圍以內，應由該廳長，即便轉飭各征收機關，一體知照，以符法令，除批示外，合行令仰遵照辦理，此令

咨各省市政府解釋辦法五項文

爲咨行事，案查全國實行裁釐，由各省舉辦營業稅，以資抵補一案，經本部呈准
行政院，將征收營業稅大綱，及補充辦法，通令各省市遵照在卷，惟查營業稅大綱第一條，有已向中央納所得稅之公司，及已由

中央征收特種捐稅者除外之規定，補充辦法第一條，有凡銀行暨特種公司，及已征牌照稅之菸酒業除外之規定，又營業稅所用營業證，究應貼用印花稅票若干，亦爲前此條例所未備，均應酌予明白解釋，俾營業稅之征稅納稅兩方，並有遵循，茲將解釋辦法五項列下，(一)凡廠或公司已納統稅，或特種消費稅者，各省不得再向其廠，或公司征收營業稅，但推銷販賣之商行店舖，應仍征營業稅，(二)凡專營鹽業，已由中央征收鹽稅者，各省不得再向其征收營業稅，但販賣雜品之商店，兼營零鹽者，應征營業稅，(三)凡專營菸酒業，已由中央征收菸酒牌照費者，各省不得再向其征收營業稅，但販賣物品之商店，兼售菸酒者，應征營業稅，(四)凡營業証應貼用印花稅票，其資本在五百元以上者，每證一律貼用五角，其資本在五百元以下者，每證貼用一角(五)凡交易所，由中央征收交易所稅，各省不得征營業稅，以上各項辦法，除分咨外，相應咨請

政府

查照，並予轉飭財政廳局遵照辦理，至紉公誼，此咨

部長宋子文

广东省会计章则汇编

广东省财政厅会记室　编

廣東省會計章則彙編

廣東省財政廳會計室編印

廣東省財政廳頒訂各種會計制度

廣東省會計章則彙編目錄

民國二十七年八月一日編印

廣東省各級金庫規程

廣東省各級金庫規程

二十七年七月一日省政府委員會第八屆一一四次會議通過同日公佈

第一章 總則

第一條 廣東省爲統一省縣市公欵收支起見，設立各級金庫，分別掌理各級機關公欵出納，存儲，及有價証券保管事宜。

第二章 金庫組織

第二條 本省於省會所在地設省總金庫（簡稱省總庫）於各縣市設省分金庫，（簡稱省分庫總庫分庫統稱省庫）及縣市金庫（簡稱縣庫或市庫，以下關於縣市庫之規定，於管理局適用之），幷於必要時，就收支特繁之地方，或機關，設支金庫，（簡稱支庫）或就征收機關，設金庫收欵處。

第三條 各縣市庫由省分庫兼理之，但金庫對於省縣欵之收解存支，應分別立戶，不得混雜挪移。在未設有省分庫或省分庫距離縣政府較遠之縣份得依照廣東省各縣地方金庫章程設立縣金庫。

第四條 全省省縣市庫除省總庫外，由廣東省銀行或其他金融機關代理之。其代理辦法除遵守本規程外，另以協約定之。

第五條 省庫以財政廳爲主管機關縣市庫以縣市政府爲主管機關。

第六條 省總庫設金庫長一人，由財政廳薦請廣東省政府任命之。

第七條 各縣市省分庫各設主任一人，並兼任縣市庫主任，支庫設主管出納員一人，金庫收欵處設主管收欵員一人，均由代理金庫機關遴派，並函財政廳備案，其餘職員，由代理金庫機關自行按照需要配備之。所有各級金庫人員之待遇，保証，考核，均由代理金庫機關，負其責任。

第八條 各縣市省分庫主任及縣市庫主任，受金庫主管機關及金庫長之指揮監督掌理省分庫及縣市庫一切事宜，支庫主管出納員，及金庫收處欵主管收欵員，承省分庫主任及縣市庫主任之命辦理，主管事宜。

第三章 公欵出納存儲辦法

第九條 所有公欵出納存儲事務，省欵應集中於省庫，縣市欵應分別集中於縣庫或市庫。

第十條 各機關收入，概須當日繳庫。距離金庫較遠之機關其零星收入累積總額，未達國幣三百元者，得自行保管彙解，但至每月末日，無論存欵多寡，應掃解清楚。

第十一條　各級政府及其所屬機關存庫欵項，用存欵制，其利率及計息辦法，由財政廳與代理金庫機關商定之。

第十二條　各項賦稅及其他收入繳庫後，均分別省縣市欵，歸入省欵普通總基金，及縣欵或市欵普通總基金，但指撥特種用途之收入，應逕列指定之特種基金。

第十三條　收入之欵目，於繳欵時，尚未分類者，應列入暫存欵，於欵目分類後，轉入普通總基金。

第十四條　各機關按照預算法案，請領經費，省欵由財政廳，縣市欵由縣市政府核發支令，飭庫由普通總基金，轉入各該機關經費基金，存欵憑支票支用，或由各機關領出自行管理。

第十五條　各級金庫，非奉支令不得付欵。省欵支令，須經審計部廣東審計處之會簽，縣市欵支令，須經縣市政府主辦會計人員之會簽，方爲有效。違背前項規定者，金庫主管人員負其責任。

第十六條　各機關爲應付緊急，及特殊用途，得先期呈准財政廳，就省欵或縣市欵內酌撥特別備用金，仍須於支用後，隨即專案領欵歸墊。

第十七條　各機關爲應付零星用欵，得就各該機關經費基金內，預撥額定備用金。前項額定備用金，以每月經費四分之一爲限，但經費總額在二千元以上者，其備用金不得超過五百元，於用罄時，或每月末日，檢據報帳，在經費基金內領還。

第十八條　各機關於年度終了時，應將節餘經費，掃數繳庫，歸入普通總基金。

第十九條　特種基金之管理，與支用，如有法令或契約之規定，從其規定，其無規定者，準用關於經費基金之規定。

第二十條　財政廳對於省庫各庫間，公欵調撥，以滙劃通知飭庫行之。

第廿一條　各機關有價証劵，應送存金庫保管。

第廿二條　各機關如有截留公欵不解，或非法支用公欵者，除責令賠償外，並依刑法處罰之。

第四章　附　則

第廿三條　各級金庫會計制度另訂之

第廿四條　省縣市欵收支程序另訂之

第廿五條　本規程施行之日起，原頒廣東省金庫條例應即廢止。

第廿六條　本規程由廣東省政府公布自民國二十七年七月一日起施行。

廣東各地郵政儲金局儲匯省縣公欵特約辦法

廣東各地郵政儲金局儲滙省縣公款特約辦法

一・特約性質

(一)本辦法由廣東省政府財政廳（以下簡稱財政廳）與廣東郵務管理局（以下簡稱管理局）本於雙方事業上之需要協定之

(二)凡廣東省未設省銀行各縣份之省分金庫及縣金庫由郵政儲金局（兼辦儲匯業務之郵局視爲郵政儲金局）（以下簡稱局或代理金庫）代理之

其有省銀行縣份之省縣金庫如郵政儲金局在地點上或服務上或條件上較爲便利適宜時並得由財政廳斟酌情形委托局方代理

(三)代理金庫之各局應用收支書據格式及處理手續依照廣東省省縣款收支程序之所定其適用於各局之部份於本辦法三(一)及四(一)兩條列舉之

此項收支程序由財政廳印送管理局分發各局查照

(四)代理金庫之各局應於出納公款之處所懸掛某某省分金庫及某某縣金庫之標牌以便識別

(五)代理金庫之各局主管人員視同金庫主任其在收支書據上所用印章從管理局之規定但應分別通知財政廳及縣政府存案

(六)代理金庫之各局不負墊款之責任

二・儲滙地點

代理金庫之局名列舉如附表其餘廣東省境內通匯之郵政局所均依本辦法代爲通匯公款遇有增減代理金庫地點之需要時隨時由財政廳與管理局洽辦

三・代理省分金庫辦法

(一)收支款項手續

管理局立一「廣東省款普通總基金存款」總戶所有各局經收解繳之省款悉行彙列本戶（凡屬特種基金之收入一併列入由財政廳另行撥出）其由各局經付之省款亦統由本戶支付之

甲・解款手續 代理金庫收納報解省款應憑各機關複寫六份之省款解單（格式一〇三）核與所繳款項相符即逐份加蓋印章及收訖年月日戳記分別處理如左

1. 解款回證
2. 解款收據 }交解款機關作據
3. 解款通知——存局用作登記帳憑證
4. 解款報告——送財政廳
5. 解款報查——送會計處
6. 解款報查——送審計處 }均隨同收支日報寄管理局送財政廳分別存轉

乙•支欵手續　代理金庫支付省欵應憑財政廳簽發複寫六份之省欵支令（格式一〇六）核對相符卽行照付逐份加蓋付訖年月日戳記分別辦理如左

1.支令——由財政廳送管理局轉送付欵局以憑與領欵通知核對

2.領欵通知——由領欵機關持來與支令核對後仍行交還

以上二份均用財政廳長及審計處長聯署之印鑑

3.領欵收據——存局用作記帳憑證

4.領欵報告——送財政廳

5.領欵報查——送會計處

6.領欵報查——送審計處

（4、5、6）均由領欵機關加蓋印章4 5 6三份隨同收支日報寄管理局送財政廳分別存轉

所有核簽支令機關及領欵機關之印鑑均由財政廳備送管理局轉飭知照

財政廳得於存欵總額以內指定代理金庫任何一局付欵不受各該局個別收支結存狀況之限制

（三）報帳手續

代理金庫各局除按照規定簡碼辦法將省欵收支總數電報財政廳並將電報費於每月底向財政廳收取外每日應將當日收支省欵開具省欵收支日報（格式二〇三）複寫四份連同解欵報告解欵報查領欵報告領欵報查（參閱三）（二）全份送管理局抽存收支日報一份餘送財政廳分別存轉

每月月份終了後提要開具收支月報（格式二〇四）送管理局轉財政廳核對

四•代理縣金庫辦法

（一）收支欵項手續

代理金庫各局各立一「某某縣縣欵普通總基金存欵」戶所有該縣縣欵之收支均歸之（凡特種基金之收入一併列入由縣政府另行撥出）本戶餘欵存在當地

甲•解欵手續　代理金庫收納報解縣欵應憑各機關複寫四份之縣欵解單（格式二一〇）核與所繳欵項相符卽逐份加蓋印章及收訖年月日戳記分別辦理如左

1.解欵回證

2.解欵收據

（1、2）交解欵機關作據

3.解欵通知——存局用作記帳憑証

4.解欵報告——隨同收支日報送縣政府

乙•支付手續　代理金庫支付縣欵應憑縣政府簽發複寫四份之縣欵支令（格式二一一）核對相符卽行照付逐份加蓋付訖年月日戳記分別處理如左

1.支令——送付欵局以憑與領欵通知核對

2.領欵通知——由領欵機關持來與支令核對後仍行交還

以上二份均用縣長及主辦會計人員印鑑

3. 領款收據——存局用作記帳憑証 ｝均由領款機關加蓋印章
4. 領款報告——隨同收支日報送縣政府 ｝

所有核發支令機關及領款機關之印鑑均由縣政府備送代理金庫知照

（二）報帳手續

代理金庫每日應將當日收支縣款開具縣款收支日報（格式二〇三）複寫二份一份連同解款報告領款報告全份送縣政府一份送管理局

每月提要開具收支月報（格式二〇四）送縣政府核對

五・各機關存款

此項存款按機關立戶視同存簿儲金得不列入收支日報每一徵收機關立一「某某機關暫存款」戶憑該機關繳款單（格式一〇二）收款並以支單（格式一〇四具特別劃線支票性質）隨同解單劃入「省款普通總基金存款」或「縣款普通總基金存款」戶各機關並得請立「某某機關經費基金」戶憑該機關支票（格式一零七）支取

此項支單支票得以郵局之支票或提款單代之但暫存款戶祇准轉入普通總基金存款戶不得提現

六・貨幣種類

各地公款之存入及支取均以國幣爲本位出納毫券照法定比率（一四四）折合之其餘通用貨幣均照市價折成國幣

七・利息定率

各局儲金利率除定期另議外「廣東省款普通總基金存款」定爲週息三釐每半年結算一次各縣縣款普通總基金存款及各機關存款定爲週息四釐五毫按照郵政儲金規程第九節之規定計算之

八・通匯辦法

凡縣城以外之稅收機關或經徵人員托由通匯之郵政局所繳納稅款時以繳款單（格式一零二）指明地點通匯之此項繳款單複寫二份一份繳款收據由繳款人向匯款局所掣蓋收訖印章作據一份繳款通知由匯兌局所寄到達局收入暫存款戶縣政府對於縣城以外之機關支付款項時得在支令上指明付款地點由局方照匯並掣回領款人之收據報告報查各一份（即四（一四）乙，規定各件）自縣款普通總基金戶支出隨同收支日報併報縣政府

九・運匯費用

財政廳對於管理局與各地通匯局所經匯省縣公款不逐筆計算匯費全年總給運匯費用國幣五千元正於一月七月各付半數上定金額以第一年爲限以後按照實際收支情形另行協定之

十・手續費

財政廳爲酬勞代理金庫各局處理收支書類及報告額外手續起見均按局每年給予手續費國幣七百二十元（即每月六十元）由財政廳按月彙送管理局其餘通匯之郵政局所毋庸另貼

現設郵政代辦所縣份改組郵局代理金庫者其所需費用除郵局業務上所應負擔者外由財政廳津貼之其數額由管理局與財政廳洽訂

十一・工作效能

各局及各通滙處所職員對於省縣各機關存支儲滙公欵應以最迅速之方法與相當之禮貌處理務使咸感便利以利雙方事業之發展

十二・警衛責任

代理金庫各局由縣政府負警衛之責送解欵項於必要時亦由縣政府派警保護

十三・損失責任

各局經匯公欵如受有損失時除確因不可抗力事故得免于賠償外均予負擔責成並於可能範圍內隨時留意務使公欵運送得以安全

十四・行文規定

財政廳與管理局行文及各縣縣政府與郵政儲金局行文均用公函但送達收文書類應用規定之表式毋庸備文以資簡便

十五・施行日期

本辦法自二十七年七月起實行定期三年所有未盡事宜由財政廳與管理局雙方隨時商定之

附表

郵政儲金局代理金庫地名表

番禺	揭陽	潮陽	茂名	合浦	豐順	化縣	饒平
廣寧	電白	陽春	靈山	廉江	普寧	羅定	英德
海康	信宜	防城	五華	雲浮	澄海	博羅	新興
花縣	吳川	儋縣	寶安	高明	定安	遂溪	從化
陽山	始興	紫金	澄邁	臨高	海豐	陸豐	龍川
徐聞	和平	仁化	封川	大埔	萬寧	蕉嶺	連山
平遠	崖縣	佛岡	連平	赤溪	新豐	陵水	惠來
開建	乳源	樂會	南澳	昌江	感恩	樂東	白沙
保亭	南山管理局	安化管理局					

廣東省銀行代理省縣金庫協定辦法

廣東省銀行代理省縣金庫協定辦法

（一）凡本省已設省銀行各縣市之省分金庫及縣市金庫由省銀行代理之。凡省銀行距離縣政府在五里以上之縣份由省銀行另設金庫於縣政府或由郵政機關代理之。其未設行之縣份，所有省分金庫及縣金庫事務由郵政機關代理之。

（二）各縣市代理金庫之省銀行應與通滙之郵政局及代辦所密切合作，對於各地征收人員托由郵政局所滙繳之稅欵隨時照收入庫，以構成完密之金庫網。

（三）省銀行代理省縣金庫出納會計事宜，依照廣東省各級金庫規程、省縣欵收支程序、省縣金庫統一會計制度、及其他一切關係法令辦理。

（四）各地公欵之存入及支取均以國幣爲本位、出納毫劵照法定比率（一四四）折合之。其餘通用貨幣均照市價折成國幣。

（五）存欵利率除定期另議外，訂爲週息三厘，每半年結算一次，所有省縣欵普通總基金、特種基金、經費基金、及暫存欵等一切活期存欵一律照計；前訂國幣壹百萬元以內不計利息之限制取銷。

（六）各縣省銀行代理省分金庫及縣金庫，由財政廳按月按縣津貼手續費國幣壹百元，幷由廳彙總十足撥付，各縣縣政府概不另給貼費。

省銀行對于省縣公欵在各行間之通滙，概不逐筆計算滙費，由財政廳全年總給運滙費用國幣六千元正，於一月七月各付半數，上定金額，以第一年爲限，以後按照實際收支情形，另行協定之。

（七）財政廳委托省銀行派遣收欵員就征收機關設立金庫收欵處者，由所駐征收機關按照收欵員名額每名每月暫行實支

廣東省銀行代理省縣金庫協定辦法　　二

津貼毫券五拾元，不加折扣。其應設名額由征收機關斟酌實際需要與當地省銀行商定之。

（八）代理省縣金庫之省銀行，不負墊款之責任。

（九）各金庫經滙款項如受有損失時，除確因不可抗力事故得免於賠償外，均予負担責成。

（十）各縣代理金庫之省銀行，由縣政府負警衛之責，送解款項于必要時亦由縣政府派警保護。

（十一）各縣省分金庫及縣金庫辦公時間，應與所在地縣政府辦公時間相同，遇必要時，并得由主管金庫機關商請延長之。至收款員應遵照所駐征收機關辦公時間服務。

（十二）各金庫職員對于省縣各機關存支儲滙公款，應以最迅速之方法處理，務使感覺便利，以利雙方事業之發展。

廣東省各地郵政局所經匯省縣稅款辦法

廣東省各地郵政局所經滙省縣稅欵辦法

(一)凡縣治以外之稅收機關及經征人員(以下簡稱滙繳人,即郵政局通稱之滙銀人)征起省縣稅欵,均依照本辦法託由當地通滙郵政局或代辦所(以下簡稱郵政局所,現有一千九百五十三處)滙繳主管收入機關所在地之金庫。

凡稅收機關及經征人員就近設有金庫者,仍依照省縣欵收支程序逕行繳庫。

凡本省省縣各級機關托由通滙郵政局所經滙稅欵以外之公欵時,準用本辦法之規定。

(二)滙繳人應塡具通滙繳欵單(格式一〇二甲補充省縣欵收支程序第四條及儲滙省縣公欵特約辦法第八條之規定)複寫四份,連同現金一併繳交當地郵政局所核收。

此項繳欵單滙繳人挨次賡續編號,每年更號一次(二十八年一月起從新編號),并冠以地名簡稱。

凡滙繳省稅,如營業稅,舶來農產品稅等,應塡列「某某郵政局代理某某省分金庫」或「某某郵政局兌交廣東省銀行代理某某省分金庫」字樣。

凡滙繳縣稅或省縣併征之稅,如地稅,房捐等,應塡列「某某郵政局代理某某縣金庫」或「某某郵政局兌交廣東省銀行代理某某縣金庫」字樣。

以上塡列機關及金庫名稱,得預先蓋用木戳或橡皮戳。

(三)發滙郵政局所接到繳欵單,核與所繳欵項相符,即逐份加蓋印章及發滙日戳並分別處理如左:

第一份繳欵通知——留存備查

第二份繳欵收據——交滙繳人作據

第三份繳欵通知
第四份繳欵報告 }——寄往指明之兌付郵政局

二

（四）兌付郵政局接到前條繳款單，隨即加蓋印章及兌付日戳並查照左列情形分別處理：

甲、兌付郵政局代理金庫者，即將第三份繳款通知留存作帳，如數列收主管收入機關暫存款戶，第四份繳款報告，送主管收入機關（即受款機關）作帳。

乙、兌付郵政局非代理金庫者，即將繳到之繳款單轉送當地代理金庫之廣東省銀行。金庫接到繳款單後，以第三份繳款通知擊蓋收訖印章，交還兌付郵政局，并根據第四份繳款報告，填具收款單（格式一〇一金庫得將當日收到之繳款報告彙總開單；繳款報告用作附屬單據，）複寫二份：第一份收款存根留存作帳，如數列收主管收入機關暫存款戶，第二份收款報告連同繳款報告送主管收入機關作帳。

（五）滙繳稅款概以國幣為本位，其以毫券滙繳者應照法定比率（一四四）折合計算：小數至分為止，分以下四捨五入。

（六）滙繳稅款不受當地通滙郵政局所滙額之限制，其在事實上確有限制之必要時由郵政管理局與財政廳商定之。

（七）各地郵政局所經滙省縣公款，概不逐筆計算滙費，其運滙費用由財政廳依照特約辦法逕與管理局總結之。

（八）各地郵政局所對於各級征收人員滙繳稅款，應以最迅速之方法與相當之禮貌處理，務使滙繳人感覺便利。

（九）繳款單由財政廳印製，各征收機關及各縣縣政府備價領發，在未領到以前，先由滙繳人自行照式仿印應用。

附通滙繳款單式樣（用白紙印深綠色由滙繳人複寫四份）：

格式一〇二甲—一繳款通知（發滙郵政局所存查）

一〇二甲—二繳款收據（滙繳人擊印作據）

一〇二甲—三繳款通知（兌付郵政局作帳）

一〇二甲—四繳款報告（主管收入機關作帳）

填單實例

格式102甲－1

通　匯

繳款通知

（此份由匯繳人送通匯郵政局所憑此收款後存查）

繳款單第一份　　梅四字第6號　民國27年8月17日

匯繳機關	梅縣地稅第四征收處　負責人（具名蓋章）張甲　蓋章	備攷
主管收入機關（即受款機關）	梅縣縣政府	
科目	暫存款	
匯繳金額	國幣壹仟伍佰零式元叁角陸分（$1,502.36）	

上款請即照收匯往 梅縣郵政局兌交廣東省銀行代理梅縣縣金庫列入主管收入機關暫存款

匯日

發匯郵局蓋章

填單實例
格式102甲－2

通匯

繳款收據

（此份由通匯郵政局所蓋章後交還匯繳人作據）

繳款單第二份

梅四字第6號 民國27年8月17日

匯繳機關	梅縣地稅第四征收處 負責人（具名蓋章）張甲 蓋章	備考
主管收入機關（即受款機關）	梅縣縣政府	
科目	暫存款	
匯繳金額	國幣壹仟伍佰零式元叁角陸分（$1,502.36）	
上款已照收匯往梅縣郵政局兌交廣東省銀行代辦梅縣縣金庫列入主管收入機關暫存款此據		
年 月 日	發匯郵局蓋章	

填單實例

格式102甲—3

通匯

繳款通知

（此份由通匯郵政局所轉送兌付局用作傳票或由收款金庫加蓋收訖戳記交兌付局備查）

繳款單第三份

梅四字第6號民國27年8月17日

匯繳機關	梅縣地稅第四征收處 負責人（具名蓋章）張甲 蓋章
主管收入機關（即受款機關）	梅縣縣政府
貸方科目	暫存款
匯繳金額	國幣壹仟伍百零弍元叁角陸分（$1,502.36）

上款請即照收匯往梅縣郵政局兌交廣東省銀行代理梅縣縣金庫列入主管收入機關暫存款

發匯日戳　發匯郵局蓋章

兌付日戳　兌付郵局蓋章

金庫　傳票

字第　號

民國　年　月　日

簿　頁	帳　頁

金庫主任

會計員

收款員

記帳員

填單實例

格式102甲—4

通 匯

繳款單第四份

繳款報告

（此份由收款金庫加蓋收訖戳記後送主管收入機關用作傳票）

梅四字第6號 民國27年8月17日

匯繳機關	梅縣地稅第四征收處 負責人（具名蓋章）張甲 蓋章
主管收入機關（即受款機關）	梅縣縣政府
借方科目	金庫暫存款
匯繳金額	國幣壹仟伍百零弍元叁角陸分（$1,502.36）

上款已如數由梅縣郵政局兌交廣東省銀行代理梅縣縣金庫核收列入主管收入機關暫存款

寄匯日戳　發匯郵政局所蓋章

兌付日戳　兌付郵局蓋章

（主管收入機關名稱）

傳票 字第 號

民國 年 月 日

貸方科目	暫收款
簿頁	帳頁

長官

主辦會計人員

複核員

記帳員

廣東省各金庫派員收款辦法

廣東省各金庫派員收欵辦法

(一)各稅收較繁之稅務局及征收處，由所在地金庫設立金庫收欵處，派遣收欵員常駐征收機關辦理稅欵之收納。

(二)收欵員之名額及薪額，由金庫與征收機關斟酌當地情形商定之。其薪給及應用文具，即在各該征收機關經費內勻支。

收欵員在二名以上時，應由金庫指定一人爲主管收欵員，以資統率。

(三)收欵員須遵照所在機關規定時間，依時辦公，並接受該機關長官之指導。

(四)收欵員經收稅欵，應憑征收機關發給之納稅証，照數核收，並加蓋收訖印章。

(五)收欵員應設置收欵簿，將納稅証號數及金額，分別登記，每日終結，並依照省縣欵收支程序第三條之規定，填製收欵單，複寫兩份，送主管金庫於當日加蓋印章後以第一份收欵存根，留存金庫作帳；第二份收欵報告送征收機關，以憑記帳，並辦理報解手續。

(六)金庫每日經收稅欵，先以暫存欵入帳，俟征收機關填送解單時，再行轉入普通總基金或特種基金存欵。

廣東省各金庫派員收欵辦法

各機關支領省款應行注意事項

各機關支領省欵應行注意事項

民國廿七年七月廿二日訂發

本廳爲謀各機關支領欵項手續簡便起見，自本年度起實行廣東省各級金庫規程及廣東省省縣收支程序。玆當茲新伊始，特說明應行注意事項如左：

（一）領欵書據

一、本廳現用新式支令，係將支付書與領欵書合爲一套，由廳一併繕發，無須領欵機關另開收據。

二、本廳核發領欵書據，逕行寄送領欵機關，以省各機關派員領取之勞。

三、領欵書據，有支令之第四份領欵收據，第五份領款報告，第六七兩份領欵報查，由領欵機關逐份註明領欵年月日，經長官及主辦會計人員分別加章，並蓋用本機關關防（注意須用油少之較淡印泥。並儘上端邊際蓋印。切勿用濃油將書據塗汚。）

四、應將領欵書據與送金庫核對之支令完全相符，且用票據防弊機劃明金額，切勿塗改，致爲金庫拒絕付欵。

（二）廣州直接領欵

一、從前省會各機關領欵，必須先持支付書至省金庫換得支付証后，再至省銀行取欵，輾轉周折，極爲不便。

二、現省金庫業經改組爲省總金庫，不直接出納，並另設廣州省分金庫，由省銀行代理，辦理省會出納公欵事宜，各機關可持領欵書據逕至廣州省分金庫領欵，毋庸輾轉。

（三）經費基金存欵

一、依照新頒廣東省各級金庫規程第十四條規定：「各機關按照預算法案請領經費，省欵由財政廳簽發支令飭庫由普通總基金轉入各該機關經費基金存款，憑支票支用。」各機關應將所領經費款存入金庫，開立該機關經費基金存款戶。此項存款得視經費性質分別數戶，（例如財政廳經費基金存款，財政廳印刷票照費基金存款等），與銀行活期存款性質相同。

二、此項存款之收入，即以領款通知用作送款簿，由金庫加蓋「撥入經費基金存款」戳記，憑印章及該機關長官及主辦會計人員簽發之支票支用。

三、此項存款利率，凡省銀行代理之金庫一律照週息三厘計算，郵政儲金局代理之金庫一律照週息四厘半計算，列入存款機關收入。

四、除經費數額在一千元以內或事實上隨領隨支無款留存之機關得領出自行管理外，均須照以上辦法辦理。

（四）領款印鑑

一、各機關應備領款印鑑二份送存金庫，以資核對。

二、印鑑用紙，由本廳隨領款通知附發，或由各機關向金庫索取。

完成廣東省金庫制度計劃

完成廣東省金庫制度計劃大綱

查確立金庫制度，統一公欵收支，爲整理財政之必要措施。丁玆抗戰期間，支應浩繁，府庫之需要孔殷，而處膏身潤匿留之情弊易滋，則樹立超然出納系統，尤屬當務之急。本省過去金庫機構極爲簡陋，平日已感欵項調撥之不便，戰時更多移挪侵佔之危險，年來本廳銳意革新，已由八庫加至三十四庫，日有進步，惟省總金庫係獨立組織，分金庫則由省銀行代理，闕乏一貫之系統，此有待於改進者一。已設金庫之各縣大都猶無縣欵之收支，卽省欵繳解，亦多係按旬或按月一次，不無有名無實之遺憾，此有待於改進者二。其餘六十七縣局未設金庫　全由各機關自行收支，尤易發生流弊，此有待於改進者三。現行收支程序，過於繁複，致各機關常視解欵爲畏途，至坐支及劃撥經費辦法，尤違反金庫統一出納之原則，此有待於改進者四。綜上各點，足見本省金庫制度尚未臻於健全　亟宜通盤規劃，積極推進，爰斟酌本省情形，擬具完成步驟如左：

(一)統一金庫機構

省縣市金庫，均採用統一金庫制度，并將省縣聯合組織，除廣州市金庫由市立銀行代理外，各地統由廣東省銀行代理，在總行設省總金庫，置金庫長總轄全省金庫業務，每縣各設一省分金庫兼理縣金庫，置金庫主任，並於收支特繁之地點或機關，酌設支金庫，置金庫員，各級金庫主管人員由代理金庫銀行遴派，報由財政廳加委，本省各級機關所有一切金錢及有價証券之出納保管移轉事務，除契約另有規定者外，統由金庫集中辦理，不另設承轉機關。

(二)完成全省金庫網

一、未設金庫之六十六縣局中，省縣欵收入總額歲在國幣十萬圓以上者，計三十三縣(縣名詳附表)，統由省銀行於廿七年七月一日成立省分金庫兼理縣金庫。

二、其餘省縣欵收入總額歲在國幣十萬圓以下之三十四縣局(縣名詳附表)，由省銀行籌備於廿八年一月一日一律成立金庫，自廿七年七月一日起先由各該縣政府及管理局自設金庫，以爲過渡，由縣長局長分別遴選金庫主任，取具殷實舖保任用，報廳備案，仍由任用之長官連帶負責，其出納記帳辦法，與省銀行代理同。

三、各地金庫，以鄰近所在地政府爲原則，凡省銀行已設及籌設分支行處地方，即由各該行處代理但其距離政府在五里以上者，應另設金庫於政府內或將行址遷移，其專設金庫地方，即由縣政府撥屋應用，毋庸繳納房租。

四、凡省銀行在縣治以外設有分支行處之地方，有省縣款收支事務者，如北海梅菉等處酌設支金庫。

(三)金庫派員收稅

征收機關征收各種賦稅，應將核算，收款，與據三部分立相互牽制，收款部份由金庫派員駐在征收機關，其薪水在征收經費內開支，列入預算，或由納稅人自赴金庫繳納，藉使稅收隨時掃數入庫擬從稅收較繁之各區稅務局於廿七年度開始先辦，其餘次第實行。

(四)實行基金制度　爲便於財政調度及管理起見，所有出納公款應按其性質分列各種基金：

一、普通總基金　各項賦稅及雜項收入備支各項經費者屬之。

二、特種基金　凡本於契約或法令規定指充特種用途之收入屬之，如本省國防公債基金等。

以上兩項均須存庫。

三、經費基金　各機關按照預算法案請領經費，由主管財政機關核發支令飭庫由普通總基金轉入各該機關經費基金存款，憑支票支用，但在非常時期此項基金得暫不存庫由各機關自行管理。

四、特別備用金　此係斟酌需要預撥款項，以備墊付緊急用途者，仍須補具法案領款歸墊。

五、額定備用金　由經費基金內撥出一定金額以便支應日常零星用款，由庶務或其他經手人於支用后報銷，如數補足，以資周轉。

以上兩項均不存庫。

此項基金制度，於集中公款之中，仍力顧事實上之便利，庶可推行盡利也。

(五)釐訂金庫規程　本省金庫章則，省庫方面，有廣東省金庫條例，係洲訂於民國十四年，極爲簡略，縣庫方面，有各縣地方金庫章程，係以自設金庫爲對象，均於現狀不盡適用，擬即改訂廣東省各級金庫規程，以奠新制之基礎。

(六)改善收支程序　現行解領款項手續，係沿舊例，用分聯書類，解款用解款書及收款據兩套，支款用支付書及領款書兩套，均有七聯，繕寫需時，手續繁重，此后擬切實革除各機關留置公款之弊，務使征起稅款逐日掃解，則於解繳程序及應用書類，自當力求簡便，支款手續同須改善，擬將各機關解領款項暫行規則及各縣市地方會計暫行規程收款支款部份通盤整理，從新制定省縣款收支程序，採用複寫辦法，解款及支付書類，均各用一套，並儘量用作記帳憑証，藉收事半功倍之效。

(七)廢除坐支劃撥辦法　坐撥舊制爲截留公款混亂財政之藉口，久經倡議改革，第因金庫機構鬆懈，延未實行，茲擬自廿七年度起全部廢除，統由金庫直放，其有已奉坐支劃撥支令已付未抵者，應於七月底以前辦理抵解手續，其尚未撥付者，應將原發支令繳還主管財政機關註銷，逾限概行作廢，不准抵解。

(八)注意庫款調撥

一、各收數較巨之分金庫每兩日電報結存數一次其餘各分金庫於每旬末日電報一次。

二、由財政廳斟酌各分金庫結存數及需用額調盈劑虛以滙劃通知行之此項滙劃於必要時得用電報。

三、省庫庫款儘量集中於省總金庫。

四、支應緊急用款爲郵遞所不及者支令得先以電報行之補寄書類。

(九)統籌金庫貼費

一、本省既擬委托省銀行全部代理各級金庫，並決定普設省分金庫及縣金庫，厲行集中收支之新制，大可補助該行業務之發展，所有金庫經費，自應統籌支配，酌盈劑虛，無須分列規定，茲擬按縣歲貼金庫經費國幣壹千捌百圓一百零一縣市局共計拾捌萬叁千陸百圓其需設支金庫之地方，每一支庫歲貼玖百元。

二、上列歲貼省銀行代理金庫經費完全由省款負担。(庫名詳附表)

(十)改良金庫會計

四

完成廣東省金庫制度計劃大綱

一、金庫出納事務，本與銀行存欵業務相似，所需帳目僅爲基金之紀錄，現行制度似尚繁複，簿籍方面擬用現金簿，總分類帳，存欵分戶帳，等數種據以產生報表會計科目亦可歸於單純，而以收支日報連同收支書據送交主管財政機關記帳。

二、擬根據上述原則頒訂各級金庫統一會計制度，使代理金庫銀行及自設金庫有劃一簡便之辦法，而得迅速翔實之報告。

綜上所陳，完成省縣金庫辦法，目的在求金庫制度之普遍確立，使金庫在地位上保持其獨立，在機構上充實其內容，庶可杜絕移挪匿留諸弊，而收運用靈活之效，使財務行政克臻周密合理之境域。是否可行，恭請

裁奪

附表一件

民國廿七年五月十八日

完成廣東省金庫制度計劃附表

縣名	等別	省縣收入大數（單位一萬元）			完成程序
		省欵	縣欵	合計	○已設金庫 ×於廿七年七月一日起由省銀行添設 ××於廿七年七月一日起由縣政府籌自設廿八年一月一日起由省銀行接管
汕頭市		199.8	76.7	276.5	○
中山	一等	133.1	54.4	187.5	○
新會	,,	97.9	50.5	148.4	○
南海	,,	38.5	67.6	106.1	○
番禺	,,	49.8	34.5	84.3	×
台山	,,	18.2	54.3	72.5	○
東莞	,,	36.6	26.3	62.9	○
順德	,,	31.8	29.8	61.6	○
瓊山	,,	17.2	35.8	53.0	○
高要	,,	20.7	19.0	39.7	○
潮安	,,	19.7	19.2	38.9	○
揭陽	,,	15.0	19.6	34.6	×
潮陽	,,	14.7	17.6	32.3	×
茂名	,,	13.1	16.8	29.9	×
惠陽	,,	12.9	16.9	29.8	○
清遠	,,	11.9	17.0	28.9	○
陽江	,,	10.2	16.2	26.4	○
曲江	,,	7.6	18.1	25.1	○
合浦	,,	11.6	10.4	22.0	×
三水	二等	12.1	19.1	31.2	○
開平	,,	11.0	19.8	30.8	○
增城	,,	13.5	16.1	29.6	○
海豐	,,	6.2	22.2	28.4	×
南雄	,,	10.3	17.2	27.5	○
陸豐	,,	6.3	14.7	21.0	×
化縣	,,	7.8	13.2	21.0	×
梅縣	,,	9.8	10.5	20.3	○
饒平	,,	8.1	11.6	19.7	×
河源	,,	4.5	14.7	19.2	○
廣甯	,,	7.3	8.5	18.5	×
電白	,,	[illegible].6	9.3	17.9	×
陽春	,,	5.0	12.8	17.8	×
靈山	,,	6.3	11.3	17.6	×
欽縣	,,	5.3	12.0	17.3	○
廉江	,,	4.7	12.5	17.2	×
文昌	,,	5.6	11.0	16.7	○
興甯	,,	5.4	10.1	15.5	○
普甯	,,	[illegible].2	8.7	14.9	×

完成廣東省金庫制度計劃附表

縣名	等別	省縣收入大數（單位一萬元）			完成程序
		省款	縣款	合計	○已設金庫 ×於廿七年七月一日起由省銀行添設 ××於廿七年七月一日起由縣政府等自設廿八年一月一日起由省銀行接管
羅定	二等	7.2	7.5	14.7	×
英德	,,	6.6	7.0	13.6	×
海康	,,	3.4	9.4	12.8	×
信宜	,,	4.4	6.9	11.3	×
防城	,,	3.3	6.9	10.2	×
五華	,,	4.3	6.7	11.0	×
雲浮	,,	3.9	5.8	9.7	××
澄海	,,	7.2	23.0	30.2	×
博羅	,,	9.4	11.4	20.8	×
恩平	三等	7.6	14.2	21.8	○
新興	,,	5.3	11.9	17.2	×
花縣	,,	8.0	8.3	16.3	×
鶴山	,,	6.7	9.3	16.0	○
四會	,,	6.9	7.9	14.8	○
吳川	,,	4.9	9.7	14.6	×
儋縣	,,	3.6	10.4	14.0	×
寶安	,,	7.1	6.9	14.0	×
連縣	,,	4.5	9.0	13.5	○
高明	,,	4.3	8.6	12.9	×
定安	,,	3.0	9.9	12.9	×
遂溪	,,	3.4	9.4	12.8	×
從化	,,	4.3	8.0	12.3	×
鬱南	,,	3.9	7.6	11.5	○
陽山	,,	3.5	8.0	11.5	×
始興	,,	3.0	8.3	11.3	×
樂昌	,,	4.6	6.6	11.2	○
紫金	,,	5.0	6.1	11.1	×
德慶	,,	3.8	7.1	10.9	○
澄邁	,,	4.0	6.7	10.7	×
臨高	,,	2.2	8.3	10.3	×
豐順	,,	4.9	5.0	9.9	××
龍門	,,	3.6	5.7	9.3	○
龍川	,,	3.3	5.5	8.8	××
徐開	,,	2.7	6.1	8.8	
和平	,,	1.8	6.7	8.5	××
仁化	,,	2.2	6.3	8.5	××
封川	,,	3.0	5.1	8.1	××
翁源	,,	3.0	4.6	7.6	○

完成廣東省金庫制度計劃附表

縣名	等別	省縣收入大數（單位一萬元）			完成程序
		省欵	縣欵	合計	○已設金庫 ×於廿七年七月一日起由省銀行添設 ××於廿七年七月一日起由縣政府等自設廿八年一月一日起由省銀行接管
大埔	三等	3.0	4.6	7.6	××
瓊東	,,	2.0	5.6	7.6	××
萬寧	,,	1.9	5.6	7.5	××
蕉嶺	,,	3.1	4.3	7.4	××
連山	,,	2.1	4.4	6.5	××
平遠	,,	2.5	3.8	6.3	××
崖縣	,,	1.4	4.8	6.2	××
佛岡	,,	2.5	3.5	6.0	××
連平	,,	1.5	4.4	5.9	××
赤溪	,,	2.1	2.3	4.4	××
新豐	,,	1.1	3.2	4.3	××
陵水	,,	1.2	3.0	4.2	××
惠來	,,	5.0	15.3	20.3	××
開建	特三等	1.9	5.6	7.5	××
乳源	,,	2.6	4.0	6.6	××
樂會	,,	1.9	4.2	6.1	××
南澳	,,	.3	5.7	6.0	××
昌江	,,	.1	3.0	3.1	××
感恩	,,	.2	2.6	2.8	××
樂東	,,	0	0	0	××
白沙	,,	0	0	0	××
保亭	,,	0	0	0	××
梅菉管理局			1.5	1.5	○
南山,,			1.0	1.0	××
安化,,					
北海,,					○

附註

1. 上列省縣收入大數，係根據二十六年度省縣預算統計。

2. 本省已設金庫，計有三十四處，每年省縣負担經費計國幣十三萬七千餘元。

3. 本年七月，擬增設金庫六十七處，其中省縣收入年在十萬元以上之三十三縣擬由省銀行添設，其餘省縣收入年在十萬元之三十四縣局，先由各縣政府等自設，一面由省銀行籌備於廿八年一月一日起接管，惟各縣財政困難，負担金庫經費，現多未能如數繳納，爲求減輕各縣負担易於推行起見，擬於本年七月起，各金庫經費，一律規定每庫年貼國幣壹千捌百元，全省一百零一縣市局，年貼經費壹拾捌萬弍千柒百元，完全由省負担。

廣東省省縣金庫一覽表

廣東省省縣金庫一覽表

民國廿七年八月一日編印

別　庫	所在地點	代理機關	主管人員姓名	電報掛號
廣東省總金庫	廣州南堤	廣東省銀行	黃兆棟	
廣州省分金庫	廣州西堤	廣東郵政管理局	薩爾西	
廣州省分金庫	廣州南堤	廣東省銀行	黃兆棟	
南海省分金庫 縣金庫	佛山	廣東省銀行佛山辦事處	杜濟和	二六三九
番禺省分金庫 縣金庫	新造	新造郵政局	劉日暖	
石龍省分金庫	石龍	廣東省銀行石龍辦事處	陳錫邁	二六三九
東莞省分金庫 縣金庫	東莞縣城	廣東省銀行東莞辦事處	雲盤波	二六三九
順德省分金庫 縣金庫	順德縣城	廣東省銀行順德辦事處	周心如	二六三九
中山省分金庫 縣金庫	中山縣城	廣東省銀行中山辦事處	歐陽南	二六三九

廣東省省縣金庫一覽表

二

新會 省分金庫 縣金庫	新會江門	廣東省銀行江門支行	馮啓和	二六三九
台山 省分金庫 縣金庫	台山縣城	廣東省銀行台山辦事處	趙士偉	二六三九
開平 省分金庫 縣金庫	開平縣城	廣東省銀行開平辦事處	張國律	二六三九
恩平 省分金庫 縣金庫	恩平縣城	廣東省銀行恩平辦事處	周家聲	二六三九
寶安 省分金庫 縣金庫	南頭 距縣城三里	南頭郵政局	周國良	
花縣 省分金庫 縣金庫	花縣縣城	花縣郵政局	甘福清	
從化 省分金庫 縣金庫	從化縣城	從化郵政局	黎光	
增城 省分金庫 縣金庫	增城縣城	廣東省銀行增城辦事處	馮執經	二六三九
三水 分省金庫 縣金庫	三水縣城	廣東省銀行三水辦事處	張逖光	二六三九
曲江（韶州）省分金庫 縣金庫	韶州	廣東省銀行韶州支行	馮光榮	二六三九
南雄 省分金庫 縣金庫	南雄縣城	廣東省銀行南雄辦事處	劉錦江	二六三九

廣東省省縣金庫一覽表（三）

名稱	所在地	代理機關	主管人	電話
樂昌縣金庫 省分金庫	樂昌縣城	廣東省銀行樂昌辦事處	王昌	二六三九
始興縣金庫 省分金庫	始興縣城	始興郵政局	黃悳	
仁化縣金庫 省分金庫	仁化縣城	仁化郵政局	李志雄	
翁源縣金庫 省分金庫	翁源縣城	廣東省銀行翁源辦事處	梁兆民	二六三九
英德縣金庫 省分金庫	英德縣城	英德郵政局	劉耀衵	
連縣縣金庫 省分金庫	連縣縣城	廣東省銀行連縣辦事處	梁朴若	二六三九
清遠縣金庫 省分金庫	清遠縣城	廣東省銀行清遠辦事處	雲茂芳	二六三九
高要縣金庫 省分金庫	高要縣城（即肇慶）	廣東省銀行肇慶辦事處	鄭以鏞	二六三九
廣寧縣金庫 省分金庫	廣寧縣城	廣寧郵政局	關志遠	
四會縣金庫 省分金庫	四會縣城	廣東省銀行四會辦事處	區子芳	二六三九
開建縣金庫 省分金庫	開建縣城	開建郵政局	陳德輝	

廣東省省縣金庫一覽表

四

鬱南省分金庫 鬱南縣金庫	鬱南縣城	廣東省銀行鬱南辦事處	陳德明	二六三九
新興省分金庫 新興縣金庫	新興縣城	新興郵政局	馮錫康	
羅定省分金庫 羅定縣金庫	羅定縣城	羅定郵政局	譚偉民	
德慶省分金庫 德慶縣金庫	德慶縣城	廣東省銀行德慶辦事處	李植初	二六三九
雲浮省分金庫 雲浮縣金庫	雲浮縣城	雲浮郵政局	區宗翰	
鶴山省分金庫 鶴山縣金庫	鶴山縣城	廣東省銀行鶴山辦事處	鄧世岳	二六三九
高明省分金庫 高明縣金庫	高明縣城	高明郵政局	周佛明	
惠陽省分金庫 惠陽縣金庫	惠陽縣城	廣東省銀行惠陽辦事處	蔡漢芳	二六三九
博羅省分金庫 博羅縣金庫	博羅縣城	博羅郵政局	譚兆鈞	
海豐省分金庫 海豐縣金庫	海豐縣城	海豐郵政局	王法仁	
陸豐省分金庫 陸豐縣金庫	陸豐縣城	陸豐郵政局	林永修	

河源省分金庫 縣金庫	河源縣城	廣東省銀行河源辦事處	黃秉邦	二六三九
紫金省分金庫 縣金庫	紫金縣城	紫金郵政局	陳鎮炎	
龍門省分金庫 縣金庫	龍門縣城	龍門郵政局	白錫堯	
潮安省分金庫 縣金庫	潮安縣城	廣東省銀行潮安辦事處	何季達	二六三九
潮陽省分金庫 縣金庫	潮陽縣城	潮陽郵政局	吳垂澤	
揭陽省分金庫 縣金庫	揭陽縣城	揭陽郵政局	吳伯和	
澄海省分金庫 縣金庫	澄海縣城	澄海郵政局	藍鴻猷	
饒平省分金庫 縣金庫	饒平縣城	饒平郵政局	鴻洪明	
惠來省分金庫 縣金庫	惠來縣城	惠來郵政局	杜紹金	
普寧省分金庫 縣金庫	普寧縣城	普寧郵政局	吳覺民	
豐順省分金庫 縣金庫	豐順縣城	豐順郵政局	楊國泰	

廣東省省縣金庫一覽表

汕頭省分金庫	汕頭市	廣東省銀行汕頭分行	管仲柳	二六三九
興寧 省分金庫 縣金庫	興寧縣城	廣東省銀行興寧辦事處	容曾蔭	二六三九
梅縣 省分金庫 縣金庫	梅縣縣城	廣東省銀行梅縣辦事處	李紹文	二六三九
五華 省分金庫 縣金庫	五華縣城	五華郵政局	羅思勉	
平遠 省分金庫 縣金庫	平遠縣城	平遠郵政局	徐向榮	
蕉嶺 省分金庫 縣金庫	蕉嶺縣城	蕉嶺郵政局	許國仁	
龍川 省分金庫 縣金庫	龍川縣城	龍川郵政局	黃紹福	
連平 省分金庫 縣金庫	連平縣城	連平郵政局	陳天才	—
和平 分省金庫 縣金庫	和平縣城	和平郵政局	王震	
大埔 省分金庫 縣金庫	大埔縣城	大埔郵政局	李國熾	
茂名 省分金庫 縣金庫	茂名縣城	茂名郵政局	招恩年	

電白 省分金庫 縣金庫	電白縣城	電白郵政局	梁潤焯	
化縣 省分金庫 縣金庫	化縣縣城	化縣郵政局	朱利民	
信宜 省分金庫 縣金庫	信宜縣城	信宜郵政局	譚芝身	
廉江 省分金庫 縣金庫	廉江縣城	廉江郵政局	陳　明	
陽江 省分金庫 縣金庫	陽江縣城	廣東省銀行陽江辦事處	鮑匡培	二六三九
陽春 省分金庫 縣金庫	陽春縣城	陽春郵政局	李錦源	
梅菉省分金庫	梅　菉	廣東省銀行梅菉支行	何品樞	二六三九
合浦 省分金庫 縣金庫	合浦縣城	合浦郵政局	張求信	
欽縣 省分金庫 縣金庫	欽縣縣城	廣東省銀行欽縣辦事處	温福田	二六三九
北海省分金庫	北海市	廣東省銀行北海支行	麥泗泉	二六三九
防城 省分金庫 縣金庫	防城縣城	防城郵政局	林華士	

廣東省省縣金庫一覽表　八

靈山縣金庫省分金庫	靈山縣城	靈山郵政局	郭鎮琦	
海康縣金庫省分金庫	海康縣城	海康郵政局	黃德罄	
文昌縣金庫省分金庫	文昌縣城	廣東省銀行文昌辦事處	符祥鶴	先打海口後再九五五五
定安縣金庫省分金庫	定安縣城	定安郵政局	余學云	
瓊山（即海口）縣金庫省分金庫	海口	廣東省銀行海口支行	朱公準	二六三九
儋縣縣金庫省分金庫	儋縣縣城	儋縣郵政局	崔履道	
瓊東縣金庫省分金庫	瓊東縣城	廣東省銀行瓊東辦事處	雲大琦	先打海口後再九六六六
崖縣縣金庫省分金庫	崖縣縣城	崖縣郵政局	吳麗川	
陵水縣金庫省分金庫	陵水縣城	陵水郵政局	蕭純光	
萬寧縣金庫省分金庫	萬寧縣城	萬寧郵政局	周日華	

後列十九縣現正籌設省分金庫暫由鄰近縣份金庫兼理

廣東省省縣金庫一覽表

縣名	兼理機關		
吳川	梅菉省分金庫		
赤溪	台山省分金庫		
新豐	河源省分金庫		
遂溪	廉江省分金庫		
乳源	曲江省分金庫		
陽山	連縣省分金庫		
樂會	瓊東省分金庫		
南澳	汕頭省分金庫		
感恩	儋縣省分金庫	改崖縣	
昌江	儋縣省分金庫		

九

廣東省省縣金庫一覽表

樂東	儋縣省分金庫			
白沙	儋縣省分金庫			
保亭	陵水省分金庫			
澄邁	瓊山省分金庫			
臨高	瓊山省分金庫			
徐聞	海康省分金庫			
封川	德慶省分金庫			
連山	連縣省分金庫			
佛岡	清遠省分金庫			

十

廣東省各征收機關編送征解税款報告辦法

廣東省各征收機關編造征解稅欵報告辦法

第一條　各征收機關報告征解稅欵，分征解旬報，征解月報兩種，其格式規定如附表，統由財政廳印發，以昭劃一。

第二條　各項稅捐征解旬報月報，由財政廳所屬征收機關編製之。臨時地稅征解旬報月報，由各縣縣政府第二科會同地稅督征處編製之。

第三條　各征收機關之有附屬機關者，歸其併報。

第四條　征解旬報複寫四份，月報，複寫三份，除存查一份外以二份分別逕寄財政廳會計室及主管科，毋庸備文。另旬報一份，應與各項稅票繳聯，一併呈廳。

第五條　征解旬報，應於每旬終了後三日內送出。征解月報，應於每月終了後五日內送出。凡須彙集所屬機關報告併報者，如寄送時間不及時，旬報寬限兩日，月報寬限五日。各征收機關，對於此項報告，如有延送情事，財政廳卽緩發各該機關經費，至送到後再行補發。

第六條　電報征解稅欵辦法，另以命令定之。

第七條　本辦法施行後，所有前定征收報告暫行辦法，以及現金出納日報表，稅欵收付旬報表，沙田沙捐護耕費錢糧細數月報表，臨時地稅收入報告表，田賦收支對照表征收契稅各項一覽表等表册，均行廢止。

第八條　本辦法由財政廳訂定呈報　省政府備案，自廿七年七月一日起施行。附征解告格式。

（一）稅捐征解旬報

（二）臨時地稅征解旬報

（三）稅捐征解月報

（四）臨時地稅征解月報

附式(一)税捐征解旬报
(用淡红色拷贝纸印黑色散页)

（征收機關名稱）

稅捐征解旬報

甲，征收　　　　民國　　年　　月　　旬(　　月　　日填報)第　　號

科目	填用稅票				本旬征起數		備考
	張數	號數			元	角分	
		字	起	訖			
總計							

乙.解欵

項別	國幣		解欵收據號數	備攷
	元	角分		
上旬未解數				
本旬征起應解數				
本旬已解數				
本旬未解數				

長官　　　　主辦會計人員　　　　製表員

（填表說明）

1，各稅務局沙田征收處及縣政府　起一切省稅除臨時地稅外，均用本表填報。
2.科目按照預算之「項」「目」分別列入如下；

營業稅　　×××
　普通營業稅　×××
　　屠宰營業稅　×××

格式(二)臨時地稅征解旬報
(用淡紅色拷貝紙印黑色數目)

……………縣政府

臨時地稅征解旬報

收據總結		
	上月結存張數	
	本月請領張數	
	本月塡用張數	
	本月廢據張數	
	本月結存張數	

甲.征收　民國　年　月　旬(　月　日塡報)

年度期別	本旬征起數				備考
	地稅		罰金		
	元	角分	元	角分	
總計					

乙.解款

	省款				縣款		解款憑證號數	
	地稅		罰金				省庫	縣庫
	元	角分	元	角分	元	角分		
上旬未解數								
本旬征起應解數								
本旬已解數								
本旬未解數								
備攷								

縣長　主辦會計人員　第二科長　地稅稽征處主任　製表員　四

(塡表說明)

1.年度期別欄，分年列第一二期及全年數如下：

廿五年第一期×××　第二期×××　全年×××

如第一二期併征則僅列全年數如下：

廿五年×××　廿六年×××

2.本表上段征收數，係將省縣稅併計，下段解款數，按照規定省縣分配之標準劃分

格式(三)税捐征解月報
(用淡紅色拷貝紙印黑色散頁)

征收機關名稱

税捐征解月報

甲,征收　　民國　　年　　月份　（　　月　　日塡報）

科目	本月征起數		本年度征欵累計數	
	元	角分	元	角分
總計				

乙 解欵

項別	國幣		備考
	元	角分	
上月未解數 本月征起應解數 本月已解數 本月未解數			

長官　　主辦會計人員　　製表員

五

（塡表說明）

1'税捐征解旬報之說明，於本表亦適用之。

2,本年度征起累計數，係自本年度開始之日起，至本月底止征起税捐總數。

格式(四)臨時地稅征解月報
(用淡紅色拷貝紙印黑色散頁)

……………縣政府

臨時地稅征解月報

收據總結		
	上月結存張數	
	本月當領張數	
	本月填用張數	
	本月廢據張數	
	本月結存張數	

甲.征收　　民國　　年　　月份(　　月　　日填報)

年度期別	額征數		本月征起數				本年度征起地稅累計數		連前年度征起地稅累計數		征起成數	本月底止未征數	
			地稅		罰金								
	元	角分	元	角分	元	角分	元	角分	元	角分		元	角分
總計													

乙,解款

項別	省數				縣數	
	地稅		罰金			
	元	角分	元	角分	元	角分
上月未解數						
本月征起應解數						
本月已解數						
本月未解數						

縣長　　主辦會計人員　　第二科長　　地稅督征主任　　製表員

(填表說明)

1,臨時地稅征解旬報之說明,於本表亦適用之。

2,本年度征起地稅累計數,係自本年度開始之日起,至本月底止征起地稅之總數再加以前年度已征起之數卽爲連前年度征起地稅累計數,此數佔額征數之百分率卽爲征起成數,額征數減連前年度征地稅累計數卽爲本月底止未征數

廣東省各縣政府編送收支月報辦法

廣東省各縣政府編送收支月報辦法

一、各縣政府應將該縣所有現金收入及支出狀況編送收支月報，其格式規定如附表，統由財政廳印發，以昭劃一。

二、收支月報內關於歲入歲出之科目，應依照預算之項分別填報，並將暫收款，借入款，經征省款，暫付款，墊付款，解繳省款等按照會計科目分別列於收入及支出項下，以闡明全部現金收支及庫存狀況。

庫存包含普通總基金特種基金及縣政府存留現金。

三、本表除填列本月數外，並須將自年度開始截至該月份止之累計數列入本年度累計數欄，以便稽攷。

四、收支月表複寫三份，除存查一份外，以二份分別逕寄財政廳會計室及主管科（第四科）毋庸備文。

五、收支月報應於每月終了後五日內送出。

各縣政府對於此項報告如有延送情事，財政廳即緩發各該縣經費至送到後再行補發。

六、本辦法自廿七年七月起施行。

附收支月報格式

……………………縣政府

收　支　月　報

民國　　年　　月份(　　月　　日塡報)

收					入	支					出
科目	本月數		本年度累計數			科目	本月數		本年度累計數		
	元	角分	元	角分			元	角分	元	角分	
1.縣稅捐收入						1.行政費					
2.附加收入						2.公安費					
3.縣財產收入						3.財務費					
4.縣事業收入						4.教育文化費					
5.縣行政收入						5.建設費					
6.縣營業純益						6.衛生費					
7.補助款收入						7.補助費					
8.其他收入						8.縣營業資本支出					
						9.預備費					
歲入合計						歲出合計					
1.暫收款						1.暫付款					
2.借入款						2.墊付款					
3.經征省款						3.解繳省款					
收入合計						支出合計					
上月庫存						本月庫存					
總計						總計					

縣長　　　　主辦會計人員　　　　製表員

廣東省財政廳征收機關改組帳目結轉辦法

廣東省財政廳征收機關改組帳目結轉辦法

(一)本廳所屬各區税務局及征收處等征收機關，依照新頒組織章程改組税務局，如長官由原任蟬聯時，應根據帳册，截至改組前一日止編製下列各表，複寫四份：除以一份存查外，餘分送財政廳會計室，第三科，第四科察核：

一、税款征解總表(附表一)

二、經費領用總表(附表二)

三、資力負担平衡表(附表三)

四、票照領用總表(附表四)

以上各表，應將各機關名稱標明表端，並由長官及主辦會計人員蓋章。

(二)各征收機關，有廳派主辦會計人員者，上條所列一至三各表應由會計人員編製，由長官復核；其內容應由長官及主辦會計人員連帶負責。

(三)各征收機關改組，其長官如有更動時，仍應遵照廣東省公務員交代章程辦理交代。

(四)各征收機關帳册，應截至改組前一日止結一總數，分別由長官及主辦會計人員蓋章於結數之下，帳册仍繼續使用，如長官有更動時，卸任人員亦不得携走。

(五)所有應辦按月或按期之表報，如收支累計表，征解旬報征解月報等，仍應由新任依照規定辦法及期限編製齊全，不照改組日期分割。

(六)本辦法所定結轉帳目應用之表式，由本廳印發。

附應用表式四種

廣東省財政廳征收機關改組帳目結轉辦法

廣東省財政廳征收機關改組帳目結轉辦法

稅欵征解總表

民國　年　月　日起至　年　月　日止

年度月份	征起數		解庫數		未解數		備攷
	元	角分	元	角分	元	角分	
總計							

長官　　主辦會計人員

經費領用總表

……………………門　　　　民國　　年　　月　　日起至　　年　　月　　日止

年度月份	實領數		支用數		核銷數		未用數		備攷
	元	角分	元	角分	元	角分	元	角分	
總計									

長官　　　　　　　　　　　　主辦會計人員

資力負担平衡表

民國　　年　　月　　日

資力科目	國幣 元	角	分	負担科目	國幣 元	角	分
收入暫存款				保管款			
經費基金				借入款			
金庫暫存款				暫收款			
經費基金存款				收入征解數			
特種基金存款				經費領用數			
額定備用金				歲入滯納數			
暫付款				歲出應付款			
歲入應收款							
歲出延付數							
總計				總計			

長官　　　　　　　　主辦會計人員

票照領用總表

民國　年　月　日起至　年　月　日止

票照種類	實領		已用		結存		備攷
	號數	張數	號數	張數	號數	張數	
總計							

長官　　　　　　　　主管人員

廣東省財政廳所屬各機關會計人員暫行規程

廣東省財政廳所屬各機關會計人員暫行規程

經呈奉　省政府委員會第七屆第六十次會議議決「備案」在案於二十六年五月七日公佈

第一條　財政廳爲集中及統一會計起見，對於所屬各機關會計人員，均由財政廳委派。

第二條　各機關主管會計人員，分左列二等，應設等次，由財政廳視其事務之繁簡定之

一、會計主任，

二、會計員，

第三條　主管會計人員，受財政廳會計室之指揮，承所在機關長官之命，辦理左列事項。

一、本機關歲入歲出預算之編製事項，

二、本機關賬目之登記事項。

三、本機關各項會計書表之造報事項，

四、本機關有關欵項來往文件之核簽事項，

五、本機關所轄機關會計事宜之稽核事項，

六、本機關及所轄機關庫存之檢查事項，

七、本機關及所轄機關辦理會計人員之監督及指導事項，

八、其他有關於會計事項，

第四條　各機關佐理會計人員分左列二等，

一、會計員　設會計主任之機關得設置之，

廣東省財政廳所屬各機關會計人員暫行規程 二

二、會計助理員 設會計主任及會計員之機關均得設置之，

第五條 佐理會計人員，承主管會計人員之命，辦理其分掌事務。

第六條 各機關會計人員不得兼辦出納事務，但機關較小者，會計人員，得兼任其他事務。

第七條 收入款項之收據，應由長官及主管會計人員簽名蓋章，方爲有效。

第八條 收入款項，由出納員於當日將收據存根送主管會計人員審查登賬。

第九條 各機關現金，只能留置一定額數，爲庫存備用，逾額款項，應隨時存放指定之銀行。

第十條 凡向銀行存款，均應用本機關名義，存入後出納員須將摺據送主管會計人員查閱登賬。

第十一條 凡向銀行提款之支票，或其他提款摺單，須由長官及主管會計人員簽名蓋章，方爲有效。

第十二條 各機關長官擬辦事項，須支出款項者，應先交主管會計人員查明所能支用之數。

第十三條 支出款項應由主管會計人員審定，在原始單據上或請發之表單上簽名蓋章，送長官核准後，由出納員照付，未經審定核准手續者，不得付款。

第十四條 出納員根據上條所定辦法付款後，應在原始單據或請發之表單上蓋付訖戳記，並簽名蓋章，將單據等送主管會計人員審查登賬。

第十五條 主管會計人員對於支出款項，查有超過預算或不合法令者，得拒絕簽名蓋章，如長官强制執行，或不依支款手續，竟行支付款項者，得逕呈財政廳核辦。

第十六條 主管會計人員，除依法照以上各條執行職務外，遇有會計事項，與法令及預算案不符者，並須隨時呈明長官核辦。

第十七條 本規則呈報 省政府備案施行。

廣東省財政廳會計室組織暫行章程

廣東省財政廳會計室組織暫行章程

經呈奉 省政府委員會第七屆第六十次會議議決「備案」在案於廿六五年月廿七日公佈

第一條 廣東省財政廳爲謀財務會計之改進及統一起見，設立會計室。

第二條 會計室設主任一人，承廳長之命，綜理全室事務。

第三條 會計室設副主任一人，承廳長之命，襄助主任，辦理全室事務。

第四條 會計室設會計專員二人至四人，承長官之命，辦理調查設計視察指導會計事務。

第五條 會計室爲辦事便利起見，內設五股。

第六條 第一股之職掌如左

(一) 關於籌劃預算所需事實之調查事項。

(二) 關於各機關歲入歲出概算書之核算，及總概算書總預算書之編造事項。

(三) 關於預算內欵項，依法留用之登記事項。

(四) 關於各機關歲出歲入決算書之核算，及總決算書之編造事項。

(五) 其他有關歲計事項。

第七條 第二股之職掌如左

(一) 關於所屬會計人員之訓練及考績事項。

(二) 關於所屬各機關會計事務之指導監督事項。

(三) 關於各機關會計報告之綜核事項。

(四) 關於各機關會計表册書據等格式之編製頒行事項。

(五) 關於歲入歲出賬册之登記及表單之編製事項。

(六) 其他有關會計事項。

第八條 第三股之職掌如左

(一) 關於所屬各機關統計圖表格式之製定頒行及一切編製統計辦法之統一事項。

（二）關於所屬各機關統計事務之指導事項。
（三）關於統計報告之編製事項。
（四）其他有關統計事項。

第九條 第四股之職掌如左
（一）關於各機關經臨收支付書之塡發事項。
（二）關於核發支付書之登記及查對事項。
（三）其他有關核發支付書事項。

第十條 第五股之職掌如左
（一）關於公債之發行登記事項。
（二）關於金融事業之調查審核登記事項。
（三）關於貨幣之管理事項。
（四）其他有關金融公債事項。

第十一條 各股設股長一人，由 廳長於會計專員或科員中，指派兼充，承長官之命，指揮督率本股職員，辦理主管事務。

第十二條 各股視事務之繁簡，得分設科員辦事員各若干人，承長官之命辦理分掌事務。

第十三條 會計室得酌用僱員承長官之命，助理各項事務。

第十四條 會計室設室務會議，由主任副主任會計專員，及各股股長組織之，以主任爲主席，倘主任因事不能出席時，由副主任代理之，室務會議，各所屬機關主管會計人員，對於有關職掌之提案，亦得列席。

第十五條 會計室辦事細則另訂之。

第十六條 本章程如有未盡事宜，得隨時修正之。

第十七條 本章程呈請 省政府核准施行。

廣東省財政廳會計人員甄訓分發程序

廣東省財政廳會計人員甄訓分發程序

(一)舉辦會計人員講習班，召集現任及擬用會計人員，加以短期訓練，使能澈底了解本省新會計及金庫制度以期推行順利。

(二)講習期間自二十七年八月十四日起至八月二十一日止。

(三)班址設在嶺南大學，聽講人員一律寄宿校內。

(四)課程及講師規定如附表。

(五)講習班主任由　廳長兼任，教務長，事務長，訓育長由　廳長指派會計室主任，第一科科長，及主管人事秘書担任。講師由主任聘請之。所有辦理教務、事務，訓育人員由教務長，事務長，訓育長分別調派廳中職員担任。

(六)聽講人員規定如左：(共約二百名至二百五十名)

甲、必須聽講人員

一、現任本廳所屬各征收機關會計人員經甄別合格者。

二、中央軍校特别班財政系畢業學員，擬派充會計職務者。

乙、志願聽講人員

一、各縣縣政府會計員

二、各縣縣政府第二科科長

三、代理金庫機關指派之人員

(七)現任本廳各征收機關會計人員，於八月十三日上午舉行簿記及公文測驗及格者即加入聽講，其餘淘汰。

廣東省財政廳會計人員甄訓分發程序　二

（八）聽講人員在講習期間，由班內負責人員加以考詢，按照各該員之資歷才能，擬定分發名單，於八月二十日呈請廳長核委，當日頒發委令，並按照規定數額發給來往旅費（由廳將領據彙集報銷，各員毋庸另具旅費清單。）

（九）各分發人員奉委后，於八月二十二日分別赴任。

（十）會計人員講習班經費擬在財政各項雜費項下開支，志願聽講之各縣縣政府會計員或第二科長之往返旅費，擬准在各該縣地方欵項下開支，代理金庫機關指派之人員旅費由代理金庫機關自給。

講習課程時數及講師姓名表

課程	時數	講師	備考
本省省縣欵收支程序	三	丘光輿	
本省金庫制度	四	李雲良	
本省省縣金庫統一會計制度	一	殷聖作	
本省征收機關統一會計制度	五	李雲良	
本省各縣地稅征課會計制度	二	陳孟堅	

本省各縣稅捐征課會計制度	二	殷聖作	
財政廳會計制度	二	蔡經濟	
縣總會計	二	蔡經濟	
單位會計	二	蔡經濟	
簿記規則	一	殷聖作	
會計法	二	蔡經濟	
審計法	二	殷聖作	
預算法	二	陳孟堅	
交代須知	一	陳哲軒	
財政統計	一	葉新雄	
本省省地方財政概要	一	桂競秋	

科目	時數	講師	
本省縣地方財政概要	一	王永新	
本省地稅概要	二	陳紹賢	
本省稅捐概要	二	翁桂清	
行政效能	二	繆培基	
人事規章	二	繆培基	
事務管理	一	吳道濟	
服務須知	二	李雲良	
公文程式	四	陳紹農	
本省交通	一		

共計 五十小時

廣東省各機關處理簿記暫行通則

廣東省各機關處理簿記暫行通則

第一條　廣東省政府及所屬各機關處理簿記除法令別有規定外，均須遵照本通則辦理。

第二條　一切收支概以法幣元爲本位，其他各種貨幣流稱爲原幣。

第三條　記賬銀數以元爲單位，以下記至分爲止，分以下四捨五入。

第四條　賬部內記載之科目及其他事項，應與憑單或傳票中所載者相符。

第五條　記賬之數字用亞拉伯字，但直式賬簿不在此限。

第六條　各種賬簿書表內所記載之文字及數字，須端正清晰，排列整齊，字體大小以占格內三分之二爲率。

第七條　賬簿書表內之文字及數字如有筆誤情事，應於筆誤之處劃細紅線二道以註銷之，並將更正之字書於其上或其次行。

如有誤空一行或數行者，應於空行上作紅色「×」之記號以註銷之。

如有重揭頁數應於空白頁上，劃交叉紅線二道以註銷之。

如不應劃線而誤劃時，應於線之二端作紅色「×」之記號以註銷之。

前項註銷各處，應由主管人員蓋章證明，不得有塗抹任意修改刀括皮擦藥水毀滅字跡等情事。

第八條　賬簿書表內之數字無論錯寫幾位，不得僅將誤寫之位劃線更正，應將全數幣個劃線重行繕寫。

第九條　各種賬簿第一頁前應載有啓用單，啓用時須照單列各項逐一塡寫，由主管會計人員簽名蓋章，啓用單之大小應與賬簿同。

第十條　各種帳簿末頁後面應載經管人員單，須將經管該帳簿人員之姓名，及其接管或移交該帳簿之年月日，隨時詳細記入，並由該員簽名蓋章，以明責任。經管人員單之大小應與帳簿同。

第十一條　凡總帳及補助明細帳第一頁之前，啓用單之後，（或其反面）應載目錄表，將册內科目頁數等依次塡列。

第十二條 凡每日應記之帳目，須於當日記載完畢，不得延至次日。

第十三條 凡按期應造送之表單書册，須按日照規定期限編製完竣，呈送查核，不得拖延。

第十四條 主管會計人員遇有更調時，應將經管各帳簿由前任人員蓋章於其所經管各帳之最後筆，接管之新任人員蓋章於其經管之最初一筆，以分別其責任之始末。

第十五條 凡帳簿於每頁用盡後過入次頁時，須於該頁之末行將各欄之數目逐一總結，於摘要欄內書「過次頁」三字，同時應將總結各數分別過於次頁各欄之首行，並於其摘要欄內書「承前頁」三字。

第十六條 凡更換新帳簿時，如舊帳簿內尚有空白頁，應於最初空白頁上加蓋「以下空頁作廢」之字樣。

第十七條 各種帳簿均應按頁順序編列號數，並於該頁之右角上端用亞拉伯字書明其號次，（如第一頁則書「1」字，第二頁則書「2」字）如該頁之二面均用時，應作二頁編號，一在該頁之右角上端，一在該頁之左角上端，分別書明號次。

活頁式帳簿首按科目依次編號（如甲科目編爲第一號則書「1」字乙科目編爲第二號則書「2」字餘類推）次橫劃一之字符號「一」後，按各科目所用之頁數，各自第一頁起，分別繼續編列，（如甲科目共用五頁，其第一頁則書「1—1」，第二頁則書「1—2」，乙科目共用四頁，其第一頁則書「2—1」第二頁則書「2—2」。餘類推）

第十八條 各種帳簿之帳面上須標明機關帳簿名稱及册次。

第十九條 凡一切傳票之傳送簽蓋印章，各有關係人員應立即簽蓋送還，以便登記。

第二十條 所有應行列報之單據，應隨時按照科目分類，依次編號，妥爲保存，月終彙集呈報。

第廿一條 所有記帳傳票，應逐日整理按期裝訂。

第廿二條 凡書表傳票裝訂後，應由主管會計人員加蓋印章，並於封面上將名稱頁數日期等分別註明。

第廿三條　各種帳簿內帳戶，應於每月終了時結算借貸或收支總數及其差額。

第廿四條　本通則如有未盡事宜得隨時由財政廳提請　省政府修訂。

第廿五條　本通則呈請　省政府備案施行。

各征收機關處理傳票須知

各征收機關處理傳票須知

(一)凡原始憑証之具備傳票形式者，一律用作傳票，毋庸另開。

(二)各征收機關，每日應將所有傳票，彙總編號，其號碼逐日起訖，加具封面，(格式一)裝訂成本，其排列次序先收入傳票，次支出傳票，再次轉帳傳票，但傳票張數較少之機關，得每五日彙訂一次，仍分日編號。

(三)茲為劃一各機關訂存傳票辦法起見，規定標準如左：

一、一等稅務局每日裝訂一本。

二、二三等稅務局每五日彙訂一本。

(四)傳票封面上之首行虛線，卽蓋用某某機關之橡皮戳記；訂本第幾號係自年度開始起，將裝訂本傳票所續編號至年度終了為止；年月日塡傳票之日期，其下之第幾號至第幾號，共計若干張，係該本傳票編號起訖及張數；以上各空格均須正確塡載，並加蓋主辦會計人員及保管員之印章。

(五)每五日彙訂之傳票，除於彙訂封面，(格式二)加註起迄日期外，並於每日之傳票上另襯一封面。(格式三)

(六)裝訂時先將傳票理齊，襯入封面底間，用鐵夾鉗牢，然後封面頂端「○」內打穿小孔，用薄皮紙兩條絞成辮條，從封面四孔內凑進，由封底拉出結緊，兩條皮紙條四端重行散開，用漿糊黏貼封底上，皮紙端與封底交界處應加蓋主辦會計人員印章。

(七)傳票裝訂後應存入可以鎖閉之文件櫥內，挨號妥存。每年會計事務終結后，應將全年傳票包扎裝箱儲藏，自總決算公布日起，至少保存五年。

附傳票訂本封面格式三種

(格式一)每日訂本

……………………

傳　票

訂本第　　　號

民國　　年　　月　　日

第　　號至第　　號共計　　張

主辦會計人員……………　保管員……………

（格式二）五日彙訂本

……………………………………

傳　票

五日彙訂本第　　　　號

民國　　年　　月　　日起至　　月　　日止

主辦會計人員……………　保管員……………

（格式三）彙訂本內每日之傳票上襯入封面

傳　　票

民國　　年　　月　　日

第　　號至第　　號共計　　張

複寫須知

複寫須知

(一)凡書據表單需寫同式兩份以上時應儘量採用複寫辦法，按照需用格式以較薄紙張預印成套，用拍紙簿式或打孔式裝訂。

(二)書據用雙面複寫紙，表單用單面複寫紙，均預先裁好，按照需要份數逐一妥慎襯放，勿使漏襯斜襯，或反襯，以免脫空。

(三)每套書表末頁之下須用相當尺寸之鉛板墊襯，如係散頁並須將行格對準用夾針撳牢。

(四)複寫須用 3H 或 4H 硬鉛筆，以第一份留底，其在四份以上者可用靑蓮拷貝鉛筆。

(五)寫時持筆宜傾斜用力，須切實匀稱手腕勿重壓紙上。

(六)橫寫金額須標註數位符號以醒眉目例如 1,234,567.89

(七)繕寫時須愼求無誤，如遇筆誤不可挖補，或用橡皮擦改，或用較重筆力在原字上竄改，應於筆誤之處劃線二道註銷，並在其上更正，由繕寫人逐頁蓋章證明，但重要單據數字有誤時應作廢另開，並標明作廢字樣由主管長官蓋章。

(八)寫畢須將複寫紙妥爲安置或移襯第二套，不宜摺壓或置於近陽光潮濕之地。

(九)寫就之件須按照用途準確分投，嚴防誤送。

廣東省財政廳所屬各機關會計人員辦事通則

廣東省財政廳所屬各機關會計人員辦事通則

民國廿七年九月八日會字八○九一號廳令頒行

第一章 總則

第一條 各機關會計人員執行職務應依照本通則辦理。

第二條 各機關會計人員辦公處所一律稱爲會計室，冠以所在機關之名稱(例如中山稅務局會計室)並懸掛標牌以資識別。

各機關會計室之印章由財政廳製發。

第三條 各機關會計人員應照所在機關之辦公時間辦公不得遲到早退，當日應辦之事，並應于當日辦畢後，始得離職。

第四條 各機關會計人員因事請假時，應照各該機關規定手續辦理，其請假在三日以上時並須呈經長官轉呈財政廳核准始得離職，違者以擅離職守論。

第五條 各機關主辦會計人員之行文方式如左：

一、對財政廳用呈

二、對財政廳會計室主任及該管機關長官用報告(坿格式一)

三、對本機關各部份用片移

以上各項行文均須具名並加蓋廳發印章。

第六條 各機關主辦會計人員應於每月經過三日內備具該月份工作報告(坿格式二)分送財政廳會計室主任及本機關長官資核。

第七條 各機關收發文件之屬於會計範圍者，均須交由會計室核辦。

本機關各部份主辦文件之與會計有關者，應送會計室會核。

第八條 各機關各項會計表單　均應由主辦會計人員及經辦人員蓋章，以明責任。

第九條 凡關會計法案性質之文件，應由會計人員專卷保管，按照會計科目順序編號，以便鈎稽。

前項文件如有附入總卷之必要時，應由繕寫員抄錄副本交管卷員附入。

第十條　會計法案範圍列舉如左：

（一）會計契據

（二）核定預算

（三）核准臨時動支欵項文件

（四）審計處或財政廳核銷之文件

（五）核准墊付欵項文件

前項來文到局時由收發員加蓋會計法案條戳，以資識別。

第十一條　所有會計法案，會計憑証，會計簿籍，會計報表等件遇機關長官或主辦會計人員調任或解職時，均應專案移交。

第二章　職務分配

第十二條　各機關主辦會計人員應辦事務如左：

（一）關於各項會計文件之撰擬事項

（二）關於預算計算書類之核編事項

（三）關於收支憑單之核簽事項

（四）關於會計憑証之核編事項

（五）關於帳簿報表之審核事項

（六）關於票照之稽核事項

（七）關於財務統計之編製事項

（八）關於所屬會計人員之監督指導事項

（九）關於長官交辦事項

第十三條　各機關會計佐理人員應辦事務如左：

（一）關於各項會計文件之核辦事項
（二）關於預算計算書類之編造事項
（三）關於收支憑單之編製事項
（四）關於帳簿報表之登記及編製事項
（五）關於會計法案及會計書類之保管事項
（六）關於主辦會計人員交辦事項

第十四條　各機關未設會計佐理人員者，所有第十二第十三兩條之會計事務，統應由主辦會計人員辦理。三等稅局之會計員，並應兼辦各該局征册登記及文書處理等事宜。

第三章　會計事務

第十五條　各機關會計人員應遵照廳頒廣東省征收機關統一會計制度及其他會計法令之規定，逐日編製傳票，登記賬簿，並按期編造各項報表呈送財政廳。

第十六條　各機關會計人員應依照規定期限編送預決算書類。對於本機關所屬機關或人員之會計事務，應負督促指導之責，並應隨時派員或親往實地稽核。

第十七條　預算核定後，應即據以編送預算分配表，但臨時費係一次支用完竣或未能預計支用期間者，得免編送。

第十八條　臨時呈准動支款項，應依法編送追加預算。

第四章　收入稽核

第十九條　各機關一切收入，會計人員應負督促掃數解庫之責，倘查有捺留挪用情事，應按情節之輕重，據實報告長官或逕呈財政廳核辦。

第二十條　各機一切收入，會計人員應按日將票照存根核算並與解庫現金及留存現金核對是否相符。

第二十一條　會計人員稽核一切收入與票照存根相符時，即在日結表上蓋章証明，如闕不符，隨即查明更正，倘發現不法行爲時應呈報財政廳核辦。

第二十二條　各機關按月收到財政廳支令後，會計人員應逕指定之省分金庫轉入各該機關經費基金存欵戶，其數額在弍千元以下及離金庫在五里以上之機關，得由出納員提出自行管理；但支用時仍須由會計人員核明單據開具支出傳票，始得支付。

第二十三條　各機關經費採用經費基金存欵時，各項支出，除零星開支由庶務員在額定備用金內支付外，其餘概以支票發給。

前項支票由主辦會計人員開具蓋章後，送長官蓋章，交由領欵人持向金庫領欵。

第五章　經費管理

第二十四條　各項支出必須取得正式單據，如事實上不能取得單據者，應由經手人聲叙理由開單証明。

前項單據應蓋有商店圖記或領欵人私章方為有效如由庶務員經手者並應由庶務員加蓋私章，以明責任。

第二十五條　額定備用金之報帳，由庶務員於用罄時開列支出分類清單，彙齊支出單據送會計人員核明，經長官批准，照數發給支票歸墊，補足其支用之額，但屆每月末日無論支用若干必須檢據報帳。

第二十六條　會計人員逐日彙齊支出單據核明記帳後，貼入活頁單據粘存簿，按月裝訂成册，幷編造支出計算書類呈送財政廳審核。

第二十七條　凡職員到差及僱用工役時，總務課或庶務員應將姓名，職務，月支薪工額，連同具領薪工印鑑列單通知會計人員存案。

第二十八條　出差員警具領川旅費應於公畢三日內塡具出差旅費報告連同單據呈報長官發交會計人員核發，如係按月支領者須於次月三日以前辦理支領手續。

第六章　附則

第二十九條　各機關主辦會計人員依法處理歲計會計事務，如與長官意見不同時，得逕呈財政廳核辦。

第三十條　各機關會計人員遇有調任或解職時，應遵照會計法第九章辦理交代。

第三十一條　本通則由財政廳頒佈自廿七年九月起施行

附一 報告格式（本報告復寫三份以一份存查，二份送財政廳會計室或本機關長官俟核辦後以一份存卷一份列明答復文字發還報告之會計員）

（機關名稱）會計室報告

字第　　號

民國　　年　　月　　日發

事由

附件

報告事項

右報告

廣東省財政廳會計室主任察核

（或本機關長官）。

（機關名稱）會計主任/員　（簽章）

答復

附二 **工作報告格式**（用上項報告紙複寫三份，一份存查，二份送財政廳會計室主任及本機關長官）

字第　　號

（機關名稱　　　）會計室工作報告

民國　　年　　月　　日發

事由　**為報告本年度月份工作概況由**

報告事項

（一）上月下旬征解旬報于本月　　日寄出

（二）本月上旬征解旬報于本月　　日寄出

（三）本月中旬征解旬報于本月　　日寄出

（四）上月征解月報及收支月報于本月　　日寄出

（五）上月份收支累計表等報銷書類于本月　　日寄出

（六）本月份征起稅欵已否掃解

（七）本月份帳目已否記載齊完

（八）本月份會計人員請假天數（列舉姓名）

（九）其他報告事項

右報告

廣東省財政廳會計室主任察核

（或本機關長官）

會計主任/員　　（簽章）

（機關名稱）

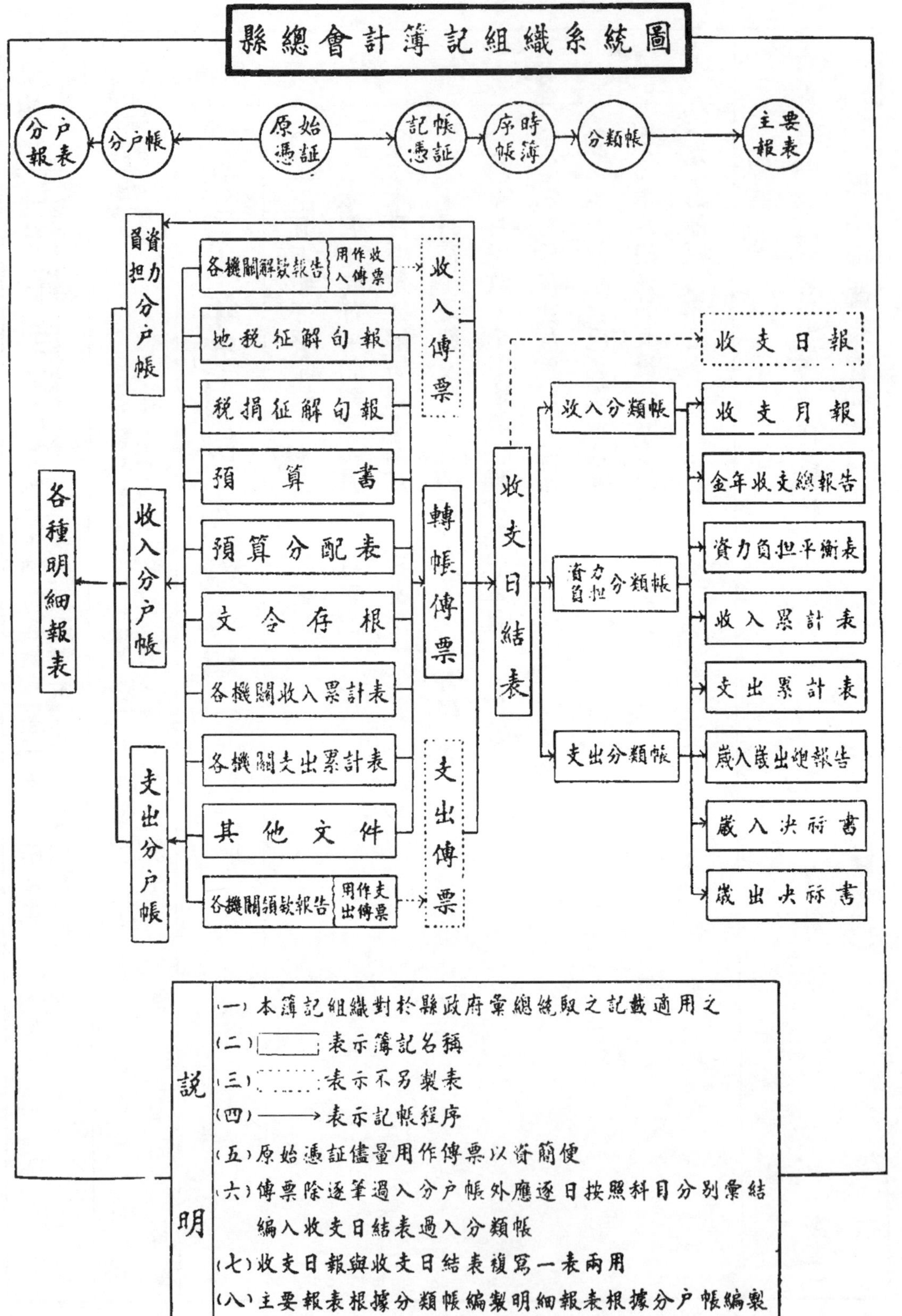
縣總會計簿記組織系統圖
分户報表
分户帳
原始憑証
記帳憑証
序時帳簿
分類帳
主要報表
資力負担分户帳
各機關解欵報告
用作收入傳票
收入傳票
地稅征解旬報
稅捐征解旬報
預算書
預算分配表
文令存根
各機關收入累計表
各機關支出累計表
其他文件
各機關領欵報告
用作支出傳票
支出傳票
轉帳傳票
收支日結表
各種明細報表
收入分户帳
支出分户帳
收支日報
收入分類帳
資力負担分類帳
支出分類帳
收支月報
全年收支總報告
資力負担平衡表
收入累計表
支出累計表
歲入歲出總報告
歲入決算書
歲出決算書
説明
(一)本簿記組織對於縣政府彙總統馭之記載適用之
(二)表示簿記名稱
(三)表示不另製表
(四)表示記帳程序
(五)原始憑証儘量用作傳票以資簡便
(六)傳票除逐筆過入分户帳外應逐日按照科目分別彙結編入收支日結表過入分類帳
(七)收支日報與收支日結表複寫一表兩用
(八)主要報表根據分類帳編製明細報表根據分户帳編製

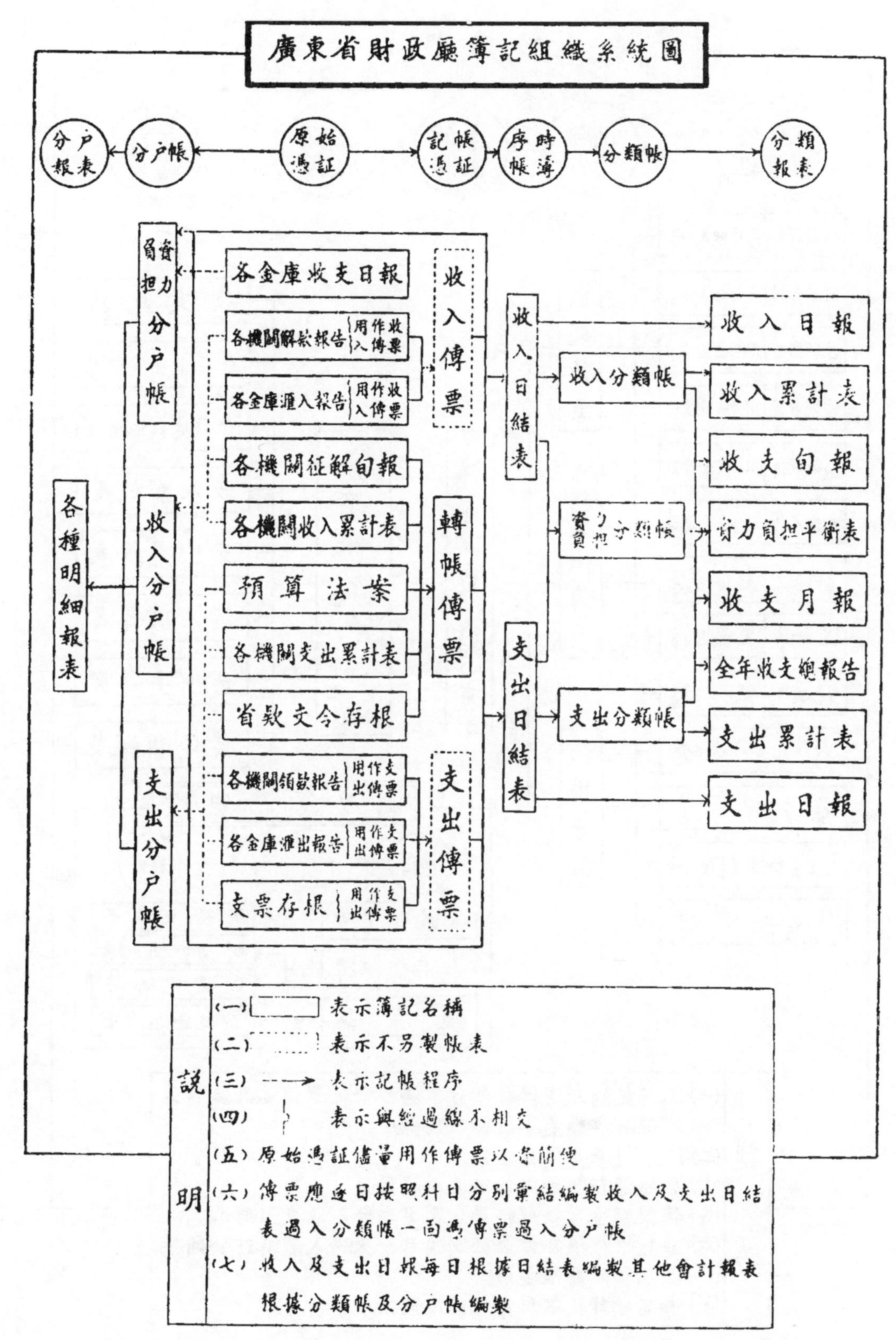
廣東省財政廳簿記組織系統圖
分戶報表
分戶帳
原始憑証
記帳憑証
序時帳簿
分類帳
分類報表
資力負担分戶帳
各金庫收支日報
各機關解款報告　用作收入傳票
各金庫滙入報告　用作收入傳票
各機關征解旬報
各機關收入累計表
預算法案
各機關支出累計表
省款支令存根
各機關領款報告　用作支出傳票
各金庫滙出報告　用作支出傳票
支票存根　用作支出傳票
收入傳票
轉帳傳票
支出傳票
收入日結表
支出日結表
收入分類帳
資力負担分類帳
支出分類帳
收入日報
收入累計表
收支旬報
資力負担平衡表
收支月報
全年收支總報告
支出累計表
支出日報
各種明細報表
收入分戶帳
支出分戶帳
說明
（一）表示簿記名稱
（二）表示不另製帳表
（三）表示記帳程序
（四）表示與經過線不相交
（五）原始憑証儘量用作傳票以資簡便
（六）傳票應逐日按照科目分別彙結編製收入及支出日結表過入分類帳一面憑傳票過入分戶帳
（七）收入及支出日報每日根據日結表編製其他會計報表根據分類帳及分戶帳編製

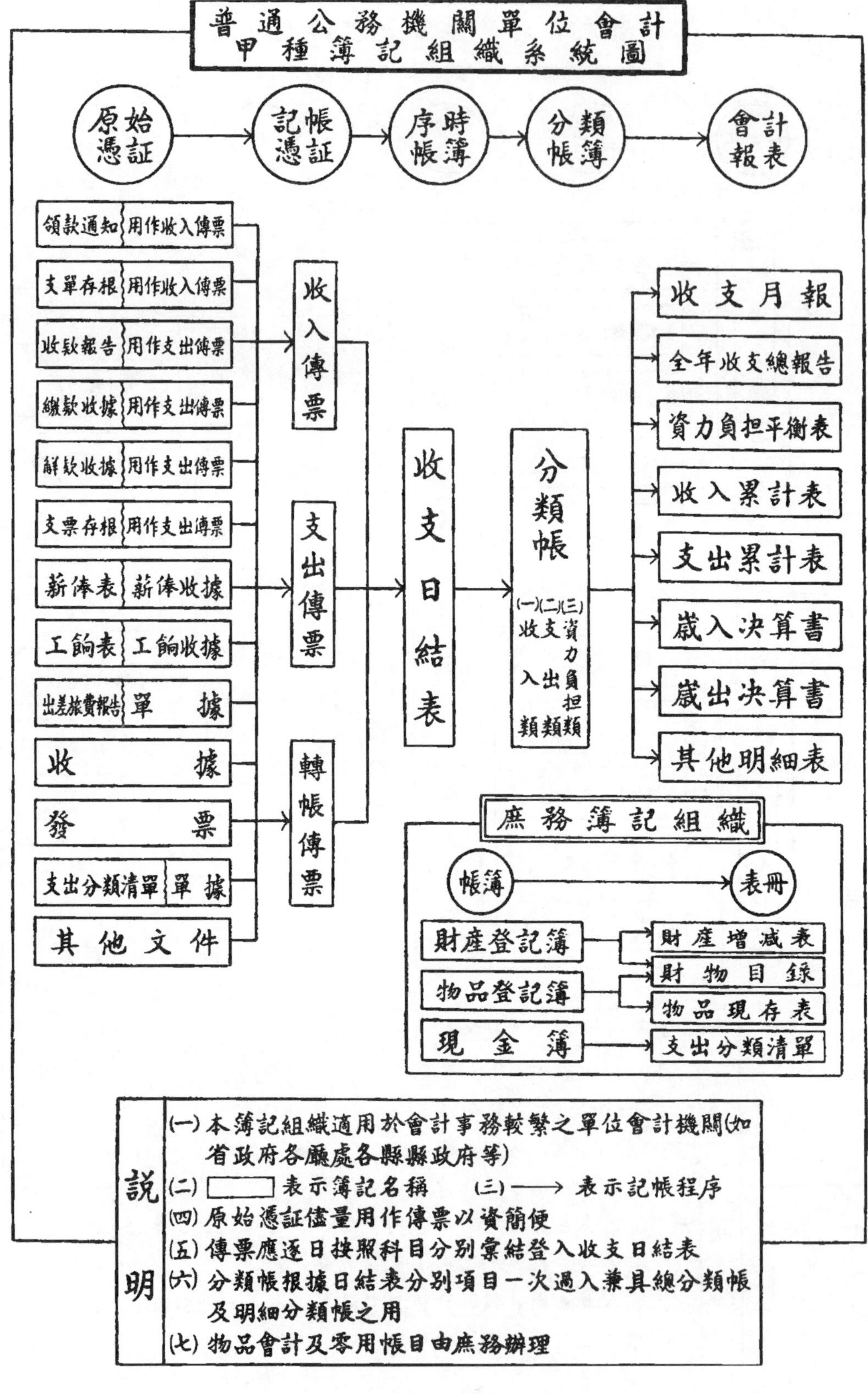
普通公務機關單位會計
甲種簿記組織系統圖
原始憑証
記帳憑証
序時帳簿
分類帳簿
會計報表
領款通知
用作收入傳票
支單存根
用作收入傳票
收款報告
用作支出傳票
繳款收據
用作支出傳票
解款收據
用作支出傳票
支票存根
用作支出傳票
薪俸表
薪俸收據
工餉表
工餉收據
出差旅費報告
單據
收據
發票
支出分類清單
單據
其他文件
收入傳票
支出傳票
轉帳傳票
收支日結表
分類帳
(一)收入類
(二)支出類
(三)資力負担類
收支月報
全年收支總報告
資力負担平衡表
收入累計表
支出累計表
歲入決算書
歲出決算書
其他明細表
庶務簿記組織
帳簿
表冊
財產登記簿
物品登記簿
現金簿
財產增減表
財物目錄
物品現存表
支出分類清單
說明
(一)本簿記組織適用於會計事務較繁之單位會計機關(如省政府各廳處各縣縣政府等)
(二) ▭ 表示簿記名稱 (三)——→表示記帳程序
(四)原始憑証儘量用作傳票以資簡便
(五)傳票應逐日按照科目分別彙結登入收支日結表
(六)分類帳根據日結表分別項目一次過入兼具總分類帳及明細分類帳之用
(七)物品會計及零用帳目由庶務辦理

普通公務機關單位會計乙種簿記組織系統圖

憑証 → 序時帳簿 → 分類帳簿 → 報表

憑証	
領款通知	用作收入傳票
支單存根	用作收入傳票
收款報告	用作支出傳票
繳款收據	用作支出傳票
解款收據	用作支出傳票
支票存根	用作支出傳票
薪俸表	薪俸收據
工餉表	工餉收據
出差旅費報告	單據
收據	
其他文件	
發票	

以上各項 → 現金簿 → 分類帳（一）收入類（二）支出類（三）資力負担類 → 收支月報、全年收支總報告、收入累計表、支出累計表、歲入決算書、歲出決算書、其他明細表

發票 → 財物報表 → 財產增減表、物品現存表、財物目錄

說明

（一）本簿記組織適用於會計事務較簡之單位會計機關（如縣警察局區署中等學校等）

（二）□表示簿記名稱　（三）───→表示記帳程序

（四）現金簿根據原始單據登記逐筆過入分類帳

（五）報表根據分類帳編製

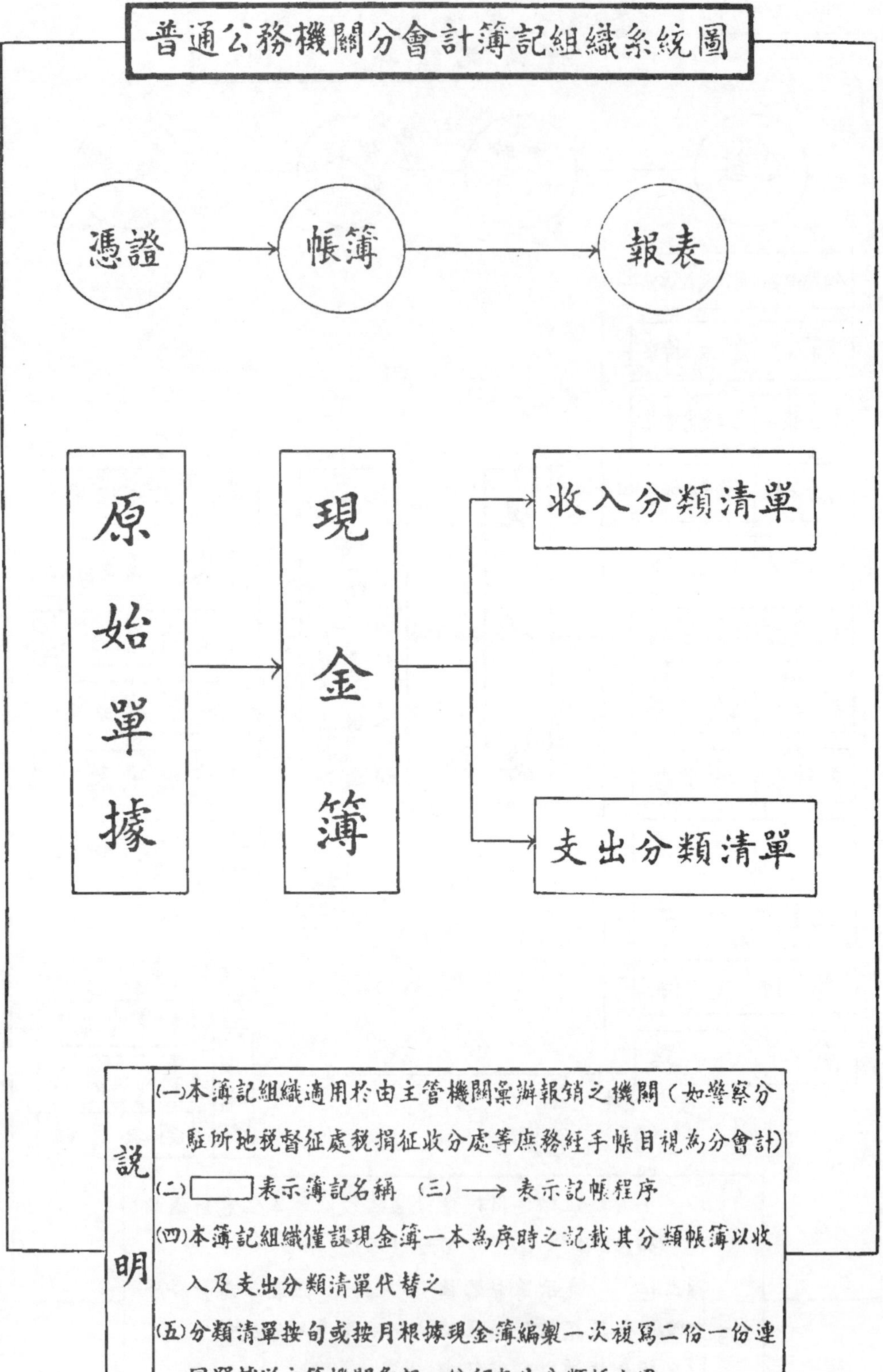
普通公務機關分會計簿記組織系統圖
憑證
帳簿
報表
原始單據
現金簿
收入分類清單
支出分類清單
說明
(一)本簿記組織適用於由主管機關彙辦報銷之機關（如警察分駐所地稅督征處稅捐征收分處等庶務經手帳目視為分會計）
(二)▭表示簿記名稱 (三)——→表示記帳程序
(四)本簿記組織僅設現金簿一本為序時之記載其分類帳簿以收入及支出分類清單代替之
(五)分類清單按旬或按月根據現金簿編製一次複寫二份一份連同單據送主管機關彙報一份留存作分類帳之用

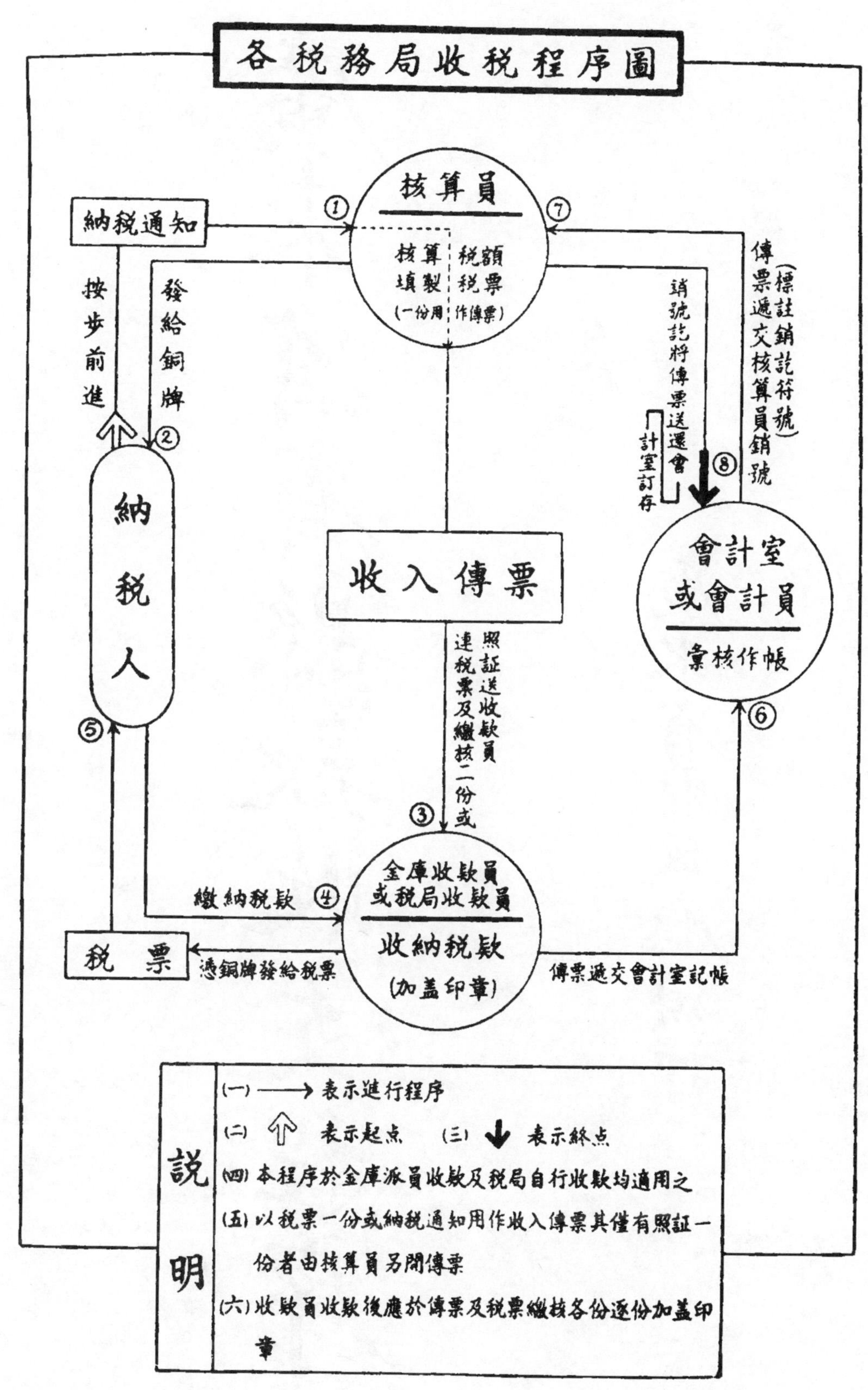
各稅務局收稅程序圖
核算員
核算填製（一份用
稅額稅票作傳票）
納稅通知
①
按步前進
發給銅牌
②
納稅人
收入傳票
連稅票及繳核二份或照証送收款員
③
金庫收款員或稅局收款員
收納稅款
（加蓋印章）
繳納稅款
④
稅票
憑銅牌發給稅票
⑤
傳票遞交會計室記帳
⑥
會計室或會計員
彙核作帳
⑦
傳票遞交核算員銷號（標註銷訖符號）
銷號訖將傳票送還會計室訂存
⑧
說明
(一) ——→ 表示進行程序
(二) ⇧ 表示起点 (三) ↓ 表示終点
(四) 本程序於金庫派員收款及稅局自行收款均適用之
(五) 以稅票一份或納稅通知用作收入傳票其僅有照証一份者由核算員另開傳票
(六) 收款員收款後應於傳票及稅票繳核各份逐份加蓋印章

廣東省省縣款收支程序

廣東省財政廳須訂

廣東省省縣款收支程序

民國二十七年六月印行

第一章 總則

第一條 廣東省省縣款之收支，依本程序辦理。

市款及管理局之收支，準用縣款收支程序。

第二條 省縣款之收入分別繳解省縣金庫核收，其支出分別由省縣金庫支付。

第三條 各機關經管省縣款，由省縣金庫或金庫收款處直接收入者，各該金庫應將當日收款總數，收入各該機關暫存款戶，填具收款單（格式一〇一）。複寫兩份：以第一份收款存根留存作帳，第二份收款報告送主管收入機關。

第四條 省縣款由各機關直接收入，一時不及分別基金項目者，得由各機關填具繳款單（格式一〇二）。複寫兩份，連同現金分別繳交省縣金庫核收。

省縣金庫收到現金，核與繳款單列數相符，收入各該機關暫存款戶，並將繳款單逐份加蓋金庫印章及「收訖」年月日戳記以第一份繳款通知留存作帳，第二份繳款收據交繳款機關。

第五條 各機關暫存款至遲須於兩日內由各該機關分別基金項目，依照下列規定程序，辦理解款手續，簽發支單（格式一〇四）。複寫兩份：以第一份支單存根留存作帳，第二份支單隨同解單送省縣金庫轉入普通總基金或特種基金。

前項支單衹准轉帳，不得提現。

第二章 省款收支程序

第六條 各機關報解省款，應依照左列程序辦理：

一、各機關報解省款應分別基金、項目塡具解單（格式一（三））複寫六份：第一份解款回證、第二份解款收據、第三份解款通知、第四份解款報告、第五六兩份解款報查，連同現金或支單一併繳交省金庫核收。

二、省總金庫收到各機關現金或支單，核與解單列數相符，即將解單逐份加蓋金庫印章及「收訖」年月日戳記，以解款通知留存作帳，解款回證及解款收據交還解款機關，解款報告隨同收支日報送財政廳，解款報查兩份隨同收支日報兩份分送會計處及審計處。

省分金庫及支金庫之收款程序與上同。

三、解款機關收到解款收據留存作帳。

四、財政廳收到解款報告留存作帳。

第七條　各機關支領省款，應依照左列程序辦理：

一、各機關經常費應由財政廳查照各該機關核定月份分配數簽發支令，各機關臨時費應由各該機關依據預算或其他法案塡具請款書（格式一（五））複寫兩份：以第一份請款存根留存備查，第二份請款憑單隨同月份分配表一份送財政廳核簽支令。

二、財政廳對於應發經費塡開支令（格式一（六））複寫七份：除以第一份支令存根留存備查外，第二份支令、第三份領款通知送審計處核簽後，以支令交付款省金庫，領款通知隨同第四份領款收據、第五份領款報告、第六七兩份領款報查一併交領款機關。

三、領款機關收到領款通知、領款收據、領款報告、領款報查後，即將領款收據、領款報告、領款報查加蓋印章，隨同領款通知一併送付款省金庫。

四、省總金庫收到各機關領款通知核與支令相符，領款收據、領款報告、領款報查所蓋印章核與原送印鑑相符，即由普通總基金或特種基金項下如數撥入各該機關經費基金存戶，或由各該機關領出自行管理，並逐份加蓋金庫印章及「撥人經費基金存戶」或「付訖」年月日戳記，以領款通知交還領款機關，領款收據留存備查，領款報告隨同收支日報送財政廳，領款報查兩份隨同收支日報兩份分送會計處及審計處。

省分金庫及支金庫之支款程序與上同。

五、財政廳收到領款報告留存作帳。

第八條　各機關動支經費基金應依照左列程序辦理，

一、各機關動支經費基金應簽發支票（格式一〇七）。複寫兩份以第一份支票存根留存作帳，第二份支票交由領款人持向省金庫領款。

二、省金庫收到各機關支票查核印鑑相符，由領款人於支票上簽名蓋章，卽行付款，並將支票留存作帳。

第九條　省金庫各庫間款項之調撥，應依照左列程序辦理：

甲、由財政廳通知調撥者：

一、由財政廳塡具匯劃書（格式一〇八）。複寫六份以第一份匯劃存根留存備查，第二份匯劃通知交省總金庫留存備查，第三份匯出通知、第四份匯出報告交匯出金庫，第五份匯入通知、第六份匯入報告交匯入金庫。

二、匯出金庫收到匯出通知及匯出報告，照數匯款後，以匯出通知留存作帳，匯出報告送財政廳。

三、匯入金庫收到匯入通知及匯入報告，照數收款後以匯入通知留存作帳，匯入報告送財政廳。

乙、各金庫遵照財政廳電報通知或規定辦法調撥者：

一、由匯出金庫塡具匯劃書（格式一〇九）。複寫五份以第一份匯出存根留存作帳，第二、三兩份匯出報告分送財政廳及省總金庫，第四份匯入通知、第五份匯入報告交匯入金庫。

匯出金庫如爲省總金庫時，得省略第三份匯出報告。

二、匯入金庫收到匯入通知匯入報告照數收款後，以匯入通知留存作帳，匯入報告送財政廳。

第三章　縣款收支程序

第十條　各機關報解縣款，應依照左列程序辦理：

一、各機關報解縣款，應分別基金、項目塡具解單（格式一一〇）。複寫四份以第一份解款回證，第二份解款收據，第三份解款通知、第四份解款報告，連同現金或支單，一併送縣金庫核收。

二、縣金庫收到各機關報解現金或支單，核與解單列數相符，即將解單逐份加蓋金庫印章及「付訖」年月日戳記以解款通知留存作帳，解款回證及解款收據交解款機關，解款報告隨同收支日報送縣政府。

三、解款機關收到解款收據留存作帳。

四、縣政府收到解款報告留存作帳。

第十一條　各機關支領縣款，應依照左列程序辦理：

一、各機關經常費，應由縣政府查照各該機關核定月份分配數，簽發支令。

各機關臨時費應由各該機關依據預算或其他法案填具請款書，複寫二份以第一份請款存根留存備查，第二份請款憑單送縣政府核發支令。

二、縣政府對於應發經費，填開支令（格式一一一）複寫五份：以第一份支令存根留存備查，第二份支令交縣金庫，第三份領款通知、第四份領款收據，第五份領款報告一併交領款機關。

三、領款機關收到領款通知、領款收據、領款報告後，即將領款收據、領款報告加蓋印章，隨同領款通知一併送交縣金庫。

四、縣金庫收到各機關領款通知核與支令相符，領款收據、領款報告所蓋印章核與原送印鑑相符，即由普通總基金或特種基金項下，如數撥入各該機關經費基金存戶，或由各該機關領出自行管理，並逐份加蓋金庫印章及「撥入經費基金存戶」或「付訖」年月日戳記以領款通知交還領款機關，領款報告隨同收支日報送縣政府。

五、縣政府收到領款報告，留存作帳。

第十二條　各機關動支經費基金應依照左列程序辦理：

一、各機關動支經費基金應簽發支票，複寫兩份以第一份支票存根留存作帳，第二份支票交由領款人持向縣金庫領款。

二、縣金庫收到各機關支票查核印鑑相符，由領款人於支票上簽名蓋章，即行付款，並將支票留存作帳。

第四章　附則

第十三條　各機關支領經臨各費印鑑應送省縣金庫存查

第十四條　各機關遞送解款書類，得免行文。

第十五條　自本程序施行之日起，原有關於省縣款收支程序之章則，一律無效。

第十六條　本程序呈請廣東省政府備案，於民國二十七年七月一日起施行。

廣東省省縣款收支程序應用書類目錄

收款單 格式一〇一 （由金庫複寫兩份）
收款存根 格式一〇一——一 （印淡紅色紙由省金庫用作收入傳票）
收款報告 格式一〇一——二 （印淡藍色紙由主管收入機關用作支出傳票）

繳款單 格式一〇二 （由繳款機關複寫兩份）
繳款通知 格式一〇二——一 （印淡紅色紙由省金庫用作收入傳票）
繳款收據 格式一〇二——二 （印淡藍色紙由主管收入機關用作支出傳票）

解單（省款）格式一〇三 （由解款機關複寫六份）
解款回證 格式一〇三——一 （印白紙由解款機關存査）
解款收據 格式一〇三——二 （印淡藍色紙由解款機關用作支出傳票）
解款通知 格式一〇三——三 （印淡紅色紙由省金庫用作收入傳票）
解款報告 格式一〇三——四 （印淡紅色紙由財政廳用作收入傳票）
解款報査 格式一〇三——五 （印淡紅色紙送會計處用作傳票）
解款報査 格式一〇三——六 （印白紙送審計處）

支單 格式一〇四 （由解款機關複寫兩份）
支單存根 格式一〇四——一 （印淡紅色紙由主管收入機關用作收入傳票）
支單 格式一〇四——二 （印淡藍色紙由省金庫用作支出傳票）

請款書 格式一〇五 （由請款機關複寫兩份）

請款存根　格式一〇五——一　（印白紙由請款機關存查）

請款憑單　格式一〇五——二　（印白紙由財政廳存查）

支　令(省款)格式一〇六　（由財政廳複寫七份）

支令存根　格式一〇六——一　（印白紙由財政廳存查）

支　令　格式一〇六——二　（印淡藍色紙由省金庫用作支出傳票）

領款通知　格式一〇六——三　（印淡紅色紙由領款機關用作收入傳票）

領款收據　格式一〇六——四　（印白紙由省金庫存查）

領款報告　格式一〇六——五　（印淡藍色紙由財政廳用作支出傳票）

領款報查　格式一〇六——六　（印淡紅色紙送會計處用作傳票）

領款報查　格式一〇六——七　（印白紙送審計處）

支　票　格式一〇七——一　（由支款機關複寫兩份）

支票存根　格式一〇七——一　（印淡藍色紙由支款機關用作支出傳票）

支　票　格式一〇七——二　（印淡藍色紙由金庫用作支出傳票）

匯劃書(甲種)格式一〇八　（由財政廳複寫六份）

匯劃存根　格式一〇八——一　（印白紙由財政廳存查）

匯劃通知　格式一〇八——二　（印白紙送省總金庫）

匯出通知　格式一〇八——三　（印淡藍色紙由匯出金庫用作支出傳票）

匯出報告　格式一〇八——四　（印淡藍色紙由財政廳用作支出傳票）

匯入通知　格式一〇八——五　（印淡紅色紙由匯入金庫用作收入傳票）

匯入報告　格式一〇八——六　（印淡紅色紙由財政廳用作收入傳票）

匯劃書(乙種)格式一〇九　(由匯出省金庫複寫五份)

匯出存根　格式一〇九——一　(印淡藍色紙由匯出金庫用作支出傳票)

匯出報告　格式一〇九——二　(印淡藍色紙由財政廳用作支出傳票)

匯出報告　格式一〇九——三　(印白紙送省總金庫)

匯入通知　格式一〇九——四　(印淡紅色紙由匯入金庫用作收入傳票)

匯入報告　格式一〇九——五　(印淡紅色紙由財政廳用作收入傳票)

解單(縣款)格式一一〇　(由解款機關複寫四份)

解款回證　格式一一〇——一　(印白紙由解款機關存查)

解款收據　格式一一〇——二　(印淡藍色紙由解款機關用作支出傳票)

解款通知　格式一一〇——三　(印淡紅色紙由縣金庫用作收入傳票)

解款報告　格式一一〇——四　(印淡紅色紙由縣政府用作收入傳票)

支令(縣款)格式一一一　(由縣政府複寫五份)

支令存根　格式一一一——一　(印白紙由縣政府存查)

支　令　格式一一一——二　(印淡藍色紙由縣金庫用作支出傳票)

領款通知　格式一一一——三　(印淡紅色紙由領款機關用作收入傳票)

領款收據　格式一一一——四　(印白紙由縣金庫存查)

領款報告　格式一一一——五　(印淡藍色紙由縣政府用作支出傳票)

(格式101—1)

收款存根

（此份留存金庫用作收入傳票登帳）

收款單第一份　字第　號　民國　年　月　日

......金庫

收入傳票

字第　號

民國　年　月　日

貸方科目	摘要	國幣 元	國幣 角分	簿頁	帳頁
暫存款					

......金庫主任　會計　收款員　記帳員

（格式101—2）

收款報告

（此份由金庫交主管收入機關用作支出傳票登帳）

收款單第二份　　字第　　號　　民國　　年　　月　　日

借方科目	摘要	國幣 元	角	分
金庫暫存款				

金庫主任　　會計　　收款員

支出傳票

字第　　號

民國　　年　　月　　日

貸方科目	簿頁	帳頁

長官　　主辦會計人員

覆核員　　記帳員

(格式102—1)

繳款通知

(此份由繳款機關送金庫憑此收款並用作收入傳票登帳)

繳款單第一份　　字第　　號民國　　年　　月　　日

繳款機關	
貸方科目	暫存款
國　　幣	

上款即請……………金庫核收暫存

長官　　　　主辦會計人員

……………金庫

收入傳票

字第　　號

民國　　年　　月　　日

簿　　頁	帳　　頁

金庫主任

會　　計

收款員

記帳員

(格式102--2)

繳款收據

（此份由繳款機關送金庫加蓋收訖章記後交還繳款機關用作支出傳票登帳）

繳款單第二份　　字第　　號民國　　年　　月　　日

繳款機關	
借方科目	金庫暫存款
國幣	

上款已請……………………金庫暫存留此存查作帳

長官　　　　主辦會計人員

支出傳票

字第　　號

民國　　年　　月　　日

貸方科目	簿頁	帳頁

長官

主辦會計人員

覆核員

記帳員

（格式103—1）

解 款 回 證

解款機關……………………

（此份由解款機關送金庫加蓋收訖章記後交還解款機關長官存查）

省款解單第一份　字第　號　民國　年　月　日

基金	項	目	經常或臨時	年度	月份	國幣 元	國幣 角分	備考
合計國幣								

上款已如數由……………………金庫收訖此據

……………金庫主任　　會計　　出納員

（格式103—2）

解款收據

(此份由解款機關送金庫加蓋收訖章記後交還解款機關作據并用作支出傳票登帳)

解款機關…………

省款解單第二份 字第 號 民國 年 月 日

支出傳票

字第 號

民國 年 月 日

基金	項	目	經常或臨時	年度	月份	國幣 元	角分	借方科目	簿頁	帳頁
合計國幣										

上款已如數由…………金庫收訖此據

長官 主辦會計人員

…………金庫主任 會計 出納員

覆核員 記帳員

(格式103—3)

解款通知

(此份由解款機關送金庫憑此收款並用作收入傳票登帳)

解款機關……

省款解單第三份　字第　號　民國　年　月　日

……金庫

收入傳票

字第　號

民國　年　月　日

基金	項	目	經常或臨時	年度	月份	國幣 元	角分	貸方科目	簿頁	帳頁
合計國幣										

上款請照數收訖入帳此致……金庫台照

金庫主任　　出納員

長官　　主辦會計人員

會計　　記帳員

（格式103—4）

解款報告

解款機關……………………

（此份由解款機關送金庫加蓋收訖章記後轉送財政廳用作收入傳票登帳）

省款解單第四份　字第　號　民國　年　月　日

基金	項	目	經常或臨時	年度	月份	國幣 元	角分
合計國幣							

上款業已解交……………………金庫此請

廣東省財政廳　查核

長　官　　金庫主任

會　計

主辦會計人員　　出納員

廣東省財政廳 收入傳票

字第　號

民國　年　月　日

借方科目	傳頁	帳頁

會計室主任　　覆核員

會計股長　　記帳員

（格式103—5）

解款報查

（此份由解款機關送金庫加蓋收訖章記後送會計處用作傳票登帳）

解款機關……………………

省款解單第五份　字第　號　民國　年　月　日

基金	項	目	經常或臨時	年度	月份	國幣 元	角分
合計國幣							

上款業已解交……………………金庫此請

廣東省會計處　查核

長　官　　　金庫主任

主辦會計人員　　　會　計

出納員

廣東省政府會計處 傳票

字第　號

民國　年　月　日

借方科目	簿頁	帳頁

會計長　覆核員

會計科長　記帳員

（格式103—6）

解款報查

（此份由解款機關送金庫加蓋收訖章記後送審計處查核）

解款機關……………………

省款解單第六份　　字第　　號　民國　　年　　月　　日

基金	項	目	經常或臨時	年度	月份	國幣 元	國幣 角分	備考
合計國幣								

上款業已解交……………………金庫此請

廣東省審計處　查核

長官　　主辦會計人員　　金庫主任　　會計　　出納員

(格式104—1)

支單存根

（此份留存支款機關用作收入傳票登帳）

支單第一份　　字第　　號民國　　年　　月　　日

支款機關	
會計科目	
國幣	

上款已請……………金庫劃出轉帳留此存查

長官　　　　主辦會計人員

收入傳票

字第　　號

民國　　年　　月　　日

貸方科目	簿　頁	帳　頁

長官

主辦會計人員

覆核員

記帳員

(格式104—2)

支　單

(此份由支款機關送金庫轉帳用作支出傳票登帳)

支單第二份　　字第　　號民國　　年　　月　　日

支款機關	
會計科目	
國　幣	

上款即請……………金庫劃出轉帳不得付現

長官　　　主辦會計人員

……………金庫

支出傳票

字第　　號

民國　　年　　月　　日

借方科目	簿　頁	帳　頁

金庫主任

會計員

覆核員

記帳員

(格式100—1)

請款存根

(此份留存請款機關備查)

請款書第 份　　字第　　號　　民國　　年　　月　　日

請款機關		
會計科目	項	目
年度及月份		
用途		
國幣		
附記		

長官　　　　主辦會計人員

(格式105--2)

請 款 憑 單

(此份送主管財政機關核發支令)

請款書第二份　　字第　　號　　民國　　年　　月　　日

請款機關		
會計科目	項	目
年度及月份		
用途		
國幣		
附記		

長官　　　　　主辦會計人員

(格式106—1)

支　令　存　根

(此份留存財政廳備查)

省款支令第一份　　字第　　號簽發日期民國　　年　　月　　日

<table>
<tr><td>領款機關</td><td colspan="4"></td><td rowspan="6">備考</td></tr>
<tr><td>經常或臨時</td><td></td><td>年度及月份</td><td colspan="2"></td></tr>
<tr><td rowspan="2">會計科目</td><td>基金</td><td>項</td><td colspan="2">目</td></tr>
<tr><td></td><td></td><td colspan="2"></td></tr>
<tr><td>國幣</td><td colspan="4"></td></tr>
<tr><td colspan="5">上款已令……………金庫照付留此存查

廳長　　會計室主任　　核放股股長　　填發員</td></tr>
</table>

(格式106—2)

支　令

（此份由財政廳送經審計處核簽後交付款金庫與領款通知核對相符後付款並用作支出傳票登帳）

省款支令第二份　　字第　　號簽發日期民國　　年　　月　　日

領款機關				
經常或臨時		年度及月份		
會計科目	基　金	項	目	
國幣				

上款業經核准發交…………金庫照付

廣東省審計處處長

廣東省財政廳廳長

……金庫 支出傳票

字第　　號

民國　　年　　月　　日

借方科目	簿頁	帳頁

金庫主任

會計

出納員

記帳員

(格式106—3)

領款通知

(此份由財政廳送經審計處核簽後交領款機關用作收入傳票登帳)

省款支令第三份　　字第　　號簽發日期民國　　年　　月　　日

領款機關			
經常或臨時		年度及月份	
會計科目	基　　金	項	目
國幣			

上款已令……………金庫照發

廣東省審計處處長

廣東省財政廳廳長

……………金庫

收入傳票

字第　　號

民國　　年　　月　　日

貸方科目	簿頁	帳頁

長官

主辦會計人員

覆核員

記帳員

(格式106—4)

領款收據

（此份由財政廳交領款機關加蓋印章後持向金庫領款金庫留此備查）

省款支令第四份　　字第　　號簽發日期民國　　年　　月　　日

<table>
<tr><td>領款機關</td><td colspan="4"></td><td>備考</td></tr>
<tr><td>經常或臨時</td><td colspan="2"></td><td>年度及月份</td><td></td><td rowspan="5"></td></tr>
<tr><td rowspan="2">會計科目</td><td colspan="2">基金</td><td>項</td><td>目</td></tr>
<tr><td colspan="2"></td><td></td><td></td></tr>
<tr><td>國幣</td><td colspan="4"></td></tr>
<tr><td colspan="5">上款業於民國　　年　　月　　日派員領訖此致……金庫台照

長官　　　　主辦會計人員</td></tr>
</table>

(格式106—5)

領款報告

(此份由財政廳交領款機關送金庫加蓋付訖章記後送財政廳用作支出傳票登帳)

省款支令第五份　　字第　　號簽發日期民國　　年　　月　　日

領款機關			
經常或臨時		年度及月份	
會計科目	基金	項	目
國幣			

上款業於民國　　年　　月　　日如數向……金庫領訖特此報請

廣東省財政廳　查核

長官　　　　金庫主任

　　　　　　會計

主辦會計人員　　出納員

廣東省財政廳

支出傳票

字第　　號

民國　　年　　月　　日

借方科目	簿頁	帳頁

會計室主任

會計股長

覆核員

記帳員

（格式106—6）

領款報查

（此份由財政廳交領款機關送金庫加蓋付訖章記後再送會計處查核用作傳票登帳）

省款支令第六份　　字第　　號簽發日期民國　　年　　月　　日

領款機關			
經常或臨時		年度及月份	
會計科目	基　　金	項	目
國幣			

上款業於民國　　年　　月　　日如數向……………金庫領訖特此報請

廣東省會計處　查核　　　　金庫主任

長官　　　　會計

主辦會計人員　　　　出納員

廣東省政府會計處

傳票

字第　　號

民國　　年　　月　　日

借方科目	簿頁	帳頁

會計長

會計科長

覆核員

記帳員

(格式106—7)

領款報查

(此份由財政廳交領款機關送金庫加蓋付訖章記後送財政廳轉審計處查核)

省款支令第七份　　字第　　號簽發日期民國　　年　　月　　日

<table>
<tr><td>領款機關</td><td colspan="4"></td><td rowspan="7">備考</td></tr>
<tr><td>經常或臨時</td><td></td><td>年度及月份</td><td colspan="2"></td></tr>
<tr><td rowspan="2">會計科目</td><td>基金</td><td>項</td><td colspan="2">目</td></tr>
<tr><td></td><td></td><td colspan="2"></td></tr>
<tr><td>國幣</td><td colspan="4"></td></tr>
<tr><td colspan="5">上款業於民國　年　月　日如數向……………金庫領訖特此報請

廣東省審計處　查核</td></tr>
<tr><td colspan="5">長官　　主辦會計人員　　金庫主任　　會計　　出納員</td></tr>
</table>

(格式107—1)

支票存根

(此份留存支款機關備查並用作支出傳票登帳)

支票第一份　　字第　　號　　支票第　　號　　帳號

抬頭人	
國幣	$ ______
上款已交 ………金庫照付 民國　　年　　月　　日	
機關長官　　主辦會計人員　　覆核員　　記帳員	

支出傳票

字第　　號

民國　　年　　月　　日

借方科目	簿頁	帳頁

	元	角分
上次結存數		
存入數		
支出數		
本次結存數		
結欠數		
用途		

(格式107—2)

支　　票

（此份由支款人向金庫領款後由金庫用作支出傳票登帳）

支票第二份

支票第　　號　　帳號

銅牌　　號

憑票祈付

或來人

國幣　　$

此致

……………金庫台照

民國　　年　　月　　日簽名蓋章

金庫主任　　會計　　出納員

……………金庫

支出傳票

字第　　號

民國　年　月　日

簿　頁	帳　頁

金庫主任

會計

出納員

（格式108—1）

匯劃存根

（此份留存財政廳備査）

甲種匯劃書第一份　　字第　　號民國　　年　　月　　日

匯出金庫		備考
匯入金庫		
借方科目		
國幣		
上款業已分别知照金庫匯劃		
廣東省財政廳廳長　　會計室主任		

(格式108—2)

匯劃通知

(此份由財政廳加蓋章記後送省總金庫查照)

甲種匯劃書第二份　　字第　　號民國　　年　　月　　日

匯出金庫		備考
匯入金庫		
借方科目		
國幣		
上款業已分別通知匯劃即請 廣東省總金庫　查照 廣東省財政廳廳長		

（樣式108—3）

匯出通知

（此份由財政廳送匯出金庫用作支出傳票登帳）

甲種匯劃書第三份　　字第　　號民國　　年　　月　　日

匯出金庫	
匯入金庫	
借方科目	
國幣	

上款即請照數匯出

廣東省財政廳廳長

……金庫

支出傳票

字第　　號

民國　　年　　月　　日

簿　　頁	帳　　頁

金庫主任

會計

出納員

記帳員

（格式108—4）

匯出報告

（此份由財政廳送匯出金庫加蓋章記後由金庫送財政廳用作支出傳票登帳）

甲種匯劃書第四份　　字第　　號民國　　年　　月　　日

匯出金庫	
匯入金庫	
借方科目	
國幣	

上款業已照數匯出即請

廣東省財政廳　查照

金庫主任　　　　會計　　　　出納員

廣東省財政廳

支出傳票

字第　　號

民國　　年　　月　　日

簿　頁	帳　頁

會計室主任

會計股長

覆核員

記帳員

(格式108—5)

匯入通知

(此份由財政廳送匯入金庫用作收入傳票登帳)

甲種匯劃書第五份　字第　號民國　年　月　日

匯出金庫	
匯入金庫	
貸方科目	
國幣	

上款業已通知匯出金庫照數匯劃

廣東省財政廳廳長

______金庫

收入傳票

字第　號

民國　年　月　日

簿　頁	帳　頁

金庫主任

會計

出納員

記帳員

(格式108—6)

匯入報告

(此份由財政廳送匯入金庫加蓋章記後由金庫送財政廳用作收入簿票登帳)

甲種匯劃書第六份　　字第　　號民國　　年　　月　　日

匯出金庫	
匯入金庫	
貸方科目	
國幣	

上款業已照數匯入收到即請

廣東省財政廳　查照

______金庫主任　　會計　　出納員

廣東省財政廳

收入傳票

字第　　號

民國　　年　　月　　日

簿　　頁	帳　　頁

會計室主任

會計股長

覆核員

記帳員

（格式 109—1）

匯出存根

（此份留存匯出金庫備查并用作支出傳票登帳）

乙種匯劃書第一份　　字第　　號民國　　年　　月　　日

匯出金庫	
匯入金庫	
借方科目	
國幣	
附註	

上款業已照數匯出

金庫主任　　會計　　出納員

______金庫

支出傳票

字第　　號

民國　　年　　月　　日

簿　頁	帳　頁

金庫主任

會計

出納員

記帳員

（格式109—2）

匯出報告

（此份由匯出金庫加蓋章記後送財政廳用作支出傳票登帳）

乙種匯劃書第二份　　字第　　號民國　　年　　月　　日

匯出金庫	
匯入金庫	
借方科目	
國幣	
附註	

上款業已照數匯出即請

廣東省財政廳　查照

金庫主任　　會計　　出納員

廣東省財政廳

支出傳票

字第　　號

民國　　年　　月　　日

簿　　頁	帳　　頁

會計室主任

會計股長

覆核員

記帳員

（格式 109—3）

匯出報告

（此份由匯出金庫加蓋章記後送省總金庫備查）

乙種匯劃書第三份　　字第　　號民國　　年　　月　　日

匯出金庫		備考
匯入金庫		
借方科目		
國幣		
附註		
上款業已照數匯出即請 廣東省總金庫　查照 金庫主任　　會計　　出納員		

（格式 109—4）

匯入通知

（此份由匯出金庫加蓋章記後送匯入金庫用作收入傳票登帳）

乙種匯劃書第四份　　字第　　號民國　　年　　月　　日

匯出金庫	
匯入金庫	
貸方科目	
國幣	
附註	

上款業已照數匯出即請

……金庫　查收

……金庫主任　　會計

……金庫

收入傳票

字第　　號

民國　　年　　月　　日

簿　　頁	帳　　頁

金庫主任

會　計

出納員

記帳員

（格式109—5）

匯入報告

（此份由匯出金庫送匯入金庫加蓋章記後送財政廳用作收入傳票登帳）

乙種匯劃書第五份　　字第　　號民國　　年　　月　　日

匯出金庫	
匯入金庫	
貸方科目	
國幣	
附註	

上款業已照數匯入收到即請

廣東省財政廳　查照

……金庫主任　　會計　　出納員

廣東省財政廳收入傳票

字第　　號

民國　　年　　月　　日

簿　　頁	帳　　頁

會計室主任

會計股長

覆核員

記帳員

(格式110—1)

解款回證

解款機關……………………

（此份由解款機關送金庫加蓋收訖章記後交還解款機關長官存查）

縣款解單第一份　　字第　　號民國　　年　　月　　日

基金	經常或臨時	項	目	年度	月份	國幣 元 角分	備考
合計國幣							

上款已如數由……………………金庫收訖此據

……………金庫主任　　　　會計　　　　出納員

(格式110—2)

解款收據

(此份由解款機關送金庫加蓋收訖章記後交還解款機關作據并用作支出傳票登帳)

解款機關……………

縣款解單第二份　　字第　　號民國　　年　　月　　日

基金	經常或臨時	項	目	年度	月份	國幣 元	國幣 角分
合計國幣							

上款已如數由……………金庫收訖此據

……………金庫主任　　會計　　出納員

支出傳票

字第　　號

民國　　年　　月　　日

借方科目	簿頁	帳頁

長官　　主辦會計人員

覆核員　　記帳員

(格式110—8)

解款通知

（此份由解款機關送金庫憑此收款並用作收入傳票登帳）

解款機關……………………

縣款解單第三份　　字第　　號民國　　年　　月　　日

基金	經常或臨時	項	目	年度	月份	國幣	
						元	角分
合計國幣							

上款請照數收訖入帳此致……………………金庫台照

長官　　　　主辦會計人員

……………………金庫

收入傳票

字第　　號

民國　　年　　月　　日

貸方科目	簿頁	帳頁

金庫主任　　　　出納員

會計　　　　記帳員

(格式110—4)

解款報告

(此份由解款機關送金庫加蓋收訖章記後轉送縣政府用作收入傳票登帳)

解款機關……………

縣款解單第四份　　字第　　號民國　　年　　月　　日

基金	經常或臨時	項	目	年度	月份	國幣 元	國幣 角分
合計國幣							

上款業已解交……………金庫此請

……………縣政府　查核

金庫主任

長　　官　　　會　　計

主辦會計人員　　出納員

……………縣政府

收入傳票

字第　　號

民國　　年　　月　　日

貸方科目	簿頁	帳頁

縣　　長　　覆核員

主辦會計人員　　記帳員

(格式111—1)

支令存根

（此份留縣政府備查）

縣款支令第一份　　字第　　號簽發日期民國　　年　　月　　日

<table>
<tr><td>領款機關</td><td colspan="3"></td><td rowspan="6">備考</td></tr>
<tr><td>經常或臨時</td><td></td><td>年度及月份</td><td></td></tr>
<tr><td rowspan="2">會計科目</td><td>基金</td><td>項</td><td>目</td></tr>
<tr><td></td><td></td><td></td></tr>
<tr><td>國幣</td><td colspan="3"></td></tr>
<tr><td colspan="4">上款已令……………………金庫照付留此存查

……………縣長　　主辦會計人員　　填發員</td></tr>
</table>

(格式111—2)

支令

（此份由縣政府交付款金庫與領款通知領款收據核對相符經付款後用作支出傳票登帳）

縣款支令第二份　　字第　　號簽發日期民國　　年　　月　　日

領款機關			
經常或臨時		年度及月份	
會計科目	基金	項	目
國幣			

上款業經核准發交……………………金庫照付

……縣長　　主辦會計人員

……金庫

支出傳票

字第　　號

民國　　年　　月　　日

借方科目	簿頁	帳頁

金庫主任

會計

出納員

記帳員

(格式111—3)

領款通知

(此份由縣政府交領款機關持向金庫領款後用作收入傳票登帳)

縣款支令第三份　字第　號簽發日期民國　年　月　日

領款機關			
經常或臨時		年度及月份	
會計科目	基金	項	目
國幣			

上款已令……金庫照發

……縣長　主辦會計人員

收入傳票

字第　號

民國　年　月　日

貸方科目	簿頁	帳頁

長官

主辦會計人員

覆核員

記帳員

(格式111—4)

領　款　收　據

(此份由縣政府交領款機關加蓋章記後向金庫領款金庫留存備查)

縣款支令第四份　　字第　　號簽發日期民國　　年　　月　　日

<table>
<tr><td>領款機關</td><td colspan="3"></td><td rowspan="6">備考</td></tr>
<tr><td>經常或臨時</td><td></td><td>年度及月份</td><td></td></tr>
<tr><td rowspan="2">會計科目</td><td>基金</td><td>項</td><td>目</td></tr>
<tr><td></td><td></td><td></td></tr>
<tr><td>國幣</td><td colspan="3"></td></tr>
<tr><td colspan="4">上款業於民國　　年
月　　日派員領訖此致　……………………金庫台照

長官　　　　主辦會計人員</td></tr>
</table>

(格式111—5)

領款報告

(此份由縣政府交領款機關送金庫加蓋付訖章記後再送縣政府用作支出傳票登帳)

縣款支令第五份　字第　號簽發日期民國　年　月　日

領款機關			
經常或臨時		年度及月份	
會計科目	基金	項	目
國幣			

上款業於民國　年　月　日如數向＿＿＿＿金庫領訖特此報請

＿＿＿＿縣政府　查核

長官　主辦會計人員

＿＿＿＿縣政府

支出傳票

字第　號

民國　年　月　日

借方科目	簿頁	帳頁

縣長

主辦會計人員

覆核員

記帳員

廣東省省縣款收支程序規劃書

竊維近代理財，以厲行金庫制度及會計制度爲骨幹，而任二者之聯絡，莫統馭之基礎者厥惟收支程序。本省現行解領款項手續，係沿舊例，用分聯書類解款用解款書及收款據兩套，且須另附明細單；支款用支付書及領款書兩套，均有七聯，繕寫需時，手續繁重。未分類之收入且無法繳庫，致各機關輒視解款爲畏途，挪用爲常事。而坐支劃撥辦法至今猶未廢除，一切帳目，遂難清釐，種種缺點，亟待改革。除已另擬完成本省金庫制度具體計劃及各級金庫規程外，茲特從新訂定省縣款收支程序，其特點可列舉者約有數端：

（一）此項新訂程序，採用複寫辦法，解款書與收款據合爲一套，無須另附明細單，更無須守候金庫另開收據，支付書與領款書合爲一套，無須領款人另開收據，從前輾轉抄寫七八次者，今迺以一次代之，而各方所需之書類完整無闕：此應說明者一。

（二）分聯舊制輾轉抄寫，非但手續過繁，抑且易於訛誤，書吏挖補，習爲故常，複寫書類則各份完全相同，無須校對，炭素有化學作用，無法竄改，且可利用雙面拷背，益昭鄭重：此應說明者二。

（三）坐劃舊制，爲截留公款、混亂財政之藉口，流弊滋多，久經各方倡議改革，第因金庫機構鬆懈，延未實行，今既決定完成金庫制度，自當加以廢除，一律改爲直放，以杜捺留之弊：此應說明者三。

（四）各機關解款向須由廳印發回證，實屬冗複之手續，蓋金庫爲政府之主管出納機關，其所蓋印收自可爲憑，且從前按旬或按月解款一次，書類尚少，此后隨時掃解，則解單張數勢必激增，尤須刪除縟節，故回證改由金庫蓋印，以省週折，俟會計制度完成后再行廢止，蓋既有解款收據無給回證之必要也：此應說明者四。

（五）向章對於未分款目之收入解庫手續、金庫派員收款報告方式、以及各庫間款項之匯劃辦法皆無規定，今備列之以期適應事實上之需要：此應說明者五。

（六）收支書類份數甚多，過去各方均係留存備查，置諸高閣；今則於設計格式時，悉心斟酌，使各級主管財政機關、各級金庫以及解款領款機關均能用作記帳憑證，無庸另開傳票，此種節省勞力之新規劃，可使會計事務減少一半，而所得效果反有增進，對於新會計制度之推行，當有甚大之裨益：此應說明者六。

（七）又查各縣地稅收據，向係複寫，故用複寫辦法，在各縣已成習慣，在省方更無問題，至收支書據紙張，可用質堅而輕薄之拷貝紙或輕磅木造紙，以便寄遞，由省集中印發，復可減輕成本，劃一形式。且本省已決定刷新會計制度，所有會計表單，自當改用新式，以資一貫：此應說明者七。

綜上所陳，新訂收支程序，乃本以簡馭繁，化零為整之原則，力謀手續之便利，與效用之增廣，此則同人規劃時所懸之鵠的，而黽勉以赴者也。

中華民國二十七年五月二十日廣東省財政廳會計室主任　李雲良

副主任　蔡經濟

專員　殷聖作

廣東省各縣地稅征課會計制度

廣東省財政廳會計室擬訂

廣東省各縣地稅征課會計制度目錄

民國二十七年六月印行

(一)規劃書

(二)簿記組織系統圖

(三)報帳解款通則

(四)簿記格式

甲　臨時分處巡迴征收組及游征人員用

格式四〇一　地稅征納報告

乙　征收處用

格式四〇二　地稅征納日結表

格式四〇三　地稅征納簿

格式四〇四　鄉鎮分戶帳

格式四〇五　地稅征納旬報

丙　督征處用

格式四〇六　地稅征解簿

格式四〇七　各征收處征納旬報彙總表

格式四〇八　地稅征解旬報

格式四〇九　地稅征解月報

(一)规劃書

廣東省各縣地稅征課會計制度規劃書

地稅來源廣而負擔均，蓋省縣之正供也。全省征課之地既有三千餘萬畝，納稅之人亦達千餘萬戶，分佈於各處之征收人員幾達二千，管理節制自費周章。本廳方積極振刷地稅，以整理地籍治本，督征稽解治標，而會計制度則標本兼治之前提也。本省錢粮改征臨時地稅亦將四年於茲矣。原訂登記日記簿簡章過於簡單，而各項報表格式內容則有需乎改進，是以扼要釐訂報解款通則，並制定簡明程式，俾各縣經征地稅人員有所取則焉。

地稅征課會計之目標有三：曰、票照之統馭，曰、稅款之稽解，曰、征收之考成。

首言票照之統馭：各縣塡用地稅收據之人至夥，向無逐步管轄之法，按月併送至廳，動輒數萬張，鈎稽匪易；今則每一征收處，按日將塡用之收據彙開日結表，於列明征起稅款之餘，兼註收據號數，使票照與稅款相互統馭，或按旬寄焉，或按月寄焉，仍以日為單位，按圖索驥，斑斑可考。督征處即就來表覆核，轉廳查核。旬報月報，亦將票照領用總數標註，無重重整理之煩，有層層節制之效。

次及稅款之稽解：本省金庫組織，漸告完備，各地郵政機關代理金庫通匯公款之約既成，全省通匯機關迺有二千餘所，城鎮四鄉，星羅棋布，各經征人員匯繳稅款，實至便利，以前捺留不解之弊，當可悉告革除矣。為便於逐級稽核計，經征人員有征納報告，征收處有征納旬報，督征處有征解旬報月報；依次遞報，程序井然。務使征起稅數隨收隨解，其存留於征收機關之公款，減至最少限度。

末論征收之考成：本制度於征解月報詳列應征、已征、未征之金額，並計算征起累計數之成數，藉以闡明全縣征課之得失，並設鄉鎮分戶帳稽考各鄉鎮稅收之成績，蓋局限範圍按期統計，始可對症下藥以爲督征之依據，而便鄉鎮長之協助者也。

本規劃以上述三點爲鵠的，對於征收員、征收處、督征處各級機構之報帳解款辦法，均備列之，無論游征、坐征皆可適用。復鑒於地稅征收人員外勤游征者多，內部辦事者少，一切手續，必須力從輕便，故儘量運用簡捷之簿記技術。例如帳簿之採多欄式，報表之用複寫法，帳簿與報表之聯繫，重複紀錄之避免等等，皆所以執簡馭省，以求事半功倍云爾。

本制度由陳視察孟堅起草，陳君故習理財，曾在浙江任縣府財政科長有年，近在本省視導地稅復歷十餘縣，當較切合實際情形。同人斟酌損益，亦本簡便實用之原則，尤注意非常時期之需要，冀能涓滴歸公，有裨稅收。深望各縣財政計政同人鑒此微忱，相與努力推行，以達統一敏密之目的，而奠征課效能之基礎者也。

中華民國二十七年六月二十五日廣東省財政廳會計室主任 李雲良

副主任 蔡經濟

專員 殷聖作

（二）簿記組織系統圖

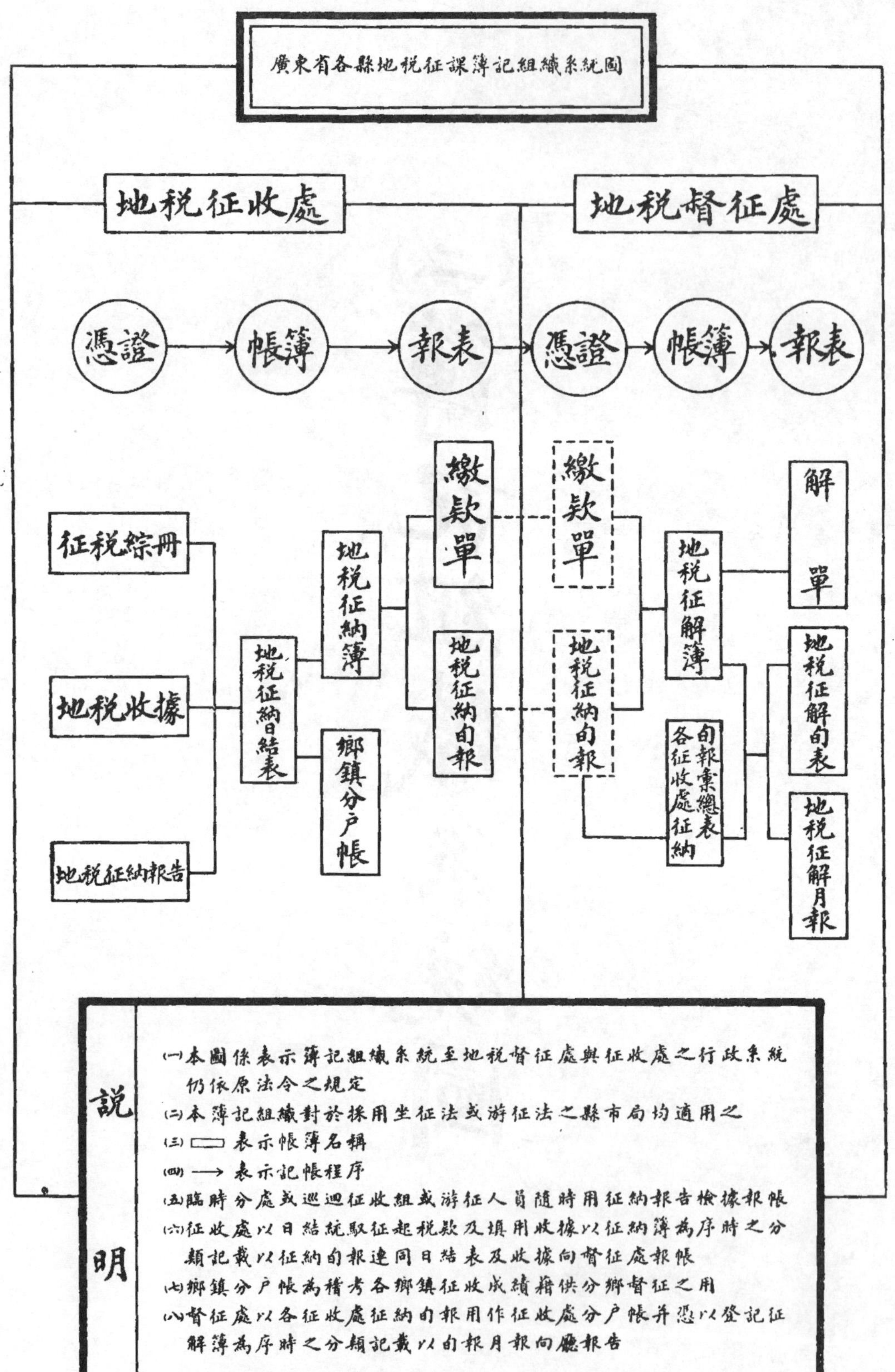
廣東省各縣地稅征課簿記組織系統圖
地稅征收處
地稅督征處
憑證
帳簿
報表
憑證
帳簿
報表
征稅綜冊
地稅收據
地稅征納報告
地稅征納日結表
地稅征納簿
鄉鎮分户帳
繳款單
地稅征納旬報
繳款單
地稅征納旬報
地稅征解簿
各征收處征納旬報彙總表
解單
地稅征解旬表
地稅征解月報
說明
(一)本圖係表示簿記組織系統至地稅督征處與征收處之行政系統仍依原法令之規定
(二)本簿記組織對於採用坐征法或游征法之縣市局均適用之
(三)▭表示帳簿名稱
(四)⟶表示記帳程序
(五)臨時分處或巡迴征收組或游征人員隨時用征納報告檢據報帳
(六)征收處以日結統馭征起稅款及填用收據以征納簿為序時之分類記載以征納旬報連同日結表及收據向督征處報帳
(七)鄉鎮分户帳為稽考各鄉鎮征收成績藉供分鄉督征之用
(八)督征處以各征收處征納旬報用作征收處分户帳并憑以登記征解簿為序時之分類記載以旬報月報向廳報告

（三）报帐解款通则

廣東省各縣地稅報帳解款通則

第一條 各縣各級經征地稅人員關於征起稅款之記帳報帳及解款辦法，均依本通則行之。

第二條 凡由征收處臨時增設之分處或巡迴征收組或派出游征之人員，應於每旬末日將該旬填用之地稅收據，按照年份期別（其第一二期併征者毋庸分期以下仿此）整理，將該旬填用收據張數及實收稅款等項填具地稅征納報告（格式四〇一）複寫二份，連同現金或繳款收據及地稅收據繳驗比銷各聯，一併送繳征收處。

凡征收地點有特約郵政通匯處所者，應逐日將征起稅款用繳款單（複寫二份：一份繳款通知存收款機關，一份繳款收據聯印作據）匯繳金庫，並將繳款收據附入地稅征納報告報解。

其距離特約通匯處所在五里以上者，征起稅款積滿國幣三百元時，應用繳款單送繳，但至每旬末日，無論征存金額多寡，應掃數解訖。

第三條 征收處收到地稅征納報告核與繳款收據或納人現金相符，即由主管人員在地稅征納報告上加蓋收訖印章，以一份留存登帳，一份交還報解人作據。

凡繳銷之地稅收據，應隨時根據地稅征納報告核算之。

第四條 征收處應按日彙集直接征起稅款所填用及臨時分處或征收組或游征之人員所繳到之地稅收據繳驗比銷各聯，以年度期別爲綱，鄉鎮別爲目，將征起地稅及罰金數額編製地稅征納日結表（格式四〇二），分別地稅罰金各結一小計，於末行結一總計，並將本月累計數、已繳納數及未繳數，一一註入。每日填用地稅收據及作廢地稅收據字號張數，亦應分別記入。

本表複寫三份：以一份存查，二份連同地稅收據繳驗比銷各聯分訂成帙，按旬彙送地稅稽征處。

第五條 征收處所在地設有金庫或特約郵政通匯處所者，應逐日將征起稅款用繳款單匯繳金庫。

其距離特約郵政通匯處所在五里以上之地方，適用第二條第三項之規定。

第六條 征收處應按日根據地稅征納日結表及繳款收據登記地稅征納簿（格式四〇三）及鄉鎮分戶帳（格式四〇四）。

第七條　征收處應於每旬經過後三日內，根據地稅征納簿編製地稅征納旬報（格式四（）五）。複寫三份以一份存査，二份連同繳款收據送地稅督征處。

第八條　督征處核明各征收處所送地稅征納日結表與地稅收據繳驗比銷聯相符，地稅征納旬報與繳款收據及地稅征納日結表數目相符後，即分別省縣款塡具支單及解單，檢同地稅征納日結表、地稅收據繳驗聯、地稅征納旬報及繳款收據，一併送呈縣政府。縣政府收到上列各件覆核相符後，卽在支單及解單上逐一加蓋印章分別省縣款向省分金庫及縣金庫報解。

第九條　督征處根據地稅征納旬報及解款證登記地稅征解簿（格式四（）六）及各征收處征納旬報彙總表（格式四（）七）。並根據地稅征解簿及彙總表，於每旬經過後五日內編製地稅征解旬報（格式四（）八）。每月經過後十日內，編製地稅征解月報（格式四（）九）。前項旬報複寫五份，月報複寫四份，以一份存査，餘送呈縣政府加蓋印章各抽存一份，其餘二份轉寄財政廳會計室及主管科，另征解旬報一份，按旬檢同地稅征納日結表及地稅收據繳驗聯，一併呈廳。

第十條　凡未設立督征處縣份，關於本通則規定督征處之會計事務，統由縣政府第二科辦理。

第十一條　本通則規定報表之遞送，均毋庸備文。

第十二條　本通則由財政廳訂定之，自二十七年七月起施行。

（四）簿記格式

格式401 地稅征納報告(用白色薄紙印棕色散頁)

地稅征納報告

(本報告由臨時分處或巡迴征收組或游征人員填寫連同征起稅款及地稅收據繳驗比銷各聯送征收處)

民國　　年　　月　　日至　　月　　日(　　月　　日填報)

收據總結	
上期結存張數	
本期實領張數	
本期填用張數	
本期作廢張數	
本期結存張數	

年度期別	鄉鎮別	填用收據張數	地稅 元	地稅 角分	罰金 元	罰金 角分
總計						

核票員　　　　征收員

附繳
(一)國幣　百　十　元　角　分
(二)繳款收據　紙計國幣　百　十　元　角　分
(三)地稅收據繳驗比銷聯各　張

廣東省各縣地稅征課會計制度　憑記格式

廣東省各縣地稅征課會計制度　簿記格式　二

格式 402 地稅征納日結表（用白色薄紙印棕色散頁）

收據總結	
上期結存張數	
本期實領張數	
本期填用張數	
本期作廢張數	
本期結存張數	

……縣政府……地稅征收處

地稅征納日結表

（本表由征收處按日根據征收地稅收據及征納報告彙編複寫三份一份留存二份隨同收據按旬送呈征處）

年　　月　　日　　字第　　號

年度期別	鄉鎮別	地稅		罰金		總張數	填用收據號數								廢據號數			
		元	角分	元	角分		字	起	訖	張數	字	起	訖	張數	字	起	訖	張數
總計																		
本月累計數																		
已繳納數																		
未繳納數																		

附繳收據繳驗比銷各聯　　張

核票員　　　　征收員

格式 403 地稅征納簿(用夫士紙印幔簿式)

…………地稅征收處

地稅征納簿

年		摘要	填用收據總張數	二十三年度		二十四年度		二十五年度		二十六年度		二十七年度		合計		收據號數	繳款數	
月	日			地稅	罰金	地稅	罰金	地稅	罰金	地稅	罰金	地稅	罰金	地稅	罰金		繳金庫或繳縣府	國幣
				元角分	元角分	元角分	元角分	元角分	元角分	元角分	元角分	元角分	元角分	元角分	元角分			元角分

格式 404 鄉鎮分戶帳（用夫士紙印帳簿式）

……………地稅征收處

鄉鎮分戶帳

鄉鎮名稱	

年		結表號數	年度／未征數／征起數　摘要	二十三年度		二十四年度		二十五年度		二十六年度		二十七年度		合計	
月	日			元	角分	元	角分	元	角分	元	角分	元	角分	元	角分

格式 405 地稅征納旬報（用白色薄紙印棕色散頁）

……縣政府……地稅征收處

地稅征納旬報

收據總結	
上旬結存張數	
本旬實領張數	
本旬填用張數	
本旬作廢張數	
本旬結存張數	

甲、征收　　民國　年　月　旬（　月　日填報）　字第　號

年度期別	本旬征起數		本年度征起累計數	
	地稅	罰金	地稅	罰金
	元 角分	元 角分	元 角分	元 角分

乙、解款

項別	省款		縣款	解款憑證號數	
	地稅	罰金		省庫	縣庫
	元 角分	元 角分	元 角分		
上旬未繳數					
本旬征起應繳數					
本旬已繳數					
本旬未繳數					

核票員　　　　征收員

廣東省各縣地稅征課會計制度　簿記格式　　五

格式 406 地稅征解簿(用夫士紙印帳簿式)

……………縣地稅督征處

地 稅 征 解 簿

年			征起應解數						解庫數								未解數					
月	日	征納報告號數	省款				縣款		解款收據號數	省款				解款收據號數	縣款		省款				縣款	
			地稅		金罰					地稅		罰金					地稅		罰金			
			元	角分	元	角分	元	角分		元	角分	元	角分		元	角分	元	角分	元	角分	元	角分

格式 407 各征收處征納旬報彙總表（用道林紙印棕色散頁）

……………………縣地稅征收處

各征收處征納旬報彙總表

民國　　年　　月　　旬（　　月　　日填報）　　第　　號

款別	分處名稱 年度期別					合計
		元 角分	元 角分	元 角分	元 角分	元 角分
地稅						
	小計					
罰金						
	小計					
總計						
填用收據總張數						

地稅督征處主任　　　　製表員

廣東省各縣地稅征課會計制度　簿記格式　七

廣東省各縣地稅征課會計制度　簿記格式　八

格式 408 地稅征解旬報(用淡紅色拷貝紙印黑色散頁)

……縣政府

地稅征解旬報

收據總結	
上旬結存張數	
本旬實領張數	
本旬填用張數	
本旬作廢張數	
本旬結存張數	

甲、征收　民國　年　月　旬(　月　日填報)

年度期別	本旬征起數				備考
	地稅		罰金		
	元	角分	元	角分	
總計					

乙、解款

項別	省款				縣款		解款憑證號數	
	地稅		罰金					
	元	角分	元	角分	元	角分	省庫	縣庫
上旬未解數								
本旬征起應解數								
本旬已解數								
本旬未解數								

縣長　主辦會計人員　第二科長　地稅督征處主任　製表員

收據總結	
上月結存張數	
本月實領張數	
本月塡用張數	
本月作廢張數	
本月結存張數	

……………縣政府

地稅征解月報

甲、征收　　　　民國　　年　　月份(　　月　　日填報)

年度期別	額征數	本月征起數		本年度征起累計數	連前各年度征起累計數	征起成數	本月底止未征數
		地稅	罰金				
	元 角分	元 角分	元 角分	元 角分	元 角分		元 角分
總計							

乙、解款

項別	省款		縣款	備考
	地稅	罰金		
	元 角分	元 角分	元 角分	
上月未解數				
本月征起應解數				
本月已解數				
本月未解數				

縣長　　主辦會計人員　　第二科長　　地稅督征處主任　　製表員

廣東省省縣金庫統一會計制度

廣東省財政廳會計室擬訂

廣東省省縣金庫統一會計制度目錄

民國二十七年六月印行

（一）规劃書

廣東省省縣金庫統一會計制度規劃書

夫完成金庫制度，理財之大計也；而在非常時期，尤須藉以防範弊混。既已另具計劃，分期觀成，並將收支程序澈底改進，則整理金庫會計以適應新制之需要，固亦當務之急者也。會計技術厥有三要點：曰、切於實用，曰、簡捷省力，曰、完整無缺。備斯三者，是爲上乘。金庫出納事務本與銀行存款業務相似，所需帳目僅爲基金別之紀錄，其事至爲單純，初無需乎繁文縟節。本省原有省金庫及縣地方金庫會計制度參差不一，手續繁重，亟應從新爲整齊劃一之規定，此本制度之所由訂也。其特點可得而述者約有六端：

一曰省縣一貫　省縣金庫事務性質相同，且係聯合組織，不容分歧，故於帳簿表報，悉臻統一，以便管理。

二曰不開傳票　根據原始憑證編製記帳憑證，輾轉抄錄，徒耗人力，無補實際，今乃一律以原始憑證用作傳票，會計事務既可減省一半，內容方面更可免除訛誤。

三曰科目扼要　過去金庫會計科目未盡合理，而金庫出納數等名詞，尤無依據。茲改用基金存款辦法，僅設「普通基金存款」「特種基金存款」「經費基金存款」「暫存款」「現金」等五個科目，省去一切重複之分類，以達扼要明瞭之目的。

四曰帳表合一　收支日報係就現金簿複寫，自然產生，且可表明庫存狀況，無須另具現金結存表，三位一體，極爲便利。

五曰帳簿簡單　金庫帳簿僅設現金簿及分戶帳兩冊，廢除總帳及分錄日記帳，蓋存款分戶無幾，日報又無須根據總帳編製，金庫爲現金出納機關，本少轉帳，儘可以一帳兩用。惟現金簿及支收日報，如採用日結表辦法，當可益臻敏捷。茲以收支書類多方寄送，又一一用作傳票，爲便於稽考計，仍從詳登記，以昭慎重。

六日報告統馭 各分金庫帳目彙總登記手續過繁，若略而不載，又莫由闡明全部情形。茲爲兼籌起見由總金庫根據各分金庫收支日報各科目當日結存數彙編各庫分戶結存表，以便各庫間款項之調撥。

綜上所述，本規劃鑒於省縣金庫人手無多，帳目處理又貴迅速，爰本以簡馭繁之原則，具備實際必要之紀錄，期於財務行政有所裨益。分列簿記組織系統圖、會計通則及簿記格式等項，省縣金庫會計之所需，大體盡於是矣。

中華民國二十七年六月一日廣東省財政廳會計室主任 李雲艮

副主任 蔡經濟

專員 殷聖作

(二)簿記組織系統圖

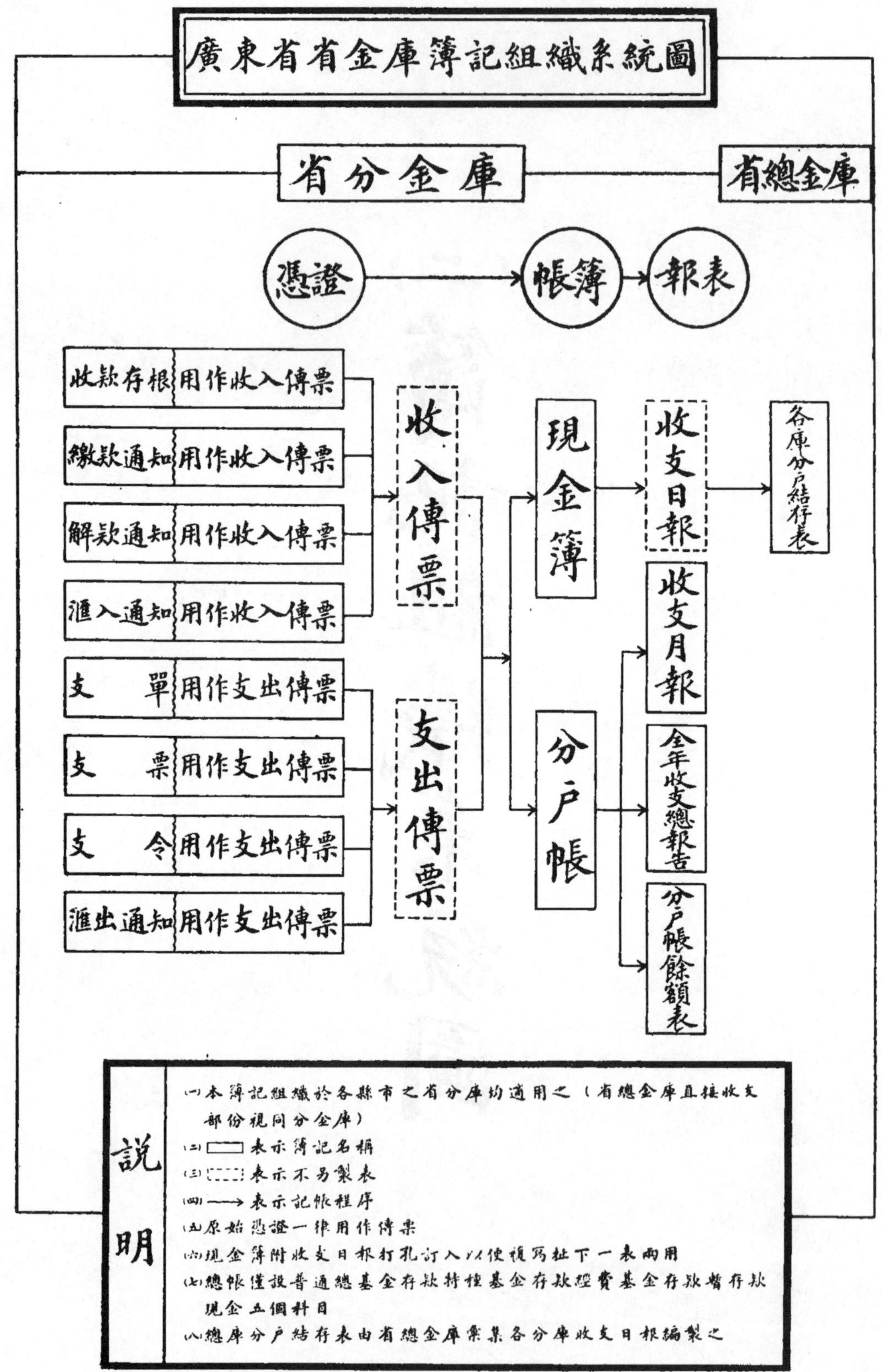
廣東省省金庫簿記組織系統圖
省分金庫
省總金庫
憑證
帳簿
報表
收款存根 用作收入傳票
繳款通知 用作收入傳票
解款通知 用作收入傳票
滙入通知 用作收入傳票
支單 用作支出傳票
支票 用作支出傳票
支令 用作支出傳票
滙出通知 用作支出傳票
收入傳票
支出傳票
現金簿
分戶帳
收支日報
收支月報
全年收支總報告
分戶帳餘額表
各庫分戶結存表
說明
(一)本簿記組織於各縣市之省分庫均適用之（省總金庫直接收支部份視同分金庫）
(二)▭表示簿記名稱
(三)⬚表示不另製表
(四)⟶表示記帳程序
(五)原始憑證一律用作傳票
(六)現金簿附收支日報打孔訂入以便複寫扯下一表兩用
(七)總帳僅設普通總基金存款特種基金存款經費基金存款暫存款現金五個科目
(八)總庫分戶結存表由省總金庫彙集各分庫收支日報編製之

廣東省各縣縣金庫簿記組織系統圖

憑證 → 帳簿 → 報表

收款存根 用作收入傳票
繳款通知 用作收入傳票
解款通知 用作收入傳票
支單 用作支出傳票
支票 用作支出傳票
支令 用作支出傳票

收入傳票
支出傳票

現金簿
分戶帳

收支日報
收支月報
全年收支總報告
分戶帳餘額表

說明

(一)本簿記組織於各市縣局金庫均適用之
(二)▭表示簿記名稱
(三)┅表示不另製表
(四)⟶表示記帳程序
(五)原始憑證一律用作記帳憑證不另開傳票
(六)現金簿附收支日報打孔訂入以便複寫扯下一表兩用
(七)總帳僅設普通總基金存款特種基金存款經費基金存款暫存款現金五個科目

（三）會計通則

廣東省省縣金庫會計通則

第一章 總則

第一條　本省省縣金庫關於會計事務之處理，均應遵照本通則辦理。市金庫會計事務之處理，準用關於縣金庫之規定。

第二條　本通則對於省分金庫及縣金庫簿記組織及會計科目均爲一致之規定，但省縣金庫應將省縣款分別記帳，不得混雜。

第三條　省總金庫直接出納部份之會計與省分金庫同，其對於各分金庫收支帳目及庫存狀況，以報表統馭之。

第四條　省縣金庫記帳均按照實收實支現金數計算，間有轉帳收付，亦視爲現金收支。

第五條　省縣金庫關於公款出納存儲辦法以及收支書據之處理，應依照各級金庫規程及省縣款收支程序辦理。

第二章　會計科目

第六條　省縣金庫會計科目均分資產、負債二類；但須分別標明省款、縣款（例如省款普通總基金、縣款普通總基金等），以清款目。

各項基金存款利息仍歸入各該基金。

第七條　資產類科目如左：

資一　現金

凡金庫保管之庫存現金皆屬之。收入現金記於借方，付出現金記於貸方，借方餘額表示現金結存數。

金庫由銀行代理者，金庫視同銀行，不另設與代理金庫銀行之往來帳。

第八條　負債類科目如左：

負一　普通總基金存款

凡金庫保管之各項收入備付各項經費者，歸入普通總基金存款。存入記於貸方，付出記於借方；貸方餘額，表示普通總基金結存數。

負二　特種基金存款

凡金庫保管之收入業已指定撥充特種用途者，歸入特種基金存款。存入記於貸方，付出記於借方；貸方餘額，表示特種基金結存數。

負三　經費基金存款

凡金庫保管各機關領存經費備付各該機關經費之用者，列入經費基金存款。存入記於貸方，付出記於借方；貸方餘額，表示經費基金結存數。

負四　暫存款

凡金庫保管未指明款目之暫存款屬之。存入記於貸方，付出記於借方；貸方餘額，表示暫存款結存數。

第三章　會計憑證

第九條　省縣金庫一律將原始憑證用作記帳憑證，毋庸另開傳票。

第十條　省縣金庫根據原始憑證收支後應隨即標註日期及科目，由負責人加章。每日出納事務完結後應將各種憑證按照會計科目整理，不分種類，㪅續編號並彙訂。其號碼逐日起訖排列次序，先收入傳票，次支出傳票。

凡須分送之報告報查亦同樣編號。

第十一條　各項傳票，一面彙登現金簿，一面過入分戶帳，分別於簿頁帳頁欄內註明帳簿頁數並標註過訖符號(ㄥ)。

第四章　會計簿籍

第十二條　省縣金庫簿籍組織如左：

一　現金簿

二 分戶帳

第十三條 現金簿（格式二〇一）

一、本簿分別基金（卽科目）登記現金收支帳目並結算庫存數，屬於每種基金之各傳票，分別收支彙登一處，逐筆金額記入細數欄，每種基金總額，記入合計欄。

二、每日結算庫存以每種基金之本日收入加昨日結存減本日支出卽爲本日結存，以紅字書於付方，結一總數，以與收方平衡。並將各基金庫存分類列於簿端，以作庫存表之用。

第十四條 分戶帳（格式二〇二）

一、本帳包含存款分戶帳及其他分戶帳，按照科目及戶名分立帳戶，根據傳票登記。收入記於各該帳戶之貸方，付出記於借方；借貸兩方之差額記入餘額欄。存款分戶帳並塡存款之日數，及以日數乘餘額所得之積數，用以計算利息。

二、本帳於每月月底結算一次，將各帳戶借貸兩方本月合計數、逐月累計數塡在最末帳目之下，並在該項合計數及累計數之上下，各劃一紅線，下月份帳目接續登記之。

三、各帳戶於年度終了結帳時，應將借方餘額用紅字記入貸方，貸方餘額，用紅字記入借方；在同行摘要欄內書「結轉下年度」，並在行末記借貸兩方平衡數，下劃紅線二道。

第五章 會計報表

第十五條 省縣金庫應具報表如左：

一 收支日報

二 收支月報

三 全年收支總報告

四 分戶帳餘額表

五 各庫分戶結存表

第十六條 收支日報（格式二〇三）

本表表示逐日收支及庫存狀況，就現金簿複寫，於每日結帳後編製之。省分金庫複寫四份：除以一份送省總金庫外，其餘三份連同解領款項憑證分送財政廳、會計處及審計處。

省總金庫複寫三份，連同解款領款憑證分送財政廳、會計處及審計處。

上項解領款項憑證，在財政廳爲領款解款報告，在會計處及審計處爲領款解款報查。

縣金庫複寫一份，隨同各機關解款領款報告送縣政府。

第十七條 收支月報（格式二〇四）

本表表示金庫每月收支概況，於月份終了之次日，根據分戶帳按照科目編製之。

各科目借方本月數填在支出項下本月數欄，累計數填在累計數欄；貸方本月數填在收入項下本月數欄，累計數填在累計數欄。上月結存數填在月初結存數欄，本月結存數填在月終結存數欄，總計欄列各科目相加總數。

本表複寫份數與收支日報同。

第十八條 全年收支總報告（格式二〇五）

本表係表示金庫全年度之收支概況，應於年度終了時，彙總收支月報編製之。

本表複寫份數與收支日報同。

第十九條 分戶帳餘額表（格式二〇六）

本表按月根據分戶帳編製

省金庫送財政廳。

縣金庫送縣政府。

第二十條 各庫分戶結存表（格式二〇七）

本表表示全省各省金庫之結存狀况應由省總金庫根據各金庫收支日報彙編複寫兩份一份存査一份送財政廳

第六章　附則

第二十一條　簿記規則另訂之。

第二十二條　本通則施行後，原訂廣東省金庫會計制度及廣東省各縣地方金庫會計制度，應即廢止。

第二十三條　本通則由財政廳訂定，自二十七年七月一日起施行。

附一　分錄舉例

（一）年度開始結轉舊帳時（用轉帳傳票）：

（1）銀行往來轉入現金

借方　現金

貸方　銀行往來

（2）省款出納數轉入普通總基金存款或特種基金存款：

借方　省款出納數

貸方　普通總基金存款

特種基金存款

前項省款出納數內如有未發還之保證金者其數轉入特種基金存款。

（3）金庫往來轉入普通總基金存款：

1. 金庫往來爲借差時：

借方　普通總基金存款

貸方　金庫往來

2. 金庫往來爲貸差時：

借方　金庫往來

貸方　普通總基金存款

（4）暫收款轉入暫存款：

借方　暫收款
貸方　某機關暫存款
(二)派員在征收機關直接收款時(根據收款存根用作收入傳票)：
借方　現金
貸方　某機關暫存款
(三)收到各機關繳款時(根據繳款通知用作收入傳票)：
借方　現金
貸方　某機關暫存款
(四)各機關以支單提支轉解時(根據支單用作支出傳票)：
借方　某機關暫存款
貸方　現金
(五)各機關報解款項時(根據解款通知用作收入傳票)：
借方　現金
貸方　普通總基金存款
　　特種基金存款
(六)各機關以領款通知領款時(根據支令用作支出傳票)：
借方　普通總基金存款
　　特種基金存款
貸方　經費基金存款
　　現金

（七）各機關以支票提支經費基金時（根據支票用作支出傳票）：

借方　經費基金存款

貸方　現金

（八）收到財政廳匯出通知時（根據財政廳匯出通知如爲電令係根據本庫匯出存根用作支出傳票）：

借方　普通總基金存款

特種基金存款

貸方　現金

（九）收到財政廳匯入通知及收到匯出金庫款項時（根據財政廳匯入通知用作收入傳票）：

借方　現金

貸方　普通總基金存款

特種基金存款

(四) 簿記格式

格式201 現金簿（用白色拷貝紙印黑色）

本日庫存分類	
普通總基金存款	
特種基金存款	
經費基金存款	
暫存款	
合計	

現金簿

民國　　年　　月　　日

收入國幣 傳票 字	收入國幣 傳票 號	收入國幣 科目	收入國幣 摘要	收入國幣 細數 元	收入國幣 細數 角分	收入國幣 合計 元	收入國幣 合計 角分	分頁	支出國幣 傳票 字	支出國幣 傳票 號	支出國幣 科目	支出國幣 摘要	支出國幣 細數 元	支出國幣 細數 角分	支出國幣 合計 元	支出國幣 合計 角分	分頁

廣東省各縣金庫統一會計制度　簿記格式　一

格式202分戶帳（用夫士紙印帳簿式）

分　戶　帳

科目

戶名

利率……………

年		傳票		摘要	借方		貸方		借或貸	餘額		日數	積數	
月	日	字	號		元	角分	元	角分		元	角分		元	角分

格式 203 收支日報（用淡黃色拷貝紙印黑色）

本日庫存分類	
普通總基金存款	
特種基金存款	
經費基金存款	
暫存款	
合計	

……………………金庫

收支日報

民國　　年　　月　　日

憑證	科目	摘要	收入國幣		核對	憑證	科目	摘要	支出國幣		核對
字號			細數	合計		字號			細數	合計	
			元 角分	元 角分	符號				元 角分	元 角分	符號

附憑證　　張

金庫主任　　　會計　　　製表員

廣東省各縣金庫統一會計制度　簿記格式　　三

格式 204 收支月報（淡黄色拷貝紙印黑色）

……………………金庫

收支月報

民國　　年　　月份

月初結存數		收入國幣				科目	支出國幣				月終結存數	
		累計數		本月數			本月數		累計數			
元	角分	元	角分	元	角分		元	角分	元	角分	元	角分
						普通總基金存款						
						特種基金存款						
						經費基金存款						
						暫存款						

金庫主任　　會計　　製表員

格式205全年收支總報告（帳簿紙印帳表式）

……………………金庫

民國　年收支總報告

年初結存數 元 角分	全年收入數 元 角分	科目	全年支出數 元 角分	年終結存數 元 角分
		普通總基金存款		
		特種基金存款		
		經費基金存款		
		暫存款		
		總計		

金庫主任　　　　會計　　　　製表員

格式206分戶帳餘額表（道林紙印鋪表式）

……………………金庫

分戶帳餘額表

民國　　年　　月　　日

戶名	國幣		備考
	元	角分	
總計			

金庫主任　　　　會計　　　　製表員

格式207 各庫分戶結存表（用白色拷貝紙印黑色）

廣東省總金庫編造

各庫分戶結存表

民國　　年　　月　　日　　　　　　　　　　　　第　　號

金庫名稱	合計	普通總基金存款	特種基金存款	經費基金存款	暫存款
總計					

金庫長　　　　會計　　　　製表員

廣東省征收機關統一會計制度

廣東省財政廳會計室擬訂

廣東省征收機關統一會計制度目錄

民國二十七年六月印行

（一）规劃書

廣東省征收機關統一會計制度規劃書

孟子曰：諸侯惡其害己也，而皆去其籍。隱諱帳册之弊，由來固甚久已。近代人事日繁，詐僞叢生，假造單據浮收虛報之病益甚。孔子曰：會計當而已矣。夫當豈易言哉？曰確實，曰迅速，曰合法，三者不可缺一。不佞十餘年來歷爲政府及經濟機關主持改良會計之役，即本此爲辦理之原則。要以簡明之方法，統馭繁雜之事務。非僅事摘除零星之弊竇，要在根除弊竇之所由生。竊觀本省稅收機關，數以百計，征課會計，所關匪細。現行甲種制度，由原始憑證開具傳票，由傳票逐筆登記分錄簿，又一一冗複過入分類及分戶之帳。簿册纍纍，手續重重，表報之編製，尤繁不勝言。而乙種制度則用中式，亦係逐筆登帳，逐筆過帳，既輾轉以周折，復中西之紛陳。平日已感人力虛耗，戰時益見運用不便。茲值年度更新之際，亟宜調整統一，歸於簡便，用有本制度之擬訂。於最經濟之程序中，力求完備合理，所以適應非常時期之需要者也。規劃旨趣有須臚陳者：

（一）會計事務之歸併　征收機關帳目，包含稅款之征解與經費之領用，舊制帳册分收入經費兩類。茲因採用基金制度，款目至淸，是以化零爲整，合用一套單位會計，以臻一貫而便處理。

（二）簿記組織之簡化　本制度主要紀錄僅有分類帳一册，兼具總分類帳及明細分類帳之效用，又極便於隨身攜帶，且利用原始憑證以爲傳票，以日結表彙總過帳，報表亦以必不可少者爲限。

（三）帳簿報表之劃一　舊制帳簿名目紛歧，報表尤參差不一，且須用「砌寶塔」式之方法產生，於役官廳者，每有「臨表沸零」之嘆。茲特制定劃一簡易之程式與辦法，使全省稅收機關歸於一律，報表與帳册又復相互連貫，例如收支日報即爲收支日結表之副頁，蓋至便焉。

（四）複寫方法之採擇　政府組織複雜，所用書表輒須抄寫多份，費時而易訛。本制度凡需兩份以上之報表書類，一律應用複寫，藉謀人力之節約。

（五）會計科目之廢節　收支科目例分款項目節四級，節之分類過於繁細，於事無補，今乃不復用節，以省登帳編報之手續。

（六）多欄帳式之運用　中央統一會計制度所用多欄計算帳式，用意至善，徒以目節繁多，竟達三四十欄，遂覺使用不便。本制度收支分類既以目爲止，各不過十餘目，其少者僅有數目，故分類帳採用多欄收入支出各立一戶而已。

（七）征解情形之稽核　稅捐征課之會計事務，應將征收解款與領用票照之情形，爲詳確之記載與報告，以資考核。本制度於此特加注重，以日結表統馭票照，便於逐一鈎稽；而以旬報月報闡明征解眞相，便於按期考成。

（八）月份收支之累計　各機關收支計算之編報，向用收付實現與應收應付聯合基礎，輒因各月收支不能按月結束，遂至延遲不報，或僞造單據以虛報實，滋生弊竇之所由。茲擬放寬月份之界限，改用收支累計表辦法，每月按照實支數報帳，以累計實支數不逾累計預算數爲範圍：本月份所付以前月份之單據，均可於本月內列報；本月份經費未及付清者得於支付時列報，迨年度終了時則須劃清年度界限，澈底整理，并將應收應付帳目爲資力負担之轉帳，此固足以解除計算迂緩之原因尤可減少不盡不實之流弊。

（九）預算帳目之對照

不侫昨歲遊浙時所訂之營業稅局會計制度，於財務科目而外，兼設預算科目，今則代以備忘紀錄，并於收支累計表列數對照，蓋亦有說焉：本省各地稅務局及征收處採普設制，規模小者居十之八九，月支經費僅數百金至千餘金，支應之際，自有分寸，無待逐日滾結餘額而後始有約束，至收入預算本為一歲之匡計，月既各異，而日尤不同，故預算計算之對照，應以月份為單位，而以累計總其成。周禮有月要歲會之舉，茲取則焉。

雖然，治法備矣，治人如何？會計人才，非易為也！行欲方而智欲圓，蓋司會之職，稽出入，杜冒濫，監督征收人員奉公守法，其事至方，最易招人疾視，故首須注意本身之健全，盡責以委婉之手段，完成其使命。廳派會計人員之任務，在運用其獨立之職權，專精之技術，分長官事務之勞，求公款征解之速。記帳編表必勤必謹，綜核收支必忠必實，使服務機關之財政，秩然有序，釐然清明而已。然不侫觀於各地改進會計機構之際，間有會計人員誤解會計獨立之意，寖成非法留難之漸。本身應辦事務則曠誤不理，遲到早退，罔自檢點，對長官之用人行政，非份干預，而於會計上稽征督解揭弊除濫之責，轉不能盡，徒使長官感覺掣肘。反之主管人員亦常有昧於會計分工之義，帳目仍假手於親信，竟視會計人員如贅疣者，斯非別有用心，即為缺乏現代行政機構之智識。深信本省各征收機關主管人員與會計人員無此惡習，而能相與通力合作，勵精圖治，以謀整個財政之進步者也。抑有進者，會計人員不僅在求帳表之迅速準確，尤貴乎實事求是，以謀稅款之按時收解，毋使有應收未收之稅；經費準時發放，毋使有應付未付之款。即有時為事實之所限，亦必求其極尠；必求其速結。不以帳面上應收應付基礎為止境。若英國財政之清明穩當，實吾人所當黽勉以赴者也關於各征收機關會計人才之甄訓配備，已另爲之計。庶會計制度因得人而可推行盡利，而財務行政，克臻合理之境。謹就觀感所及，先附一言以與我内外同志共勉云爾。

中華民國二十七年六月十五日廣東省財政廳會計室主　任　李雲良

副主任　蔡經濟

專　員　殷聖作

（二）整理各征收機關會計綱領

整理各征收機關會計綱領

——六月十二日李主任在財政廳稅務會議報告——

(甲)整理要旨

一、迅速征解稅款，以應庫需。

二、簡化會計手續，以增效能。

三、注意財務責任，以重職守。

(乙)實施綱領

(一)調整會計機構

一、新定各徵收機關編制及經費，對於會計人員明白規定。

二、六月底甄訓現有會計人員，請各局處長官即就各該局處會計人員之技術、操守、勤勞各點，詳函本廳會計室參酌。

三、各征收機關會計、歲計事務應集中於會計室股。

(二)掃解征起稅款

一、各征收機關所在地已設金庫者，應逐日掃解。

二、其未設金庫者積滿三百元即繳，但屆每旬末日無論存數多寡，應行掃解。

三、對於各經征機關或人員須嚴密督繳征起稅款，毋任延滯。

四、各機關應領經費，提早發放。

(三)金庫派員收稅

一、征收機關征收各種賦稅，應儘量將會計、收款、掣據三部分立，以收互相稽核之效。

二、凡稅收較繁之征收機關，應商由金庫派員駐設金庫收款處，憑繳稅証收稅，直接入庫，每日由收款員開具收款報告，送交征收長官以憑辦理報解手續。擬請廣州等八個稅局積極準備，於本年七月起實行，其餘各自酌辦。

三、金庫所派收款員薪水，應由征收經費內撥支，其數額由征收機關與金庫斟酌當地情形商定之。

(四)革新收支程序

一、本省現行解領款項手續過繁，現已改訂收支程序頒行，採用複寫辦法，應用書類并由廳印發，以資便利。

二、以后凡未分類之現款，用繳款單繳庫，列入暫存款，已分類之收入用解單，均祇複寫一次，毋庸輾轉抄寫，亦毋須另具明細單。

三、收支書類，均用作記帳傳票。

四、廢除坐支辦法，已付未抵之款，應趕速抵解。

(五)實行基金制度

一、爲改革各項公款挪移混雜起見，採用基金制度。一般稅收，列入普通總基金；其指充特種用途之款，列入特種基金；各機關按照預算法案所領之經費，列入經費基金，奉准提撥備付緊急用途之款，列入特別備用金，由經費基金撥交庶務零星之款，列入額定備用金。

二、各機關領到經費應儘量存庫，憑支票支用，以便管理。

(六)改良票照管理

一、儘量統一各種票照程式及份數，用複寫法，除稅單及繳驗各份外，應有繳稅證一份，以爲收款記帳之憑證，代替收入傳票之用。

二、請領票照手續，須從簡捷，並由廳直接發交各應用機關。

三、領用票照須有一集中簡便之登記簿，以便隨時憑簿查點或移交票照。

(七)劃一征解報告

一、現行會計報告種類紛繁，內容參差，自應刪繁就簡，自下年度起僅用征解旬報及征解月報各一種，原有各種會計報表，悉行廢止。

二新訂劃一征解報告辦法即可頒行用紙亦由廳印發請各局處照辦

(八)統一會計制度

一、現行甲乙兩種會計制度，甲種過繁，乙種過陋，均不合用。茲已本以簡馭繁之原則，制定統一會計制度，於新年度開始時實行

二、新制度主要帳祇有分類帳一本，且係彙總登帳，極爲便利，傳票儘量利用原始憑證，幷以日結表歸納之。

三、應用帳表由廳印發，照成本在各機關應領經費內扣算。

(九)改進歲計事務

一、計算書類擬依會計法改用收入支出累計表，放寬月份之界限，顧全事實上之困難。

二、報銷擬以「目」爲止，不用「節」。

三、各機關須於每月十五日以前，將上月份收支計算辦出。

四、二十六年度決算，請積極準備，於九月底以前辦竣送廳。

(十)重訂交代辦法

一、現行交代章則，係沿舊制，手續繁重，於事無補，茲擬改用新法移交，另訂新章頒行。

二、新交代表册，擬根據帳簿編製，毋庸另造四柱清册，使各機關長官於卸任半月內可交代清楚。

(丙)應變注意

一、須以堅苦卓絕之精神，擠征稅款，臨難不苟，以盡財力動員之責任。

二、須以審愼嚴密之步驟，着着準備，保全帳册票照及重要文件，毋任稍有散失。

三、須本負責卸責原則，以最迅速之方法，依法解除財務責任，不可泄沓自誤。

（三）簿記組織系統圖

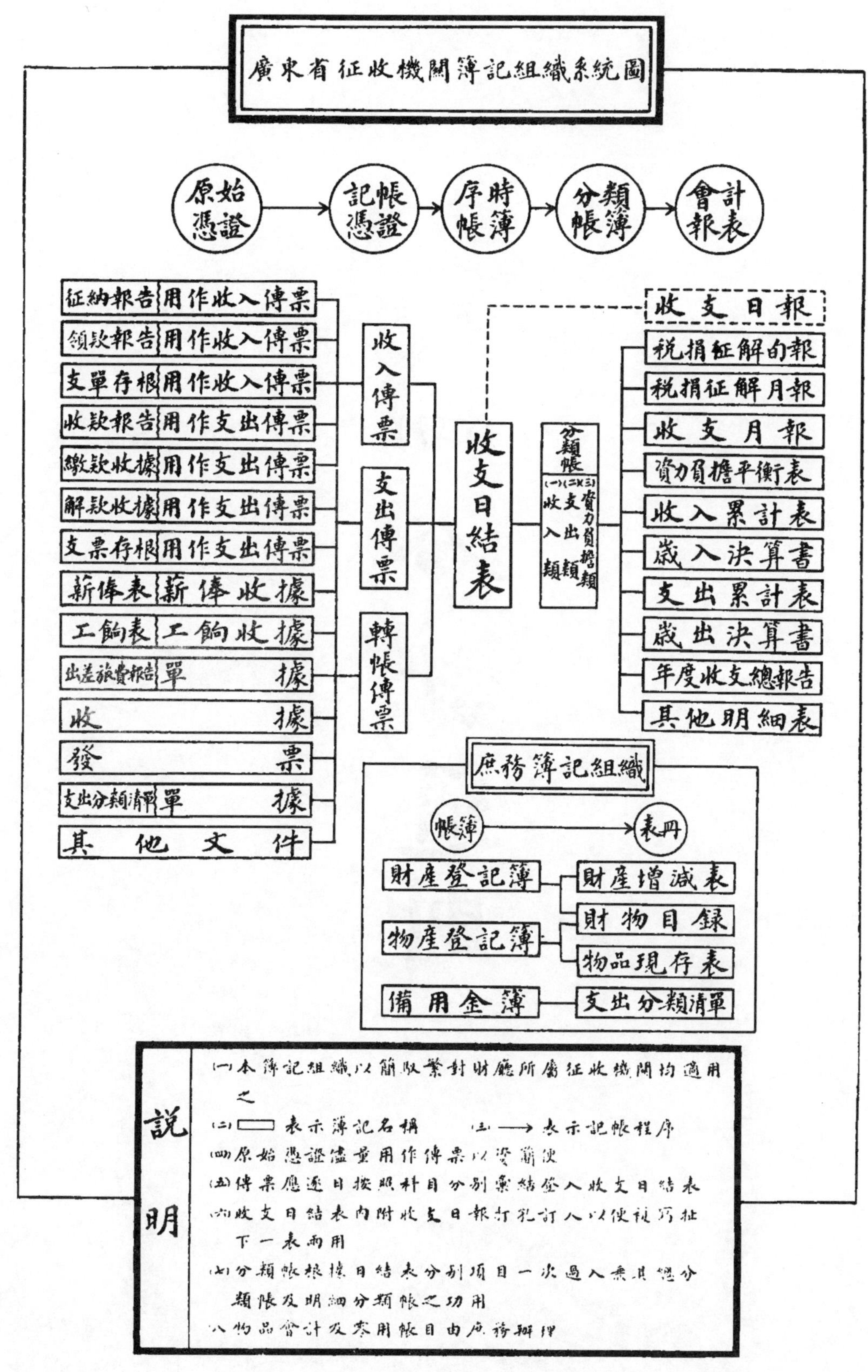

廣東省征收機關簿記組織系統圖
原始憑證
記帳憑證
時序帳簿
分類帳簿
會計報表
征納報告 用作收入傳票
領款報告 用作收入傳票
支單存根 用作收入傳票
收款報告 用作支出傳票
繳款收據 用作支出傳票
解款收據 用作支出傳票
支票存根 用作支出傳票
薪俸表 薪俸收據
工餉表 工餉收據
出差旅費報告 單據
收據
發票
支出分類清單 單據
其他文件
收入傳票
支出傳票
轉帳傳票
收支日結表
分類帳
(一)收入類
(二)支出類
(三)資力負擔類
收支日報
稅捐征解日報
稅捐征解月報
收支月報
資力負擔平衡表
收入累計表
歲入決算書
支出累計表
歲出決算書
年度收支總報告
其他明細表
庶務簿記組織
帳簿
表冊
財產登記簿
物產登記簿
備用金簿
財產增減表
財物目錄
物品現存表
支出分類清單
說明
(一)本簿記組織以簡馭繁對財廳所屬征收機關均適用之
(二)▭表示簿記名稱 (三)→表示記帳程序
(四)原始憑證儘量用作傳票以資簡便
(五)傳票應逐日按照科目分別彙結登入收支日結表
(六)收支日結表內附收支日報打孔訂入以便複寫扯下一表兩用
(七)分類帳根據日結表分別項目一次過入兼具總分類帳及明細分類帳之功用
(八)物品會計及零用帳目由庶務辦理

（四）會計通則

廣東省征收機關會計通則

第一章 總則

第一條 廣東省政府爲統一各征收機關會計制度起見，特制定本通則，各征收機關（以下簡稱各機關）關於會計事務之處理，均應遵照辦理。

第二條 各機關各種收入，一律按照實收現金數計算，凡當年度納入之數，不論其屬何年度，均作爲本年度之收入，并按月照實收現金數編列收入累計表。

第三條 各機關應於年度終了時，查明該年度應收未納之款，以資力及負擔科目分別登帳（借方歲入應收款，貸方歲入滯納數），並結轉下年度，作爲納入年度之收入，於納入時轉帳沖銷。

第四條 各機關支出應以月份預算爲標準，按照實付現金數計算，按月份結報一次。

凡屬於本月份俸給費之支出在次月十五日以前支付者，列入該月份支出累計表；其在次月十五日以後補付者，列入支付月份之支出累計表，但須註明所屬月份，以便審核。

凡俸給費以外之各項支出在同一年度內，不論事實發生屬何月份，概列入支付月份之支出累計表，但截至該月止各項累計支出數，不得超過各該項累計預算數。

第五條 各機關應於每年年度終了時，查明該年度應付未付之各項支出，以資力及負擔科目分別登帳（借方歲出延付數，貸方歲出應付款），並結轉下年度，於支付時，轉賬沖銷。

第六條 每年度之歲出整理期間，不得逾年度終了後三個月。逾期未付之歲出，應作爲現年度歲出，從新辦理預算手續。

第二章 會計科目

第七條　各機關會計科目分爲收入、支出、資力、負擔四類，並以收、支、資、負爲分類編號之簡稱。

第八條　各機關收入及支出類會計科目之名稱，應用各該機關歲入歲出預算所列之項名並以其目名爲子目。經常臨時兩門應分列之。

第九條　資力負擔兩類會計科目規定統一名稱如左，由各機關按其需要分別採用：

(甲)資力類：

(一)收入暫存款　(二)金庫暫存款　(三)經費基金存款

(四)特種基金存款　(五)額定備用金　(六)暫付款

(七)歲入應收款　(八)歲出延付數

(乙)負擔類：

(一)保管款　(二)借入款　(三)暫收款

(四)收入征解數　(五)經費領用數　(六)歲入滯納數

(七)歲出應付款

第三章　會計憑證

第十條　各機關收納賦稅及其他公款，應掣發票照或收據交由繳款人收執，並留存根用作會計憑證。

第十一條　各機關支付公款，應取得合法之原始單據，其在事實上無法取得原始單據時，得由經手人聲敘理由出具證明單。

第十二條　各機關向金庫解繳及領支公款應用書據，依照廣東省省縣款收支程序之規定。

第十三條　各機關記帳憑證如左：

一　收入傳票（格式三(一)用淡紅紙印黑色）於收入現金時用之。

二　支出傳票（格式三(二)用淡藍紙印黑色）於支出現金時用之。

三　轉帳傳票（格式三（三）用白紙印黑色）凡轉帳收支用之

收入及支出傳票，對於各機關自行出納及由金庫收支之帳目均適用之。

第十四條　凡由征收員向納稅義務人收取稅款者，應開具稅捐征納報告（格式三一（一））。

第十五條　凡原始單據或報表之格式可充記帳憑證者，一律用作傳票與其他傳票一併整理編號。

征納報告、領款通知、支單存根用作收入傳票。

收款報告、繳款收據、解款收據、支票存根用作支出傳票。

第十六條　各種傳票應附原始單據，須經主管長官及主辦會計人員之核簽方得記帳，但整理結算及結轉帳目得不附單據。

第十七條　各種傳票應每日按照會計科目分別整理，賡續編列總號，并彙訂之，其號碼逐日起訖排列次序：先收入傳票，次支出傳票，再次轉帳傳票。

第十八條　凡應行報銷之各種原始單據，應於每日記帳後，抽貼活頁單據黏存簿，標明所屬之項目分類彙存，并隨時在有關之傳票上標註符號。此項活頁單據黏存簿於編製月份收支累計表與收支分類帳核對後，裝釘成册，一併報銷。

第四章　會計簿籍

第十九條　各機關簿籍組織如左：

（甲）帳簿

一　收支日結表

二　分類帳

（乙）備查簿

一　財產登記簿

二　物品登記簿

三　備用金簿

第二十條　收支日結表（格式三(一)四）

一　本表爲彙結收支帳目而設，複寫三份：一份留存會計部份登帳，一份釘附當日填用票照按旬呈報，一份送長官督閱。

二　本表可將科目及子目名稱預先印就，每日將各種傳票分别金庫暫存款、經費基金存款及收入暫存款，按照科目處理。凡同一科目子目之傳票分别結一總數，子目結數列入小計欄，科目結數列入合計欄。

三　收入傳票記於收入之下，列明貸方各科目；支出傳票記於付出之下，列明借方各科目，轉帳收支亦分别借貸併入之。

四　本表結算應於收支兩方先就每種基金存款結一總數，然後將昨日各基金存款之結存數記於收方下端，分别基金，將昨日結存加本日共收減本日共支，即得本日結存數，以紅筆書其金額於支出總數之下，以明庫存情形。

五　本表收方所列各數過入收入分類帳，并將每種基金存款總數過入資力負擔分類賬各該科目之借方；付方所列各數，過入支出分類帳，并將每種基金存款總數過入資力負擔分類帳各該科目之貸方。

第二十一條　分類帳（格式三(一)五）

本帳兼具總分類帳及明細分類之作用，分收入、支出、資力負擔三類。

（甲）收入分類帳（格式三(一)五甲）

一　本帳爲分析各項税款收入而設，用多欄式彙列一戶，每月一頁，按照歲入預算及項目名稱之編號順序立具科目於各欄上端。

二　每項各目之後填「合計」一欄，以計每項之數。

在項目較多之機關，一頁不敷之時，應於次頁連續之。

三　各項目預算數，應填列帳端，以便與實收數比較。

四　每日根據收支日結表過入相當各欄，如遇退還或冲正税款時，均用紅筆書於各該項目欄內，以示減少。

五　每旬末日將本旬之數結算一次，劃一單線，以便編製征解旬報（格式三一一）。

六　月終結算，先將三旬總數合爲本月總計，以便編製征解月報（格式三一二）。次將上月累計數，分别填入本月總計數之下，再結本月累計數（如有紅書之數應減去之）藉以編製收入累計表（格式三一四）并於年度終了時根據總結數編製歲入決算書（格式三一八）。

七　月終結算後，將本月計算數填入計算提要內，經審計機關核定後，將核定數填入，以便稽核。

（乙）支出分類帳（格式三〇五乙）

一　本帳爲分析各項經費支出而設，用多欄式彙列一戶，每月一頁，按照歲出預算項目名稱之編號順序，立其科目於各欄上端。

二　每項各目之後，填「合計」一欄，以計每項之數。在項目較多之機關一頁不敷時，應於次頁連續之。

三　各項目預算數，應填列帳端，以便與實付數比較。

四　每日根據收支日結表過入本月份各相當欄，但本月十五日以前支付之俸給費屬於上月份者，應按照本通則第四條之規定，過入上月份帳，一併結算編報。

五　沖正透付誤付本月份之數，均用紅筆書於本月帳內各該項目欄，以示減少。

六　月終結算先結本月總計，次將上月累計數分別填入本月總計數之下，再結本月累計數（如有紅書之數應減去之）藉以編製支出累計表（格式三一五），并於年度終了時，根據總結數編製歲出決算書（格式三一九）。

七　月終結算後，將本月計算數填入計算提要內，並經審計機關核銷後，將核銷數填入，以便稽核。

（丙）資力負擔分類帳（格式三〇五丙）

一　本賬專登資力及負擔各科目而設，每一科目設立一戶，並依資力負擔科目之編號順序列之。

二　每日根據收支日結表分別過入各相當戶內。

三　月終將收入各項本月合計數彙總結轉收入徵解數科目之貸方，支出各項本月合計數彙總結轉經費領用數科目之借方後，根據本帳編製資力負擔平衡表（格式三一六）。

第二十二條　物品登記簿（格式三〇六）、財產登記簿（格式三〇七）、備用金簿（格式三〇八）均由各機關庶務員分別登記之，并按月據以編製財產增減表（格式三二一）及物品現存表（格式三二二）。年終據以編製財物目錄（格式三二三）。庶務員經手之備用金，應於用罄時或每月末日開具支出分類清單（格式三二〇），連同單據向會計報帳領款補足其額定備用金。

第五章　會計報表

第二十三條　各機關應根據分類帳，按旬於該旬終了三日內編製稅捐征解旬報（格式三一一），按月於月終了五日內編製稅捐征解月報（格式三一二），送呈財政廳。

此項旬報月報征收數目，根據收入分類帳解款數目，根據資力負擔分類帳內收入征解數科目借方之數。

第二十四條　各機關應按月於月份終了五日內根據收入及支出分類帳之現金收支總數編製收支月報（格式三一三），按年於年度終了個月內編製全年收支總報告（格式三一七），送呈財政廳。此項報告應以實際現金收支數爲標準。

第二十五條　各機關應於每月經過後十五日內編製上月份左列各項計算書類送呈財政廳分送會計審計機關：

一　收入累計表

二　支出累計表

三　資力負擔平衡表

四　財產增減表

五　物品現存表

六　單據黏存簿，

以上一至五項各表應各編製三份，連同單據黏存簿送呈財政廳分別存轉。

第二十六條　各機關應於年度終了後三個月內編製左列各項決算書類呈核：

一　歲入決算書

二　歲出決算書

三　資力負擔平衡表
四　財物目錄
以上一至三項各書表，應各備三份，連同財物目錄送呈財政廳存轉。

第六章　附則

第二十七條　簿記規則另訂之。
第二十八條　各機關所用主要帳簿報表，均由財政廳集中印製，以昭劃一。
第二十九條　本通則施行後，所有前頒財政廳所屬各機關甲乙兩種暫行會計制度，均廢止之。
第三十條　本通則於民國二十七年七月一日起施行。

附一 會計科目表

各征收機關會計科目分爲收入、支出、資力、負擔四類。支出及資力科目，通常表示借方餘額。收入及負擔科目，通常表示貸方餘額。茲規定科目表如左，由各機關按照需要採用之：

(一)收入科目

編號	科目	子目
收一	營業稅收入	
收一——一		普通營業稅
收一——二		典當營業稅
收一——三		屠宰營業稅
收一——四		保險營業稅
收一——五		菸類牌照稅
收一——六		酒類牌照稅
收二	其他稅捐收入	
收二——一		煤油販賣稅
收二——二		舶來農產什項專稅
收二——三		洋紙專稅
收二——四		洋布疋頭專稅
收二——五		蠟類專稅
收二——六		顏料專稅
收二——七		舶來木料專稅
收二——八		舶來樹膠類製成品稅

編號	科目	子目
收二——九		糖類捐
收二——十		京果海味捐
收二——十一		舶來金屬品稅
收二——十二		舶來奢侈品稅
收二——十三		舶來皮革品稅
收二——十四		隣省牛皮稅
收二——十五		屠牛牛皮稅
收二——十六		香燭紙寶捐
收二——十七		鎢鑛捐
收三	地方行政收入	
收三——一		滯納罰金
收三——二		什項罰金
收三——三		其他稅捐罰金
收三——四		沒收物變價
收四	其他收入	
收四——一		雜項收入

(二)支出科目

編號	科目	子目
支一	俸給費支出	
支一——一		俸薪
支一——二		餉項工資
支二	辦公費支出	
支二——一		文具
支二——二		郵電

編號	科目	說明
支二—三	消耗	
支二—四	印刷	
支二—五	租賦	
支二—六	修繕	
支二—七	旅運費	
支二—八	雜支	
支三	購置費支出	
支三—一	器具	
支三—二	圖書	
支三—三	服裝	
支四	特別費支出	
支四—一	特別辦公費	

(三)資力科目

編號	科目	說明
資一	收入暫存款	凡征起稅款或收入其他款項暫時存留征收機關尚未繳庫者屬之。收存之數記入借方，繳庫之數記入貸方；其借方餘額表示存留未繳之數。
二	金庫暫存款	凡征起稅款尚未分清款目而繳庫者屬之。存入之數記入借方，以支單提支解入普通總基金或特種基金之數記入貸方；其借方餘額表示金庫暫存款之總數。
三	經費基金存款	凡本機關經費款之存庫者屬之。領存之數記入借方，支用之數記入貸方；其借方餘額表示存留於金庫之本機關經費總數。凡本機關之經費自行保管而不存庫者改用經費基金科目即經費類現金存留數，性質與上同。
四	特種基金存款	凡存入保證金等保管款繳存金庫者屬之。解繳之數記入借方，發還之數記入貸方；其借方餘額表示存留金庫之特種基金總數。
五	額定備用金	凡交與庶務員備充零星開支之額定金額屬之。支付之數記入借方，收回之數記入貸方；其借方餘額表示備用金額定之數。
六	暫付款	凡本機關暫付預付墊付代付或存出押金之款均屬之。支出之數記入借方，收回或冲轉之數記入貸方；其借方餘額表示暫付款尚未收回或冲轉之數。
七	歲入應收款	凡年度終了時查定應征而未納之各項稅款屬之。與歲入滯納數相對照。年結應收未收之數記入借方，下年度收到或冲轉之數記入貸方；其借方餘額表示歲入應收款尚未收到或冲轉之數。
八	歲出延付數	凡年度終了時應付未支之經費屬之。與歲出應付款相對照。延付之數記入借方，補付冲轉之數記入貸方；其借方餘額表示尚未補付冲轉之延付款。

(四)負擔科目

編號	科目	說明
負		
一	保管款	凡本機關所收之保證金及其他保管款屬之，與存庫特種基金相對照。收入之數記入貸方，發還之數記入借方；其貸方餘額表示保管款尚未發還之數。
二	借入款	凡本機關奉令核准借入之款屬之。借入之數記入貸方，歸還之數記入借方；其貸方餘額表示借入款尚未歸還之數
三	暫收款	凡本機關暫收預收或代收之款均屬之。收入之數記入貸方，發還或冲轉之數記入借方；其貸方餘額表示暫收款尚未發還或冲轉之數。
四	收入征解數	凡征起各項稅款應行解庫之數屬之。各項收入月結總數轉入本科目之貸方，解庫之款記入借方；其貸方餘額表示征起稅款尚未解庫之數。
五	經費領用數	凡本機關每月領用經費之款屬之。與經費基金存款或經費基金相對照。領到經費之數記入貸方，各項支出月結總數轉入本科目之借方；其貸方餘額表示尚未支用之數，其年終餘額表示經費剩餘之數。凡收回剔除之款，列入本科目之貸方，其對方爲經費基金存款。
六	歲入滯納數	凡年度終了時已屆納稅限期而尚未納入之各項稅款屬之。與歲入應收款相對照。滯納之數記入貸方，納入或冲轉之數記入借方；其貸方餘額表示歲入滯納款尚未納入或冲轉之數。
七	歲出應付款	凡年度終了時應付未支之經費屬之。與歲出延付數相對照。應付未支之數記入貸方，下年度支付或冲轉之數記入借方；其貸方餘額表示歲出應付款尚未支付之數。

附二 分錄舉例

(甲)收入類

凡征起稅款或收入其他款項，應以當日分清科目解庫爲原則，其當日不及分清或距離金庫過遠之機關，分別以「金庫暫存款」存庫或「收入暫存款」暫行存留爲特殊情形。

(一)年度開始將上年度資力負擔各科目餘額轉入時（根據上年底資力負擔平衡表用轉帳傳票）：

借方　收入暫存款　金庫暫存款　特種基金存款　歲入應收款

貸方　暫收款　保管款　歲入滯納數

(二)征起稅款未分清科目不及當日繳庫由征收機關暫存時（用收入傳票）：

借方　收入暫存款

貸方　暫收款

(三)上項暫收款分清科目時（用轉帳傳票）：

借方　暫收款

貸方　營業稅收入　其他稅捐收入　地方行政收入　其他收入

(四)第（二）項征存之收入暫存款向庫報解時（將解款收據用作支出傳票）：

借方　收入征解數

貸方　收入暫存款

(五)征起稅款已分清科目，不及當日繳庫由征收機關暫存時（用收入傳票）：

借方　收入暫存款
貸方　營業稅收入　其他稅捐收入　地方行政收入　其他收入

（六）上項征存之收入暫存款向庫報解時（將解款收據用作支出傳票）：
借方　收入征解數
貸方　收入暫存款

（七）征起稅款，由金庫派員直接收納時（將收款報告用作支出傳票）：
借方　金庫暫存款
貸方　暫收款

（八）征起稅款，未分清科目由征收機關繳庫時（將繳款收據用作支出傳票）：
借方　金庫暫存款
貸方　暫收款

（九）以上七、八兩條之暫收款分清科目向庫辦理報解手續時（將解款收據用作支出傳票）：
借方　收入征解數
貸方　營業稅收入　其他稅捐收入　地方行政收入　其他收入
（同時將支單存根用作收入傳票）：
借方　暫收款
貸方　金庫暫存款

（十）征起稅款，已分清科目由征收機關解庫時（將解款收據用作支出傳票）：
借方　收入征解數
貸方　營業稅收入　其他稅捐收入　地方行政收入　其他收入

（十一）收到各項保證金隨即解庫（將解款收據用作支出傳票）：

借方　特種基金存款

貸方　保管款

（十二）發還保證金，開具支票，交由領款人持向金庫領取時（將支票存根用作支出傳票）：

借方　保管款

貸方　特種基金存款

（十二）收到暫收款項，隨即解庫時（將繳款收據用作支出傳票）：

借方　特種基金存款

貸方　暫收款

（十四）發還上項暫收款，開具支票，由領款人持向金庫領款時（支票存根用作支出傳票）：

借方　暫收款

貸方　特種基金存款

（十五）每月結帳時（將各收入科目餘額結轉借方毋須過帳，祇須在收入分類帳「本月總計」下標明結轉「收入徵解數」）：

借方　營業稅收入　其他稅捐收入　地方行政收入

貸方　收入征解數

（十六）年度終了結帳查明應收未收帳目時（用轉帳傳票）：

借方　歲入應收款

貸方　歲入滯納數

（乙）經費類

凡領到經費專戶存庫以支票支應用費者，列為「經費基金存款」以支票存根用作支出傳票，其提出自行管理者，列為「經費基金」另開支出傳票。

(一)年度開始，將上年度資力負擔各科目餘額轉入時（用轉帳傳票）：

借方　經費基金存款（或經費基金）　額定備用金　歲出延付數

貸方　經費領用數　歲出應付款

(二)領到基金時（將領款通知用作收入傳票）：

借方　經費基金存款（或經費基金）

貸方　經費領用數

(三)支付本年度經費時（用支出傳票）：

借方　俸給費支出　辦公費支出　購置費支出　特別費支出

貸方　經費基金存款（或經費基金）

(四)支付上年度歲出應付款時（用支出傳票）：

借方　（上年度戶）俸給費支出　辦公費支出　購置費支出　特別費支出

貸方　經費基金存款（或經費基金）

月底，根據上年度戶結數彙總轉帳，以表明歲出應付款之實數（用轉帳傳票）：

借方　歲出應付款

貸方　歲出延付數

(五)支付額定備用金時（用支出傳票）：

借方　額定備用金

貸方　經費基金存款（或經費基金）

(六)庶務員以支出分類清單附單據報帳領款時（用支出傳票）：

借方　辦公費支出　購置費支出

貸方　經費基金存款（或經費基金）

(七)支出暫付款項時（用支出傳票）：

借方　暫付款

貸方　經費基金存款（或經費基金）

(八)前項暫付款之性質確定時（用轉帳傳票）：

借方　俸給費支出　辦公費支出　購置費支出　特別費支出

貸方　暫付款

(九)每月結帳時（用轉帳傳票，貸方毋庸過帳，祇須在支出分類帳「本月總計」下標明「結轉經費領用數」）：

借方　經費領用數

貸方　俸給費支出　辦公費支出　購置費支出　特別費支出

(十)年度終了結帳時：

(1)查明應付未付帳目（用轉帳傳票）：

借方　歲出延付數

貸方　歲出應付款

(2)將剩餘經費（即經費領用數之餘額）解庫（將解款收據用作支出傳票）：

借方　經費領用數

貸方　經費基金存款（或經費基金）

(五) 簿記格式

格式301 收入傳票（用淡紅色拷貝紙印黑色）

（征收機關名稱）

收入傳票

總字第　　號

民國　　年　　月　　日　　收字第　　號

貸方科目	摘要	國幣 元 角 分

附單據　　張

長官　　主辦會計人員　　收款員　　記帳員　　製表員

廣東省征收機關統一會計制度　簿記格式　　二

格式302 支出傳票（用淡藍色拷貝紙印黑色）

（征收機關名稱）

支出傳票

總字第　　號

民國　　年　　月　　日　　支字第　　號

借方科目	摘要	國幣 元 角 分

附單據　　張

長官　　主辦會計人員　　出納員　　記帳員　　製表員

格式305 轉帳傳票（用白色拷貝紙印黑色）

（征收機關名稱）

轉帳傳票

總字第　　號
轉字第　　號

民國　　年　　月　　日

借方科目	摘要	國幣 元	國幣 角分	貸方科目	摘要	國幣 元	國幣 角分

附單據　　張

長官　　主辦會計人員　　記帳員　　製表員

廣東省征收機關統一會計制度　記帳格式　四

格式304 收支日結表（用淡黃色拷貝紙印黑色二份與收支月報合訂）

（征收機關名稱）

收支日結表

民國　　年　　月　　日　　　　字第　　號

<table>
<tr><td colspan="11">收入</td><td colspan="9">支出</td></tr>
<tr><td rowspan="3">貸方科目</td><td colspan="2">傳票號數</td><td colspan="3">票照號數</td><td rowspan="3">分頁</td><td colspan="4">國幣</td><td rowspan="3">借方科目</td><td colspan="2">傳票號數</td><td rowspan="3">分頁</td><td colspan="4">國幣</td></tr>
<tr><td rowspan="2">起</td><td rowspan="2">訖</td><td rowspan="2">字</td><td rowspan="2">起</td><td rowspan="2">訖</td><td colspan="2">小計</td><td colspan="2">合計</td><td rowspan="2">起</td><td rowspan="2">訖</td><td colspan="2">小計</td><td colspan="2">合計</td></tr>
<tr><td>元</td><td>角分</td><td>元</td><td>角分</td><td>元</td><td>角分</td><td>元</td><td>角分</td></tr>
<tr><td></td><td></td><td></td><td></td><td></td><td></td><td></td><td></td><td></td><td></td><td></td><td></td><td></td><td></td><td></td><td></td><td></td><td></td><td></td><td></td></tr>
</table>

主辦會計人員　　　　記帳員　　　　製表員

格式305甲收入分類帳（用夫士紙印帳簿式與格式305乙丙合訂）

計算提要	類別	總額	月	日
	本月計算數			
	核定數			

收入分類帳

年		日結表號數	摘要	項											
				目											
				預算數											
月	日			實收數 元	角分	元	角分	元	角分	元	角分	元	角分	元	角分

廣東省征收機關統一會計制度　簿記格式　　五

格式305乙支出分類帳（用夫士紙印帳簿式與格式305甲丙合訂）

計算提要	類別	總額	月	日
	本月計算數			
	核定數			

支出分類帳

年		日結表號數	摘要 ＼ 項												
			目												
			預算數												
月	日		實付數	元	角分	元	角分	元	角分	元	角分	元	角分	元	角分

格式305丙資力負擔分類帳（用夫士紙印帳簿式與格式305甲乙合訂）

科目

戶名

資力負擔分類帳

年		日結表		傳票號數		摘要	借方		貸方		借或貸	餘額	
月	日	號	數	起	訖		元	角分	元	角分		元	角分

格式306物品登記簿（用道林紙印）

物　品　登　記　簿

名　稱……………　　類　別……………　　單　位……………

購置								領用								餘額				
年		單據號數	數量	單位價值		國幣		年		領物單據號數	數量	單位價值		國幣		數量	單位價值		國幣	
月	日			元	角分	元	角分	月	日			元	角分	元	角分		元	角分	元	角分

格式307 財產登記簿（用道林紙印）

財產登記簿

名稱……………… 類別……………… 單位………………

購置或撥入												變賣或毀壞									餘額		
年		單據數號	原因	月份	出售者	所在地	編號		數量	國幣		領物單號數	年		收據數號	受主	減損事由	數量	國幣		數量	國幣	
月	日						字	號		元	角分		月	日					元	角分		元	角分

廣東省征收機關統一會計制度 簿記格式 一〇

格式308 備用金簿（用夫士紙印帳簿式）

備用金簿

年		科目	摘要	單據張數	收入		支出		結餘	
月	日				元	角分	元	角分	元	角分

格式309 收支日報（用淡黃色拷貝紙印黑色與收支日結表合訂）

（征收機關名稱）

收支日報

民國　　年　　月　　日

收入									支出					
貸方科目	傳票號數		票照號數			分	國幣		借方科目	傳票號數		分	國幣	
	起	訖	字	起	訖	頁	小計 元角分	合計 元角分		起	訖	頁	小計 元角分	合計 元角分

長官　　主辦會計人員　　記帳員　　製表員

廣東省征收機關統一會計制度　簿記格式　　三

格式310税捐征納報告（用白色拷貝紙印棕色散頁）

税捐征納報告

民國　　年　　月　　日　　　　字第　　號

科目	票照號數			細數		合計	
	字	起	訖	元	角分	元	角分

征收員

收入傳票

民國　　年　　月　　日　總字第　　號　收字第　　號

長官

主辦會計人員

記帳員

格式311 稅捐征解旬報（用淡紅色拷貝紙印黑色散頁）

（征收機關名稱）

稅捐征解旬報

甲、征收　　　　民國　　年　　月　　旬　　（　　月　　日填報）

科目	稅票號數			本旬征起數		備考
	字	起	訖		元 角分	
總計						

乙、解款

項別	國幣		解款憑證號數	備考
		元 角分		
上旬末解數				
本旬征起應解數				
本旬已解數				
本旬末解數				

長官　　　　主辦會計人員　　　　製表員

廣東省征收機關統一會計制度　簿記格式　　一三

格式 312 稅捐征解月報（用淡紅色拷貝紙印黑色散頁）

（征收機關名稱）

稅捐征解月報

甲、征收　　民國　　年　　月份　　（　　月　　日填報）

科目	本月征起數		本年度征起累計數	
	元	角分	元	角分
總計				

乙、解款

項別	國幣		備考
	元	角分	
上月未解數			
本月征起應解數			
本月已解數			
本月未解數			

長官　　主辦會計人員　　製表員

格式313 收支月報（用淡黃色拷貝紙印黑色散頁）

（征收機關名稱）

收支月報

民國　　年　　月份

收入		支出	
科目	國幣 元 角分	科目	國幣 元 角分

長官　　　　主辦會計人員　　　　製表員

廣東省征收機關統一會計制度　　簿記格式　　一六

格式314 收入累計表（用淡紅色拷貝紙印黑色散頁）

（征收機關名稱）

收入累計表

民國　　年度　　月份　　（　　月　　日編製）　第　　號

項目	單據			預算數		實收數		實收數與預算數比較 增(+)減(-)	
	字	號數		本月數	累計數	本月數	累計數	本月數	累計數
		起	訖	元 角分	元 角分	元 角分	元 角分	元 角分	元 角分

長官　　主辦會計人員　　製表員

格式316資力負擔平衡表（用白色拷貝紙印帳表式）

（征收機關名稱）

資力負擔平衡表

民國　　年　　月　　日

資力	國幣 元	角分	負擔	國幣 元	角分
總計			總計		

長官　　　　主辦會計人員　　　　製表員

格式 317 民國　年度收支總報告（用夫士紙印暢表式）

（征收機關名稱）

民國　年度收支總報告

（　年　月　日起至　年　月　日止）

收	入		支	出	
科目	國幣		科目	國幣	
	元	角分		元	角分

長官　　主辦會計人員　　製表員

格式318歲入決算書（用白色拷貝紙印幔表式）

歲入決算書

編製機關……………

第……………號

民國……………年度……………歲入……………門

……年……月……日起至……年……月……日止（民國　年　月　日編製）

科目	本年度決算數		本年度預算數		比較增(+)減(-)		說明
	元	角分	元	角分	元	角分	

長官　　　　主辦會計人員

格式319 歲出決算書（用白色拷貝紙印鋅表式）

歲出決算書

編製機關……………………

第…………號

民國…………年度…………歲出…………門

……年……月……日……起至……年……月……日止（民國　年　月　日編製）

科目	本年度決算數		本年度預算數		比較增（+）減（−）		說明
	元	角分	元	角分	元	角分	

長官　　　　主辦會計人員

格式320 支出分類清單（用白色拷貝紙印綠色散頁）

支出分類清單

＿＿＿年＿＿＿月份　　民國　　年　　月　　日

科目	單據張數	國幣 元 角分	科目	單據張數	國幣 元 角分
接後			總計		

庶務員

格式321 財產增減表（用白色拷貝紙印棕色骯頁）

（征收機關名稱）

財產增減表

民國　　年　　月份

名稱	增減事由	編號		單位	數量	單位價值	國幣		備考
							增	減	
		字	號			元 角分	元 角分	元 角分	

長官　　　　主辦會計人員　　　　庶務員

格式822 物品現存表（用白色拷貝紙印棕色散頁）

（征收機關名稱）

物品現存表

民國　　年　　月份

名稱	數量	單價	國幣		備考
			元	角分	

長官　　　　主辦會計人員　　　　庶務員

格式323財物目錄（用白色拷貝紙印棕色散頁）

（征收機關名稱）

財物目錄

民國　　年　　月份　　　　第　　頁

名稱	編號		單位	數量	國幣		單據黏存簿			備考
	字	號			元	角分	年度	月份	單據號數	

長官　　　　主辦會計人員　　　　庶務員

廣東省各縣稅捐征課會計制度

廣東省財政廳會計室擬訂

廣東省各縣稅捐征課會計制度目錄

民國二十七年六月印行

(一)规劃書

廣東省各縣稅捐征課會計制度規劃書

本廳監督縣地方財政既訂有專章，各縣稅捐征收處亦尅期成立矣。則精密之會計制度，自當應運而興，庶幾財務行政克臻健全。用有各縣稅捐征收處報帳解款通則之擬訂，并系以整齊劃一之簿表格式，簡便實用而已。

稅捐征課會計之要點，三言以蔽之曰、隨征隨報，曰、隨收隨解，曰、隨到隨核。

云何隨征隨報？則各經征人員征起稅款，應隨時以征納報告連同票照報帳，至少每旬須告一段落，而征收處更須按日彙編日結表，以闡明當日之征納情況，以最簡易之方法，爲最迅密之情報，按旬按月之報告，亦必如限辦竣，毋使泄沓延滯：此一要也。

云何隨收隨解？過去因未普設金庫，繳解稅款不便，寖成匿留挪用之漸。今與郵政機關訂立儲匯公款之特約，金庫機構進於精湊，凡郵政通匯之處，皆公款出納之所，密布如網，掃解是尚，此二要也。

云何隨到隨核？核各經征人員所送之征納報告及塡用之票照，輒累累成帙，征收處必逐日鈎稽，始能應付裕如；而直接塡用之稅票，亦須加以覆核，以杜訛誤，庶可事無積壓，款皆核實：此三要也。

綜斯三要，征解報核，悉重時效，惟嚴惟正，迺臻治理。征課有三忌：一忌弊混，二忌宕欠，三忌苛擾。以三要尅三忌，則本規劃之旨趣所在，深望各縣稅捐征收處同人一致動員共勉者也。

中華民國二十七年六月三十日廣東省財政廳會計室主任　李雲良

副主任　蔡經濟

專員　殷聖作

（二）簿記組織系統圖

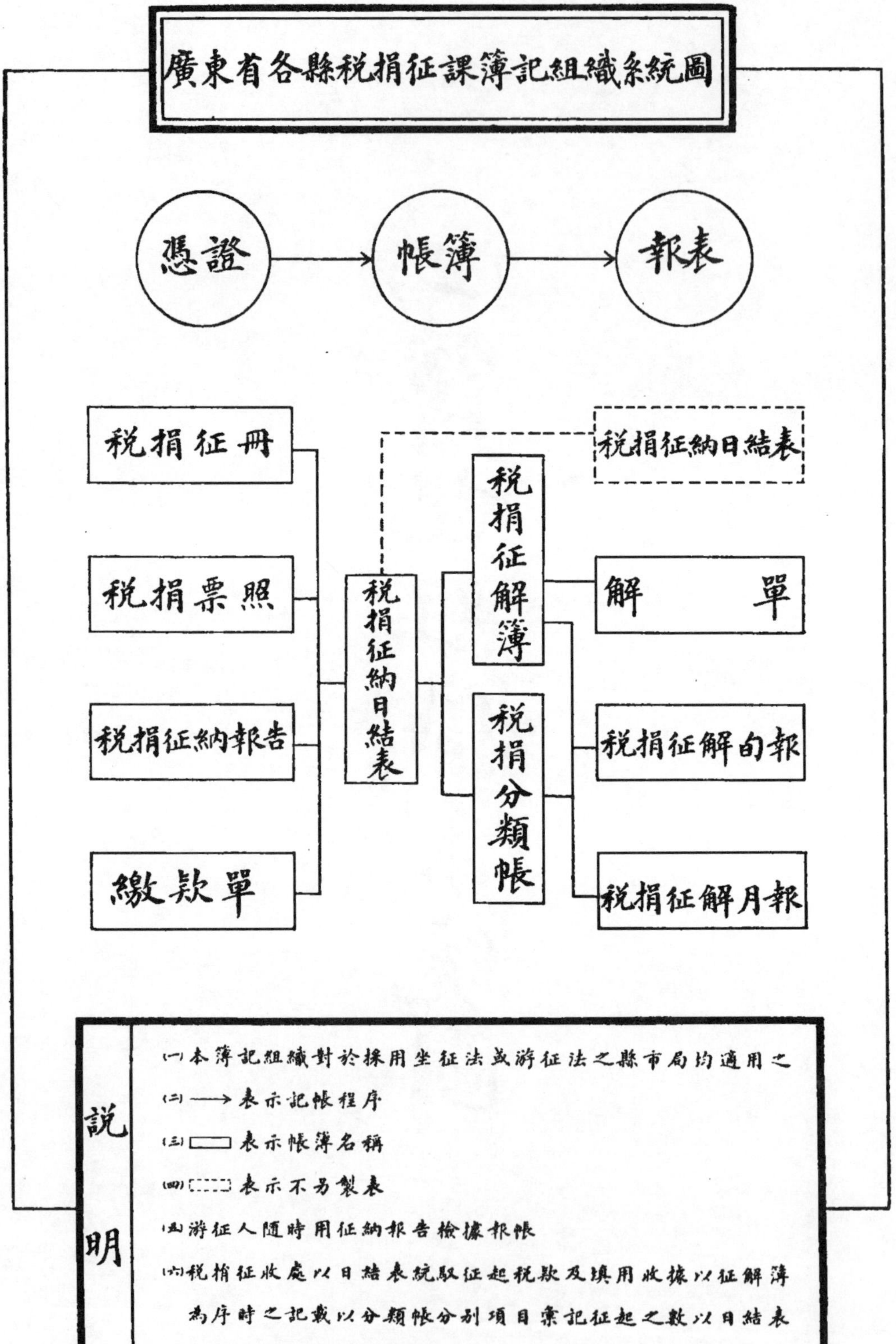

廣東省各縣稅捐征課簿記組織系統圖
憑證
帳簿
報表
稅捐征冊
稅捐票照
稅捐征納報告
繳款單
稅捐征納日結表
稅捐征解簿
稅捐分類帳
稅捐征納日結表
解單
稅捐征解旬報
稅捐征解月報
說明
(一)本簿記組織對於採用坐征法或游征法之縣市局均適用之
(二)——→表示記帳程序
(三)▭表示帳簿名稱
(四)⬚表示不另製表
(五)游征人隨時用征納報告檢據報帳
(六)稅捐征收處以日結表統馭征起稅款及填用收據以征解簿
為序時之記載以分類帳分別項目彙記征起之數以日結表
及旬報月報向縣府報告

（三）報帳解款通則

廣東省各縣稅捐征收處報帳解款通則

第一條　各縣稅捐征收處及其所屬經征人員關於征起稅款之記帳報帳及解款辦法，除遵照收支程序辦理外，均依本通則行之。

第二條　稅捐征收處會計科目採用歲入預算內所列各項稅捐之目名。

第三條　凡由稅捐征收處派出經征人員，應於每旬末日將該旬塡用之票照分別科目整理，塡具稅捐征納報告（格式五〇二），複寫二份連同納稅證（即繳縣政府稽核乙聯）及稅票存根（即存征收處備查內聯）一併送繳稅捐征收處。

凡征收地點有特約通匯處所者，應逐日將征起稅款用繳款單（複寫二份：一份繳款通知存收款機關，一份繳款收據掣印作據）匯繳金庫，并將繳款收據附入征納報告報解。

其距離特約通匯處所在五里以上者，應於征滿國幣三百元時，用繳款單送繳，但屆每旬末日，無論征存金額多寡，應掃數解訖。

稅捐征納報告連同稅款送繳時，即以報告用作繳款單。

第四條　稅捐征收處收到稅捐征納報告核與繳款收據或納入現金相符，即由主管人員在稅捐征納報告上加蓋收訖印章，以一分留存登帳，一分交還報解人作據。

凡繳銷之票照，應隨時根據稅捐征納報告核算之。

第五條　稅捐征收處應按日將直接征起稅款，分清科目開具解單解繳縣金庫核收，其未設有金庫者，解繳縣政府。

凡經征人員送繳或匯繳稅款已分清科目者，與上項一併繳解，其未分清科目者，列入金庫暫存款。

金庫暫存款應於分清科目時，開具支單解單報解。

第六條　稅捐征收處設置帳簿如左：

（一）稅捐征納日結表

（二）稅捐征解簿

（三）稅捐分類帳

第七條　稅捐征納日結表（格式五〇二）

本表按日彙集直接征起稅額所塡用及各經征人員所繳到之票照編製之。複寫三份：一份訂附稅票存根（即征收處備查內聯）以憑登帳，一份送縣政府審閱，一份訂附納稅證（即縣政府稽核乙聯）按旬彙送縣政府或存候縣政府派員覆核。

第八條　稅捐征解簿（格式五〇三）

本簿每日根據稅捐征納日結表彙總記入應解數欄，依據解款收據記入解庫數欄，征起應解數減解庫數，即爲未解數，應記入未解數欄。

第九條　稅捐分類帳（格式五〇四）

本帳用多欄式，每一科目設立一欄，逐日根據稅捐征納日結表，將每一科目總數記入各相當欄內。

本帳每屆月終結帳一次，下月帳目接續登記。

第十條　稅捐征收處根據稅捐征解簿及稅捐分類帳，於每旬經過後三日內編製稅捐征解旬報（格式五〇五）。每月經過後五日內，編製稅捐征解月報（格式五〇六）。均複寫四份：以一份存查，二份送縣政府，抽存一份，餘寄送財政廳會計室及主管科。

第十一條　本通則由財政廳訂定，自二十七年七月起施行。

(四)簿記格式

格式501 稅捐征納報告（用白色薄紙印棕色脫頁）

稅捐征納報告

（本報告由經征員填寫連同稅款及票照存根送稅捐征收處）

民國　　年　　月　　日

收據總結	
上期結存張數	
本期實領張數	
本期塡用張數	
本期作廢張數	
本期結存張數	

科目	填用票照：張數	填用票照：字	填用票照：號數起	填用票照：號數訖	國幣（元 角分）	備考
總計						

附繳（一）國幣
（二）票照存根　　張

核票員　　　　經征員

廣東省各縣稅捐征課會計制度　簿記格式　1

格式502稅捐征納日結表（用白色薄紙印棕色啟頁）

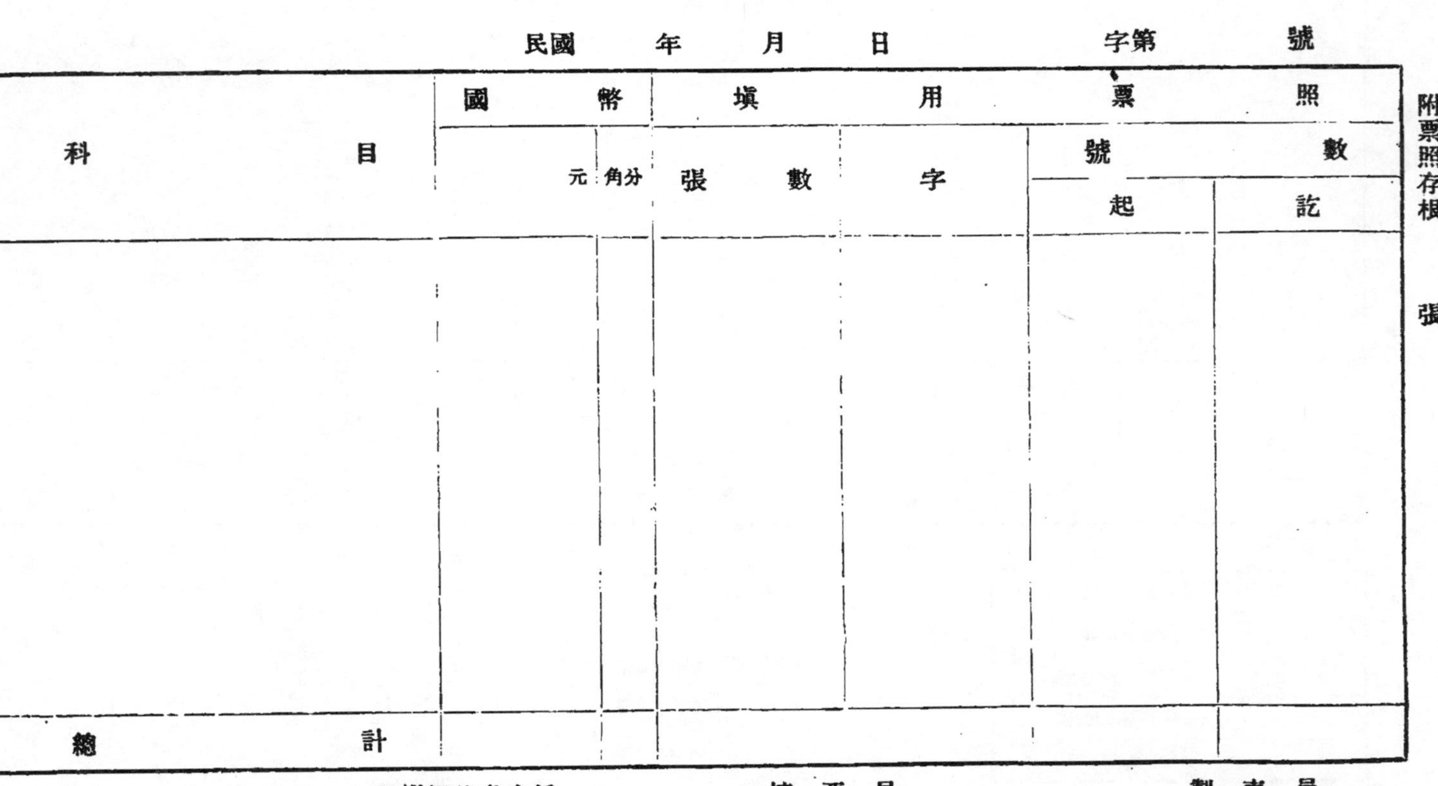

…………縣稅捐征收處

稅捐征納日結表

（本表由稅捐征收處按日根據各經征人征納報告及納稅證編造複寫三份一份存查一份送縣政府一份訂附票照存根）

民國　　年　　月　　日　　　　字第　　號

科目	國幣		填用票照			
	元	角分	張數	字	號數	
					起	訖
總計						

附票照存根　　張

稅捐征收處主任　　　　核票員　　　　製表員

格式503稅捐征解簿（用夫士紙印帳簿式）

…………縣稅捐征收處

稅捐征解簿

年		日結表號數	解款憑證號數	征起應解數		解庫數		未解數	
月	日			元	角分	元	角分	元	角分

格式504稅捐分類帳（用夫士紙印帳簿式）

…………縣稅捐征收處

稅捐分類帳

民國　　年度　　月份

月	日	日結表號數	摘要 ＼ 科目／預算數／征起數	元	角分	元	角分	元	角分	元	角分	元	角分	元	角分

格式505稅捐征解旬報（用淡紅色拷貝紙印黑色數頁）

收據總結	
上旬結存張數	
本旬實領張數	
本旬填用張數	
本旬作廢張數	
本旬結存張數	

…………縣稅捐征收處

稅捐征解旬報

甲、征收　　　民國　　年　　月　　旬（　　月　　日填報）

科目	本旬填用票照總張數	國幣 元	角分
總計			

乙、解款

項別	國幣 元	角分	解款憑證號數
上旬未解數			
本旬征起應解數			
本旬已解數			
本旬未解數			

稅捐征收處主任　　　　　製表員

廣東省各縣稅捐征課會計制度　簿記格式　　　　五

格式506 稅捐征解月報（用淡紅色拷貝紙印黑色散頁）

…………縣稅捐征收處

稅捐征解月報

收據總結	
上月結存張數	
本月實領張數	
本月填用張數	
本月作廢張數	
本月結存張數	

甲、征收　　民國　年　月份（　月　日填報）

科目	本月征起數		本年度征起累計數	
	元	角分	元	角分
總計				

乙、解款

項別	國幣		備考
	元	角分	
上月未解數			
本月征起應解數			
本月已解數			
本月未解數			

稅捐征收處主任　　　製表員

廣東省銀行

廣東三千萬民衆的銀行

信託部業務綱要

普通信託存款
特約信託存款
代理發行或承募債票
代理買賣有價證券
經租管理房地產
代理買賣經營房地產
墊款經營房地產
代理土地執業
代辦團體或公司委託事務

執行遺囑管理遺產
壽險信託
代收代付各種款項
受託原封保管與露封保管
代理運銷商品
保證業務
倉庫業務
代客投保各種保險
其他信託及代理業務

廣東省銀行信託部

本部存查

成立宣言

行址　廣州市南堤

電話總機　一一七六五至一一七六九　轉信託部分機

廣東省銀行信託部成立宣言

本行呈奉　廣東省政府暨　財政部核准增設信託部業經籌備就緒茲乘成立之始願將信託事業之需要及營業之旨趣爲社會人士進一言

查信託爲本國近年新興之事業其對於社會之需求及其重要性在事實上爲不可缺少之機構蓋社會事務日趨繁複人事遷變不可預計而日常處理各事或因時間所限不能及時辦理或以職業關係無法分身或以事涉屑瑣不遑一一親自奔走亦在所必有若委託友人代辦益覺過於繁瀆如僱用專人辦理不獨所費必多而人選之能力操守未必盡能兼備此信託事業之所以需要也

信託事業既如是其重要故本行信託部之設實乃適應社會之需求本行爲與地方上最有關係之銀行夙蒙社會人士所信仰以過去歷史之悠久業務之發達各種專門人材之衆多市場之接近與及組織之完備各分支行辦事處遍佈省内經濟要衝在粵省銀行中堪稱完善據此而舉辦信託事業以爲社會服務代辦委託事項委託人自可安心信任費用既從輕徵取而所獲結果較諸以任何方法處理者當必遠過其他若時間之經濟手續之嚴密猶其餘事也

本行信託部當營業發軔之初對於辦理委託各務莫不以最大之努力竭忠效誠爲之處理以期能使委託人得到最高之利益及滿意於辦理手續則力求簡捷完善時間則務求經濟節省取費限度亦定至最低最微以服務社會之精神爲發展業務之依據此後當懸是爲鵠用以自勉俾信託事業日漸推廣社會人士普遍受益但創設伊始諸恐未逮
各界明達幸勗勵之

广东省各项税捐征收章则汇编

广东财政厅　编

中華民國二十八年四月一日

廣東省各項稅捐征收章則彙编

廣東財政廳訂

廣東省各項稅捐征收章則彙編目錄

稽征章程

(八)各項專稅

(甲)廣東全東舶來農產品雜項專稅征收章程

(附)1征收舶來木料專稅稅率表

2修正征收橡膠類製成品物專稅稅率表

3修正舶來化粧裝飾用品及玩具專稅稅率表

4修正舶來磁器玻璃及金屬製品專稅稅率表

(乙)廣東全省進口洋布疋頭專稅征收章程

(丙)廣東全省顏料專稅征收章程

(丁)廣東全省洋紙專稅征收章程

(附)1核定本省報館用紙退稅辦法佈告

2本省報館用紙退稅辦法

(戊)廣東全省蜡類專稅征收章程

(己)修正廣東全省舶來糖類捐征收章程

(附)1修正改善廣東糖業統制辦法

2核定減征荷蘭標本色糖類捐率佈告

普通營業稅

(甲)立法院頒營業稅法

（民國二十年七月公佈）

第一條　營業稅爲地方收入凡在各省及直隸行政院之市内營業者除向中央繳納出廠稅之工廠或繳納收益稅之股份有限公司組織之銀行外均應完納營業稅前項所稱營業謂以營利爲目的之一切事業但農業不在此限

第二條　中央徵收之菸酒牌照稅收入除由中央留十分之一外其餘應撥歸各省市作爲地方收入

第三條　凡應納營業稅之營業者均應開具左列事項請領營業稅調查証

(一)營業種類商店名稱及所在地

(二)營業人之姓名籍貫及住所

(三)營業資本額

(四)全年營業總收入額

(五)全年營業純收益額

前項營業稅調査証每年換領一次不取証費並不徵收任何稅捐

第四條　營業稅稅率應依左列三種課稅標準由各省政府或市政府按照本地營業性質及狀況分別酌定之

(甲)以營業總收入額爲標準者徵收其千分之二至千分之十

(乙)以營業資本額爲標準者征收其千分之四至千分之二十

(丙)以營業純收益額爲標準者其稅率如左

(一)純收益額不滿資本額百分之十五者征收純收益額百分之二至不滿百分之五

(二)純收益額合資本額百分之十五至不滿百分之二十五者征收純收益額百分之五至不滿百分之七、五

普通營業稅　二

（三）純收益額合資本額百分之二十五以上者征收純收益額百分之七、五至百分之十

第五條　營業稅以營業總收入額爲課稅標準時其營業總收入額年計不滿一千元者免稅以營業資本額爲課稅標準時其營業資本額不滿五百元者免稅以營業純收益額爲課稅標準時其營業純收益額不滿一百元者免稅

第六條　中央政府及地方政府所辦之公有營業免征營業稅但官商合辦之營業不在此限不以營業爲目的之合作社及貧民工廠等得免征營業稅

第七條　營業稅得按年按半年或按季征收由各省政府或市政府斟酌情形自行厘定之但短期營業得準用第三條至第六條之規定按月征收

第八條　營業稅不得征收附加稅

第九條　營業稅應由納稅者向征收機關直接繳納不得由他人承攬包辦

第十條　各省市區有牙稅當稅屠宰稅及其他應依法取締或寓禁於征之營業稅得暫照原有稅率分別改征營業稅

第十一條　各省政府或市政府對於營業者依第三條第一項第三至第五各款所開具之數額認爲不確實時得設營業稅評議委員會評定之

前項評議委員會之組織由各省政府或市政府自定之但代表納稅者利益之評議委員不得少於委員總數三分之一

第十二條　各省市財政主管機關應將征收之營業稅款按期公告之並編造報告表呈報財政部查核

各省市征收營業稅情形財政部與審計部得派員考查審核之

第十三條　本法自公佈日施行

(乙)財政部整理營業稅辦法

（二十三年六月十五日）

(一)調查証之改進　營業稅法第三條原有商民請領營業稅調查証之規定但本條內對於調查証應列款目過於簡單各省市徵收機關均係依據商民遵照第三條第一至第四之事項申請書塡給調查証而對於營業人應納稅款等項証內並不載明以致難於稽核自應將課稅標準及稅率與每年應納稅款數目每期應納稅款數目各項加入調查証內至征收時期或按期征收或按月征收由各省市自定之此項調查証應令商民懸掛為征收稅款之根據調查証內應規定載明左列事項

一、營業種類商店名稱及所在地

二、營業人之姓名籍貫及住所

三、營業資本額

四、全年營業總收入額

五、課稅標準及稅率

六、每年應納稅額

七、每期平均應納稅款數目

前項稅証每年換領一次不得征收任何費用

(二)稅率分級之限度　各省市現行課稅標準均取用資本額與營業額兩種尚無以純收益額為標準者其課稅率所分等級往往過於繁細征納兩方均有不便茲擬規定以營業額課稅者其稅率分為三級以資本額課稅者其稅率分為四級分級表另附

(三)行業分類之限度　營業稅之征收係以行業為對象而各省市現分行業種類太多且不一致亟應有劃一之規定以資整理而稅率高下與行業分類有連帶關係亦更有分別規定標準之必要行業分類表及行業分類課稅標準表另附

普通營業稅　四

(四)不得對物征收　營業稅應以就業征收爲原則不當以物品爲征收單位物品販賣及製造各業之征收以設有一定之營業場所及製造場所者爲限不應以貨物爲對象征收類似釐金之營業稅至原有商會協征代繳招商包辦同業攤派各辦法易滋流弊應由各地方切實改革

(五)嚴守征稅之限制　營業應征稅率標準在營業稅法第四條已有明白規定第五條對於以營業額不滿一千元資本額不滿五百元應予免稅之限制尤須切實遵守使小本營業之商人得稅法保護之實益

營業稅課稅稅率分級表

甲　以營業額課稅者

第一級最高千分之五

第二級最高千分之八

第三級最高千分之十

乙　以資本額課稅者

第一級最高千分之五

第二級最高千分之十

第三級最高千分之十五

第四級最高千分之二十

營業稅行業分類表

第一類　物品販賣業

甲　普通日用品類

乙　半奢侈品類

丙　奢侈品或取締品類

第二類　製造業

甲　手工或加工修理類

乙　機器製造之工廠類

第三類

印刷出版業（依據新聞紙法令之出版業除外）

文書教育用品類

書店書局業

第四類

運送業（包括輪渡輪船公共汽車民營鐵路轉運公司大行業等）

堆棧業（包括營造廠業及建築公司等）

介紹代理業（包括廣告業經紀業報關業等）

電汽業（包括民營汽車電燈公司等）

洗染業（包括染坊洗染店等）

第五類

租賃物品業（包括出租人力車行馬車行汽車行及出賃其他物品各業）

照相鑲牙業

中西餐館業（包括茶館咖啡業飯館等）

娛樂場業（包括遊戲場影戲院戲院書場等）

浴室理髮業

旅館業（包括西式旅館飯店及商棧行棧等）

第六類

錢莊金銀號信託業（包括信託公司等）

証券業（包括經營公債股票債券業及交易所之經紀人業等）

保險業（包括保險公司及其代理業等）

普通營業稅

營業稅行業分類課稅標準表

第一類　物品販賣業（按營業額）

- 甲　普通日用品類　第一級最高千分之五
- 乙　半奢侈品類　第二級最高千分之八
- 丙　奢侈品或取締品類　第三級最高千分之十

第二類　製造業（按資本額）

- 甲　手工或加工修理類　第一級最高千分之五
  第二級最高千分之十
- 乙　機器製造之工廠類　第三級最高千分之十五
  第四級最高千分之二十

第三類

- 印刷出版業
- 文具教育用品業（按資本額第一級千分之五至第二級千分之十）
- 書店書局業

第四類

- 運送業
- 包作業
- 介紹代理業（按營業額自第一級千分之五至第二級千分之八）
- 電汽業
- 洗染業
- 堆棧業（按資本額最高至第二級千分之十）

第五類
- 租賃物品業
- 中西餐館業
- 娛樂場業
- 照相鑲牙業
- 旅館業
- 浴室理髮業

(按營業額自第二級千分之八至第三級千分之十)

第六類
- 錢莊金銀號信託業(按資本額自第二級千分之十至第三級千分之十五)
- 証劵業(按營業額)
- 保險業(按營業額即保險額自第二級千分之八至第三級千分之十)

(丙)廣東省營業稅征收章程及稅章表

(二十六年一月財政部修正本)

第一條　本章程依據中央頒布之營業稅法及財政部整理營業稅辦法規定之

第二條　凡在廣東省境內為左列之營業者應依照本章程之規定分別征收營業稅

(一)物品販賣業

(二)特許商辦業(包括電力電話鐵道業等)

(三)旅館業

(四)包作業(包括包工業)

(五)運送業

(六)浴室業

(七)理髮業

普通營業稅

普通營業稅　

(八)介紹代理業(包括代理業廣告業經紀業報稅館業等)

(九)中西餐館業(包括酒菜館業)

(十)茶館業

(十一)莊口業

(十二)洋服業

(十三)物品租賃業

(十四)映相業

(十五)酒店業

(十六)倉庫業

(十七)碼頭業

(十八)市場業

(十九)屠宰場業

(二十)娛樂場業

(二一)印刷出版業

(二二)製造加工業

(二三)信託業

(二四)不動產買賣業

(二五)銀號業

第二六條　營業者因逾限納稅受停止營業之處分經清繳稅欵罰款後准即復業又因抗不申報受停止營業之處分一經遵章繳納罰款并申報請領營業稅調查證即予復業

第二七條　如不遵定章設立帳簿或記載不實希圖漏稅者處以五元以上五十元以下之罰金

第二八條　營業者如有其他各種希圖漏稅之行爲經征收機關發覺查有確據除責令補稅外並處以所漏稅額三倍之罰金

第二九條　曾參與營業稅之調查或審查者如將調查審查所知之事洩漏於他人者處以三十元之罰金並撤職查辦

第三十條　本章程第二十五第二十七第二十八各條規定之罰金應照財政廳向章以五成獎給舉發人二成解廳其餘三成獎給征收機關出力人員

第三一條　本章程規定之稅款金及工本費均照法幣計算

第三二條　征收機關征收稅欵罰金及工本費應即塡發收據交繳款人收執

第三三條　營業稅調查證及營業稅收據罰金收據工本費收據均由財政廳印發並加蓋征收機關之鈐記

前項營業稅調查證及收據均用三聯式一聯給營業者一聯彙繳財政廳一聯存在征收機關

第三四條　征收機關應將領證營業各戶按照本章程第六條規定事項分別地點編造營業稅淸册二份一存征收機關一繳財政廳作爲收稅稽核之根據

第三五條　經收機關經征營業稅款應按期公告一次財政廳應於每季編製全省營業稅收支報告表呈報財政部查核

第三六條　營業稅實行後本省原有之典商營業稅及整理保險事業所收稅費暨其他向來征收與營業稅相同之稅捐得暫行照舊辦理

第三七條　本章程如有未盡事宜得隨時修正呈請省政府核轉財政部審核備案

第三八條　本章程經省政府咨請財政部審核呈奉　行政院核准備案後公佈施行

廣東省營業稅分類稅率表

（二十六年一月財政部修正本）（附列暫行減征稅率）

課稅範圍	課稅標準	原定稅率	暫行減征稅率
物品販賣業	營業總收入額	千分之五至千分之十	千分之二至千分之八
特許商辦業	同右	千分之五	千分之三
旅館業	同右	千分之五	
包作業	同右	千分之五	千分之四
運送業	同右	千分之五	千分之三
浴室業	同右	千分之五	
理髮業	同右	千分之五	
介紹代理業	同右	千分之八	報酬金千分之一百
莊口業	同右	千分之八	同右
茶館業	同右	千分之八	
中西餐館業	同右	千分之八	千分之六
洋服業	同右	千分之八	
物品租賃業	同右	千分之八	

映相業	同右	千分之八	
酒店業	同右	千分之十	
倉庫業	同右	千分之十	
碼頭業	同右	千分之十	
市場業	同右	千分之十	
屠宰場業	同右	千分之十	
娛樂場業	同右	千分之十	
印刷出版業	資本額	千分之五	
製造加工業	同右	千分之十	
信託業	同右	千分之十	
不動產買賣業	同右	千分之十	
銀號業	同右	千分之十五	

廣東省營業稅物品販賣業稅率表

二十六年一月財政部修正本（附列暫行減征稅率）

級別	業名	原定稅率	暫行減征稅率
第一級	粮食業，柴炭業，油鹽店業，花生肉業（歸入粮食業），麵業（歸入粮食業），機織土布業，棉花紗業，	千分之五	批發千分之二 零售千分之三
第一級	絲綢業，書籍文具教育用品業，煤業，故衣業，鞋帽襪業，梳篦業，絲繭業，油類業（食油除外），扇業，草織品業，棕籐織品業，竹器業，杉木傢私業，衣箱業，蔴織品業，鮮菓業，乾鮮肉類業，家禽業，鮮咸魚業，蛋類業，藥材業，餅食業，陶瓷業，鋼模業，種子業，印色業，茶葉業，肥田料業，旗幟業，度量衡業，雲石業，蚊香業，帳聯業，牙刷骨角業，乾蓮蕖業，牛骨業，頭髮業，醬料業，鹹乾炒花生業，涼菓業，（援照鮮菓業），磨牛骨粉業，恤衫業，木屐業，酒餅業，羅經業，火柴業，麵食粥品業，壽板壽衣業，磚瓦木石灰業，棉織品業，傘業，紙業，裝璜紙盒業，食物雜貨店業，樹膠業，肥皂業，機器業，其他與此類相同之業，	同右	千分之四
第二級	汽水冰食業，電具業，顏料業，糖菓茶食業，罐頭業，糖類業，水泥業，鉛銅錫類業，花邊業，美術品業，鋪墊業，毡毯業，西藥業，漆器業，玻璃鏡屏業，飛禽業，海味雜貨業，潔具業，輪船雜項業，翠毛業，化學雲石業，纖襪機用針業，軍衣脚綁粮袋水壺業，象牙玩具業，煖水壺業，眼鏡業，皮革業，鷄鵝毛業，骨鈕骨角業，其他與此類相同之業，	千分之八	千分之六
第三級	化裝品業，留聲機器業．紫檀紅木柚木什木傢私業，香燭紙寶冥鏹金花神紅炮竹業，首飾珠寶業，山珍海錯業，鑲鏍業，顧綉品業，古玩字畫業，參茸玉桂業，呢絨業，皮毛業，金銀器用業、人造絲疋頭業、花布疋頭業、毛冷業、汽車及其機件業，神香粉業，戲劇服裝業．樂具業，西裝用品業，大理石業，味之素業，其他與此類相同之業，	千分之十	千分之八
附註	本表第一級內絲綢業內之綢緞業遵　院令暫征千分之二		

(附)1中央或本省以法令規定或指定免稅之營業

(天)農礦等之原始產業

(地)自由職業(工程師律師醫師會計師教師等)

(玄)手工織成土布之製造或販賣業

(黃)農具之製造或販賣業

(宇)售水業(泡水舘及自來水業)

(宙)已納統稅或特種消費稅之廠或公司(凡廠或公司已納統稅或特種消費稅者不再向其廠或公司征收營業稅但推銷販賣之商行店舖仍征營業稅)

(洪)下級飯舘(每欵菜價不過二角不用錫碗牙筷不設香檳不售鮑參翅肚無桑枝椅棹不分廳房及新式間格者爲限)

(荒)下級旅舍(每人每月租金不過三元者爲限)

(日)已由中央征收鹽稅之專營鹽業(販賣什品之商店兼營零售者仍征營業稅)

(月)不以營利爲目的之合作社及貧民工廠

(附)2減征華資製造加工業稅率表

業類性質		減定稅率	原定稅率	減少稅率
普通日用品	手工業	千分之二	千分之五	千分之三
	機器業	千分之四	千分之十	千分之六
半奢侈品	手工業	千分之四	千分之五	千分之一
	機器業	千分之八	千分之十	千分之二
奢侈品	手工業	千分之五	千分之五	無
	機器業	千分之十	千分之十	

(附)3財政部令頒土布免征營業稅五項標準(廿一年十二月十四日令佈)

一、須以人力用手投梭機手拉梭機或脚踏機所織成者
二、以平紋布或斜紋布爲限但條子格子之平紋或斜紋布均包括在內
三、無論手工紗機製紗其單紗不得逾二十支雙股紗不得逾十六支
四、不限寬度長度
五、不限原色或染色

(附)4廣東省營業稅調查規則(二十六年一月頒行)

第一條　本規則依據廣東省營業稅征收章程第十八第二十二第二十三及第二十九各條規定之

第二條　調查員執行職務時應一律穿着制服及佩帶證章以資識別

第三條　由各局處就各業之特殊性質規定「直接或間接足以推測其資本額或營業額」之各項調查標準表發交調查員根據查塡

第四條　調查員調查各店以按奉發申報書及前項標準表之先後爲次序如因路途迢捷關係或其他特殊情形不能依照先後次序者須於查復時特別聲明

第五條　各局處組先將調查之店分日列表發交調查員并先日通知商人守候到查

第六條　調查員執行職務時應先知會縣警或民團派隊協助

第七條　調查員到店調查務須態度和平言語誠懇商人如有查詢並即詳爲解答

第八條　調查員到店時先將原派機關所發之調查證或命令交付商人閲看後方可執行調查

第九條　施行調查應在日出後日入前並於商店營業場所之內不得闖進商店賬房或內室

第十條　認為必要時得檢驗或提驗商店簿據惟必須會同當地警察或民團或商會方得執行

第十一條　調查員查驗賬簿後應於該簿註明查見數目及頁數并加蓋本人私章

第十二條　調查營業者之資本額及營業總收入額應檢閱上年及本年各種簿據其屬新張營業者得依章以預算推定之

第十三條　商人如有藉詞推諉不將賬簿繳驗或僞稱負責人不在店內拒絕調查者得按照其實際營業狀況照案逕行估計之

（例如照資本額課稅者得按營業稅征收章程第十三條所指之固定及流動兩項資本以外形觀測推定其資本額照營業總收入額課稅者得由外形觀測估定其每月總支銷額「一切皮費」以此額之十二倍作為全年總支銷額再照此額酌加若干倍作為其全年營業總收入額其酌加之數得由營業稅稽征機關斟酌各業獲益厚薄妥定之

第十四條　調查員於必要時得報明局處組選向與營業者課稅標準有關之別店或商業行會或團體施行側面調查

第十五條　調查員未經主管機關許可不得將經查事項向他人洩漏

第十六條　調查員如違背本規則規定或有舞弊瀆職等情事一經發覺或被人指控查明屬實者當即依法分別嚴辦

第十七條　調查員須按日將調查結果連同原發調查標準表填復主管機關核辦

第十八條　各局處組應將調查員填報之結果經復查後按週列册呈廳察核

第十九條　財政廳於必要時得派員按册施行抽查

第二十條　「抽查辦法」及「復查辦法」另定之

第二十一條　本規則如有未盡事宜得隨時修正之

第二十二條　本規則自廣東財政廳核定日施行

典商營業稅

(甲)廣東省典商營業稅征收章程(二十五年四月呈准施行)

(甲) 總則

第一條 本章程依據部定各省徵收營業稅大綱所規定將與營業稅性質相同之典稅歸併營業稅但各典商應遵守事項仍一律暫照舊章辦理

第二條 各當按押繳納稅款一律發給營業証其從前所發執照如尚未滿期者仍暫准有效一俟餉期屆滿即須納稅換領營業証

第三條 各當按押年納稅款應就所在地營業稅征收機關按期繳納領証如所在地現未設有征收營業稅機關者仍准照舊直接來廳繳納領証

(乙) 申報

第四條 新開當按押應預先一月呈報以便辦理

第五條 新開當按押應覓具同業店舖一家保結聲明「並非舊日未歇業之當按押店改設又無欠餉匿照改名復充如查有前項情弊按照正稅罰繳十倍」等字樣呈候查明方准收稅給証如偏僻縣屬確無同業可具保者准予不限同業另覓相當店舖擔保

第六條 當按押既經納稅領証即准予營業如有土豪地棍藉端需索滋擾准指名呈究

(丙) 納稅

第七條 當按押店依照原定左列稅額每年分兩期征繳其願一次繳足全年者亦聽其自便

典商營業稅 一

繁盛地方年納稅額

店別	年納稅額	備註
當店	二〇〇元	如廣州市汕頭市及南海縣屬之佛山番禺縣屬之河南順德縣屬之大良陳村容奇桂洲龍江龍山東莞縣屬之石龍新會縣屬之江門外海中山縣屬之石岐小欖台山縣屬之公益三水縣屬之西南蘆苞高要縣屬之廣利茂名縣屬之梅菉曲江縣屬之韶關瓊山縣屬之海口均屬繁盛區域
按店	四〇〇元	
押店	六〇〇元	

偏僻地方年納稅額

店別	年納稅額	備註
當店	一五〇元	除上表所列繁盛區域及特定貧瘠區外餘均屬偏僻區
按店	三〇〇元	
押店	四五〇元	

特定貧瘠區年納稅額

	上等	中等	下等
當店	一五〇元		
按店	三〇〇元	二〇〇元	一〇〇元
押店	四五〇元	三〇〇元	一五〇元
如合浦防城欽縣佛岡新豐等縣屬之			

第八條　除第七條規定大洋稅額外另照原額帶征加二如係新張及改按改押均另繳首次申報手續費大洋五元

(丁) 領證

第九條　各當按押店每年換領營業證一次每次換證手續費毫劵壹元

第十條　各當按押領證一張祗准開設一店不准影射分設

(戊) 變更業況

第十一條　按押歇業准以繳證之日爲止稅之期倘中途歇業有繳長稅欵概不發還如拖欠稅款在半年以內者將所欠稅款及息銀按日補繳准其銷證若在半年以外仍照一年稅欵補足若在一年以外即照兩年稅款補足惟息銀准予按照所欠時日計算

第十二條　當店歇業准以貨物贖清之日爲止稅之期但須先將止當候贖日期呈報備案在候贖期內仍應納稅俟貨物贖清之

日再行將證繳銷呈請止稅倘未歇業銷證急欲轉頂他人更易商名須先補足三年稅欵方予核准又倘歇業既不即行報明事後日久方行補報者仍以呈報到日爲正確歇業之期所有應繳稅項仍從報到歇業之日起照章算至貨物贖清之日止

第十三條　當店如嫌期限太長應准改按改押惟押店不准改按按店不准改當以杜避重就輕其繳長餉項併准抵算

第十四條　當按押店如改按改押及遷地改名等事項應覓具同業店結證明「係照舊店東並無另行招股及暗中頂手情事」呈奉核准換證方得營業

（己）罰　例

第十五條　當按押逾期罰息每百元每月二元計算

第十六條　當按押稅款均須上期繳納倘繳一年稅款者其逾期在一個月以内繳半年稅款者其逾期在半月以内均免罰息如逾此限難保非有意拖延應照一年稅額按日補息倘逾期至一年以外則照兩年稅額按日補息逾期至兩年三年以外均照此類推

第十七條　凡無證典業一經查出或被告發應即拘案照稅額廿倍處罰其由人民或同業舉報者即以罰欵五成提給首報之人充賞

第十八條　當按押發出押本如有私自折扣准被折扣人扭赴該管警區訊實照押本二十倍處罰罰得之款一半歸警區一半歸告發人

（庚）營業限制

第十九條　當按押店斷贖期限依左列表式定之

當店	按店	押店
三年	二年	一年

第二十條　照上列贖期限如過期不贖准將所當貨物變賣歸本但期滿如當物人願清利轉票亦應聽其自便不得藉口措阻

第二十一條　當按押當入貨物每當本十元每月准其取息三毫多少照此推算但當店每年冬季減息三個月按店歲底減息一月減息期內均每當本十元准其取息二毫不得稍有增加

第二十二條　當按押發出押本應照票面十足交款與當物人無論何項貨物一概不准折扣

（辛）附　則

第二十三條　下則小押征收章程另定之

第二十四條　本章程如有未盡事宜隨時修正呈請備案

第二十五條　本章程呈准自民國二十五年四月一日起施行

下則小押章程

（甲）總　則

第一條　下則小押照原有南番兩縣屬内開設間數外不准新開嗣後歇業一間即減少一間以減盡爲止

（乙）營業限制

第二條　下則小押斷贖期限以六個月爲期逾期准將所押物件變賣還本但屆期滿如當物人清利轉票亦聽其便不得措阻

第三條　下則小押發出押本應照票面十足交款無論何項貨物一概不准折扣

第四條　下則小押押入貨物每押本十元准其每月取息銀三毫如押本在七毫以下一個月内取贖者月息每元二仙計算不得增加

第五條　下則小押營業時間准至晚間入黑後一點半鐘爲限不准延長

（丙）納　税

第六條　下則小押年納税額大洋八百元每年分上下兩期征繳其愿一次繳足一年者亦聽其自便

（丁）領　証

第七條　下則小押每年换領營業證一張每次换證手續費毫券壹元

第八條　下則小押領證一張祗准開設一店不准影射分設

（戊）變更業况

第九條　下則小押歇業以銷照之日爲止税之期銷照時如有繳長税款概不發還倘有欠税應照數補繳

第十條　下則小押如在原定開設範圍内遷移地址須覓具同業保結聲明「並無更易股東及頂手情弊」方准換證營業

（己）罰則

第十一條　下則小押如欠税在兩月以上即勒令歇業并追繳所欠税款

第十二條　下則小押如逾期納税照年納税額每百元每月二元計息

第十三條　無證小押一經查出或被告發應即拘案照税額廿倍處罰其由人民或同業舉報者即以罰款五成提給首報之人

第十四條　下則小押發出押本如有私自折扣准被折扣人扭赴該管警區訊實照押本廿倍處罰罰得之款以五成歸警區五成歸告發人

（庚）附則

第十五條　其他未盡事宜參照當按押章程辦理

第十六條　本章程自民國二十五年四月一日修正呈准施行

菸酒營業牌照稅

(甲)修正菸酒營業牌照稅暫行章程

第一條 凡以華洋菸酒爲業者應一律遵照本章程請領牌照始得營業

第二條 前項菸酒係包括機製土製及舶來品等項而言其就廠征收之捲菸啤酒洋酒各廠如本廠不兼營銷售而設有分公司或經理分銷處者應由分公司及經理分銷處分別領照

第三條 營業牌照分菸類酒類洋酒類三種年分四季具領其種類稅率如左

一、菸類營業牌照分躉賣零賣兩種

凡以菸類大宗批發與零賣商人者躉賣營業計分三級

(甲)捲菸廠商之分公司及特約經理分銷處 每季納稅銀一百元

(乙)躉批買賣之菸草行 每季納稅銀四十元

(丙)經理各種菸類批發店 每季納稅銀二十元

凡販賣菸類零售消費者爲零賣營業計分五級

(甲)開設店肆營售一切菸類者 每季納稅銀十二元

(乙)他種商店大部份兼營一切菸類者 每季納稅銀八元

(丙)他種商店兼售一切菸類者 每季納稅銀四元

(丁)訂攤零賣菸類者 每季納稅銀二元

(戊)零售菸類之負販者 每季納稅銀五角

二、酒類營業牌照分躉賣零賣兩種

菸酒營業牌照稅　

凡以酒類大宗批發與零賣商人者爲整賣營業計分三種

(甲)每年批發滿二十四萬市觔以上者　每季納稅銀三十二元

(乙)每年批發滿十二萬市觔至未滿二十四萬市觔者　每季納稅銀二十四元

(丙)每年批發滿二萬四千市觔至未滿十二萬市觔者　每季納稅銀一十六元

凡以酒類零星售與消費者爲零賣營業計分四級

(甲)開設店肆販賣一切酒類或批發未滿二萬四千市觔者　每季納稅銀八元

(乙)他種商店兼售一切酒類者　每季納稅銀四元

(丙)零售酒類之設攤者　每季納稅銀二元

(丁)零售酒類之負販者　每季納稅銀五角

三、洋酒類營業牌照分整賣零賣兩種

整賣營業計分兩級

(甲)各機製酒廠進口商酒廠分公司及獨家經理等　每季納稅銀五十元

(乙)各代理及批發洋酒類商店　每季納稅銀十五元

零售營業計分兩級

(甲)各酒樓旅館及酒吧等類　每季納稅銀十元

(乙)各零售洋酒類商店　每季納稅銀五元

凡同時兼營菸類酒類洋酒類或兼營整賣零賣者應分別領照各按定額納稅

第四條　菸酒應按季將營業狀況呈報主管經征機關登記登記辦法另定之

第五條　營業牌照應懸于衆目易見之處其負販者得隨身携帶以便稽征機關隨時檢查

第六條　營業牌照不得轉賣讓與或貸用

第七條　營業停止時應將牌照繳還原領機關逕由該管財政廳或直隸行政院之市政府所屬財政局呈部註銷

第八條　未領營業牌照爲第一條之營業時除責令遵章補具申請書繳稅領照外處以左列之罰金

一、初犯者處以每季應納稅額一倍以上三倍以下之罰金

二、再犯者處以每季應納稅額三倍以上十倍以下之罰金

三、三犯者不得復爲第一條之營業

前項之規定於兼營業菸類酒類洋酒類或兼營整賣零賣而並未分別領用牌照者適用之

第九條　菸酒商瞞領牌照等級或拒絕檢查時得處以二元以上五十元以下之罰金

第十條　違反本章程第六條第七條之規定者得處以五元以上百元以下之罰金

第十一條　前列各條之罰金由處罰機關掣給罰金聯單爲憑其罰金聯單由各省財政廳或直隸行政院之市政府所屬財政局遵照部頒式樣製發所屬各機關填用（罰金聯單式樣見附卷）

第十二條　本章程自公布之日起施行如有未盡事宜得隨時修正之

菸酒營業牌照稅

四

字

菸酒牌照稅罰款
繳聯
驗聯

填繳事茲查獲左列違章案件計
違章商人姓名
違章事由
上列事實違犯菸酒營業牌照稅暫行章程第　　條之規定應照章處罰現據遵繳
罰金大洋
前來除核收幷填發收據外理合填繳
察核
　　　　　　　　　　　　　　　　　　　　　　　　　　　　爲
經收機關長官
收款員
中華民國　　年　　月　　日　　呈

此聯報廳

字第　　號罰款　　元

字

菸酒牌照稅罰款
收據

發給事茲查獲左列違章案件
違章商人姓名
違章事由
上列事實違犯菸酒營業牌照稅暫行章程第　　條之規定應照章處罰現據遵繳
罰金大洋
前來除核收外合給此聯爲據
　　　　　　　　　　　　　　　　　　　　　　　　　　　　爲
經收機關長官
收款員
中華民國　　年　　月　　日　　給

此聯給商人

字第　　號罰款　　元

菸酒牌照稅罰款存查聯

存查事茲查獲左列違章案件計　　　　爲

違章商人姓名

違章事由

上列事實違犯菸酒營業牌照稅暫行章程第　　條之規定應照章處罰現據遵繳

罰金大洋

前來除核并填給收據外此聯存查

經收機關長官

收款員

中華民國　　年　　月　　日存

字

此聯經收機關存查

（乙）修正菸酒營業牌照稅施行細則

第一條　凡製售或躉營之菸酒商應於開業之始將業主及經理姓名商號名稱地點資本額以及營業種類等級詳細列表填具申請書呈報該管經征機關查核相符照章征收牌照稅按級填具牌照交商存執方准營業表及申請書式另定之

舊營業各商應於本章程施行後第一次換領牌照時遵照本條之規定補報核辦

第二條　負販小商營業無一定地點者於申請時應將該商住所報明登記如遇遷移亦應隨時呈報

第三條　每年以一月四月七月十月之一日至十日爲換領新照時期不得逾限

菸酒營業牌照稅 六

第四條 新營業者無論在每季之任何月份領照均作一季計算
領照各商如逾前條期限尚未請換新照者該管經征機關應以書警告之如自警告書送達之日起滿十日仍不請換新照者除責令繳稅換照外應處以每季應納稅額十分之一以上至十分之二以下之罰金如警告書到達之日起滿一個月仍延不請換新照者即以無照營業論應按照菸酒營業牌照稅暫行章程第八條之規定辦理

第五條 具領牌照之業戶如須遷地營業時應檢同舊照呈請該管經征機關登記請領新照如遷至本管區域以外者並應由原管機關通知該新遷區域經征機關備案另領新照

第六條 營業牌照核准發給後如欲變更等級應於一個月前聲請核辦

第七條 凡由承繼人繼續營業者應檢同舊照呈報該管經征機關登記換給新照並應納費弍角

第八條 營業者如停止營業時應于三日內報明該管經征機關備案並繳銷牌照

第九條 牌照應愼重保存如有污損時應隨時檢同污損之照申請換發新照如有遺失應詳叙理由覓取妥保申請核明補發每次納費弍角

第十條 菸酒營業牌照由財政部印製發交各省財政廳或直隸行政院各市之財政局轉發所屬於征收牌照稅後塡給各商存執不得另給收款收據每季換領新照時應將舊照繳還原發機關核明送由該管財政廳或財政局於年度終結時將每季塡用菸酒兩類牌照數目分別整賣零賣暨各種等級並所編起訖號碼造具清册呈繳財政部核銷如有遺失應聲叙切實理由專案呈部核奪

第十一條 營業者如有違背暫行章程之嫌疑或被人告發時該管經征機關得隨時會同公安局檢查其有關係物件暨部册書據等項

第十二條 各省市財政廳局應將征收之菸酒牌照稅款按季公告幷編造表册呈報財政部查核其征收情形財政部得隨時派員

查致稽核

第十三條 各省財政廳或直隸行政院各市之財政局每季所發菸酒兩類各種牌照應於本季最後一個月內將填發商號及種類張數並照部頒式樣造具清册呈送財政部審查由部發交各該省印花菸酒稅局抽查核對以昭覈實（册式見附表）菸酒商營業如經抽查核對發現領照等級不符或不領牌照或以收據代替等情事各該省局應隨時咨請財政廳局分別照章罰辦仍由該廳局核明係屬各商號原領牌照等級不符者應責令換領相當等級之牌照原領之照作廢倘係不領牌照或以收據代替者除責令該商號補領相當等級之牌照外並應將發照機關經辦員司查明責任分別懲處

第十四條 凡上季填發牌照清册經過抽查核對時業已確定者下季核發牌照除新營業領照應予增加外其舊營業各商即以上季册報為根據但商人營業有遷移變更或停業情事應照本細則第二第五第六第七第八等條之規定隨時具報由該管財政廳局咨請本省印花菸酒稅局派員復查俟查明屬實報部核准後方可改動原册

第十五條 各省印花菸酒稅局派員抽查復查應將調查情形詳細列報財政部察核如對於不領牌照或領照等級不符之各商號有扶同隱匿或查報不實除原調查人依法懲戒外該管局長應負連帶責任一併議處

第十六條 本細則自公佈之日起施行如有未盡事宜得隨時修正之

菸酒營業牌照稅　八

某省財政廳／市財政局　年度　季核發菸酒類營業牌照清册

商號	地址	營業狀況	領照等級	牌照號碼	備考

保險稅

（甲）保險業法

第一章　總則

第一條　本法所稱保險業謂以財產保險或人身保險爲業而設立之團體

第二條　經營保險業者以股份有限公司與相互保險社爲限

第三條　經營保險業者非呈請實業部核准並依法登記繳存保證金領取營業執照後不得開始營業

第四條　同一保險業不得兼營財產保險與人身保險

第五條　保險業不得兼營其他事業

第六條　保險業呈請核准時應具聲請書並附呈左列文件

一、保險公司或相互保險社之章程

二、營業計劃書

三、依保險法第八條擬訂保險契約之基本條款

四、計算保險費及責任準備金之基礎

五、資本運用之方法

前項文件變更時應呈請實業部核准并依法爲變更之登記

第一項第四款保險費及責任準備金計算之基礎應由所在地保險業公會決議呈請實業部核定之

第七條　保險業之商號應標明保險字樣

非保險業不得兼營保險或類似保險之營業

第八條 保險業應設置保險計算員至少一人但財產保險不在此限

第九條 左列保險業爲中國保險業

一、人身保險業其股東全體爲中國人者

二、財產保險業其資本三分二以上爲中國人所有並其董事三分二以上及總經理爲中國人者

三、相互保險社其社員全體爲中國人者

第十條 外國保險公司在中華民國領域以內設立支店或事務所或委託代理人或經紀人時應呈請實業部核准並依法登記

第十一條 保險業資金及責任準備金之運用以左列各款爲限

一、銀錢業存款

二、信託存款

三、以担保確實之有價證券爲抵押之放款

四、以人壽保險單爲抵押之放款

五、以不動產爲第一担保之放款

六、對於公債庫券及公司債之投資

七、對於不動產之投資

前項第七款之投資不得超過資金及責任準備金總額三分之一但營業用之房屋不在此限

保險業之資金及責任準備金應至少以總額百分之八十投放於中華民國領域以內

第十二條 保險業之業務由主管官署監督之

第十三條　保險業應於營業年度終結後將其營業狀況報告主管官署查核

主管官署遇必要時得命令保險業報告營業狀況並得檢查保險業之營業及財產

第十四條　保險業經前條第二項檢查後認爲有違背法令或其資產不足清償債務並返還責任準備金或保險費時實業部得令於一定期間內依法改正或變更執行業務之方法並爲保護要保人被保險人或受益人之權利得令其停止營業或解散之

第十五條　保險業之清算由主管官署監督之

第十六條　依第十四條之規定而解散時由主管官署選派清算人

第十七條　主管官署得因重要事由或因保險業之監察人或董事或股份總數二十分之一以上股東或十分之一以上社員之聲請解任清算人

第十八條　主管官署選任清算人時得定清算人報酬額由保險業現存財產中儘先給付

第十九條　保險業之經紀人及公證人非向實業部登記領有執業證不得執行業務

第二十條　外國保險公司之經紀人依前條規定領有執業證者其營業範圍以通商口岸爲限并不得委託他人在內地代爲經營或介紹保險業務

第二十一條　經紀人及公證人不得爲未經主管官署核准之保險業經營或介紹保險業務

第二章　保證金

第二十二條　經營保險業須繳存保證金於國庫

外國保險公司在中華民國領域內設立支店或事務所或委託代理人或經紀人代爲經營或介紹保險業務者亦同

第二十三條　前條之保證金額爲實收資本或基金總額百分之十五於設立時繳存之外國公司於設立支店或事務所或委託代

理人或經紀人時繳存之

第二十四條 保險業之資本或基金實收總額超過國幣五十萬元以上時除五十萬元之保證金仍照前條規定繳存外其超過部分之保證金得照百分之五繳存但至多以國幣二十萬元爲限

第二十五條 保證金之繳存應以國幣爲之但經實業部之核准得以公債或庫券代替之

第二十六條 已繳存保證金之保險業其營業損失達保證金額時主管官署得令其提供其他財產爲担保

第三章 保險公司

第二十七條 保險公司除本法另有規定外適用公司法關於股份有限公司之規定

第二十八條 保險公司章程除應載明公司法第八十八條各款外幷應載明左列事務

一、保險種類

二、設立費用償還方法

第二十九條 保險公司之資本總額不得少於國幣二十萬元所有股款概須以現金繳納

第三十條 保險公司設立之登記除依公司法及其附屬法令外幷應附呈核准文件及公司章程

第三十一條 保險公司之股票不得爲無記名式

第三十二條 保險公司設立費用及契約第一年度之營業費應以章程明定於十年以下之年限分年償還

第三十三條 保險公司非俟設立費用全部清償後不得分派盈餘

第三十四條 保險公司之保險契約其算出責任準備金之基礎與他公司相同時得以契約將其全部保險轉讓與他公司承保

爲前項轉讓契約時得併爲公司財產之轉讓但主管官署得因保護讓與公司之債權人保留一部之財產

前項財產之轉讓應經讓與公司及受讓公司股東會依公司法第一百八十六條第二項之規定決議行之

第三十五條　讓與公司應將轉讓契約之內容及其最後年度之資產負債表公告之
前項公告應指定三個月以上之期間聲明被保險人得於期限内提出異議
提出異議之被保險人其人數超過被保險人總數十分之一或其保險金額超過保險金總額十分之一時其轉讓契約無效

第三十六條　保險契約之轉讓非經主管官署核准不生效力
保險公司爲前項核准之聲請時應加具轉讓契約書及讓與公司與受讓公司股東會之決議録財産目録資産負債表幷證明關於公告異議之文件
主管官署於必要時得令公司提出其他有關之文件

第三十七條　經營人身保險之公司讓與其全部保險契約時得以轉讓契約訂明減少其保險金額及保險費
前項保險金額及保險費之減少經超過被保險人總數十分之一或其保險金額超過保險金總額十分之一之被保險人聲明異議時其轉讓契約無效

第三十八條　讓與公司自股東會決議後至實行讓與前不得另與他公司訂立與轉讓契約同一種類之契約
依前條減少保險金額與保險費時保險公司不得於股東會決議以後處分公司財産或另行担負債務但因維持公司現狀或因保全公司財産或因發生其他特别情形時得聲請主管官署核准處分之

第三十九條　依前條第二項之規定處分財産時由保險契約所生之債權因而中止支付者應俟保險契約移轉後再照轉讓契約所定減少保險金額之比例減額支付

第四十條　保險契約移轉後所有契約内之權利義務均屬於受讓公司其以契約訂明轉讓財産者亦同

第四十一條　保險契約之轉讓經主管官署核准後保險公司應即公告之其不能轉讓時亦同

第四十二條　保險公司所有保險契約之全部已轉讓於他公司時讓與公司即應解散其經股東會之決議與他公司合併時亦同

第四十三條　保險公司之合併應經主管官署核准并依法爲合併之登記

保險公司經主管官署核准合併後應自核准之日起十五日內將合併契約之內容及各該公司最後年度之資產負債表公告之

第三十五條　第二項第三項第三十六條第二項第三十七條及第二十八條之規定於保險公司合併時準用之

第四十四條　保險公司決議減少資本時應自主管官署核准變更章程之日起十五日內將減資數額減資方法及資產負債表公告之

第三十五條第二項第三項之規定於保險公司減資時準用之

第四十五條　保險公司因公司法第二百零一條第三款第四款第七款或因公司核准原案撤銷而解散時在解散後三個月而發生給付保險金之事由者其保險金仍應照付前項期間經過後在財產保險應將已付未到期之保險費退還在人身保險應將被保險人之責任準備金退還

第四章　相互保險社

第四十六條　相互保險社除本法另有規定外準用合作社法之規定

第四十七條　相互保險社應有十五人以上爲發起人

第四十八條　相互保險社之發起人應訂立章程載明左列各款事項

一、名稱

二、保險種類

三、本店及支店或代理處之所在地

四、基金總額

五、醵出基金人之權利

六、基金償還之方法

七、預定之社員人數

八、社員之責任

九、盈餘分派之方法

十、設立費用償還之方法

十一、公告之方法

十二、定有存立年限或解散事由者其年限或事由

十三、定有發起人報酬者其報酬額

十四、發起人之姓名住所

前項第六款之基金非俟保險社之公積金積至與基金總額相等時不得發還

第四十九條　相互保險社之基金總額一次收足者不得少於國幣十萬元分期繳納者不得少於國幣二十萬元但分期以二次爲限

第五十條　相互保險社之預定社員人數在財產保險不得少於五十人在人身保險不得少於一百人

第五十一條　相互保險社之發起人應備有聯單式之入社志願書載明左列各款事項由社員填寫醵金數額及保險金額簽名蓋章

一、訂定章程之年月日

二、第四十八條第一項各款事項

三、基金總額募足之期限及逾期未募足時得由入社者撤銷入社志願書之聲明

第五十二條 入社社員已滿預定人數時發起人應即向社員催繳第一次應繳之基金

第五十三條 第一次基金繳足後發起人應於一個月內召集創立會

創立會之決議應以三分二以上之社員出席并出席社員四分三以上之同意行之

第五十四條 相互保險社之理事應於本店備置社員名簿記載左列各款事項

一、社員之姓名住所

二、社員要保之金額與應付之保險費

三、社員之責任以保險費外之一定金額爲限者其金額

第五十五條 相互保險社之社員對於保險社應付之基金不得以對於保險社之債權互相抵銷

第五十六條 社員會由理事召集之

社員總數二十分一以上得以書面記明提議事項及其理由請求理事召集臨時會理事於請求提出後十五日內不爲召集時社員得呈請主管官署許可自行召集

召集社員會之通知期限在常會應爲一個月前在臨時會應爲十五日前

第五十七條 社員會之召集或決議違反法令或章程時社員得自決議之日起一個月內聲請主管官署宣告其決議爲無效

第五十八條 相互保險社之理事至少五人不以社員爲限監事就社員中選任之

第五十九條 相互保險社之理事非經社員會之許可不得兼任其他保險社之無限責任社員理事或監事

第六十條 相互保險社之設立費用及契約第一年度之營業費全數清償並提存公積金後不得分派盈餘

違反前項規定分派餘時債權人得要求其返還

第六十一條　相互保險社非有盈餘幷提存公積金後不得對醵金人給付利息但依社章將設立費用及契約第一年度之營業費以分年償還方法償還後尚有盈餘幷經提存公積金者不在此限

第六十二條　相互保險社非經社員會決議不得變更章程或增減資本

前項決議依第五十三條第二項之規定

第六十三條　相互保險社之社員對於社債之責任因章程變更而減輕時準用合作社法第二十八條之規定

第六十四條　相互保險社之社員因左列各款情事之一而出社

一、喪失中華民國國籍

二、章程所定之事由發生

三、死亡

四、破產

五、自行退社

六、保險關係消滅

第六十五條　相互保險社之出社社員依保險社章程及保險契約所定得於出社後六個月內請求保險社返還其應得之金額

出社社員經過前項所定期間後二年內不請求返還者其權利因時效而消滅

第六十六條　相互保險社於社員出社時其現存財產不足抵償債務時出社之社員仍負担其出社前應負之責任

第六十七條　相互保險社因左列情事之一而解散

一、保險社存立年限屆滿或章程所定事由發生

二、社員人數少於第五十條之規定者

三、社員會之決議

四、與他保險社合併

五、破產

六、保險契約全部轉讓

七、核准案之撤銷

相互保險社因前項第二款第三款第七款情事之一而解散時應對社員分別給付或返還應得之金額

第六十八條　相互保險社將全部保險契約轉讓或與他保險社合併時準用第三章關於轉讓或合併之規定

第六十九條　相互保險社因第六十七條第一項第四款第五款以外之事由而解散時其財產依列左順序處分之

一、清償保險社各項債務

二、償還社員應得之保險金額及退還因第六十七條第二項規定社員應得之金額

三、償還基金

四、分派剩餘財產

社員除保險費外不負償還基金之責任

保險社剩餘財產之分派除章程另有規定外應於盈餘之比例分派之

第五章　會計

第七十條　保險業應於定期股東會或社員會完結後三十日內將財產目錄資產負債表營業報告書損益計算書幷關於償還基金支付利息及分派盈餘之決議錄呈報主管官署查核

第七十一條　保險業之要保人被保險人受益人均得於定期股東會或社員會完結後向公司或保險社查閱前條所載各項文件并得要求公司或保險社交付謄本

第七十二條　保險業於營業年度屆滿前應分別保險種類計算其應積存之責任準備金記載於特設之帳簿

第七十三條　人身保險之要保人被保險人受益人對於保險公司或保險社爲被保險人所積存之責任準備金有優先受償之權

第六章　罰　則

第七十四條　經營保險業或爲保險業之代理人經紀人代表保險業處理或介紹保險業務未經主管官署核准并依法登記者處一千元以下罰金經紀人及公証人違背第十九條第二十條或第二十一條之規定者亦同

第七十五條　違背第七條之規定者處一百元以下罰金

第七十六條　保險業之董事監察人理事監事經理人或清算人有左列各款行爲之一者處五百元以下罰金

一、違背主管官署之命令

二、違背第七十條之規定

三、意圖延遲清算而怠于催告債權人

四、違背第三十四條第三十五條或第三十八條第一項之規定而轉讓契約或另訂契約

五、違背第三十七條第二項或第三十九條之規定而處分公司或保險社財產負担債務或給付金錢

六、違背第四十三條第一項之規定而爲合併

七、違背第七十二條之規定而不計算積存之責任準備金并特設帳簿

第七十七條　保險業之發起人董事監察人理事監事經理人或代理人有左列各款行爲之一者處一年以下有期徒刑拘役或二千元以下罰金

一、關於保險業實收股欵總額現存財產社員人數及實收基金數額有欺罔官署及要保人或社員情事

二、違背本法及章程之規定償還基金給付利息或分派盈餘

三、於保險業務範圍以外因投機交易而處分保險業財產

第七十八條　保險業之發起人董事監察人理事監事經理人清算人或代理人有左列各款行爲之一者處二千元以下罰金

一、不照法定期限呈報登記

二、不照法定期限公告通知或經公告通知而有不實情事

三、違背法令不備置認股書入社志願書或漏載認股書入社志願書應記之事項或經記載而有不實情事

四、違背法令不將章程股東名簿社員名簿財產目錄資產負債表營業報告書損益計算書及關於基金償還利息給付公積金盈餘金分派之決議錄備置於本店支店代理處或於上列文件應記載事項有漏列或不實情事

五、違背法令不召集股東會或社員會

第七十九條　保險業發起人董事監察人理事監事經理人清算人或代理人有左列各款行爲之一者處一千元以下罰金

一、對於主管官署爲關於股東會社員會不實之報告

二、違背第六十九條之順序而處分財產

三、違背法令而減少資本或減少社員責任

四、違背法令而不爲宣告破產之聲請

五、登記原案撤銷延不清算

六、違背法令在催告所定申報債權期內先向一部債權人爲清償

七、違背法令或章程分派剩餘財產

第七章 附则

第八十條 本法施行日期以命令定之

(乙)廣東省政府財政廳征收保險業稅費章程(二十二年呈准頒行)

第一章 總則

第一條 廣東省政府財政廳根據本廳組織條例第七條職掌第九款關於交易保險事業之監督事項之規定監督全省保險業奉行國民政府行政院令頒之保險業法同時根據本廳現行整理保險事業條例及整理聯保火險公會章程之規定征收全省保險業稅費

第二條 廣東省政府財政廳監督本省保險業奉行保險業法及征收本省保險業稅費均依照本章程辦理之

第三條 廣東省政府財政廳監督本省交易保險事業以適用保險業法爲原則但本章程有特別規定者應適用本章程之特別規定

第四條 凡在廣東省政府轄境內經營保險業者以保險業法所稱之保險公司及保險業法所稱之相互保險社爲限本省現有之聯保火險公會爲相互保險社之一種

第五條 凡欲在廣東省政府轄境內經營保險業者應於未開業前照保險業法各條之規定呈請廣東省政府財政廳核准並依章登記領証及繳存按保金方得開業其現已營業者仍應依照保險業法及本章程之規定補完手續方得繼續營業

第六條　凡已在廣東省政府轄境內經營保險業而欲停業者應於未停業前呈報廣東省政府財政廳核准並繳銷特許証及同時退還保費於投保者方得停業

第七條　凡在廣東省政府轄境內經營保險業其業務上有危害投保人之權益者廣東省政府財政廳有權飭令改良之倘奉飭後三個月仍不遵辦得停止其營業

第八條　凡在廣東省政府轄境內經營保險業者應將年終營業報告書呈繳廣東省政府財政廳查核

第九條　凡在廣東省政府轄境內經營保險業者每月月終應將損害或死亡之投保戶名或姓名及賠欵數目列表彙報廣東省政府財政廳備查

第十條　凡在廣東省政府轄境內介紹保險業務之經紀人應呈請廣東省政府財政廳核准並依章登記領証方得開始執業

第十一條　保險經紀人停止業務時應繳銷特許証

第十二條　凡受保者及投保者雙方不得直接訂立保險契約應由保險經紀人介紹之

前項受保及投保不得由未登記領証之保險經紀人介紹之

第十三條　凡保險經紀人不得介紹投保者於未經登記領証之經營保險業者

第十四條　凡投保者不得向未經登記領証之經營保險業者投保

第二章　按保金

第十五條　凡在廣東省政府轄境內經營保險業者繳存按保金於省庫適用保險業法第二十三條及第二十四條辦理之但保險分公司或代理店或代理人無論資額多少暫准繳存按保金毫銀五萬元

第十六條　凡在廣東省政府轄境內經營保險業已照總公司基金或資額向廣東省政府財政廳繳存按保金者其分公司或代理店或代理人應免再繳

第十七條　凡在廣東省政府轄境內經營保險業已照總公司基金或資額向實業部繳存保証金者應免再繳按保金於省庫

第十八條　凡在廣東省政府轄境內經營保險業者如須領回按保金時得呈請廣東省政府財政廳核准發還之但保証金原係繳存於實業部者應呈請實業部核准發還

第三章　特許証費

第十九條　凡在廣東省政府轄境內經營保險業者每年應向廣東省政府財政廳請領保險營業特許証一次每次並應繳納証費國幣壹百元

第二十條　凡在廣東省政府轄境內經營保險業之總公司已向廣東省政府財政廳請領特許証者其分公司或代理店或代理人每年應請領特許證一次每次並應繳納證費國幣伍拾元

第二十一條　凡遺失保險營業特許證者應呈報廣東省政府財政廳補發之並應繳納證費國幣壹拾元

第二十二條　凡保險經紀人每年應向廣東省政府財政廳請領特許證一次每次並應繳納證費國幣壹拾元

第二十三條　凡遺失保險經紀人特許證者應呈報廣東省政府財政廳補發之並應繳納證費國幣弍元

第四章　保險稅

第二十四條　財產保險業納稅辦法依照保險執照所列保費數目繳納百分之一保險稅但至低稅額不得少過毫銀二角

第二十五條　人壽保險業納稅辦法依照保險執照所列每年保費總數一次過繳納百分之一保險稅其後按期或按年所收保費無論數目多少均繳納保險稅毫銀二角

第二十六條　分保及轉保納稅辦法無論所收保費數目多少均繳納保險稅毫銀弍元

第二十七條　前項保險稅應由受保者繳納不得轉嫁於投保者

第二十八條　前項保險稅已經完納者應貼保險稅完納證於保險執照或單據上並列表呈繳廣東省政府財政廳核驗加蓋戳記

方發生效力

第二十九條 聯保會社開收科款所發單據應呈繳廣東省政府財政廳核驗加蓋戳記方發生效力但所收科款免納保險稅

第五章 罰則

第三十條 違反第五條之規定者處應納特許證費二十倍以下之罰金

第三十一條 違反第十條之規定者處應納特許證費五倍以下之罰金

第三十二條 違反第十二條第一項之規定者應照保險價值各處以十分之一以下之罰金

違反第十二條第二項之規定者依前項之罰金加倍處罰

第三十三條 違反第十三條之規定者處應納特許證費一百倍以下之罰金

第三十四條 違反第十四條之規定者應照保險價值處以百份之二十以下之罰金

第三十五條 違反第二十四條第二十五條及第二十六條之規定者處應納保險稅額二十五倍以下之罰金

第六章 附則

第三十六條 本章程施行細則另定之

第三十七條 本章程如有修改必要時得由廣東省政府財政廳呈請 廣東省政府核轉 國民政府西南政務委員會核准修正之

第三十八條 本章程自廣東省政府財政廳呈請 廣東省政府核轉 國民政府西南政務委員會核准公佈日施行

(丙)廣東省政府財政廳征收保險業稅費章程施行細則

第一條　本細則依據廣東省政府財政廳征收保險業稅費章程第三十六條規定制定之

第二條　廣東省政府財政廳征收保險業稅費章程所稱之廣東省政府轄境係包括警察權已達到及警察權未達到之地方而言

第三條　廣東省政府財政廳征收保險業稅費章程第二十九條所稱聯保會社凡本省現有之聯保火險公會及將來續設之各種相互保險社均屬之

第四條　廣東省政府財政廳征收保險業稅費章程第二章所稱按保金即保險業法之保証金

第五條　依廣東省政府財政廳征收保險業稅費章程第六條之規定呈准停業者如未將特許証繳銷再復業或領回按保金時應補繳停業年份欠繳之特許証費

第六條　依廣東省政府財政廳征收保險業稅費章程第十一條之規定保險經紀人停業者如未將特許證繳銷再復業時應補繳停業年份欠繳之特許證費

第七條　依廣東省政府財政廳征政保險業稅費章程第十五條及十六條之規定繳存按保金辦法經廣東省政府財政廳核准得以不動產物業或財政廳認爲殷實之商店具結担保替代之

第八條　依廣東省政府財政廳征收保險業稅費章程第十八條之規定領回按保金或保證金者應呈請廣東省政府財政廳或實業部核准佈告於三月內如無賠償轇輵或未清手續被人控告等情弊方准發還

第九條　廣東省政府轄境內各縣市之保險業得由廣東省政府財政廳指定各縣市政府或營業稅局依照本章程之規定辦理監督業務及征收稅費事宜

第十條　依廣東省政府財政廳征收保險業稅費章程第五條之規定已經登記領證之保險業者廣東省政府財政廳隨時將其名號地址公布之

第十一條　廣東省政府財政廳征收保險業稅費章程施行之日即爲現行修正廣東財政廳整理保險事業暫行條例及廣東財政廳整理聯保火險公會暫行章程廢止之期但某縣市於某年月日施行本章程屆時以命令公佈之其未公佈施行本章程之縣市現行之條例章程仍暫行有效

已公佈施行本章程之縣市所有省會公安局或各縣市政府之取締濫保規則應同時一律廢止由省會公安局或各縣市政府在不抵觸本章程之範圍內從新擬定分別函送或呈請廣東省政府財政廳核轉廣東省政府核准公布施行

第十二條　本細則與廣東省政府財政廳征收保險業稅費章程同日施行

房捐

（甲）廣東財政廳省會房捐征收章程（二十七年九月呈奉省務會議通過頒行）

第一條　凡在本省省會區域內之舖屋碼頭祠堂書院寺宇會館教堂或其他不動產無論自業典受或租賃均稱戶口一律於報請遷入或開業前領取繳捐証及本廳規定之租簿按月完納房捐

第二條　凡戶口領証遷入在是月十五日以前或遷出在是月十五日以後應繳全月房捐其遷入在十六日以後遷出在是月十五日以前免繳是月房捐（如在上月十六日以後遷入下月十五日以前仍應征收房捐一月）

第三條　自業自用之戶口應將契照及登記証連同影片携赴該區稽征所報驗註册即時蓋印發還按照產價征收房捐舖屋碼頭或其他不動產每千元每月一元二角祠堂書院寺廟會館教堂每千元每月三角多少照計均由業主完納日後如有增加產價者應再行報驗由增加確定日起增納房捐

第四條　凡自業之戶口如分賃或分典一部份與人者除分賃分典部份之房捐應照租賃或典受戶口之規定辦理外所餘自住部分則勘明地方多少計估產價若干核征房捐概由業主負担

第五條　凡租賃之戶口應按每月租額百分之十五征收房捐由業主租戶平均負担按月由租戶併繳其代業主完納之房捐准在租項扣回（例如每月租額十元應共征收房捐一元五角業主負担七角五分租戶負担七角五分多少類推）

第六條　凡典受舖屋碼頭或其他不動產全部自用者如典價不及原日產價時其房捐照原價征收典價超過原日產價照典價征收如係典受一部份自用者其房捐應勘明所典地方多少計估原日產價若干如典價不及該部份原價者照原價征收超過該部份原價者照典價征收均每千元每月征捐一元二角概由典受人負担如典受後將全部或一部出賃與人者其出賃部分之房捐應照前條征捐由典主租戶分担其自住部分則勘明地方多少計估典價或原價若干核征房捐概由典受人負担又雖典受全部自用如另有補給租值者其租值部分仍照前條規定征捐

房捐 二

第七條 凡有確定舖底登記之舖屋按照登記額每千元每月征捐一元二角多少照計如向土地局塗銷時得將塗銷証據呈請停止舖底捐

第八條 凡租地自建上蓋除照地租額征收房捐由主客分担外應另征收其上蓋之房捐上蓋已稅契者照契價征收未稅契者照建築價額征收均每千元每月征收一元二角概由自建上蓋人負担其上蓋如已有舖底登記照納舖底房捐者不再征收上蓋房捐

第九條 凡包租他人舖屋碼頭或其他不動産而分賃他人者除照第五條征捐由業主與包租人分担外其分賃租額之共數如超過原租額半數者應按超過之數另收房捐由包租人及承租人共同負担。(例如原租額十元分租之租額共數爲六元其一元即爲超過之數除照原租額十元征收外另征一元分租額之房捐)

第十條 凡承批他人舖屋碼頭或其他不動産而轉租與人者如轉租之租額不及原租額時其房捐照原租額征收除業主應照原租額及租戶照轉租額各負担半數房捐外所餘不足原租額之應納房捐則由承批人負担(例如原租額爲一千元轉租額爲八百元仍照一千元征收房捐計每月應征一百五十元除業主負七十五元租戶負担六十元其餘十五元由承批人負担)如轉租之租額共數超過原租額時其房捐照轉租額征收除業應納部份外其餘概由承批人與租戶分担如轉租之租戶已報遷出或退租其原批約尚未解除時其房捐仍照原租額征收由業主及承批人平均負担

第十一條 凡租賃他人店舖碼頭或其他不動産中途將全部賣樓與人者樓租超過或不及原租時其房捐照原租額征收由原業主與買樓人共同負担如將一部賣樓與人則劃明賣樓部份應佔原價額若干其樓租超過所佔原租或不及者均照前項規定征收房捐所餘自用部份則照該部份所佔原租成數征收房捐由原業主與賣樓人分担

第十二條 凡業主典主有中途變更産價典價或租戶賣樓人有中途加減租額時均應携同契約或租簿及繳捐証到該區稽征所聲請更正

第十三條　凡業主典主承批轉租人賣樓人於收租時應向租戶或賣樓人取回按月所繳納之房捐收據存執（轉租或分賃或賣樓其超過原租額之應納房捐不得在原業主租項內扣除）否則如有積欠房捐仍由業主典主承批轉租人賣樓人負担

第十四條　凡業主典主租戶賣樓人於遷出或退租時應即清繳房捐報領遷出証并將繳捐註銷

第十五條　凡租戶或賣樓人未有領遷出證而私遷者該業主典主承批轉租人包租分賃人賣樓人應即携租簿到該區稽征所報明註銷戶册停收房捐其私遷以前有積欠者仍須分別追繳如延漏不報者該住戶私遷後之房捐概由業主典主承批轉租人包租分賃人賣樓人繼續繳納不得推諉

第十六條　凡業主典主承批轉租人包租分賃人賣樓人如有于租簿批約內註明鞋金息金茶金及其他一切名目應一律歸入租項計征房捐

第十七條　凡舖尾或其他不動產建築相同者其應納之房捐得按照最高租額比例征捐

第十八條　本章程第一條之戶口由遷入日起對於應納之房捐逾一個月隱匿不報或所報不實不盡者一經查實即照所瞞捐額十倍處罰仍照章補收房捐凡有舉報瞞捐者無論何人均以罰欵五成充賞但不將挾嫌誣報致干反坐

第十九條　自業自用或典受自用之戶口如有瞞報屋價者其罰款、由業主或典主負担如將一部份分典與人而串同瞞報者其應補繳之房捐及罰款由原業主與分典人平均負担

第二十條　凡全部或一部租賃與人之戶口如有瞞報租額其應補繳之房捐及罰款由業主負担如主客串瞞者則由主客分担

第廿一條　凡包租分賃之戶口其分租租額共數超過原租額時如包租人瞞匿不報者其罰款由包租人負担

第廿二條　凡租地自建上蓋其上蓋契價或建築價額應納之房捐如有瞞漏不報者其罰欵及補繳之房捐概由自建上蓋人負担

第廿三條　凡承批轉租而轉租額超過原租額時承批人如有瞞報者其罰欵及應補繳之房捐由承批人及租戶分担

第廿四條　凡賣樓與人無論全部或一部其樓租超過原租額如賣樓人瞞報者其罰款及應補繳之房捐由賣樓人負担

第廿五條　無論單獨瞞捐隨後自首或雙方串瞞同時自首均准補繳房捐等費免予處罰如係雙方串瞞而一方自首者除房捐等費分別補繳外其罰款由非自首之一方全數負担惟自首者不能領奬

第廿六條　各戶口每月應繳之房捐須照向章當月清繳如逾第二個月尚未遵繳者即行派警傳追經傳追後再不清繳者按照捐額加征滯納金百分之五如延至第三個月終始行繳納者按照房捐加百分之十但加征捐率至高以百分之十爲止自業自用者其滯納金由業主負担租戶滯納金由住客負担

第廿七條　自業自用之戶口應繳房捐如延至四個月終仍不遵繳者按其情節之輕重分別釘封勒遷拘留仍須清繳房捐方准銷案

第廿八條　本章程如有未盡事宜得由財廳呈准修正

第廿九條　本章程自省府核准公布施行

（乙）廣東財政廳省會舖戶領用租簿規則（頒行日期內章程）

第一條　凡在省會轄內之舖屋碼頭或其他不動產無論直接租賃或包租分賃或承批轉租或賣樓與人應由業主典主包租人承批轉租人或賣樓人按戶購領本廳製定已蓋廳印之正副租簿依式塡妥一併持赴各該區房捐稽征所報驗蓋章並在租簿上面分別加蓋「租賃」「包租分賃」「承批轉租」「賣枱」木戳領回啓用

第二條　前條之戶口如逾一個月以上不報驗者均照該戶一個月應納房捐額加一倍處罰（例如一個月應納房捐一元即處罰弍元捐額多寡照此類推）發回罰款收據

第三條 租簿正本由業主典主或包租分賃人承批轉租人賣檯人收執副本由租戶或賣檯人收執

第四條 凡業主典主或包租分賃人承批轉租人賣檯人如有中途加減租額均應携租簿赴各該區稽征所報驗如加租匿報者即照瞞捐罰則辦理

第五條 租戶或賣檯人遷出或退租時其業主典主或包租分賃人承批轉租人賣檯人均應將租簿取銷不准移用別戶

第六條 租簿有一定頁數用完時應再領用不得擅行加增撕毁如塡寫錯誤准旁註更正不得挖補塗改

第七條 租簿如有遺失須即補領幷報驗盖章由各該區稽征所在租簿上面加盖「遺失補領」戳記

第八條 租簿應遵用國曆不准廢曆

第九條 租簿正副本共價銀弍角幷無其他費用但正本須自行遵章貼足印花副本免貼

第十條 依照本規則領用租簿後凡租戶或買檯人如有欠租者得以本租簿爲根據向主管機關訴請追租勒遷

屠宰税

(甲)廣東全省屠捐章程

(一)征收辦法

(甲)凡屠猪一隻重量在六十斤以上者抽國幣七角弍分其二十斤以上未滿六十斤者抽國幣四角八分二十斤以下者免抽

•均以司碼秤十六兩爲一斤不得增減

(乙)所抽捐款准各屠戶加在價內取償食戶

(丙)各屠戶應赴承商處報名領牌方准宰賣惟領牌無須繳納牌費

(丁)凡屠戶宰猪須先赴就地承商報明納捐方得屠宰如有瞞匿私宰情弊一經査出有據應照原猪應納捐款拾倍處罰

(戊)各屠戶如有宰賣死猪病猪及吹水等弊應由承商干涉制止以重衛生

(二)各區地方遼濶照章分批予商承辦所有各十商原承範圍內之屠戶如有宰猪往別商承辦範圍內銷售者須將經納捐款單據持赴驗明行銷否則仍照前條甲項辦理以杜攙奪

(三)凡各縣市祭祀屠宰猪隻無論自宰自賣自食如已樂繳當地學費者應即照章繳納捐餉以杜瞞匿而息爭端其酬神賽會嫁娶所宰猪隻均須照章納捐以重餉源

(四)各屬屠捐如有附加地方學慈善等費除經由本廳核准有案准照舊帶抽直接繳交地方機關應用外其餘概不准另立名目加抽捐項以免妨碍正餉

（乙）修正廣東省屠牛税牛皮税征收章程

第一章　總則

第一條　凡在省内屠宰牛隻運出省外不在省内屠宰者均應依照本章程之規定分別繳納屠牛税及牛皮税由廣東財政廳征收之

第二條　凡鄰省出產之牛皮無論運銷本省或過境者均應依照本章程規定税率納税

第三條　本章程實施時所有從前屠牛捐牛皮捐生牛出口捐厘金府税及地方附加或報效等費概不征收自後任何機關團體均不得另立名目附加各費

第二章　課税標準及税率

第四條　凡屠宰水牛黃牛無論大小每頭征收屠牛税國幣三元六角同時征收牛皮税每張國幣一元

第五條　由鄰省運入本省之生牛皮每百斤征收國幣一元八角熟牛皮每百斤征收國幣四元六角

第三章　稽征方法

第六條　凡在省内屠宰牛隻應征之屠牛税牛皮税於屠牛時向物主一次征收分別發給税票以憑查驗

鄰省運入之牛皮由入境第一度征收機關征收税款發給税票但不補征屠牛税

前項由鄰省運入之牛皮除在入境第一度征收機關征收税款時驗票放行外其餘各地概不查驗

凡例准出口之牛隻運出省外時由起運出口地點征收機關依照本章程第四條之規定分別征收屠牛税牛皮税

凡屠牛場所牛欄商人醃製生皮工廠販運牛隻出口商人均應向該管征收機關申報註册

第七條　經征機關因征稅上之必要派員調查前項各營業時該商人不得抗拒

征收屠牛稅牛皮稅之稅票由廣東財政廳分別製發經征機關塡用

第四章　罰　則

第八條　凡不請領稅票繞越偷漏稅款者除責令照章補稅外並處以稅額五倍以上十倍以下之罰金

前項再犯者除將貨物沒收外並處以五十元以上一百元以下之罰金

第九條　凡不遵照本章程之規定抗納稅款者除將貨物沒收外並處以五十元以上一百元以下之罰金

前項再犯者除照前項處罰外並將人犯拘送法庭治罪

第十條　僞造稅票意圖欺詐瞞稅者除將貨物沒收外仍處以五十元以上一百元以下之罰金幷將人犯拘送法庭治罪

第十一條　塗改及復用舊稅票意圖瞞稅者除責令照章補稅外並處以應補稅額三倍以上六倍以下之罰金

前項再犯者除將貨物沒收外仍處以三十元以上五十元以下之罰金

第十二條　凡違反本章程第六條第五項之規定者除責令照章遵辦外並處以五元以上十元以下之罰金

第十三條　凡違反本章程第六條第六項之規定者除仍强制執行檢驗外並處以三十元以上五十元以下之罰金

第五章　附　則

第十四條　本章程實施時所有以前屠牛捐牛皮捐生牛出口捐征收章程各屬征收附加或報効等費章程併前經財政廳令行之廣東省屠牛牛皮稅征收章程細則及以命令批准各案同時一律取銷

第十五條　本章程施行細則另定之

第十六條　本章程如有未盡事宜得隨時由財政廳呈請修正之

第十七條　本章程自公佈日施行

(丙)修正廣東省屠牛稅牛皮稅征收章程施行細則

第一條　本章程所稱之屠牛稅牛皮稅如在本省境內屠宰牛隻者該管經征機關應於其屠牛時就屠牛場所將屠牛稅牛皮稅同時向物主按隻征收幷分別發給稅票以資憑證

如將牛隻運往省外不在本省屠宰者該管經征機關應就起運出口地點征收屠牛稅牛皮稅幷發給稅票以資憑證

如由鄰省運入本省之牛皮不論生皮熟皮及是否在本省銷售或過境均由該管經征機關征收牛皮稅幷發給稅票以資憑證

前項由鄰省入境之牛皮概免補征屠牛稅

凡屬本省出產之乾牛皮熟牛皮均不在本章程課稅範圍之內

第二條　經征機關應依照屠場屠牛時間派員前往查察幷就地征收稅款

第三條　經征機關應於牛隻出口地點及鄰省牛皮入境地點設置稽征所征收稅款

第四條　屠牛場醃製生牛皮工廠牛欄商人販運牛隻出口商人應將各該營業商號名稱主管人姓名住址營業場所在地等逐一塡明申報於該管經征機關如無一定營業店舖場所者准以其住所申報

前項屠場醃製工廠牛欄商人販運牛隻出口商人如遇停業歇業或轉讓時應即申報該管經征機關如係轉讓者應將承受人姓名一併申報

第五條　各屠牛場應於未屠宰牛隻之前將是日收到送宰牛隻數量物主姓名地址報請該管經征機關派員查驗向物主征收

稅欵分別發給稅票如屬鄉間僻遠地方臨時屠宰牛隻不能即日報領稅票者得於屠牛後翌日補報繳稅

凡未經納稅領有稅票者不得將濕牛皮販運售賣

凡收藏或運銷濕牛皮者如遇經征機關派員調查時應將稅票呈驗不得抗拒

第六條 商人出售濕牛皮時應將稅票隨貨交付買受人

第七條 醃製生牛皮工廠收買濕牛皮時應按張核對稅票如無稅票交付者不得收買

第八條 凡販運牛隻往省外者不論水運陸運應於未起運之前向該管征稅機關將牛隻數量起運地點經過本省該管征稅機關運往目的地逐項填明報請派員查驗征稅給票放行

前項販運商人經過本省該管征稅機關時應將所持稅票報請查驗經征機關應根據納稅人申報之牛隻數量經過本省該管征稅機關運往目的地等項詳細填入稅票交納稅人收執

經過機關接到商人申報時應立即派員查驗不得故意遲延一經查驗相符應即發回憑證不得留難勒索

前項領得之稅票應由該販運人隨身携帶以備沿途經過口岸查驗憑証

第九條 凡由外省運入之牛皮不論生皮濕皮於運抵本省境內時應將牛皮種類數量產地出口地逐項列明檢同船儎紙或火車運單及其他足以證明該牛皮數量之單據報告於該管經征機關聽候派員查驗征收稅款

前項入境之牛皮申報納稅應照如左之規定

(一)凡由遵照海關章程指定停輪開艙起卸貨物地點之輪船及火車或郵包運入本省者應於起卸牛皮地點向該管經征機關申報納稅

(二)凡非由前款規定之船車及郵包運入本省者無論用何種船車或用人畜搬運均應於入境時之該管經征機關所在地申報納稅

前項牛皮經征稅放行後由商人自由運銷無論任何稽征人員不得在沿途或到商店工場家屋等處執行檢查

第十條　該管經征機關除照章征收征稅外對于本細則所規定之申報及查驗等手續概不收費並不得藉口額外征收任何費用

第十一條　本細則如有未盡事宜得隨時修正之

第十二條　本細則自公佈日施行

(附)1鄰省牛皮運粵征免專稅辦法

(一)鄰省牛皮運粵銷售如非轉運出口者一律依照征收鄰省牛皮專稅章程征收專稅

(二)鄰省牛皮過境如確屬直接運輸出口對外貿易者准免征稅惟須先繳按稅并請轉運地點日期及其數量暨檢同海關轉口稅單於入口時報明到達地征收機關申請押運出口其退稅辦法照第三條分別辦理

(三)鄰省牛皮過境經入境第一度征收機關須先行申報登記繳納按稅如未向入境第一度征收機關申報繳稅者應於到達時向到達地征收機關申報并將按稅同時繳納於報關出口後逕向原機關領還

(四)鄰省牛皮入口如非在本省銷售而又不能即時轉運出口須暫時起卸存貯或分批運出者除照第三條繳納按稅辦法辦理外應依限轉運完竣如逾限不能運清其未運數量若干須照章完稅

(五)過境期間限五日轉運出口期間限兩個月如確有特別情形未能依期運竣者商人須具明理由呈由轉運地征收機關核准後方得延長之但延長時間不得逾一個月經展期之後并不得再行申請展期以示限制

(六)鄰省牛皮運粵如非屬過境者即應照章納稅倘在兩個月內未能銷盡欲將銷存數量轉運出口時須將海關出口憑單及稅局徵稅收據呈繳轉運地征收機關驗明候將銷存數量轉呈財廳核准方得退稅但每一張稅證祇限一次出口完竣不能分次批銷以杜取巧

香燭紙寶捐

(甲)修正廣東全省香燭紙寶冥鏹捐及出口香粉香竹燭芯會紙錫薄捐暨汕頭出口紙鏹捐稽征章程

第一章 抽捐貨物範圍

第一條 凡香類無論大小脚香息香粗香塔香玉香而屬于焚化冥用者均照本章程所定抽捐其製香原料之香粉香竹如販運出口至港澳行銷者亦同但用硫磺或殺虫粉製成之避蚊香及在本省内地行銷之香粉香竹暨汕頭出口之香類不准抽捐

第二條 凡燭類無論燃點敬神禮佛祀祖冥用一切大小紅白蠟燭均照本章程所定抽捐其製燭原料之燭蕊如販運出口至港澳行銷者亦同但牛油或洋蠟之大小紅白色代光燭及梅縣之結婚花燭人生慶壽壽燭重量在一斤以上燃點時非兼焚紙鏹者暨在本省内地行銷之燭蕊均不准抽捐

第三條 凡紙寶冥鏹係以紙類製成品物供迷信焚化冥用者無論金銀錫紙製成寶樸元寶小寶江寶澄寶茶地北金進金紙錢溪錢各色紙衣符疏以及札作器物等項均應照本章程所定抽捐其販運出口至港澳行銷之會紙錫薄及由汕頭出口之紙鏹亦同但金花祭軸大光金銀錫紙冠金紙黄白朗紙色綾紙會紙係未經製成焚化冥用物品不准抽捐

第四條 廣州市内廟堂販賣香燭紙寶冥鏹等貨物應准征捐惟不得分等征收牌照費但外屬廟堂内所售香燭紙寶非廟内自製係由當地市上購來業經一度照章納捐者不得重征

第五條 前列各條所定抽收範圍如有與當地情形不同及未能概行包括者准由經征機關備具理由連同貨樣呈候核明分別飭遵倘未呈明擅行混抽一經商民告發查明屬實輕則處罰重則革究前列第一二三各條所定製香原料之香粉香竹

製燭原料之燭蕊會紙錫薄等類除照章明定在本省內地行銷不准抽捐外其餘運銷歐美之花燭亦不准抽捐惟香粉香竹燭蕊會紙錫薄等類如販運出口至本省境外或外國各埠者仍照販運出口至港澳行銷辦法抽捐

凡汕頭出口錫薄運來廣州銷售如由輪船儎運者中途經過香港應查明關單及艙口單如係運至廣州及省內各地者祇准查驗相符即予放行毋庸發給出口證並不准征收捐費及不得藉端留難倘由帆船儎運者多不經過海關自不能將關單繳驗惟爲防範由汕頭出口轉赴港澳地方起見應准取具証據報明查驗如屬至港澳而貨在內地起卸者應給發出口証毋庸繳驗關單若確不經經港澳而逕達內地起卸者應查明所具切實証據驗對相符即予放行亦毋庸給發出口証並不准征收捐費及不得藉端留難

第六條 征解捐欵均以國幣爲單位

第二章　抽捐標準及捐率

第七條 前章所定各項香燭紙寶冥鏹抽收捐率均照貨價每值國幣七十元抽國幣拾元其販運出口至港澳行銷之香粉香竹燭蕊會紙錫薄等項亦同但左列各欵有特別規定者不在此限

(一)汕頭出口紙鏹從量計捐除皮計算遡紙每件一百八十斤金紙每件二百四十斤爲準每百斤抽國幣一元四角四四分不得增減

(二)順德縣出口錫紙從量計捐每百斤抽國幣二元零二分以限於出口至省境外爲限其在內地行銷應抽捐欵者仍按每值國幣七十元抽國幣壹拾元

(三)廣州市紙寶冥鏹照左表所列抽捐

貨物種類	量數	抽收國幣數	貨物種類	量數	抽收國幣數
四千庄夾竹頂北新北	每十條	二角五分	足數印壽金	每萬張	四角五分
四千庄攤張頂北	每十條	三角	三千庄中小三張	每十條	一角三分
四千庄夾竹加大頂北	每十條	三角五分	三千庄大三張分九面	每十條	三角五分
四千庄攤張加大頂北	每十條	四角	三千庄大度長三張	每十條	二角
四千庄二九金銀	每十條	五角	三千庄二零五	每十條	一角五分
八十庄新七錢	每萬張	三角五分	二千庄中頂面	每十條	三角五分
八十庄舊七錢	每萬張	四角五分	四千庄五七面	每十條	一角
八十庄八錢	每萬張	七角	四千庄新方面	每十條	一角
八十庄大平	每萬張	一元八角	三千庄分二面	每十條	六分
封大罡	每千對	五角	四百庄會邊金頂	每十條	二角

封二罡	每千對	三角	二百庄札數會邊企頭	每十條	一角
四百庄大會朴	每十條	四角	三千庄七色溪箋	每十古	八角
四百庄七寸朴	每十條	四角	一千庄五色溪箋	每十古	二角
四百庄四會朴	每十條	三角九分	三百庄大士箋	每十古	三角五分
四百庄六寸八朴	每十條	三角	五十刀庄五色京箋	每十古	一元

以上所列八十庄新舊七錢八錢大平四種如裝足數足者照加二五伸算計捐其四千庄攤夾頂北加大二九新北佛山頂北七種每百均以四十張爲限又二千庄長三張面每百以六十張爲限如有裝多數目者應按裝多數目伸算計捐

(四)廣州市香類每值國幣七十元抽國幣五元

(五)南海三江金利司香燭紙寶每值國幣七十元抽國幣五元

(六)番禺沙茭司香燭紙寶每值國幣七十元抽國幣九元

(七)三水開平兩縣香燭紙寶每值國幣七十元抽國幣八元

(八)新會縣香燭紙寶每值國幣七十元抽國幣五元

(九)各縣市向依習慣按照當地各店商業狀況分別認額包繳者暫准沿照辦理

第八條 燭類之抽捐以每值國幣七十元抽國幣十元爲原則但爲利便稽征起見得照左列各款辦法抽捐

(一)火製硬燭鑊每鑊一具月抽國幣一百一十五元二角每日製燭以一百六十斤爲度並以製造整月計算

(二)手製硬燭鑊每鑊一具每日製燭以四十斤爲度凡製燭類不逾十五天者月抽捐國幣一十四元四角其在十五天以上者月抽捐國幣二十八元八角所製燭類均不得少於十五天並應認定上下半月停製日期在停製期內由經征機關將燭鑊或製燭用具標封之

(三)手製軟燭鑊每鑊一具每日製燭以四十斤爲度凡製燭類十天者月抽捐國幣一十四元四角二十天者月抽捐國幣二十八元八角整月者月抽捐國幣三十八元八角八分所製燭類均不得少于十天並應認定每月上中旬停製日期在停製期內由經征機關將燭鑊或製燭用具標封之

前項製燭時間每日由上午八時起至下午十時止不得逾限如有必要須提前或延長增製時應先向經征機關報明增製之重量照每值國幣七十元抽國幣十元認定捐額領得許可証方能增製違者以瞞捐論其加工或以其他方法製造燭類超過前項所定限度者亦同

第九條 本捐各經征機關不得抽收在本省轄內已經照章納足捐款過境之貨物但如非過境貨物而運抵該處起卸分散發沽者仍須報請該處經征機關查明照章納捐方得起卸若由鄰省經過者於經過第一道由該管經征機關查明如無鄰省完捐單或運票應照章每值國幣七十元抽國幣十元如有鄰省完捐單或運票但其捐率不及每值國幣七十元抽國幣十元者應令補繳至每值國幣七十元抽國幣十元爲止如該貨物係運銷本省各地於運抵銷售地時仍須報請當地經征機關查明照章納捐方得起卸

第三章 抽捐方法

第十條 凡本省店鋪自行製造香燭紙寳冥鏹須先將製成數目報請當地經征機關查明按照當地發行時價納捐始准發沽如

係大帮買入時亦將貨式重量價值件數報請查明納捐領取收捐單方得起卸違則以瞞捐論

第十一條　前條屬于自行製造貨物對於錫紙一項應以採色裝札完好方爲製成若僅錫紙相粘尚不能以製成論凡經製成之錫紙其形式合於裝配發沽而其數目又適于發沽時足爲計算價格件數之標準者即須報請經征機關查驗登記數目於發沽前完納捐款倘未納足捐款不得將貨物遷移或搬運以杜瞞漏如經製成報驗未能即時發沽者仍須於查驗後十日內照章納捐

第十二條　凡香燭紙寶一經抽捐即發收捐單交執單內應註明貨式或重量件數價值年月日期該貨起運必須隨同捐單報驗如貨單相符即加蓋圖記於捐單上即准放行倘無捐單同運或有捐單及貨色重量件數不符者應照走私論按章處罰其有另發零沽收捐單者仍應將式樣呈報備案

第十三條　商販向別處購運香燭紙寶貨物如非同一經征機關所轄區域內之貨物於其貨物到達銷售地域入境時應將貨式重量件數及運往地點店號報由所轄經征機關查驗抽捐方得運入發售其在同一經征機關所轄區域內之貨物運回銷售者毋庸報驗抽捐但同一經征機關所轄區域之界線應以民國廿二年前之舊商所轄區域爲標準

第十四條　香燭紙寶貨物經向當地經征機關報納捐款如復將原裝或分裝轉運出境者應將原收捐單報由該管經征機關查明給發運照隨貨放行不准重征如無運照雖有收捐單或有單照而所記載與貨物不符仍作瞞捐論照章處罰

第四章　稽查

第十五條　新張商店欲製造或販賣香燭紙寶冥鏹須於未製造販賣之前五日將商店名號地址門牌司事姓名開列報明所轄經征機關查核方可開始製造販賣否則以瞞漏論處但經征機關對于此等商店不得發營業證或兼營牌照

第十六條　凡香燭紙寶冥鏹店舖須於該管經征機關開辦日起限三日內將購存或製存貨物分別已捐未捐（不准用貨物調查表）報請查明分別免捐納捐如所存之貨物經向舊經征機關納捐准新經征機關於已捐貨物加蓋印章藉資識別不

准重征

第十七条　凡营业香烛纸宝冥镪行商店铺该管经征机关得随时派稽查员前往稽查并调取簿据查核以杜瞒匿惟稽查员执行职务入店检查时均应由该管经征机关发给证章配带以资识别并须知会当地警察会同办理以免误会

第十八条　凡奸商走私不服检查及不遵处罚准由当地经征机关就近报明该管县市饬警将入货扣留一面呈厅核办

第五章　罚则

第十九条　凡查获瞒捐私货除饬令补捐外处以该货应纳捐款五倍之罚金其情节重大者应呈厅核明处以重罚或没收其货物并停止其营业以示惩儆

第二十条　凡提据本章判罚之案应先呈奉本厅核准方得执行所收罚款其分配办法以四成充赏线人二成归经征机关二成缴讯办之县或市二成解厅但该案由经征机关直接缉获者该充赏线人之四成罚款归该经征机关自行支配

第六章　附则

第廿一条　本章程如有未尽事宜由本厅随时呈请　广东省政府修正之

第廿二条　本章程自呈奉　广东省政府核准后公布施行

各項專稅

(甲)廣東全省舶來農產品雜項專稅征收章程

一、此項舶來農產品雜項專稅係統征全省分局抽收凡屬舶來物品於入口時無論由輪渡帆船火車運入如章程規定應完納專稅者一律照章抽收國產免抽

二、此項專稅係列舉種類抽收如章程所無者不得濫征茲分別開列如下

類別	名稱	重量或價值	征收國幣數	備考
雜糧類	餅乾	每值百元	九 六〇	(一)以下屬農產雜項稅 (二)二十四年五月三日財政廳稅字第二四八六號訓令規定甜餅乾照修正糖類捐征收章程所定按照「在港澳所製造各種糖果餅餌洋來糖果餅餌」抽收每值百元抽收毫洋捌拾元不再抽農產品雜項專稅其鹹餅乾及雜餅乾仍照農產品雜項專稅章程所定抽收
	雜糧粉	每值百元	六 〇〇	麥粉免抽
	生粉	每值百元	六 〇〇	
	茨粉	每值百元	六 〇〇	
	茨米粉	每值百元	六 〇〇	

粟米	每值百元	六	〇〇	
米粉	每值百元	六	〇〇	
薏仁米	每值百元	六	〇〇	(一)除納京果海味捐外實抽大洋四元二角 (二)二十三年六月十一日財廳厘字第二四七號訓令核定營口薏米照征
山薯	每值百元	六	〇〇	
咖喱薯仔	每值百元	六	〇〇	
洋葱	每值百元	六	〇〇	
粟膠	每值百元	六	〇〇	
粟片	每值百元	六	〇〇	
東京粉	每值百元	六	〇〇	
番茄	每值百元	三〇	〇〇	(一)二十四年稅字第七一一五號佈告加征
豆類	每百斤	一	五〇	(一)舶來及省外運粤均屬之 (二)所有黃荳綠荳白荳紅荳青荳白扁荳蠶荳瓜仁荳均照征收

品名	單位	稅額		備考
花生仁	每百斤	一	五〇	船來及省外運粤均關之
菜子	每百斤	一	五〇	同上
黑白芝麻	每百斤	一	五〇	同上
黑白瓜仁	每百斤	一	五〇	同上
売花生	每百斤	一	二五	同上
玉蜀黍	每百斤	〇	六〇	同上
肉品類				
臘腸	每值百元	一八	〇〇	
鹹猪肉	每值百元	一二	〇〇	
洋火腿	每值百元	一二	〇〇	整隻以布包裹或無包裹者抽十二元倘以罐或瓶備或以別種裝備者抽六元
鹹牛肉	每值百元	九	六〇	
牛肉片	每值百元	九	六〇	

品名	單位	稅額		備註
羊肉	每值百元	九	六〇	
肉汁	每值百元	六	〇〇	
牛肉汁	每值百元	六	〇〇	
牛尾湯	每值百元	六	〇〇	
乾肉	每值百元	三	六〇	
猪肉皮	每值百元	三	六〇	
果品類				
洋蜜棗	每值百元	一四	四〇	
蘋果	每值百元	三〇	〇〇	二十四年稅字第七一一五號佈告加征
橘子	每值百元	三〇	〇〇	同上
金山橙	每值百元	三〇	〇〇	同上
檸檬	每值百元	三〇	〇〇	同上

提子	每值百元	三〇	〇〇	同上
呂宋芒果	每值百元	三〇	〇〇	同上
暹柚	每值百元	三〇	〇〇	同上
椰子	每值百元	三〇	〇〇	同上 舶來椰乾每值百元征稅六元(由廿八年一月起)
檳榔	每值百元	三〇	〇〇	同上
未列名鮮果	每值百元	三〇	〇〇	同上
西梅乾	每值百元	三〇	〇〇	同上
蘋果乾	每值百元	三〇	〇〇	同上
椰絲肉	每值百元	三〇	〇〇	同上
花旗松子	每值百元	三〇	〇〇	同上
毛花果	每值百元	三〇	〇〇	同上

	黃枝乾	每值百元	三〇	〇〇	同上
	西枝乾	每值百元	三〇	〇〇	同上
	杏梅乾	每值百元	三〇	〇〇	同上
	栗肉乾	每值百元	三〇	〇〇	同上（另納京果海味捐大洋二元四角准照扣除）
	大提子	每值百元	三〇	〇〇	同上（另納京果海味捐大洋二元四角准照扣除）
	杏仁	每值百元	三〇	〇〇	同上（另納京果海味捐大洋二元四角准照扣除）
	未列名乾果	每值百元	三〇	〇〇	同上
	果皮及製餅果料	每值百元	六	〇〇	
	小葡萄乾	每值百元	三〇	〇〇	
	加倫子	每值百元	三	六〇	
飲料類	果子露	每值百元	一八	〇〇	

果汁凍	每值百元	一八	〇〇	
果子汁	每值百元	一八	〇〇	
茶葉	每值百元	一八	〇〇	下分色素
大小保士担茶	每值百元	一八	〇〇	
查古律	每值百元	一四	四〇	即朱古力不分片或粉或粒但朱古律磚每值百元改征三十元
可可	每值百元	一四	四〇	即哥古
咖啡	每值百元	一四	四〇	不分粉或精
麥精	每值百元	一四	四〇	
阿華田	每值百元	一四	四〇	
毛花果汁	每值百元	一四	四〇	
檸檬汁	每值百元	一四	四〇	

橙汁	每值百元	一四	四〇	
提子汁	每值百元	一四	四〇	
蘋果汁	每值百元	一四	四〇	
煉乳	每值百元	六	〇〇	
淡奶皮	每值百元	三	六〇	
淡牛奶	每值百元	三	六〇	
牛奶粉	每值百元	三	六〇	乾乳、勒吐精、格那克索等
奶粉糖	每值百元	三	六〇	
罐頭類				
大小罐頭水欖	每值百元	一二	〇〇	
罐頭雜果	每值百元	一二	〇〇	
罐頭台果	每值百元	一二	〇〇	

品名	單位	稅率	
罐頭沙甸魚	每值百元	一二	〇〇
罐頭希苓魚	每值百元	一二	〇〇
罐頭三文魚	每值百元	一二	〇〇
罐頭鮑魚	每值百元	一二	〇〇
罐頭明蝦	每值百元	一二	〇〇
其他魚介海產品罐頭	每值百元	一二	〇〇
罐頭雀肉	每值百元	一二	〇〇
罐頭牛脷	每值百元	一二	〇〇
罐頭牛肉	每值百元	一二	〇〇
其他肉類罐頭	每值百元	一二	〇〇
罐頭蘆筍	每值百元	七	八〇

	罐頭菜蔬	每值百元	七八〇
	罐頭粟米	每值百元	七八〇
	罐頭青豆	每值百元	七八〇
	罐頭瓜仁豆	每值百元	七八〇
	罐頭肉豆	每值百元	七八〇
	罐頭粟米豆	每值百元	七八〇
	酸果	每值百元	七八〇
	甜酸果	每值百元	七八〇
	罐頭糖菠蘿	每值百元	七八〇
	罐頭糖洋葱頭	每值百元	七八〇
油類	椰油	每百斤	一八〇〇

猪油	每值百元	一二〇〇	
牛油	每值百元	一二〇〇	
橄欖油	每值百元	六〇〇	
假奶油	每值百元	六〇〇	
假猪油	每值百元	六〇〇	
假牛油	每值百元	六〇〇	
生菜、油	每值百元	六〇〇	
茶油	每百斤	四五〇	船來及省外運粵均屬之
菜油	每百斤	四五〇	同上
棉子油	每百斤	四五〇	同上
生油	每百斤	四五〇	同上

類別	品名	單位	稅率		備考
	生餅	每百斤	〇	三四	同上 出油重量五斤以上未滿十斤
		每百斤	〇	九〇	同上 出油重量十斤以上至二十斤
		每百斤	一	三五	同上 出油重量二十斤至三十斤
		每百斤	一	八〇	同上 出油重量三十斤以上至四十斤
	豆油	每百斤	四	五〇	舶來及省外運粵均屬之
	蘇油	每百斤	四	五〇	舶來及省外運粵均屬之
	臭牛油	每百斤	一	〇〇	廿三年九月十九日財廳甩字第二一三三號訓令核定每担征收大洋一元
調味類	魚子醬	每值百元	一八	〇〇	
	奶酥	每值百元	一八	〇〇	
	奶油	每值百元	一八	〇〇	
	果醬	每值百元	一八	〇〇	

醬油	每值百元	一八	〇〇	
沙士	每值百元	一八	〇〇	
洋醋	每值百元	一八	〇〇	
茄汁	每值百元	一八	〇〇	
茄醬	每值百元	一八	〇〇	
油咖喱	每值百元	一八	〇〇	
芥茉	每值百元	一八	〇〇	
結汁	每值百元	一八	〇〇	即隐汁
咖啡油	每值百元	一八	〇〇	
大小湯汁	每值百元	一八	〇〇	
雜肉醬	每值百元	一八	〇〇	

果子油	每值百元	一八	○○	
香料粉	每值百元	一八	○○	
香精油	每值百元	一八	○○	
菠蘿油	每值百元	一八	○○	
味之素	每值百元	一八	○○	
魚露	每值百元	一八	○○	
鹹魚水	每值百元	一八	○○	
紅辣椒	每值百元	七	八○	
胡椒	每值百元	七	八○	不分黑白
茄湯	每值百元	六	○○	
八角	每值百元	二	四○	

	茴香	每值百元	二	〇〇	
	良薑	每百斤	一	八〇	
雜類	這厘片	每值百元	一四	四〇	
	發酵粉	每值百元	九	六〇	淨鹹碱照上稅率征稅
	香菌	每值百元	八	四〇	
	白菌	每值百元	八	四〇	
	洋多菇	每值百元	八	四〇	
	洋香信	每值百元	八	四〇	
	洋磨菇	每值百元	八	四〇	
	洋石耳	每值百元	八	四〇	
	蛋黃汁	每值百元	七	八〇	

筍尖	每值百元	七	八〇
蘆筍	每值百元	六	〇〇
野鳥蛋	每值百元	三	六〇
家禽蛋	每值百元	三	六〇
白燕窩	每斤	一二	〇〇
毛燕窩	每斤	三	〇〇
燕窩排	每斤	〇	六〇
卅三年一月廿五日財廳厘字第一六五號訓令核定每斤收大洋五角又遵照厘字第一零五零號訓令飭增加二成應征如上數			

上列各物品無論散裝罐裝均須一律抽收國產除特定外餘均免征倘若舶來罐頭改裝混充國貨書寫「在中國製造」字樣而無註册商標者照章征收以杜取巧

三　凡前項舶來物品如係由華人商店購買無論買自何人或外人洋行應由買入之華商負完稅責任於買入時向征稅局所申報種類或直接完納專稅領具完稅單據方能運回轉賣不得藉口洋行送貨希圖免稅如係由華商直接採辦者于進口時即須完納專稅至未開征前已買入之貨現尚儲存待沽者應由貨主報明登記不抽登記費及不追征稅款

四　凡前項舶來物品已完專稅如須轉運別處者各貨商應向當地征稅局所申報在稅單內註明已銷若干轉運若干銷號放行不

得重抽及不得征收鑽號費

五　凡估價完稅應依照海關估價爲標準並以海關所伸算國幣者爲限

六　完納專稅以國幣爲本位以加一四四伸合毫劵計繳

七　凡應征專稅之物品如係華人經理遇有特別情形須先入倉續報或已完專稅而仍儲倉待沽者皆應先行報明理由方能緩納違作走私論

八　貨商販運應完專稅各貨物如以多報少或以貴報賤或塗改稅票或單貨不符影射走漏者均按照稅欵加罰三倍恃强闖越加罰五倍大起走私不服盤查追緝拒捕者呈廳究辦充公其有私運私藏私售私買舶來農產品及什項貨物未經依照規定手續完納專稅者一經緝獲訊明除將私貨悉數沒收外並照所獲私貨之價值五倍處罰所有窩藏接運之商店貨倉住宅輪船貨艇得予標封投變沒收充公至罰欵及私貨變價照廿六年一月一日頒行修正緝獲走私貨物變價及罰款充賞章程辦理

九　凡應征專稅之物品與儎原件轉駁不泊岸轉運別處者應先行報明分别完免稅欵倘確持有海關轉口稅單應於未轉運時將關單繳驗免稅放行惟貨商不得過期延滯或分拆起卸或抽換頂替致干查究

十　此項專稅設局稽征所有征收稅款按旬報解金庫核収至遲不得逾期五天外屬道遠得半月報解一次仍不得過期

十一　此項專稅應用聯單由本廳核發各局呈廳領用

（附）1 征收舶來木料專稅稅率表

類別名稱		重量或價值徵收國幣數	備考
木材品	板 條	每值百元	十元	

平常斬方木材	以下均同	以下均同	
圓木段			
重木			重木分(甲)無疵，淨貨(乙)可作商品用，淨貨爲徵稅標準
坤甸，鐵抄，山章，波羅格，雜木，其他。	每立方公尺值國幣 十元以上二十元以下 廿元以上三十元以下 卅元以上四十元以下	每尺徵國幣 二元 二元五角 三元五角	
輕木	每值百元	十元	輕木徵稅標準與重木同
平常鋸方木材	以下均同	以下均同	
平常製成木材			
桄桿			
鐵路枕木			免征
柚木	每立方公尺值國幣 三十元以上四十元以下 四十元以上五十元以下 五十元以上六十元以下 六十元以上	每尺征國幣 三元五角 四元九角 五元五角 七元	橋樑段均在內

毛柿木	每值百元	十元
沉香	以下均同	以下均同
降香		
哔囉木		
紅木		
花梨木		
檀香		
檀香末		
蘇木		
秤桿木		
香木		

馨木（柴香）			
軟木			
寨木			
樟木			
烏木			
呀囒治木			
鐵木			
日本木絲			
裝飾木			
其他未列名木材			
木製品			
桶			

箱			
製箱桶木條			
木梗			係屬製造火柴用品經剔出免征以扶植本省士製火柴之事業
籠			
普通裝貨器具			
軟木塞			
傢具			
機器			全部屬木製或一部屬木製均須征稅
木片			係屬製造火柴用品剔出免徵以扶植本省十製火柴之事業
其他未列名木製品			

說明：木類所稱爲貢木者係指各種結球果及針葉刺葉之樹木如松樹杉樹檜樹落葉松樹柏樹水松杜松樹扁柏樹凡濶葉

之樹木則稱爲重木所徵表列各種木料專稅係以關單所載價值爲準值百抽十所有徵稅辦法依照現行舶來農產品什項章程辦理由二十五年六月十五日起飭由各農稅局兼收

(附)2橡膠類製成品物專稅稅率表

膠製品種類別	品名	課徵稅率		備攷
		重量或價值	徵稅國幣數	
汽車用品	貨車外膠輪	每值百元	五元	
	貨車內膠輪	每值百元	五元	
	客車外膠輪	每值百元	五元	
	客車內膠輪	每值百元	五元	
	其他	每值百元	五元	凡屬於汽車用膠製品屬之
單手車用品	外膠輪	每值百元	五元	
	內膠輪	每值百元	五元	

	兒童車胎	每值百元	五元
醫科用品	洗紅鼻膠泵	每值百元	五元
	一節黑膠耳聾筒	每值百元	五元
	二節黑膠耳聾筒	每值百元	五元
	三節黑膠耳聾筒	每值百元	五元
	紅膠喉泵	每值百元	五元
	大號膠洗症袋	每值百元	五元
	二號膠洗症袋	每值百元	五元
	三號膠洗症袋	每值百元	五元
	紅膠喉聽症筒	每值百元	五元
	膠耳泵	每值百元	五元

大號紅膠喉	每值百元	五元
二號紅膠喉	每值百元	五元
三號紅膠喉	每值百元	五元
細號紅膠喉	每值百元	五元
大號膠烟袋	每值百元	十元
二號膠烟袋	每值百元	十元
三號膠烟袋	每值百元	十元
細號膠烟袋	每值百元	十元
膠手套	每值百元	十元
膠粒洗身擦	每值百元	十元
方形膠泡	每值百元	十元

膠咀	每值百元	十元
大號膠牛奶咀	每值百元	十元
二號膠牛奶咀	每值百元	十元
細號膠牛奶咀	每值百元	十元
大號擦字膠	每值百元	五元
二號擦字膠	每值百元	五元
三號擦字膠	每值百元	五元
細號擦字膠	每值百元	五元
膠手巾袋	每值百元	十元
膠頸肩	每值百元	十元
男用膠大便袋	每值百元	五元

	女用膠大便袋	每值百元	五元
	紅膠洗大便節	每值百元	五元
	粉紅膠洗大便節	每值百元	五元
	男用黑膠大便節管	每值百元	五元
靴鞋	大號膠套	每值百元	十元
	二號膠套	每值百元	十元
	細號膠套	每值百元	十元
	膠靴	每值百元	十元
防水橡膠布	膠雨衣	每值百元	十元
	膠雨帽	每值百元	十元
	膠布	每值百元	十元

體育用品	大號膠球胆	每值百元	十元	
	二號膠球胆	每值百元	十元	
	三號膠球胆	每值百元	十元	
	細號膠球胆	每值百元	十元	
普通日用品	大號膠煖水袋	每值百元	十元	
	二號膠煖水袋	每值百元	十元	
	三號膠煖水袋	每值百元	十元	
	細號膠煖水袋	每值百元	十元	
	膠口水肩	每值百元	十元	
	橡膠地墊	每值百元	十元	膠地墊價值視尺寸大小而定
	其他	每值百元	十元	如膠線膠箍之類

兒童玩具	大號膠公仔	每值百元	十元	
	細號膠公仔	每值百元	十元	
	其他	每值百元	十元	
其他用品	理化橡膠用品	每值百元	五元	
	輪船橡膠用品	每值百元	五元	
	機器及工業橡膠用品	每值百元	五元	
	修飾橡膠用品	每值百元	十元	
	代皮橡膠用品	每值百元	十元	
	電池箱	每值百元	五元	
	未列品橡膠什品	每值百元	十元	
	布面膠底鞋	每對	五分	廿七年十月二十日起改爲從價徵稅每值百元抽五元

菲林軟片	每值百元十元	廿七年五月卅一日核定加征

上列各物品凡屬舶來者一律抽收以維持國產貨品而防遏外貨傾銷如國產貨品運抵本省行銷時如貨明有第一或轉口關局所給單照者准予免稅放行倘僅有未經呈准之自刊運單並無關局已照機貨完税單照者應仍照章征稅至所領關局給發已照機貨完稅單照者務將廠號貨品名稱分別載明如有含混夾雜情弊除對于單照載明廠號貨品免稅放行外其餘別廠貨品未經載明者仍照定章征稅

(附)3 修正舶來化粧裝飾用品及玩具專稅稅率表

稅別	征稅範圍：類別	征稅範圍：品名	稅率（從價征收國幣）	備考
化粧用品	修飾品類	1香水2脂粉3香皂4唇膏5蔻丹6牙膏7牙粉8牙水9髮膠10髮臘11雪花膏12爽身粉13潤面水14爆拆水15雀斑水16生髮油17指甲水18剃鬚皂19花露水20其他未列名修飾用品	值百拾元	
	化粧用器具類	1梳粧盒2梳篦3修指甲具及其附件4牙刷5粉撲6粉盒7髮掃8衣掃9剃刀10理髮器具及其附件11沐浴用各種軟擦12剃鬚器具及其附件13酒香水瓶及其附件14其他未列名化粧用器具	值百式拾元	
裝飾用品	金屬製品類	凡一切金屬製成之裝飾用品及其他配件零件均屬之	值百拾元	裝飾用品征稅範圍如各項首飾鏢鍊鏢鑠各種鈕扣手杖煙用物品及其他同類物品均包括在內
	琥珀珊瑚玳瑁瑪瑙製品類	凡以琥珀珊瑚玳瑁瑪瑙等項物質製成之裝飾用品及其配件零件均屬之	值百式拾元	

稅別	徵稅類別	稅範圍品名	稅率	備考
	骨角毛羽毛髮介殼獸牙製品類	凡以骨角毛羽毛髮介殼獸牙等項物質製成之裝飾用品及其配件零件均屬之	值百 式拾元	
	眞假首飾類	凡眞假玉石珍珠寶石貴重金屬及一切人造飾物均屬之	值百 式拾元	
	其他	凡未列名裝飾用品及材料均屬之	值百 拾元	
玩具	玩具類	凡以各種物質製成之玩具均屬之	值百 拾元	
	游戲品類	1小車小船等及其同類物品2口琴3各種球盤球棒球拍及其同類物品4風槍5非金屬製樂器6練力用鋼線彈弓7其他	值百 拾元	

(1)上列各類製品皆在徵抽範圍之內但以舶來品爲限國產貨品不得徵收其貨物同一種類而未列名稱者依照本表各該類稅率徵抽

(2)凡本表所列各項物品即照本表規定稅率徵抽如在其他專稅章程中另有規定者不再徵收其他專稅

(3)本專稅稽徵手續悉照舶來物產專稅章程辦理

(附)4修正舶來磁器玻璃暨金屬製品專稅稅率表

稅別	徵稅類別	稅範圍品名	稅率 從價徵稅國幣	備考
瓷器		一切陶瓷器皿及潔具磁磚均屬之	值百 拾伍元	
玻璃		1窗戶用玻璃2厚薄玻璃片	值百 伍元	
	製成器皿類	凡鏡子鏡片雙筒鏡眼鏡整個及其零件及一切玻璃製成之器皿均屬之	值百 拾元	
		3玻璃瓶	值百 伍元	
	車輛船艇類	1各種車輛船艇配件零件2十二座以上或載重一公噸以上之客貨車輛3各種汽車脚踏車人力車小汽船全部或分部4鐵道或電車道應用之客貨車輛及機車煤水車	值百 伍元	車輪胎仍照橡膠製品稅率征稅

金屬製品			
	5消防用具原料品農工業用或製造機器用之各種機械及其配件零件（以不能移作別用者為限）	免稅	鐵角鐵板鐵條非經改造不能成器之原料每值百元改征六元
普通用具類	1金屬製床架2輕便床3行軍床4燃用煤油酒精之火爐烹飪器燈管器爐5電燈泡6磁夾板7阻電力8原板9電盤10鉛絲盒11插拴心子12燈頭13開關14配電板15電線16電繩17其他電氣材料18電力煮飪氣19電扇20電筒21電氣熨斗22電燈氣23電氣煖爐24烘麵包器25濕電池26乾電池27凝電器28煤氣燈頭29煤氣煮飪器30煤氣煖爐31煤氣燈32煤氣灶33煤氣燒水爐34金磨燈35金屬製傢具及其零件附件36各師鉎刀刀叉利口器及針鎖等物37鐵錨練條及鐵坏38保險箱櫃39鐵箱40錢箱41保險庫門42馬口鐵箱一43電話機44電報機45收發電報器46無線電話機及其配件零件（括弧內各物免稅）47縫紉機48針織機49打字機50自動開費機51計算機52銀錢登記機53印壓機54打支票機55時日表明機56複印機57編號機58辦事筆用之各種機器及其配件59量煤氣表60水表61電流表62電壓表63電力表64用金屬製成之薄塊粒錠片板條竿絲粉縋磚及絲纏等項65金屬製各種釘子螺旋管子及墊圈66鋼鐵製成之板片三角水流丁字工字樑及其他建築用及構造用材料67鐵軌（軌道上所用金屬品包括在內）68一切搪瓷鐵器69其他金屬製同類物品	值百捌元	
其他物品類	1留聲機及其零件附件（各種唱機同）2收音機及其零件附件3金屬製樂器4鐘錶5獵用槍械及子彈6各種照相機及電影製品器具材料（化學產品不在內）7其他未列名物品	值百拾元	

說明：本專稅稽征手續悉照船來物產專稅章程辦理

(乙)廣東全省進口洋布疋頭專稅征收章程

(一)全省洋布疋頭專稅應按照規定種類遵照抽收如左

(一)本色棉布品類

種類	品別	按貨價每值百元征收國幣數	備考
凡本色市布、粗布、細布、寬不過四十英寸長不過四十一碼	(甲)重七磅及以下 (乙)重過七磅不過九磅 (丙)重過九磅不過十一磅	三元〇〇	
本色市布粒布、細布、寬不過四十英寸長不過四十一碼每英方寸過一百十綫	(甲)重過十一磅不過十二磅半 (乙)重過十二磅半不過十五磅半 (丙)重過十五磅	三〇〇	
本色市布、粗布、細布、寬不過四十英寸長不過四十一碼每英方寸不過一百十綫	(甲)重過十一磅不過十五磅半 (乙)重過十五磅半	三〇〇	
本色粗細斜紋布(僅三綫或四綫組)寬不過三十一英寸長不過三十一碼		三〇〇	
本色粗細斜紋布(僅三綫或四綫組)寬不過三十一英寸長不過四十一碼	(甲)重十二磅零四分之三及以下 (乙)重過十二磅零四分之三	三〇〇	
本色洋標布寬不過三十四英寸長不過二十五碼	(甲)重七磅及以下 (乙)重過七磅	三〇〇	
本色洋標布寬過三十四英寸不過三十七英寸長不過二十五碼		三〇〇	

本色棉帆布雙絲布		三	〇〇	
未列名本色棉布		三	〇〇	
漂市布（通稱漂布）粗布細布	（甲）寬不過三十七英寸長不過四十二碼 （乙）寬不過四十一英寸	三	〇〇	以下漂白或染色棉布品
漂竹布寬不過三十七寸長不過四十二碼		三	〇〇	
漂粗細斜紋布（僅三線或四線組）寬不過三十二英寸長不過三十三碼 漂粗細斜紋布（僅三線或四線組）寬不過三十一英寸長不過四十二碼		三	〇〇	
漂洋標布	（甲）寬不過三十二英寸長不過二十五碼 （乙）寬不過卅二英寸長不過廿五碼不過四十一碼	三	〇〇	
漂白織花洋紗燈芯布、水浪布、織花膠布、燈芯蓆法布、寬不過三十英寸長不過三十碼		三	〇〇	
漂白或染色素或織花、細洋紗、軟洋紗、稀洋紗、厚稀紗、細稀紗、蟬軟稀紗、維多利亞格子紗、瑞士格子紗、拉白（譯音）紗布、洋綾、提花洋紗、（單紗線）及條子、點子、燈芯織花市布	（甲）寬不過三十英寸長不過三十一碼 （乙）寬過三十英寸不過三十七英寸長不過四十二碼 （丙）寬過三十七英寸	三	〇〇	
漂白或染色洋羅寬不過三十一英寸長不過三十碼		三	〇〇	

各項專税　三三

貨名	細別		
染色、素、市布、粗布、細布、洋素綢、漂白或染色提花(鏤空洋紗)	(甲)寬不過三十英寸長不過三十三碼 (乙)寬不過三十英寸長過三十三碼不過四十三碼 (丙)寬不過三十六英寸長不過二十一碼 (丁)寬不過三十六英寸長過二十一碼不過三十三碼 (戊)寬不過三十六英寸長過三十三碼不過四十三碼	三	○○
染色、素、粗細斜紋布(僅三綫或四綫組)	(甲)寬不過三十一英寸長不過三十三碼 (乙)寬不過三十一英寸長過三十三碼不過四十三碼	三	○○
染色洋漂布拷花甯綢素甯綢眞假洋紅布寬不過三十二英寸長不過二十五碼	(甲)重三磅零四分之一及以下 (乙)重過三磅零四分之一不過五磅零四分之一 (丙)重過五磅零四分之一	三	○○
漂白、染色、印色，素或織花縐地絲光洋紗寬不過三十二英寸長不過三十二碼		三	○○
漂白或染色素或織花縐紋呢寬不過三十三英寸長不過卅三碼		三	○○
本色、漂白、染色、染紗織縐布(縐紋呢不在內)	(甲)寬不過十五英寸 (乙)寬過十五英寸不過三十英寸	三	○○
白或染色、素或織花羽綾羽綢沖西緞泰西綾綢、斜羽綢橫工布十字紋綢細嗶嘰立吧次布粗條子布(羅緞不在內)蘇法布水雲緞、寬不過三十三英寸長不過三十三碼	(甲)織花羽綾緞綢 (乙)其他	三	○○

品名	規格	稅率
白或染色素或織花羽紬(五線組)經面羽緞(不過五線組)條子羽綢寬不過三十三英寸長不過三十三碼		三〇〇
白或染色織花羅緞(波紋緞在內)泰西緞寬不過三十三英寸長不過三十三碼		三〇〇
白或染色、素羅緞(波紋緞在內)、泰西緞、寬不過三十三英寸長不過三十三碼		三〇〇
手織、斜紋、絨布、棉法絨	(甲)漂白染色·印花染紗織(雙面印花不在內) (一)寬不過二十五英寸長不過十五碼 (二)寬過二十五英寸不過三十英寸長不過十五碼 (三)寬過二十五英寸不過三十英寸長不過三十一碼 (四)寬過三十英寸不過三十六英寸長不過十五碼 (五)寬過三十英寸不過三十六英寸長不過三十一碼 (乙)雙面印花寬不過三十英寸	三〇〇
染色冲毛呢	(甲)寬不過三十二英寸長不過三十碼 (乙)寬過三十二英寸不過六十四英寸長不過二十英寸	三〇〇
染色素尺六絨尺九絨寬不過二十六英寸		三〇〇
印花織花拷花尺六絨尺九絨及燈芯絨厚燈芯絨回絨嗱絲錦布芝蔴絨		三〇〇
漂白或染色棉帆布雙絲布		三〇〇

品名	規格	稅額	
未列名漂白或染色棉布		三	〇〇
(二)印花棉布品類			
印花細洋紗、印花軟洋紗、印花稀洋紗、印花市布、印花粗布、印花細布、印花洋標布(灰印花標在內)印花粗斜紋布、印花細斜紋布、印花縐丁布印花嗶嘰、印花羽布、印花蔗法布(無光印花蔗布不在內)	(甲)寬不過二十英寸 (乙)寬過二十英寸不過四十六英寸長不過十二碼 (丙)寬過二十英寸不過三十二英寸長不過三十碼 (丁)寬過二十二英寸不過四十二英寸長不過三十碼	三	〇〇
印花縐地呢縐地花布寬不過三十二英寸長不過三十碼		三	〇〇
印花縐布	(甲)寬不過十五英寸 (乙)寬過十五英寸不過三十英寸	三	〇〇
印花羽緞、緞布、印提花洋紗、(印花條子格子在內)印花羽綢、印花格布、印花泰西緞、印花羽綾、印花斜、羽綢、印花粗條子布、印花羅緞、印花水雲緞寬不過三十二英寸長不過三十碼		三	〇〇
印花洋縐寬不過三十一英寸長不過三十碼		三	〇〇
一色印雙面印花標寬不過三十二英寸長不過三十碼		三	〇〇
未列名印花棉布(各種雙面印花布)		三	〇〇

（三）雜類棉布品類			
未列名染紗織棉布		三	○○
橡皮雨衣布		三	○○
未列名棉布		三	○○
（四）棉製品類			
棉質假金線棉質假銀線		三	○○
棉纜索繩		三	○○
燭芯		三	○○
花邊、衣飾、繡貨、其他裝飾用品、及全部用上列各物製成之貨品		三	○○
蚊帳紗		三	○○
製襪衫用及針織錦布	（甲）起毛者 （乙）未起毛者	三	○○

起毛針織衛生衣類		三	〇〇	
未起毛汗衫褲短襪長襪	(甲)兩面均未起毛者(一)無光無絲光線製(二)光絲光線製 (乙)其他	三	〇〇	
寬緊帶		三	〇〇	
未裝飾或裝飾腿帶		三	〇〇	
燈芯		三	〇〇	
圈絨毛巾		三	〇〇	
無花毯、印花毯、老虎毯及毯布		三	〇〇	
手帕		三	〇〇	
新布袋		三	〇〇	
未列名衣服及衣着零件		三	〇〇	
未列名棉貨		三	〇〇	

（五）毛織品類			
毛花邊、衣飾、綉貨、其他裝飾用品及全部用上列各物製成之貨品		三	〇〇
針織呢絨		三	〇〇
旗紗布寬不過十八英寸長不過四十碼		三	〇〇
羽毛寬不過三十一英寸長不過六十二碼		三	〇〇
素、織花、縐紋、毛羽綾寬不過三十一英寸長不過三十二碼		三	〇〇
粗嗶嘰寬不過三十一英寸長不過二十五碼		三	〇〇
小呢寬不過六十四英寸		三	〇〇
毛羢		三	〇〇
橡皮雨衣布		三	〇〇
未列名呢羢（攙什他種纖維者在	（甲）每方碼重不過六英兩 （一）經線全爲棉紗 （二）其他		

貨名	細目			
內但攙什絲不在內）	（乙）每方碼重過六英兩不過十二英兩 （一）經線全爲棉紗 （二）其他 （丙）每方碼重過十二英兩	三	〇〇	
氈呢氈套		三	〇〇	
毛毯地毯及他地衣類		三	〇〇	
呢冠帽	（甲）不用獺絨或毛髮製成者每打價值不過二六〇二五金單位 （乙）其他	三	〇〇	
未列名衣服及衣着零件		三	〇〇	
未列名毛貨（攙什他種纖維者在內但攙什絲者不在內）	（甲）帽坯 （乙）其他	三	〇〇	
（六）絲及其製品類				
人造細絲、粗絲		三	〇〇	
未列名絲及廢絲		三	〇〇	
絲質假金銀絲（攙什他種纖維者在內）		三	〇〇	

未列名紗、線		三	〇〇
花邊、衣飾、繡貨、其他裝飾用品及全部用上列製成之貨品		三	〇〇
針織綢緞		三	〇〇
寬緊帶		三	〇〇
羅衣絲絨		三	〇〇
白、染色、染紗織、蠶絲棉緞	(甲)素 (乙)織花 (丙)染紗織	三	〇〇
未列名綢緞(攙什他種纖維者在內)	(甲)蠶絲(指船來而言國產免抽) (乙)人造絲 (丙)蠶絲夾人造絲 (丁)蠶絲夾毛或夾毛及植物纖維 (戊)人造絲夾毛或夾毛及植物纖維 (己)蠶絲夾植物纖維 (庚)人造絲夾植物纖維	三	〇〇
未列名衣着零件		三	〇〇
未列名絲貨(攙什他種纖維者在內)		三	〇〇

附註：(一)表列棉蔴織品及其製成品每值百元改征五元毛絲(人造絲同)織品及其製成品每值百元改征七元
(二)毛冷綫每值百元征稅五元
(三)砂布照棉蔴織品類每值百元征稅五元

以上各類皆在征抽範圍之內但以舶來品爲限國產貨品不得征收其貨物同一種類而未列名稱者悉依海關抽收種類爲據又以完統稅及規定免稅章程所未列舉者不得征收

一 凡章程規定各項物品一經進口由華商購入均應按照各貨之海關估價值百抽三即每百元抽國幣三元

一 凡前項進口貨物如由華人商店購買無論買自何人或何處洋行均應由買入之華人或商店負完稅責任於買入時赴專稅局之征收辦事處遵章報明種類及估本價值繳納專稅領具完稅聯單與貨隨行方能起運出倉回店不得藉口洋行送貨圖免稅款違作走私論

一 凡屬應征專稅之貨物如係華人經理販運入口一經起卸及完納關稅後即應到專稅局報納專稅如有特別情形須先入倉續報或已完專稅而仍儲倉待售者皆應先行報明理由查實許可方能緩納否則亦作走私論

一 凡洋布疋頭原傢原件轉駁不泊岸轉運別處者應先行報明分別完免稅款倘確係持有海關攤涉(TRANSIT)(轉口稅單)應於未轉運時將關單繳驗免稅放行惟貨商不得過期延滯或分拆起卸或抽換頂替致干究罰

一 商人販運應完專稅布疋或以多報少或以貴報賤或塗改印票有意隱瞞或單貨不符影射走漏者均應照稅款加罰三倍特強闖越加罰五倍大起走私不服盤查追緝拒捕者呈廳罰辦充公其有私運私藏私售私買未經依照規定手續完納專稅者一經緝獲訊明除將私貨悉數沒收外並照私貨所獲之價值五倍處罰所有窩藏接運私貨之商店貨倉住宅輪船貨艇得予標封投變沒收充公及私貨變價修正緝獲走私貨物變價及罰款充賞章程辦理

一　凡已納專稅之洋布疋頭如轉運別處不得重征貨商須向就近征稅局所報明已銷若干轉運若干銷號放行征稅局所不得留難阻滯及索取銷號費

一　凡有人口少數貨疋其度量不過五碼或總額不過三件均免抽專稅若逾此度數一律報徵不得藉口希圖免納

(丙)廣東全省顏料專稅徵收章程

一　凡廣東全省進口顏料均歸顏料專稅徵收範圍按照規定種類照海關估價值百抽八即每百元抽國幣八元

品名	重量或價值	徵收國幣數	備考
未列名安尼林染料及其他煤膏染料(人造染料)	每值百元	八〇〇	
栲皮	每值百元	八〇〇	
梅樹皮	每值百元	八〇〇	
黃柏皮(染料用)	每值百元	八〇〇	
洋藍	每值百元	八〇〇	
銅金粉	每值百元	八〇〇	

炭精（墨烟）	每值百元	八〇〇
鉻黃（泥金色）	每值百元	八〇〇
硃砂	每值百元	八〇〇
養化鈷（青漆）	每值百元	八〇〇
呀囒色	每值百元	八〇〇
薯莨	每值百元	八〇〇
兒茶（皮膠）或檳榔膏	每值百元	八〇〇
籐黃	每值百元	八〇〇
漆綠	每值百元	八〇〇
石黃	每值百元	八〇〇
人造靛	每值百元	八〇〇

天然乾靛	每值百元	八	〇〇	
天然水靛	每值百元	八	〇〇	
降香	每值百元	八	〇〇	
紅丹鉛粉黃丹	每值百元	八	〇〇	
蘇木膏	每百斤	八	〇〇	
五倍子	每值百元	八	〇〇	
赭色	每值百元	八	〇〇	
紅花	每值百元	八	〇〇	
蘇木末	每值百元	八	四〇	稅字第三三二六號指令不征木稅仍征顏料稅
大青或碗青	每值百元	八	〇〇	
藤黃	每值百元	八	〇〇	

佛頭青或雲青	銀硃	人造銀硃	鋅白	未列名染料顏色皮料硝皮料油漆料	未列名油漆凡立水擦光料油墨
每值百元	每值百元	每值百元	每值百元	每值百元	每值百元
八	八	八	八	八	八
〇〇	〇〇	〇〇	〇〇	〇〇	〇〇

以上各種類以船來品爲限國貨產品不得征收其未列名各物悉依海關抽收種類爲據又章程所無者不得濫征

一　凡進口船來顏料如係由華人商店購買無論買自何人或何處洋行均應由買入之華人商店遵章報明價值繳納專稅領具征收稅單與貨隨行能出倉返店不得藉口洋行送貨希圖免抽違作走私論罰

一　凡已納專稅之顏料如運往省內各處分銷應先向就地征收專稅辦事處先行銷號註明已銷若干轉運若干領取運照以憑轉運沿途經過征收分所一經驗明即蓋戳放行查驗人員不得收受銷號或手續等費及留難阻滯

一　貨商隱匿偷漏加罰二倍恃強闖越加罰五倍大起走私不服盤查並追緝拒捕者扭解財政廳懲辦貨物充公其有私運私藏私售私買未經依照規定手續完納專稅者一經緝獲訊明除將私貨悉數沒收外並照所獲私貨之價值五倍處罰所有窩藏接運私貨之商店貨倉住宅輪船貨艇得予標封投變沒收充公至罰款及私貨變價照廣東全省緝私總處緝獲走私貨物變價及罰

款充賞章程辦理

一　凡屬應征專稅之顏料如係華人經理販運入口一經起卸及完納關稅後即應向顏料專稅征收處報納專稅如有特別情形須先入倉續報或已納專稅而仍儲倉待估者皆應先行報明理由方許通融辦理違作走私論

(丁)征收廣東全省洋紙專稅章程

(一)凡廣東全省進口洋紙依本章規定征收專稅由廣東財政廳辦理將欵解繳庫收

(二)洋紙專稅及罰欵均以國幣爲本位

(三)征收洋紙專稅之種類及標準稅率依左列辦理

品別	重量	徵收國幣數	備考
舊洋文報紙雜誌	每百斤	三元〇〇	
新聞報紙	每百斤	三〇〇	限報館印刷報紙用(每百斤徵收大洋一元)本年四月十一日起核准免稅
油光紙	每百斤	三〇〇	
包皮紙	每百斤	三〇〇	鷄皮紙洋表古紙油紙及他類防水紙在内

紙板	每百斤	三	〇〇
火柴紙	每百斤	三	〇〇
書簿皮紙	每百斤	三	〇〇
紙烟紙	每百斤	三	〇〇
羊皮紙	每百斤	三	〇〇
百加明紙	每百斤	三	〇〇
格拉新紙	每百斤	三	〇〇
防油紙	每百斤	三	〇〇
冲砂紙	每百斤	三	〇〇
拍紙簿	每百斤	三	〇〇
單面臘簿紙	每百斤	三	〇〇

滑質書紙	每百斤	三〇〇	
粗夫士隐紙	每百斤	三〇〇	以上各種無論白色或染色有無隱紋均同
印成之日曆通書及各項商品招紙標語紙	每百斤	三〇〇	格紙及告白書籍或上等洋紙印成照六元計算征税
印圖紙	每百斤	六〇〇	
印書紙	每百斤	六〇〇	三十一磅至七十五磅
臘光紙	每百斤	六〇〇	
雙光紙	每百斤	六〇〇	
印花色紙	每百斤	六〇〇	
簿面花紋紙	每百斤	六〇〇	
幼夫士隐紙	每百斤	六〇〇	
印水紙	每百斤	六〇〇	

一號色書紙	每百斤	六〇〇	
蔴紙	每百斤	六〇〇	
卜架紙	每百斤	六〇〇	
厚印書紙	每百斤	六〇〇	七十五磅重以上
圖畫紙	每百斤	六〇〇	
薄砂紙	每百斤	六〇〇	
偈紙	每百斤	六〇〇	
揮把紙	每百斤	六〇〇	電器物料
錫紙	每百斤	六〇〇	
粉紙	每百斤	六〇〇	
解手紙	每百斤	六〇〇	

名片紙	每百斤	六〇〇
白粉咕紙	每百斤	六〇〇
通咕紙	每百斤	六〇〇
映相用紙	每百斤	六〇〇
臘油紙	每百斤	六〇〇
玻璃紙	每百斤	六〇〇
明紙	每百斤	六〇〇
石棉紙	每百斤	六〇〇
羅紋紙	每百斤	六〇〇
元甲紙	每百斤	六〇〇
縐紙	每百斤	六〇〇

品名	單位	稅額	附註
布紋紙	每百斤	六〇〇	
千層紙	每百斤	六〇〇	
擦器砂紙	每百斤	六〇〇	以上各種無論白色或染色有無隱紋均同
五彩印色各行商標	每百斤	六〇〇	
月份牌	每百斤	六〇〇	
洋紙盒	每百斤	六〇〇	
其他未列名特種洋紙及用洋紙製成貨品	每百斤	六〇〇	

(四)征收洋紙專稅係爲維持土紙增益稅收起見凡有本國製紙廠所製紙料運抵本省行銷時如查明有第一或轉口關局所給單照者准予免稅放行倘僅有未經呈准之自刊運單並無關局已照機貨完稅單照者應仍照章征稅至所領關局給發已照機貨完稅單照務將廠號貨品名稱分別載明如有含混夾藏情弊除對于單照載明廠號貨品免稅放行外其餘別廠貨品未經載明者仍照定章品稅

(五)凡進口洋紙如係由華人商店購買無論買自何人或何處洋行均應由買入之華人商店須到征稅處遵章報明種類及重量繳納專稅領取征收單與貨隨行方能起運出倉返店不得藉口洋行送貨希圖免抽否則作走私論罰

(六)凡屬應征專稅之洋紙如係華人經理販運進口一經起卸及完納關稅後即應向征稅處報納專稅如有特別情形須先入倉續報或已納專稅而仍儲倉待沽者皆應先行報明理由查實許可方准通融緩納否則概作走私論罰

(七)凡已納專稅之洋紙如運往省內各處分銷應先向就地征收專稅機關先行銷號註明已銷若干轉運若干領取運照以便經過沿途征稅處時報驗經驗明數目相符蓋戳放行惟查驗人員不得收受銷號或手續等費及留難阻滯

(八)凡存有洋紙華人商店及運銷任何地方征稅處得隨時會警檢查如有走私瞞稅應按照情節輕重施以相當處罰貨商隱匿偷漏照稅款加罰三倍恃強闖越加罰五倍大起走私不服緝查追緝拒捕者呈廳罰辦充公其有私運私藏私售私買未經依照規定手續完納紙稅者一經緝獲訊明除將私貨悉數沒收外並照所獲私貨之價值五倍處罰所有窩藏接運私貨之商店貨倉住宅輪船貨艇得予標封投變沒收充公至罰款及私貨變價給獎分配各項依照廣東全省水陸緝私處緝私給獎章程辦理

(九)本章程施行後所有從前定章對于「佛山紙行及廣州市內紙行加工改造各色洋紙如進口時係照印書新聞紙納稅者于轉運各地時須照補稅每百斤銀五角其餘照各紙納稅者應予免稅」之規定因與本章程對于「新聞報紙限報館印刷報紙用者每百斤徵收大洋一元」之規定抵觸應即廢止以維工業而杜糾紛

(十)本章程如有未盡事宜得隨時增修呈請核准公布之

(附)1廣東財政廳佈告　(捐字第一二〇一號)

案奉廣東省政府訓令以據粵省報界公會呈請將各報館所用新聞紙半專稅除出豁免一案飭由本廳查明此項報館用紙半專稅應否准予豁免或規定粵省各報館所用銷額酌爲核減核議具復以憑察奪等因奉此當即令行廣東省舶來農產品什項專稅總局將各報館用紙數目與其銷售報紙實在數目各有若干查復核奪去後旋據呈報以本市各報奉准核定購用半稅紙額月計九十八萬九千斤廿五年份各報實在購入數量平均每月四十九萬五千七百餘斤比之核定原額約爲百分之五十一等情前來查廣州市各報在廿五年份實購報紙數量平均每月五十萬餘斤報納稅欵年共國幣六萬元連同市外併計約共國幣七萬元既據迭呈求免

應予照准惟查其從前每月請准半稅用紙額與實在購運數量超越至數十萬斤之鉅爲防範流弊起見各報館購入報紙仍須先行照章報納半稅俟銷售後檢其銷售憑證連同完納單繳由各局核明轉廳再將納過半稅退還以期兼顧並定本年四月十一日起施行除呈報令行外合行佈告仰所屬各報館人等一體知照此佈

中華民國二十六年三月廿五日　廳長宋子良

主任秘書桂競秋代拆代行

(附)2廣東財政廳核定本省報館用紙退稅辦法

(一)凡本省報館所用專供印刷新聞用途之報紙適用本辦法之規定辦理退稅

(二)凡本省報館向已奉准購運繳納半稅報紙者自准免納稅後應仍舊依照廣東全省洋紙專稅征收章程第五條規定於購運進口時向各舶來農產品什項專稅局遵章報明種類及重量先行繳納半稅領取完稅單粘貼「檢驗證」並加蓋紅色「報」字戳記方准運回印銷惟所繳半稅俟所運報紙印銷完竣時准逐批列明數目附同原領完稅單申請各舶來農產品什項專稅局核明轉呈本廳退還之

(三)凡本省各報館每月所用退稅紙額應由各該報館將每日印刷張數銷售張數開列明白申請各舶來農產品什項專稅局所派員查明轉呈本廳核定依額購運

(四)凡本省各報館每日印刷報紙及銷售報紙應設立專簿分別登記每屆月終列表申請各舶來農產品什項專稅局查核如查明與購運紙數相符准將所繳半稅於次月申請退還之但申請退稅仍以每批購入之報紙經已印銷完竣者爲限並自繳納半稅之日起最遲扣足三個月申請退還一經逾期不得申請惟因特別情形不能依限銷竣者准開具事由申請核明延長之

(五)凡本省各報館申請核定退稅紙額或退還半稅各舶來農產品什項專稅局得就各報館所用各種有關簿據調查明確呈報本廳核定之

(六)凡本省各報館所用退稅報紙如有暗中轉售漁利情弊一經查明除將該報館所用退稅紙額取銷外並接其所購稅額依廣東全省洋紙專稅征收章程第八條規定分別處罰及將其繳廳半稅沒收充公

(七)各舶來農產品什項專稅局征收報館用紙完稅單由本廳印製頒用所有經收此項稅款悉解廣東銀行專戶存儲俟各報館申請退還由各舶來農產品什項專稅局呈奉本廳核准發給時即由各舶來農產品什項專稅局提回給領以歸簡捷

(八)各舶來農產品什項專稅局每月徵收及退還半稅數目每屆月終須將完稅單存根及報館領據列册專呈本廳查核其有逾期不准退還半稅者併須將款報解金庫核收

(九)本辦法如有未盡事宜得由各舶來農產品什項專稅局隨時呈請本廳核明增訂之

(戊)廣東全省蠟類專稅征收章程

一 廣東全省蠟類專稅按照規定種類分別徵收凡白蠟每百斤抽國幣四元五角黃蠟每百斤抽國幣五元魚油蠟每百斤抽國幣弍元所有專欵包括在內

一 凡進口蠟類如係由華人商店購買無論買自何人或何處洋行均應由買入之華人商店遵章報明價值繳納專稅領具征收稅單與貨隨行方能出倉返店不得藉口洋行送貨希圖免抽如違作走私論罰

一 凡已納專稅之蠟類如運往省內各處分銷應先向就地征收專稅辦事處先行銷號註明已銷若干轉運若干領取運照以憑轉運沿途經過征收分所一經驗明即蓋戳放行查驗人員不得收受銷號或手續等費及留難阻滯

一 貨商隱匿偷漏加罰三倍恃強闖越加罰五倍大起走私不服盤查並追緝拒捕者扭解財政廳懲辦貨物充公至罰款及私貨變價照緝獲走私貨物變價及罰款充賞章程辦理

一 凡屬應征專稅之蠟類如係華人經理販運入口一經起卸及完納關稅即應向蠟類專稅征收處報納專稅如有特別情形須先

入倉續報或已納專稅而仍儲倉待沽者皆應先行報明理由方許通融辦理違作走私論

一　凡應征專稅物品原儀原件轉駁不泊岸轉運別處者應先行報明分別完免稅款倘確有持有海關轉運單應於未轉運時將入關單繳驗免稅放行惟貨商不得過期延滯或分拆起卸或抽換頂替致干查究

(己)修正廣東全省舶來糖類捐征收章程

(民國廿五年十二月一日本廳捐字第三四一四號布告公佈並奉廣東省政府同年月財字第三九九四號令復備案)

(一)凡廣東省内土糖不准抽捐其舶來糖類依照本章程規定徵收舶來糖類捐由廣東財政廳飭令各區舶來農產品什項專稅局彙徵之

(二)凡舶來糖類依左列捐率分別抽收

種類	重量或價值	正餉及加五專款	備考
糖漿	每值國幣百元	國幣二元	廿六年二月一日起凡在於廣東省營產物經理處或其分處地方悉由廣東省營產物經理處或其他分處於徵收工業建設費時一併帶收其無廣東省營產物經理處或其分處地方仍由各舶來農產品什項專稅局徵收
和蘭標本色第十七號以下之糖	每百斤	國幣六角	同右
和蘭標本色第十八號以上之糖	每百斤	國幣六角	同右

方糖塊糖	每百斤	國幣一元六角	同右
冰糖	每百斤	國幣二元	同右
洋蜜糖	每百斤	國幣二元	同右
葡萄糖	每值國幣百元	國幣一十五元	同右
麥精糖	每值國幣百元	國幣一十五元	同右
楓樹糖	每值國幣百元	國幣一十五元	同右
糖精	每值國幣百元	國幣一十五元	同右
在港澳所製造各種糖果餅餌洋來糖果餅餌	每值國幣百元	國幣八十元	同右
糖霜	每值國幣百元	國幣十五元	同右
糖粉	每值國幣百元	國幣十五元	同右
均白糖	每百斤	國幣一元六角	同右

洋桔水	每百斤	國幣二角	同右
香口糖、牛油糖、谷古糖、咖啡糖、什糖、珍珠糖、棉花糖、糖荷糖、朱古力糖、	每值國幣百元	國幣八十元	廿六年二月廿二日本廳指字第一一五八號指令廣東省農稅局遵照征收

(三)凡舶來糖類由糖業營運商依廣東糖業營運取締暫行規則規定將入口糖類貯入廣東省營產物經理處蔗糖部製發入口許可證所指定之公倉時即須赴當地舶來農產品什項專稅局掛號携同存倉單據報明貨色重量價值件數照章繳納捐款領取征收單方准運銷所繳捐款俟銷售時向買客于價內取償

(四)凡舶來糖類一經抽捐即填發征收單交執為憑單內註明貨色重量價值件數年月日期以資查考如將糖類運銷時必須携同征收單報驗領取護運證方得提運經過各局卡如單證與糖類相符立予單證上蓋戳放行若無單證同運或有單證而貨色重量價值件數不符者或私自塗改者以走私論

(五)凡緝獲瞞捐偷漏舶來糖類除照章補納捐款外按照貨價五折處罰如抗不遵罰或無貨主認領時准將扣留糖類存貯公倉交由蔗糖部變賣其給獎辦法依照廣東全省水陸緝私處緝私給獎章程辦理

(六)凡舶來糖類如未領有蔗糖部掣發入口許可證而私運入口將應由當地舶來農產什項專稅局將糖類扣留存貯公倉交由蔗糖部照章辦理

(七)本章程所用徵收單由廣東財政廳印製頒用其轉運證由各區舶來農產什項專稅局將呈准之農產品轉運證加戳填用之

(八)本章程如有未盡事宜由廣東財政廳隨時增修之

(九)本章程自公佈日施行

中華民國二十五年十二月　日

(附)1修正改善廣東糖業統制辦法

民國廿五年十一月十五日奉廣東省政府審字第五二〇號訓令頒發施行

一、公開推銷凡屬本省糖業商人持有糖業公會證明文件者(無糖業公會之區域由該地商會證明之)均得到廣東省營產物經理處登記繳納保證金五百元領取糖業營運證為廣東糖業登記商

二、糖業登記商運銷糖品不限區域不限家數用示普及

三、糖業登記商得直接向省營產物經理處購買機製蔗糖運銷惟每家每次出貨至少以三十包為度

四、糖業登記商出貨時由經理處發給省營糖品發貨證註年月日貨物重量運往地點隨貨運銷以杜流弊

五、省營機製蔗糖不敷供給時糖業登記商得購進洋糖以應急需但進口時須先向經理處報明貨店名稱糖品種類價格數量領取進口許可證始得完納關稅

六、洋糖入口許可證每担酌收工業建設費一元

七、糖業登記商如欲兼營糖業改造商改造冰糖均白糖片糖等須另繳保證金二百元領取改造牌照

八、本辦法施行後如政府認為未盡妥善時得隨時改訂之

九、本省糖業緝私辦法另定之

(附)2廣東省政府財政廳佈告

捐字第三四三號

案據廣州及汕頭市各糖麵業同業公會聯呈以改善本省糖業統制辦法經奉頒佈施行請將船來糖類捐撤銷以恤商艱等情當經本廳核明以查船來糖類捐關係省庫收入已列入本省地方歲入概算有案且抽收此捐係以保護土糖推銷防遏洋糖傾銷為主旨所請撤銷礙難照准惟查船來類糖捐徵收章程對於和蘭標本色第十七號以下之糖每百斤抽國幣一元六角其十八號以上之糖每百斤抽國幣二元四角較諸廿三年以前所定白糖每百斤毫洋六毫自屬過重況徵收船來糖類捐又為協助糖業統制而設

現在糖業統制辦法既核定每百斤酌收工業建設費毫分壹元所有上開舶來糖類捐徵收章程所定捐率自應酌予減輕以恤商艱茲特定為凡和蘭標本色之糖無論在第十七號以下抑在第十八號以上由廿六年二月一日起每百斤均減為抽收國幣六角並為減少商販納稅銷號手續起見凡在有廣東省營產物經理處或其分處地方悉由廣東省營產物經理處或其分處于徵收工業建設費時一併帶收以歸簡便其無廣東省營產物經理處或其分處地方仍由各舶來農產品什項專稅局徵收以期兼顧除分別呈咨函令外合行佈告仰所屬糖商人等一體知照此佈

中華民國二十六年一月二十二日

廳長宋子良

（庚）廣東省舶來皮革稅征收章程

(一)凡廣東省進口舶來皮革依照本章程規定徵收舶來皮革稅由各舶來農產品什項專稅局兼徵將款解繳庫收

(二)舶來皮革稅及罰款均以國幣為本位

(三)徵收舶來皮革稅按照左列稅率分級徵收

(甲)漆光小牛生熟皮每担徵收國幣一百六十元其外商投資在滬設廠所製者每担徵收國幣六十元

(乙)漆光小羊皮漆光熟黃皮每担徵收國幣四十元其外商投資在滬設廠所製者每担徵收國幣十五元

(丙)熟羊皮鞋底皮皮箱皮皮帶皮每担徵收國幣二十四元其外商投資在滬設廠所製者每担徵收國幣六元

(丁)生水牛皮生黃牛皮每担徵收國幣六元

(戊)熟皮碎皮生皮碎皮每担徵收國幣二元

(己)凡用舶來皮革在省外地方製成貨品輸入行銷者依照舶來皮革稅率比例征收(此項抽稅後由各局查明製品種類按照皮革稅率列明比例數目呈廳核定稅率以昭劃一)如左表

廣東省征收舶來皮革在省外地方製成貨品輸入行銷稅率表

貨品名稱	別量數	稅率國幣數	備考
漆牛皮男鞋	每對	八角	
漆牛皮女鞋	每對	五角	
漆牛皮中童鞋	每對	六角	
漆牛皮小童鞋	每對	四角	
漆羊皮熟黃皮男鞋	每對	四角	
漆羊皮熟黃皮女鞋	每對	二角	
漆羊皮熟黃皮中童鞋	每對	二角	
漆羊皮熟黃皮小童鞋	每對	一角	

漆牛皮長靴	每對	一元五角
漆牛皮短靴	每對	一元
漆羊皮 熟黃皮長靴	每對	六角
漆羊皮 熟黃皮短靴	每對	四角
熟羊皮鞋	每對	四角
各種布鞋	每對	一角
布面膠底鞋	每對	五分
漆牛皮軍人皮桶	每對	一元
漆羊皮 熟黃皮軍人皮桶	每對	四角
熟羊皮軍人皮桶	每對	三角
漆牛皮皮帶	每打	二元五角

皮帶皮皮帶	每打	四角	
漆羊皮 熟黃皮皮帶	每打	六角	
漆牛皮軍人精神帶	每件	一元	
皮帶皮軍人精神帶	每件	二角	
漆羊皮 熟黃皮軍人精神帶	每件	三角	
漆牛皮公事皮夾	每件	一元六角	
漆羊皮 熟黃皮公事皮夾	每件	四角	
漆牛皮鎗袋	每打	二元	
漆羊皮 熟黃皮鎗袋	每打	六角	
漆牛皮銀包	每打	二元六角	查銀包有大中小三種現上列屬中種惟大種比較中種約大三份之一其小種比較約小三份之一應照比例計抽
漆羊皮 熟黃皮銀包	每打	六角	同上

品名	單位	稅額	備考
七號天津籃球	每個	二角	
七號上海籃球	每個	一角	壘球以上稅率征收
四五六各號足球	每個	一角	
漆牛皮十八寸皮箱	每個	四元	皮箱大小不一重量各異應照每個重量比例征收現上列十八寸皮箱係每個重十三斤其餘類推
漆羊皮熟黃皮十八寸皮箱	每個	二元	同上
皮箱皮十八寸皮箱	每個	一元	同上
漆牛皮廿二寸皮隐	每個	五元	皮隐大小不一重量各異應照每個重量比例征收現上列廿二寸皮隐係每個重量五斤六両其餘類推
漆羊皮熟黃皮廿二寸皮隐	每個	一元	同上
皮箱皮廿二寸皮隐	每個	八角	同上
漆牛皮大中小手提袋	每打	四元 三元 二元	
漆羊皮熟黃皮大中小手提袋	每打	一元 九角 八角	

品名	單位	稅額	備考
皮箱皮殼壳鎗皮袋	每打	五角	
皮帶皮子彈帶	每打	一元	
漆羊皮熟黃皮皮手套	每打	二元	
漆牛皮舊式加大手提袋	每打	五元	
皮箱皮西醫手提箱	每打	五角	
皮狗帶鞭	每打	二元四角	一、廿五年六月廿五日稅字第三四九〇號准抽稅 二、上列係以中種計算其上下兩種應比例計抽
皮狗領	每打	一元二角	同上
皮狗笠	每打	六角	同上

(附註)稅字第七一九零號指令凡華商在津滬設廠所製皮革運粵行銷應照粵省牛皮抽稅不再抽舶來皮革專稅

(四)凡進口舶來皮革如係由華人商店購買無論買自何人或何處洋行均應由買入之華人商店遵章報明種類重量繳納專稅領取徵收單與貨隨行方能起運出倉返店不得藉口洋行送貨希圖免抽否則作走私論罰

(五)凡屬應徵稅之舶來皮革如係華人經理販運進口一經起卸及完納關稅後即應納稅倘有特別情形須先入倉緩報或已納稅而仍儲倉待沽者均應先行報明理由查實許可方准通融緩納否則概作走私處罰

(六)凡已納稅之舶來皮革如運往省內各處分銷應先向就地徵稅機關領號註明已銷若干轉運若干領取運照以便經過沿途征稅處時報驗一經驗明數目相符蓋戳放行惟查驗人員不得收受銷號或手續等費及留難阻滯

(七)凡存有舶來皮革之華人商店及運銷任何地方徵收處得隨時會警檢查如有走私瞞稅按照情節輕重施以相當處罰其罰則如左：

(甲)凡不請領稅票繞越偷漏稅款者除責令照章補稅外處以稅額五倍以上十倍以下之罰金再犯者除將貨物沒收外得按照情節之輕重呈廳處以罰金其抗納稅款者亦同

(乙)塗改及複用舊稅票意圖瞞稅者除責令照章補稅外並處以應補稅額三倍以上六倍以下之罰金再犯者除將貨物沒收外得按照情節之輕重呈廳處以罰金其僞造稅票意圖欺詐瞞稅者除將貨物沒收外得按照情節之輕重呈廳處以罰金並將人犯拘送法院治罪

前項所定罰金及沒收貨物變價給獎分配各項依照修正緝獲走私貨物變價及罰欵充賞章程辦理

(八)本章程如有未盡事宜得隨時增修呈請核准公佈之

(辛)廣東全省京果海味捐章程

(一)繳納捐款以國幣爲本位

(二)全省各屬京果海味捐無論土產洋來均在征收範圍一律照抽凡土產洋來京果海味於輪船輪渡帆船火車等載運入口時抽捐其設卡抽捐地點以有海關設立地方爲限但京果海味在出產地方不准抽捐所有土產洋來京果海味照列舉種類征抽捐欵如未列入者不得濫抽其種類及捐率如左

種類別	重量	抽收捐率	種類別	重量	抽收捐率	種類別	重量	抽收捐率
大魚翅	每百斤	壹拾元伍角	中魚翅	每百斤	柒元陸角伍分	小魚翅	每百斤	叁元四角
海參	同	叁元	鮑魚	同	捌元伍角	魷魚	同	叁元弍角
墨魚	同	弍元	鱆魚	同	肆元	大蝦 中蝦	同	叁元肆角
蝦米	同	壹元柒角	柴魚	同	陸角	海蜇	同	陸角
蜆乾	同	壹元	蟹肉乾	同	壹元	江瑤柱	同	肆元弍角五分
黄魚頭骨	同	捌元伍角	原龍躉皮 淨龍躉皮	同	肆元 陸元	鱁龍腸	同	捌元伍角
抱哥魚	同	壹元	大口魚	同	壹元	蟮肚	同	陸元
白花膠	同	捌元伍角	黄花膠	同	陸元	帶子	同	四元弍角
淡菜	同	壹元肆角	東洋大菜	同	壹元柒角	蝦子	同	壹元柒角
地魚	同	壹元柒角	鼈裙	同	叁元	螺肉	同	壹元柒角

魚唇	同	叁元陸角	熊掌	同	捌元伍角	雪蛤	同	肆元弍角
羊根	同	壹元柒角	天星魚	同	壹元肆角	牛根	同	壹元陸角
魚肚	同	捌元	鹿根	同	壹元柒角	合桃	同	肆角
國產火腿	同	弍元壹角	杏梅	同	伍角壹分	土產西米	同	肆角
杏脯	同	伍角壹分	柿餅	同	肆角	西紅瓜子	同	壹元弍角
南棗	同	柒角	栗乾	同	伍角壹分	連州瓜子	同	陸角
生薏米	同	肆角	黑棗	同	肆角	白果	同	肆角
紅棗	同	伍角壹分	蓮子	同	壹元肆角	梨片	同	陸角
加應子	同	伍角壹分	烏石瓜子	同	壹元	山渣片	同	伍角壹分
信豐瓜子	同	壹元肆角	芡實	同	肆角	西木耳	同	壹元伍角
瓊州紅黑瓜子	同	伍角	欖仁	同	壹元肆角	土產石耳	同	叁元

品名	單位	稅額	品名	單位	稅額	品名	單位	稅額
百合	同	伍角壹分	秋魚根	同	肆元弍角	磨菰	同	拾肆元
烟台粉絲	同	肆角	竹笙	同	弍拾捌元	雪耳	同	肆拾元
土產桂花粉	同	肆角	土產香信冬菰	同	柒元肆角	草菰	同	伍元
玉蘭筍	同	陸角	河口絲	同	肆角	龍口粉絲	同	伍角壹分
河南麵	同	肆角	筍絲	同	柒角	土產通心粉	同	肆角
葛仙米	同	叁元	火筍	同	陸角	筍片	同	柒角
毛尾筍	同	弍元	鬆麵	同	肆角	雲耳	同	弍元
土產胡椒	同	壹元	筍蝦	同	陸角	文筍	同	柒角
京柿	同	肆角	桂花耳	同	捌元伍角	黄木耳	同	柒元
榆耳	同	肆元弍角	金針菜	同	陸角	圓肉	同	壹元
香港入口木耳	同	叁元	南澳縣產鰌魚	同	弍元伍角陸分			

右列各京果海味等貨物凡本省沿海各港漁船出口採取各種海產物用帆船或肩挑運回當地海岸上陸者均不得作爲入口海味抽捐惟用輪船輪渡火車帆船等載運由有海關地方出口者於到達有海關地方入口行銷時始准抽捐以符土產土銷不准抽捐之原旨至河南麵一項除准欽廉高雷等屬改抽鷄蛋麵外其餘各屬市面銷售之綫麵(即銀絲麵鷄蛋麪、寬條麵)及各屬產銷之鹹魚暨用罐頭裝載之京果海味等項均經本廳核定不准抽捐應仍照案辦理至商販買賣京果海味其貨物總數應納捐款在國幣一元以上及重量在十斤以上者方准抽捐

(三)凡土產洋來京果海味販運入口時該京果海味商販須到當地收捐機關抽號報請查驗並列單報明貨色種類價值重量件數照章納捐領取征收單方准起卸該收捐機關不得征收掛號費

(四)凡已納足捐款之京果海味如須轉運別處行銷時應向當地收捐機關申報在征收單內註明已銷若干轉運若干銷號放行不得重抽並不得抽收銷號費至各商號經捐京果海味銷號手續其價值在國幣五元以下者准免銷號價值在國幣五元以上者仍照定章辦理

(五)凡已納足捐款之京果海味如運銷別處時有經捐憑証運照繳驗相符者該當地收捐機關應即驗明放行不准抽重倘有途經港澳轉駁入口有海關証書及經捐運照憑証繳驗核明件數重量時間相符者亦同

(六)凡緝獲瞞捐偷漏貨物除補納捐款外按照貨價五折處罰如不遵罰時准將貨物充公投變惟須先行呈廳核明飭遵不得擅行處分所有罰款及變價照修正緝獲走私貨物變價及罰款充賞章程辦理

(附)1 廣東省政府財政廳佈告(三捐字第二九二四號)

案照本省京果海味捐經核定自本年十二月一日起交由各區稅務局稽征佈告並分行遵照有案惟查京果海味捐征收章程所載應征貨物與舶來物產什項專稅相同頗多在從前征收什項專稅對於其已完納京果海味捐者雖經章程明定准予照數扣除惟查未經明定扣除者尚居多數值茲京果海味捐歸併同一機關征收對於同一貨物征稅率自應畧爲變更從新核定以歸劃一

而貨遵守嗣後凡屬相同之船來京果海味貨物應征什項專稅而又應征京果海味捐者應予併入什項專稅增加稅率征收其在什項專稅章程已載明除扣納京果海味捐外字樣者悉予刪除概照什項專稅額定稅率征收至於土產或船來之京果海味貨物在什項專稅章程所未列收者仍應照京果海味捐征收章程辦理除分令各區稅務局飭屬遵照外茲將併合加征各貨物及稅率列附佈告仰所屬各商民人等一體遵照此佈

兼代廳長曾養甫

中華民國二十六年十二月六日

（附）2合併征稅之京果海味稅率表

貨品名稱	什項專稅現行抽率	京果海味捐現定抽率	合併增加抽率	備考
火腿	每值百元抽國幣一十二元	每值百元抽國幣二元	每值百元抽國幣一十四元	凡屬船來者、爲限
香信	每值百元抽國幣八元四角	每值百元抽國幣一元五角	每值百元抽國幣九元九角	仝上
冬菰	每值百元抽國幣八元四角	每值百元抽國幣一元五角	每值百元抽國幣九元九角	仝上
石耳	每值百元抽國幣八元四角	每值百元抽國幣一元五角	每值百元抽國幣九元九角	仝上
胡椒	每值百元抽國幣七元八角	每值百元抽國幣一元五角	每值百元抽國幣九元三角	仝上
白瓜仁	每百斤抽國幣一元五角	每百斤抽國幣一元	每百斤抽國幣二元五角	凡船來或省外運粵者屬之

(附註)什項專税章程所列苡米栗肉乾大提子杏仁等經註明除另納京果海味捐字樣者概照什項額定税率每值百元抽國幣三十元不另抽京果海味捐

(壬)修正廣東省煤油販賣業營業税征收章程

第一條　本章程係在廣東省營業税征收章程第四條物品販賣業之油類業内提出煤油販賣業参酌營業税局征收販賣煤油商店營業税之現行辦法另訂之

第二條　課税範圍

凡在廣東省内無論中外商民設有一定之店鋪或營業場所繼續爲煤油之營業者規定直接向美孚亞細亞德士古三公司或其他類於該三公司之煤油公司暨在廣東省内開設之土製煤油廠領油發賣之商店場所均稱爲煤油總代理准依照民國廿年四月廿四日財政部對廣東省政府之咨案認其爲純粹之批發商店免其課征營業税

凡煤油公司及土製煤油廠所有煤油祇准直接賣於總代理即純粹之批發商店不准賣於其他商店及用戶

凡純粹之批發商店即總代理所代理之煤油祇准賣於販賣之商店不准直接賣於用戶

凡向總代理買煤油販賣之商店無論其爲分代理或非分代理專營或兼營一律稱爲煤油販賣業零售店均負依章報納營業税之責任

第三條　課税標準及税率

凡總代理將煤油賣於零售店時不論其屬於比重表四十五度以上或三十九度至四十度之煤油一律按照每十美加倫計(即每一箱或二罐)報納營業税國幣一元

凡報納煤油販賣業營業稅之國幣照通案加四四計算以毫銀伸繳

凡應納煤油販賣業營業稅之零售店均按買賣成交次數將營業額（即是次向總代理買入煤油之種類數量）即時申報於總代理所在地之煤油販賣營業稅征收分處隨同申報書繳納稅款

第四條　機關設置及稽征方法

廣東財政廳附設廣東全省煤油販賣業營業稅總處（下文省稱總處）督辦全省煤油販賣業營業稅征收報解事宜

凡煤油公司及土製煤油廠自本章程公佈實行後均於通知後一星期內向總處申報請領營業証同時將該公司或該廠已設油倉或總代理之地名列報如繼續增設亦繼續列報

凡煤油公司或土製煤油廠設有儲落煤油之倉者（或池或船均作倉論）均由總處於該地附近派駐稽查油倉專員專辦稽查倉油出入填發運單事宜其辦理章則另定之

凡煤油公司或土製煤油廠設有總代理之地方均由總處組設該地煤油販賣業營業稅征收分處辦理征收事宜其章則另定之

凡煤油公司或土製煤油廠所列報之總代理均須向當地之煤油販賣業營業稅征收分處申報請領營業証各總代理所代理某公司或某廠之某嚟頭煤油須先向當地之煤油販賣業營業稅征收分處報明登記方准代理

各總代理向某公司或某廠起運煤油時須先向該公司或廠之該管稽查油倉專員報領運單方准出倉起運油與運單不准相離此運單照章粘貼印花（照財政部核定廣東省印花稅暫行條例第九條後附錄之商民運貨憑單稅法按所運貨值依條例第二條第二類第二十九條之規定累進貼用）不另納費

各總代理將煤油運抵代理處所時須報繳當地之煤油販賣業營業稅征收分處驗明繳銷運單換貼驗訖証方准存儲批發此驗訖証每張收手續費國幣一分不另納費

前第二條第四項所稱之零售店依照前第三條第四項之規定申報納稅時須將該煤油總代理之批發單據與申報書同時繳請征收分處核驗相符加蓋驗訖戳記即時將單據發還經核驗完稅之煤油即任由各零售店如何販賣不問所之

凡煤油公司或土製煤油廠之油倉及與油倉存油發油有關係之簿據暨各總代理存儲煤油處所及與存入煤油發出煤油有關係之簿據煤油販賣業營業稅總處暨當地征收分處或該管之稽查油倉專員所派出之檢查員憑未逾時效之檢查印令得隨時依照令開事理施行檢查

第五條　違章瞞漏罰則

凡廣東省內之煤油公司或土製煤油廠暨各公司各廠所委託之總代理及直接向各總代理販賣煤油之零售店如有不遵照本章程辦理者應先勒限遵辦若逾限不辦又不於限期內呈明故障或所呈故障之事由實含有違抗性者得制止其營業

凡煤油公司或土製煤油廠暨各公司各廠所委託之總代理如有違犯本章程第二條之第二第三項規定將煤油直接賣於用戶者一經查獲除將油全數充公外並處以一百元以上五千元以下之罰金

凡向各總代理販賣煤油之零售店不依照本章程規定瞞漏營業稅者一經查獲除將油充公外並處稅額三倍以上二十倍以下之罰金

除各公司各廠各總代理各零售店違章瞞漏應照前兩項之規定處理外其他商民如有走漏本章程應徵之營業稅者一經緝獲照財政廳處理走漏其他稅捐之章案辦理

第六條　本章程實行時廣東省營業稅徵收章程第四條物品販賣業表所列油類業即將煤油業除外各營業稅徵收局對於專營煤油販賣業之商店即停止徵稅如有其他販賣業兼營販賣煤油之商店仍照其他販賣業營業稅之規定徵收

第七條　本章程由廣東省政府議決於公佈日施行如有修改由廣東財政廳呈

(附)1廣東省煤油販賣業營業稅總處奉行改善煤油販賣業營業稅征收手續辦法之簡章

廣東省政府核准修改之

(一)本簡章係由財政廳根據二十三年九月二十九日所公佈之改善煤油販賣業營業稅徵收手續辦法(下文省稱改善辦法)六條將原日徵收章案不適用之組織暨爲改組不適用之手續併予改定令發煤油販賣業營業稅總處(下文省稱總處)奉行之

(二)凡油商就財政廳所指定之柴油煤油進口地方輸入改善辦法所規定之原料柴油或煤油應納煤油販賣業營業稅者悉由總處及總處所屬機關辦理之

(三)總處之下就現在重新規定之地點將原日各徵收分處所卡改組爲某地點徵收分處某地點稽徵卡辦理徵收稅欵事宜並就現在重新規定之地點將原日各稽查油倉專員辦事處及各稽查分處改組爲某地點進口柴油煤油檢查所某地點檢查分所辦理進口柴油煤油檢查事宜其系統如附表

(四)凡指定柴油煤油進口地方其事務簡單不宜於設徵收分處及檢查所者則設稽徵卡此等稽徵卡統辦徵收檢查事宜惟屬於徵收之事應秉承該管之徵收分處辦理屬於檢查之事應秉承該管之檢查所辦理

(五)凡非指定柴油煤油進口地方即不設徵收分處及稽徵卡惟認爲柴油煤油私運進口之衝要地方則設檢查分所秉承該管之檢查所辦理查緝事宜

(六)征收分處設分處長一員主管分處內一切事項主任若干員承分處長之命辦理征稅事項事務員僱員稽查員各若干員分辦所管稅欵收解稅務行政及經費報銷事項征收分處辦事細則及經費預算另定之

分處所屬之稽征卡設主任一員主管卡務事務員僱員稽查員各若干員分辦卡務稽征卡辦事細則及經費預算另定之

檢查所設所長一員管理所內一切事項事務員僱員稽查員各若干員分辦所務檢查所辦事細則及經費預算另定之

檢查所所屬之檢查分所設辦事員一員主辦所務設稽查若干員分辦所務檢查分所辦事則細及經費預算另定之

(七)依改善法第三條之規定油商於購運原料柴油或煤油入口之前先向當地總處或分處請領運照時（現規定分處或稽征卡爲發運照機關如有到總處請領者應由總處令向當地分處或稽征卡請領）該分處或稽征卡即將財政廳製發之運照依式填發俾油商憑運照赴照關完稅後乃憑完稅關單連同運照向原發運照之分處或稽征卡依改善辦法第二條規定之計算標準完納營業稅再憑營業稅單在指定之進口地方輸運進口從前征收章案與本條抵觸者概不適用

(八)各進口柴油煤油檢查所及兼辦檢查之稽征卡改組成立時應將所轄凡有販運柴油煤油進口之公司或廠所有存貯進口原料柴油之躉船（非以船躉或以池躉倉躉者俱作躉船論）及存躉進口煤油之躉倉（非以倉躉或以船躉池躉者俱作躉倉論）分別點存數量作爲存底數嗣後一入一出皆登記數量按日以管收除在結計列表存報從前稽查油倉章案與本條抵觸者概不適用

(九)各油商依前第七條之規定憑營業稅稅單將原料柴油或煤油在指定進口地方輸運進口之前應將營業稅單申報於被管之檢查所或兼辦檢查之稽征卡請派員驗明力度數量存入躉船或躉倉即發給登記憑據交油商執存

(十)進口原料柴油存入躉船後其輸出分爲左列三種

(甲)種　係製油商自販躉存由躉船輸出運入於自己之製油廠以供自己製油之用者

(乙)種　係製油商自販躉存備用惟以營業上之關係將自販原料柴油之一部割讓於他以開設之製油廠以供他人製油之用因之由躉船輸出運入於他人之製油廠者

(丙)種　係販渣家販存備賣於製油廠以供製油之用於買賣成交時由賣渣之躉船輸出運入於買渣之製油廠以供製油之用者

右三種輸出均由棧存者將輸出事由於輸出之前申報該管之檢查所或兼辦檢查之稽征卡請領財政廳製發之運單憑運單護運運抵製油廠製成煤油後於煤油出廠時須依另案將發領之檢驗票按罐貼票乃許出廠

(十一)進口煤油存入棧倉後其輸出分爲二種

(甲)種　係散水由棧輸出運於其他地點入罐者

(乙)種　係罐裝由棧輸出運於總代理處所待售及直接賣於販家或用戶者

右甲種輸出應照前第十條甲乙丙三種輸出請領運單辦法請領運單護運入罐之後於煤油出廠時依另案將發領之檢驗票按罐貼票乃許出廠

右乙種輸出於出棧倉時即依另案將發領之檢驗票按罐貼票以資護運不必請領運單但輸出數量若干仍應於輸出之前申報該管之檢查所或兼辦檢查之稽征卡登記並驗放

(十二)各分處各稽征卡各檢查所各檢查分所辦理征稅檢查事務其相互間應知會或呈請之手續及對於總處應請示或呈報之手續由總處參照未實行改善辦法以前之章案分別訂擬簽經財政廳核定通飭遵辦

(十三)總處在未實行改善辦法以前所有奉行之章案除與改善辦法及本簡章暨改善辦法實行後奉准之專案有抵觸者均不適用外其餘仍繼續有效但與改善辦法精神不甚協合者仍應逐案簽候財政廳核示

(十四)本簡章如有未盡事宜由總處簽經財政廳核定修改之

(十五)本簡章由財政廳訂定令總處印成單張分發所屬各機關及與本簡章有關係之公會公司或廠一體遵辦仍呈省政府備案

(十六)本簡章自財政廳公佈日施行

(附)2改善煤油販賣業營業稅征收手續辦法(廿三年九月廿九日佈告)

第一條　本辦法祇係變更煤油營業稅征收手續其餘仍照章案規定辦理

第二條　凡油商(包括華商洋商土油廠煤油公司或營運柴油商在內以下同)運入製造煤油原料之柴製(英譯 Petr oleum Pr-odnet)在華氏寒暑表陸拾度時保米(法譯 Beauaic)力度二十五度以上爲標準規定每噸即二二四零磅(英譯 Ton-2240Pornds)可能製成煤油五十八罐即以此數爲報納煤油營業稅之標準數其運入罐裝桶裝或散裝之煤油以每十美加侖國幣三元爲計算標準

第三條　凡油商於購運原料柴油或煤油入口之前均須先向當地總處或分處請領運照俟柴油或煤油運入口時將運照交稅關驗明後即將稅關完稅單連同運照向當地煤油營業稅總處或分處報明購運數量即依照前第二條標準數先行一次過完納煤油營業稅

依前條規定嗣後凡遇有報運柴油原料進口或煤油進口者各稅關均憑煤油營業稅總處或分處運單驗放如無此項運單者以走稅論

第四條　柴油原料進口納稅後如將製成之煤油轉運出省外者應准報明煤油營業稅總處或分處轉呈財政廳登記出省數量下次柴油原料進口時照所登記出省之數量扣減然後納稅

第五條　本辦法公佈實行時凡油商所有存油應報明煤油營業稅總處或分處派員點明存貨數量分別登記即行納稅以清手續

第六條　本辦法如有未盡事宜或須修改者由廣東財政廳呈請廣東省政府核准之

(附)3廣東省煤油販賣業營業稅總處取締免稅外銷煤油暫行辦法

一、運　道　凡在廣東境內請免營業稅運往外省銷售之煤油其運往外省時必須經一定之運道以杜洒賣而便稽查現時暫定運往廣西者其運道以經過梧州海關爲限運往福建者其運道以經過厦門海關爲限除經此兩運道遵照本辦法之取締准免營業稅外其餘暫不准免

二、程　限　油商對分處卡報領前項免稅運照時須先自計能履行左列三條件乃可申報

(甲)預計繳銷運照須若干日經報明後非有特別故障呈奉核准不得逾限

(乙)該煤油運到外省時須由接油之商店加蓋店章並塡註街名門牌及收到某公司或某廠某嘜頭之煤油若干等字樣於運照繳核

(丙)該煤油經過梧州海關或厦門海關時如有完稅票據或查驗戳據或代報稅行之代報單據或輪船儎紙凡可以証明該煤油確已運入外省者均須檢同運照一併繳核

三、申報領照　凡係煤油公司或土製煤油廠乃准將免稅煤油運銷省外凡欲將免稅煤油運銷省外者先到該管之收稅處卡塡繳外銷申請書保証書經該處卡派員查詢確實並飭加蓋具保店圖章核明後然後塡發煤油外銷免稅運照此種外銷煤油規定在該公司或廠自己之油倉內提運報經登記存倉之油不准提運各總代理之存油及尚未報經登記存倉之油如有不依此規定提運者作走私論

四、報領運單　油商領得運照後即持赴該管稽查油倉專員辦事處申請發給運單由該處在單內批明「外銷」字樣以便持單到征收處卡請領驗訖証粘貼出倉

五、發給驗訖証　油商領得運單後將運單繳該管之收稅處卡審核相符即換給驗訖証並在証面加蓋「外銷煤油」字樣及塡明發證日期油經貼證出倉後商人即持照護運其運單由收稅處卡依手續核銷

六、徵收手續費　外銷煤油每罐征收手續費國幣半角

七、繳銷運照　運照到繳銷期限時由原領照商人依照前第二款乙丙兩項之規定繳由原發運照處卡核銷如手續未完或發見有弊混情事均爲原領照商人負責

（附）4 廳令煤油入口每罐征國幣五角並征登記處柴油入口許可証費每噸國幣六元由（廣東財政廳總字第七二四號訓令）

「案照本省煤油販賣業營業稅經區前廳長呈准自二十二年十月一日舉辦規定凡每煤油一箱（即兩罐）以十美加侖計報納營業稅國幣三元歷經征收有案惟柴油進口照現行稅則征收海關方面已定於本年七月二十日起實行所有原日柴油每公噸僅納二九關金者現改以含有煤油成分六成為率按三三・六〇金單位比例征稅煤油成本既增用戶負担益重自非將煤油營業稅原定稅率酌減不足以恤商困而利民生茲經核定自佈告日起凡油商購運柴油在華氏寒暑表六十度時保米力二十五度以上者一律於入口領照時每噸仍按五十八罐標準數算稅每罐征國幣五角並國外貿易委員會廣東特種柴油登記處向征之柴油入口許可證費每噸國幣六元現該處雖已撤銷為扶植對外貿易起見仍應由各煤油營業稅分處卞繼續征收不另設收以節公帑其餘均照向章辦理除呈報廣東省政府備案暨佈告外合行令仰該即便遵照並飭屬遵照仍將遵辦情形報查」

中華民國二十五年九月十一日

（附）5 廣東省政府財政廳佈告（三捐字第三一〇五號）

照得本省煤油販賣業營業稅自民國廿五年九月十一日起凡每煤油一箱（即兩罐）以十美加侖計征收國幣一元其油商購運柴油在華氏寒暑表六十度時保米力二十五度以上者一律於入口領照時每噸按五十八罐標準數算稅每兩罐征收國幣一元歷經辦理有案現值非常時期庫帑短絀各項政費待支孔殷爰由本年十二月十五日起凡煤油一箱（即兩罐）以十美加侖計征收國幣二元其油商購運柴油在華氏寒暑表六十度時保米力二十五度以上者亦一律于入口領照時每噸按五十八罐標準數算稅每兩罐征收國幣二元並國外貿易委員會廣東特種柴油登記處向征之柴油入口許可証費每噸國幣六元者仍照征收除分別呈

報令行外合行佈告仰所屬油商人等一體知照此佈

中華民國二十六年十二月十三日

兼代廳長曾養甫

(附)6廣東省政府財政廳佈告(三捐字第一一六五六號)

案查修正廣東省煤油販賣業營業稅征收章程規定凡煤油不論其屬於比重表在四十五度以上或三十九度至四十度一律按照每十美加倫計報納營業稅國幣二元歷經辦理有案惟查四十五度以上之電油商人誤會以為與煤油不同未曾納稅在政府亦以所入無多暫未議及其實電油即煤油之超過四十五度以上者煤油一律納稅電油反可免稅揆之征稅原則豈得謂平際此非常時期各項稅收均極短絀正在廣闢稅源以裕收入電油一項應即按照營業稅稅率一律征收當經令飭廣州稅務局召集各油商議具開征辦法三項(一)由本年九月一日起開始征收(二)電油出倉時始行完納稅款(三)所有應用票照一律加蓋「電油」字樣以資識別並擬具煤油販賣業營業稅電油類征收手續補充辦法八條繳請察核施行等情前來查所擬大致尚合應准照辦合行佈告仰油商人等一體知照此佈

計粘煤油販賣業營業稅電油類征收手續補充辦法

中華民國二十七年八月二十九日

兼代廳長曾養甫

(附)7煤油販賣業營業稅電油類征收手續補充辦法

第一條　本辦法依修正廣東省煤油販賣業營業稅征收章程第三條之規定應課稅之煤油內提出在比重表四十五度以上之電油增訂征收辦法其手續與修正廣東省煤油販賣業營業稅征收章程未規定者悉照本辦法辦理之

第二條　凡電油除飛機所用燃料之電油外不論何種力度一律依照煤油販賣業營業稅征收章程之規定每十美加倫（即一箱或二罐）征稅國幣二元另檢驗票費二分

第三條　凡電油販家係專指直接從國外購運電油進口之油商以下簡稱販家）於購運電油進口之前應先向當地稅務局報領運照護運進口時並報由稅局派員（或稅務局駐倉員）驗明數量力度分別登記方准入倉存貯

凡電油販家將存倉未稅之電油售出之前應先行照章向當地稅務局報納稅款領取檢驗票按罐粘貼方准出倉仍須將出倉數目按日報告稅務局（或稅務局駐倉員）登記之

各販家存倉電油得先向當地稅務局領取檢驗票於售出時按罐粘貼並每旬將出倉數目清結一次照數到當地稅務局繳納稅費各款以資簡便

第四條　各販家將存倉未稅電油運銷外省者依照本省取締外銷煤油免稅暫行辦法辦理之

第五條　本辦法公佈實行之日各電油販家及代理店暨零售店所有存油應報由當地稅務局點明分別登記以資稽核如屬代理店及零售店存油經稅務局點存後應即行一次過照數完納稅費領貼檢驗票方准售出

第六條　電油出倉納稅經貼檢驗票後運銷廣東省各地不再征稅

第七條　本辦法如有未盡事宜由廣東財政廳修改之

第八條　本辦法自二十七年九月一日起公佈施行

(甲)修正緝獲走私貨物變價及罰款充賞章程

第一條　本章程所定除關于禁烟事項依照禁烟總會章程辦理外凡緝獲走私貨物充公變價及罰款之充賞辦法悉照本章程辦理

第二條　凡緝獲走私貨物充公變價之款除扣回墊過各項什費外所餘款項化作百分以百分之三十解庫以百分之七十化作十成支配線人充賞四成出力緝獲者一成協助軍警一成緝獲機關一成主管局所一成解廳署二成至罰金全數分作十成依照前法支配毋庸提百分之三十解庫如由各機關自行發覺非憑線人舉報者其線人充賞之四成即併給發覺人員以示鼓勵其有特定辦法者應照特定辦法辦理

第三條　緝獲走私貨物經判處充公凡在廣州市所屬機關應呈由本署廳公開招商投變其在省外者應先錄案呈奉本署廳核明派員監投方准執行不得先變後報

第四條　各機關所收變價罰金應依照本署廳所發三聯單按照填明以一聯發交繳款人收執以一聯繳本署廳查核以一聯留存備查如有以多報少大頭小尾等弊一經查實即依法嚴懲

第五條　各機關每月收入罰金須于下月十五日以前彙列清表公佈週知一面分別劃于國家或地方收入掃數彙解主管國省庫機關核收並分報該管上級機關備查其毋須提成解庫者併于備考欄內註明如該月份無罰金收入仍應填表呈報備案

第六條　本章程自公佈之日施行

附表式

某某機關　年　月份收入罰金清表

案由	罰金數額	實解數	判罰日期	單據號數	備考
合計					
說明					

勘誤表

分類名稱	頁數	行數	字數	錯	更正
普通營業税	三	三	三一	面	而
同上	七	一〇	一四	章	率
同上	一〇	一三	七	之	一
同上	一〇	一七	一〇	而兼數	而兼營數
同上	一一	一五	四	業	額
同上	一三	八	一三	税款金	税款罰金
同上	一七	九	三一	桑	酸
菸酒營業牌照税	五	七	五	除核幷塡給	除核收幷塡給
同上	六	二	二七	書警告	書面警告
保險税	五	一	二九	賁	借
同上	五	一八	二	十四一	四十一
同上	八	一〇	二七	以對於	以北對於
同上	一七	一二	一四	政	收
房捐	二	一三	三一	除業應納	除業主應納
同上	三	一	二七	賓	買
同上	三	一二	三三	將	得
同上	四	一一	二一	內	同
同上	五	四	七	賓	買
屠宰税	三	一四	三八	刻	劾
香燭紙寶捐	一	一〇	四一	澄	汀
同上	一	一一	四〇	令紙錫薄	令紙或錫薄
同上	二	六	一五	不經經港澳	不經港澳

分類名稱	頁數	行數	字數	錯	正
香燭紙箔捐上	二	八	一三	罪	本
同上	二	一二	四六	四角四	四角
同上	四	六	二二	足數足者	足數者
同上	四	一一	五	菱	蕤
同上	六	二	二三	採	搽
同上	七	八	六	提	根
各項專稅	二六	四	六	節管	管節
同上	二九	一六	五	洒	酒
同上	三一	六	五	力	物
同上	三二	七	五	粒	粗
同上	四〇	五	九	過	英
同上	四二	一七	一一	變價修正	變價照修正
同上	五二	一二	六	品	征
同上	五三	一五	四五	農農品	農產品
同上	五九	一二	一一	設	認
同上	五九	一七	一五	類糖捐	糖類捐
同上	七〇	六	三一	抽	掛
同上	七〇	一一	四六	抽重	重抽
同上	七五	八	二九	政	改
同上	七六	二	三七	則細	細則
同上	七六	三	五	改善法	改善辦法
同上	七六	五	一〇	照	海
同上	七七	四	八	躉輸出	躉倉輸出
同上	七七	五	八	躉輸出	躉倉輸出

广东财政厅缉私处组织规程

省政府委员会第九十二次会议　通过

廣東財政廳組織規程 附表及辦事細則

廣東財政廳緝私處組織規程

——民國二十八年十二月二十六日
省政府委員會第九十二次會議通過——

第一條 廣東財政廳爲防止走私漏稅增加稅收起見，特設置緝私處（以下簡稱本處），辦理本省緝私事宜。

第二條 本處設處長副處長各一人，薦任，處長承廳長之命，綜理處內一切事務，副處長承處長之命，協辦處內一切事務。

第三條 本處設秘書一人，委任或薦任，秉承處長副處長之命，辦理處內機要及總核文稿事務。

第四條 本處設總務查緝兩課，各設課長一人，委任或薦任，秉承處長副處長之命，分掌各該課事務。

第五條　本處設課員二十人至二十五人，委任，辦事員十人至二十人，承長官之命，分別辦理指定事務，並得酌用僱員若干人。

第六條　本處設督察室設督察長一人，委任或荐任，督察員六人至十人，委任，督察長承處長副處長之命，統理督察室一切事務，督察員承督察長之命，辦理督察事務。

督察長督察員負責督察全省緝私員警之紀律，及考核勤惰操行等事項，並隨時查察各員警有無違法瀆職行為，倘發覺各員警有越軌情事，一經查明屬實，應即據實呈報處長依法核辦，不得稍有徇縱。

第七條　總務課掌理事務如左：

一、關於印信之典守事項。

二、關於文件之收發及繕校事項。

三、關於文卷之保管事項。

四·關於緝私機艦之佈置及調遣事項。

五·關於所轄職員之考績獎懲事項。

六·關於所轄緝私隊艦之編訓及調遣事項。

七·關於庶務事項。

八·不屬於其他部份之事項。

第八條　查緝課掌理事務如左：

一·關於稅務走漏之防止事項。

二·關於水陸走私匪類之緝捕事項。

三·關於執行查緝事務之督導事項。

四·關於國稅走漏之協緝事項。

五·關於緝獲漏稅貨物人犯之審問轉報事項。

六·關於查緝事務之改進事項。

七．關於查緝事務之調查統計事項。

八．關於其他查緝事項。

第九條　本處於必要時得設查緝專員四人，委任或荐任，派駐衝要地帶，秉承處長副處長之命，督導指定區域，各查緝所辦理緝私事務，或臨時指揮指定之員警担任緝私事務。

前項查緝專員得設辦事處，其組織章程由財政廳擬定，呈報省政府備案。

第十條　本處會設計室設主任一人，承省政府會計長之命，並依法受本處處長之指揮，辦理歲計會計事務，依需要情形，得酌設佐理會計人員主任及佐理人員，由省政府會計處派充。

第十一條　本處於稅收重要地帶設置查緝所，按照各地稅務緝私需要，分爲甲乙丙三等。

甲等查緝所設所長一人，委任，查緝員三人，助理員五人

[illegible]查緝員[illegible]人，助理員四人。

丙等查緝所設所長一人，委任，查緝員一人，助理員一人。

設置查緝所地點等級及其管轄區域，由財政廳規定，呈報省政府備案。

第十二條　查緝所長承本處之命，受所在地主管稅務局長之指揮監督，辦理各該管區域內緝私事務，查緝員助理員承所長之命，掌理指定事務。

第十三條　查緝所之設置地點，以附設於各地稅務局內爲原則，但認爲有獨立設置之必要時，得獨立設置，仍受附近稅務局之指揮監督。

第十四條　凡稅務局或稽徵所之所在地，如未有設立查緝所者，其緝私事務由當地稅務局或稽徵所辦理之，但查緝所於必要時，得派遣查緝員或助理員駐在各該稅務局或稽徵所，秉承查緝所長之命，受駐在稅務局長或稽徵所長之指揮監督，辦理緝私事務。

第十五條　本處設稅警若干隊，分駐各查緝所協助執行緝私事務，其編制及駐地由財政

緝私處組織規程及辦事細則　六
隨擬呈省政府核定。

第十六條　本處為執行水面緝私事務，得於沿海及江河水面配備艦艇設置水上查緝所，其人員之編配，依照本章程第十條之規定辦理。

前項艦人員之編制另定之。

第十七條　本處為嚴密防止走私起見，得於交通衝要地帶配備裝甲汽車、摩托車、自由車、或馬匹編組巡邏緝私隊常川巡邏。

巡邏緝私隊仍受附近稅務局或查緝專員之指揮監督。

第十八條　凡緝獲違章走私漏稅之案件，應解送主管稅務局依法處理，各查緝所查緝員及稅警等，不得擅自判決處罰，其查緝手續，由財政廳擬呈省政府核定。

第十九條　查緝專員、查緝所長、查緝員、及稅警等，其職權限於查緝走私漏稅事項，前項所屬各級查緝員警等，於執行職務時，應依法辦理，不得藉端勒索留難懲。

第二十條　本處及各緝私機關，均不得於本規程規定編制以外另立任何明目。

第二十一條　查緝所會計事務由主管稅務局會計室辦理。

第二十二條　本處辦事細則查緝專員查緝所辦事通則另定之。

第二十三條　本規程如有未盡事宜，得隨時呈准修正之。

第二十四條　本規程經廣東省政府公佈，自民國二十九年一月一日起施行。

編秘處組織規程及辦事細則

八

廣東省各級緝私機關編制及經費表

（甲）緝私處編制及經費表（國幣計算）

職別＼項別	任別	俸級	員額	每月實支
處長	簡任	1	1	195
副處長	,,	8	1	175
秘書	,,	9	1	134
課長	,,	10	2	246
督察長	,,	9	1	134
會計主任	,,	10	1	123
主任課員	委任	2	6	600
一等 ,,	,,	4	6	528
二等 ,,	,,	8	9	567
三等 ,,	,,	11	10	500
一等督察	,,	4	2	176
二等督察	,,	8	4	252
三等督察	,,	11	4	200
會計員	,,	4 9	1 3	88 71
特務員	,,	15	20	800
辦事員	,,	15	20	800
雇員	派任	1	5	
	,,	2	15	755
	,,	3	15	
公役			34	340
辦公費				1616
特別辦公費				200
總計			151	8600

廣東省各級緝私機關編制及經費表

（乙）各查緝專員辦事處編制及經費表（國幣計算）

職別＼項別	任別	俸級	員額	每月實支數
查緝專員	薦任	9	1	133
一等督察	委任	4	1	88
二等督察	委任	3	1	63
三等督察	委任	11	1	50
查緝員	委任	16	3	117
助理員	派任	3	1	103
		5	1	
		6	3	
傳達			2	20
公役			6	60
辦公費				210
總計			20	350

廣東省各級緝私機關編制及經費表

(丙)各查緝所編制及經費表(國幣計算)

職別	任別	甲級 俸級	甲級 員額	甲級 每月實支	乙級 俸級	乙級 員額	乙級 每月實支	丙級 俸級	丙級 員額	丙級 每月實支
所長	委任	6	1	75	10	1	54	12	1	47
查緝員	委任	12	1	128	14	1	41	14	1	41
		14	1							
		15	1							
助理員	派任	3	1		4	1	32	5	1	39
		5	2		5	1		6	1	
		6	1		6	2				
公役			4	40		3	30		2	20
辦公費				70			53			40
總計			12	400		9	260		6	190

廣東省各級縣私機關職員俸級表

任別	級別	俸額（毫券計）	折扣	實支國幣（尾數進位）	職別
薦任	一	400	七折	195	副處長　處長
	二	380	七折	185	
	三	360	七折	175	
	四	340	七折	166	
	五	320	七折	156	
	六	300	七折	146	
	七	280	八折	146	
	八	260	八折	145	
	九	240	八折	134	秘書課長　督察長　會計主任　專員
	十	220	八折	123	
	十一	200	八折	112	
	十二	180	八折	100	
委任	一	200	八折	112	股長
	二	180	八折	100	
	三	160	八折	89	
	四	140	九折	88	所長　會計員　督察員
	五	130	九折	82	
	六	120	九折	75	
	七	110	九折	69	
	八	100	九折	63	
	九	90	九折	57	
	十	85	九折	54	
	十一	80	九折	50	
	十二	75	九折	47	
	十三	70	九折	44	查緝員　事務員　特務員
	十四	65	九折	41	
	十五	60	不折	40	
	十六	55	不折	39	
委	一	50	不折	35	雇員　助理員
	二	45	不折	32	
	三	40	不折	28	
	四	35	不折	25	
	五	30	不折	21	
	六	25	不折	18	
	七	20	不折	15	

附工餉表

級別	一	二	三	四	五	六	七	八
月支國幣	20	18	16	14	12	10	9	8

廣東省各級緝私機關等級及經費表

（國幣計算）

項　別	等級	單位數	經費月額	同等級各機關經費月額合計	機關名稱
緝私處		1	8,600	8,600	
駐各區緝私專員辦事處		4	850	3,400	中山，遂溪，惠陽，清遠，
查緝所	甲級	5	400	2,000	中山，遂溪，台山，清遠，惠陽，
	乙級	24	260	6,240	吳川，梅菉，電白，廉江，合浦，防城，開平，陽江，鬱南，南雄，樂昌，三水，潮安，揭陽，饒平，潮陽，海豐，陸豐，曲江，茂名，高要，澄海，東莞，寶安，
	丙級	31	190	5,290	海康，欽縣，靈山，化縣，新會，羅定，新興，陽春，封川，仁化，連縣，連山，陽山，廣寧，惠來，普寧，興寧，大埔，信宜，徐聞，恩平，赤溪，四會，鶴山，開建，高明，從化，英德，龍川，和平，南山，
總計		65		25,530	年額　306,360

廣東財政廳緝私處辦事細則

第一章 總則

第一條 本細則依廣東財政廳緝私處組織章程第二十二條訂定之。

第二章 職掌

第二條 處長承財政廳長之命，綜理處內一切事務。

第三條 副處長承處長之命，協辦處內一切事務。

第四條 秘書承處長副處長之命，辦理左列各項事務。

一、關於機要文電之擬辦及保管事項。

二、關於各課室文稿之覆核事項。

三、關於各課室擬訂章則之審核事項。

緝私處組織規程及辦事細則

九

四·關於核議考績獎懲及訓練事項。

五·關於處長交辦事項。

秘書辦公室由處長指派若干人，承秘書之命，辦理指定事務。

第五條　總務課長、查緝課長、督察長承處長副處長之命，會計主任受處長之指揮監督，綜理各主管課室一切事務。

各課室設置人員，由處長按照編制及事實之需要分別指派之。

第六條　總務課分掌四股，查緝課會計室各分設二股，每股設股長一人，由處長就主任課員及會計員中指派，承處長副處長之命，受主管課長主任之指揮，綜理本股一切事務。

總務課人事股長職務得由課長兼理之。

第七條　總務課各股職掌如左：

（一）人事股

一・關於本處及所屬職員任免之登記，與辦理銓敘考績獎懲及撫卹事項。

二・關於辦理本處職員到差簽到公出及請假之登記事項。

三・關於本處及所屬職員保證文件之審核調查及保管事項。

四・關於證章之保管核發及登記事項。

五・關於緝私機構之佈置及調整事項。

六・關於所轄查緝員警隊艦之編訓調遣及配備事項。

七・關於本處及所屬職員名冊之編造事項。

八・關於辦理新生活及精神總動員之推行事項。

九・其他與人事有關事項。

(二)文書股

一・關於印信之典守事項。

二・關於法令章則暨各項規程之公佈遵行事項。

三·關於電報文件之收發譯繕校對事項。
四·關於各項報告文件之撰擬發表及刊物之編審事項。
五·關於各項會議籌備及議案紀錄整理事項。
六·關於案卷之分類編訂保管及調閱文卷之檢送事項。
七·關於不屬其他課室之文書擬辦事項。
八·其他與文書有關事項。

（三）庶務股

一·關於公用物品之購置事項。
二·關於公用器具雜物之收發登記保管及報銷事項。
三·關於槍械彈藥裝具之領發、保管、審核、及報銷事項。
四·關於勤務伕役之補、調練、督率、指揮及考勤事項。
五·關於辦公房舍之修繕、佈置、消防、清潔及公共衛生等事項。

六·關於公用車輛及公用電話之管理事項。
七·關於一切因公運送之調度指揮及監押等事項。
八·其他與庶務有關事項。

(四)出納股

一·關於現金出納及保管事項。
二·關於暫收暫存各款之保管事項。
三·關於有價證券之保管事項。
四·其他與出納有關事項。

第八條 查緝課各股職掌如左：

(一)查緝股

一·關於緝私計劃方法及章則之擬訂事項。
二·關於查緝業務之策動督導與改進事項。

緝私處組織規程及辦事細則

三·關於考核緝私工作之進行事項。

四·關於查緝員警之指揮事項。

五·關於稅務走漏之防止事項。

六·關於水陸走私匪類之緝捕事項。

七·關於查緝情報之搜集編審事項。

八·關於國稅走漏之協緝事項。

九·其他與緝私有關事項。

(二)承審股

一·關於緝獲漏稅貨物人犯之審問轉報事項。

二·關於處理本處所屬機關對於緝獲案件之疑義事項。

三·關於各稅務局截告處理走私漏稅案件之審核事項。

四·關於緝獲私貨與其他機關發生轇轕之處理事項。

五．其他與審核有關事項。

第九條 督察室辦理左列各項事務。

一．關於緝私員警工作操行之督察與考核事項。

二．關於緝私員警風紀之整飭事項。

三．關於會同隊艦辦理外勤事項。

四．關於考察緝私實況及籌擬改進事項。

五．其他與督察有關事項。

第十條 會計室各股職掌如左：

(一)簿記股

一．關於會計憑證之填製事項。

二．關於會計簿籍之登記事項。

三．關於會計報表之編造事項。

緝私處組織規程及辦事細則

四．關於一切票據及會計書類之保管事項。

五．關於辦理會計交代事項。

(二)審核股

一．關於預決算之調查整理及彙編事項。

二．關於會計憑證及報表之覆核事項。

三．關於本處及所屬機關經臨費之請領及轉發事項。

四．關於緝獲私貨變價及對款充賞之覆核及分配事項。

五．關於不屬簿記股之其他會計事項。

第十一條　凡臨時發生事件爲本細則所未規定者，由處長按其性質指定人員辦理之。

第三章　文書處理

第十二條　本處行文方式，依財政廳規定行文辦法辦理。

第十三條　本處文書應用簿籍規定如左：

一．收文簿於收文登記時用之。

二．發文簿於發文登記時用之。

三．公文處理簿甲，經辦人於收文送稿登記時用之。

四．公文處理簿乙，經辦人自動擬稿登記時用之。

五．繕校蓋印簿於繕校蓋印登記時用之。

六．簽呈簿於簽呈登記時用之。

七．送件簿於傳遞文件登記時用之。

八．送文夾於呈閱文件時用之。

各種簿式附後簿面均用黃布裝訂。

第十四條　本處文書用紙規定如左：

一．稿紙用公文紙第一號於辦稿時用之。

二·呈覆公文紙用公文紙第二號於辦理呈簽呈代電報告等用之。

三·通用公文紙用公文紙第三號於辦理呈箋函代電公函訓令指令通知書等用之。

四·簽呈紙用公文紙第四號於對處長簽呈時用之。

五·摘由紙用公文紙第五號於辦理收文摘由時用之。

六·譯電紙用公文紙第六號於辦理譯電時用之。

七·公文封用公文紙第七號對於一切文書均適用之。

各種用紙式樣附後，均用毛邊紙印紅色。

第十五條　本處文書處理程序規定如左：

一·本處收到文件，其有送文簿者，由收發室在原簿上蓋章，無送文簿者，掣給收條。

二·本處收文簿按各課室分別設置各分循環兩本，各課室不另立簿登記，收發室收到文件時，先在來文首頁右側下方蓋收到年月日時戳記，並摘由編列字號，按其性質分別登入各課室收文簿後，每日上午九時下午三時彙送秘書核閱。

來文如係電報或密件者，由收發室隨收隨送秘書拆封，來電，如未譯者，交電務員譯成，另以譯電紙照錄，並粘附原件後送還秘書，凡來文封面載明處長親拆，或來電載明處長親譯，由收發室應將原封逕送處長親自辦理。

三、來文經秘書閱後，蓋章發交各課室，其應行提呈之文件，由秘書逕呈處長副處長核閱後，再發交各課室。

電報及密件經秘書閱後蓋章，一律提呈處長副處長核閱，再發交收發室摘由登記編號，逕送各課室。

四、各課室長官收到來文，在來文首頁右側上方蓋承辦股名戳記，蓋章後，

秘書處組織規程及辦事細則　二〇

四、分發各股長，由股長分別指定承辦人員。

五、承辦文件人員，于收文時在收文簿蓋章將收文簿送回收發室，隨即登入甲式公文處理簿，並由股長在簿上蓋章證明，所收文件，均經登入簿內。

六、承辦文件人員，根據來文擬就稿件時，在甲式公文處理簿「擬辦情形」「送核月日」兩欄填明，將文稿夾入公文處理簿，遞送主管課室股長長官及秘書核轉副處長處長判行。

擬稿或核稿人，應於稿面蓋章，對於原稿中如有更改挖補者，應於更改挖補處加蓋名章。

七、本處自動辦理文稿，由經辦人登入乙式公文處理簿，遞送主管課室股長長官及秘書核轉副處長處長判行。

八、文稿經處長核定後，發交秘書遞轉各課室長官股長及原辦人員閱後，送繕校室．繕校室於收文時蓋章。

九．繕校室收到文稿隨即登入繕校蓋印簿，立交承繕人員繕寫，經校對後在簿上蓋章，並填明送印月日，送監印員蓋印後，再送收發室封發，校對員監印員須在繕正文件後幅加蓋校對某某監印某某戳記，繕正文件，如有更改挖補者，校對員須於更改挖補處加蓋校對小章，通行文稿之繕發由繕校室送收發室先行編號，再付油印。

十．收發室收到發文時，應檢查有無漏印及附件，是否齊全，再編號登入發文簿，即將文件封妥，並貼足郵票寄發，其有來文者應對照來文日期號數，在收文簿內蓋已辦戳記，隨將稿件送檔案室歸檔。

文稿如係電報，經譯成蓋印後，由收發室登記，立送電報機關拍發。

十一．承辦人員所擬文件如係存查者，隨即在來文上及公文處理簿「擬辦情形」欄簽註「擬存」二字，逕送主管課室股長長官及秘書核轉副處長處長核定。

存查文件經處長核定後，發交秘書轉各課室送收發室。收發室收件時，在甲式公文處理簿上蓋章，隨即對照來文日期號數在收文簿內「蓋已辦戳記欄」內註明「擬存」二字，隨將來文送檔案室歸檔。

十二、本處各課室對處長之簽呈，應登入簽呈簿連同簽呈送秘書轉處長核示。簽呈經處長核示後，發交秘書送由各課室歸檔或依據辦稿。

十三、凡一事關係兩課或室以上者，應由關係較多之課或室主辦，其餘有關課室會辦。

凡外來文電關係兩課或室以上者，由秘書在原件右側上方蓋應會課室名稱戳記。

第十六條　凡文稿未經處長判行不得繕印封發，遇處長公出時，其係特急文稿由秘書在稿面簽明，先發補判者，不在此限。

第十七條　各課室文件送處長核閱時，均用送文夾不另立簿登記。

第十八條　各課室間傳遞文件時，一律登送件簿，收件人收到文件時蓋章。

本處公文係最緊急者，一律在簿面或送文夾上標「特速」二字紅籤條，其係緊急者，標「速件」二字白籤條。

第十九條　本處收到文件其係緊急者，隨到隨辦，普通文件之處理期限，最多不得超過三日。

第二十條　每星期六由秘書派員按各科室收文簿，查點各課室未辦來文件數，按各職員甲式公文處理簿，查點其未辦來文件數，並列表報告處長。

第二十一條　凡處職員出差請假或離職時，應將甲式公文處理簿連同未辦文件，送該管課室長官，指派人員點收接辦。

第二十二條　本處各課室收文簿每三個月，公文處理簿每兩個月分別彙訂一冊，編列頁數，並於騎縫處加蓋關防，送由檔案室妥為保管。

經私處組織規程及辦事細則

第二十三條　本處文卷集中檔案室保管，凡職員調閱檔案應用調卷證填具案由署名蓋章交管卷員檢送歸還時再將原證收回。

第四章　經費管理

第二十四條　會計室收到經費支付，應送金庫悉數轉入本處經費基金戶，但得留存一千元，交出納股充週轉金，五百元交庶務股充備用金。

第二十五條　各項經費支出除零星開支由庶務股在備用金內支付現金外，概由會計室開具支票，直接發給，受款人或填具付款憑單通知出納股照付。

前項支票或付款憑單須經處長或處長受權代簽人及會計主任蓋章。

第二十六條　各項經費支出，應取正當受款人或其代理人之收據，但事實上不能取得收據者，得由經手人聲叙理由，開單署名蓋章證明之，如受款人或其代理人不識字者，得由經手人開單使其畫押或蓋章證明。

前項收據付款後，須由經付人蓋章，商號單據須經庶務員蓋章以明責任。

第二十七條　備用金用罄時或每旬之末日，由庶務股彙齊支出單據，填具清單，送由會計室核算無誤，照清單所開數目簽發支票歸墊，其支出單據[illegible]用途手續不全者，會計室得暫時拒絕歸墊。

第二十八條　週轉金用罄時或每旬之末日，由出納股彙齊付款憑單送由會計室核算，照數簽發支票歸墊。

第二十九條　凡職員到差時，由總務課將職員到差報告表（載明姓名職務及應支薪俸印鑑式樣）送會計室存查。

每月職員俸薪，由會計室造具俸薪表，送總務課會簽呈請處長核准，分別簽發支票，或彙總簽發支票，交出納股具領轉發，取具收據送會計室。

第三十條　凡工役雇用時，庶務股應將姓名及應支工餉，開單連同印鑑一紙，送會計室存查。

每月工餉由會計室造具工餉表，送總務課會簽呈請處長核准，由會計室照數簽發支票，交庶務股具領轉發取具工餉收據送會計室。

第三十一條　出差人員領支川旅費，須於公畢三日內塡具出差川旅費報告表，連同單據送會計室核發，逾期請求領支者，會計室得拒絕簽發支票或付款憑單。

第三十二條　凡職員出差時，總務課應將出差人姓名、職務、出差事由、起訖日期及經過路線詳細開單通知會計室備查。

第三十三條　除給工餉、川旅及購置營造，非經處長核准，一律不得預支，各項預支款項，均在正式發款時扣還預支款項所屬月份之經費，倘未領得者，除川旅費外，會計室應拒絕簽發支票或付款憑單。

第三十四條　本處每年度經費剩餘結照時，除保留呈准支用數外，應由會計室辦理解庫手續。

第五章　財物購置及管理

第三十五條　凡經常消耗物品，如文具等之種類，數量及其價格，應由庶務股按月估計，開具清單，送總務課長審核後，由承辦商人分別開具估價單，送總務課長會同會計室核定後，一次發批購置。

第三十六條　凡各課室臨時請求購置時，應填具請求購置單，如係建築或修繕時，應填具工程單，經各該課室主管長官核定後，送總務課長，會同會計室核簽後，交庶務股照辦。

前項購置建築或修繕之價值，在二十元以上者，應依照前條規定手續辦理。

第三十七條　財物交到後，應由會計室派員驗收，由庶務股保管。

會計室對於發票認為有疑義時，得派員實地稽察，並將稽察結果報告處長。

第三十八條　所有財產之非消耗品，應由庶務股記入財產登記簿，於月終及年度結束時，須根據該簿編制財產增減表，財產目錄，送會計室作編造支出計算書附表之根據。

財產減損其價格在十元以上者，應由庶務股隨時報請會計室查核。

第三十九條　本處所有之財產，應由庶務股每年至少盤查一次，並將盤查結果，造冊呈報處長查核。

第四十條　各課室領用物品，須填領物憑單，經各課室主管長官核定後，由庶務股照發，每月應將現存物品由庶務股編製現存物品表，其由各課室領用者，應根據領物憑單編製領用物品清單。關於油脂之消耗，並應附汽車路程單，呈由總務課長秘書轉呈處長核閱後交會計室備查。

第六章　會議

第四十一條　本處每旬末日舉行處務會議，由股長以上人員出席，須報告一旬來辦事經過情形及討論今後工作方針，某項議案如須經辦人員列席以備諮詢者，應由秘書先期通知列席，處長於必要時，得臨時召集緊急會議。

第四十二條　各課室於處務會議提議事項，必須將議案先期送秘書轉呈處長核定後繕印分發出席人員。但臨時召集會議或於會議時臨時動議者，不在此限。

第四十三條　本處職員關於緝務之設計，及整理事項，均得以書面提出建議案呈由主管課長，督察長主任核定後，送由秘書轉呈處長副處長核定是項建議案，於處務會議提出時，應由提案人列席說明。

第四十四條　處務會議以處長為主席，如處長因事缺席時，以副處長為主席，處長副處長均因事缺席時，得指定秘書、課長、督察長、主任一人為臨時主席。

第四十五條　處務會議由文書股長記錄，并將決議案印送各課室備查。

第七章　服務紀律

緝私處組織規程及辦事細則　三〇

第四十六條　本處辦公時間依照財政廳之規定，各職員應按時到處辦公，親自簽到，不得遲到早退，出席各種集會時亦同。

前項簽到簿，由各課室長官查核蓋章於辦公開始後三十分鐘時，由人事股送由秘書轉呈副處長處長核閱。

第四十七條　本處職員辦公或出席集會時，應一律穿着制服並佩帶證章。

第四十八條　本處每日設總值日官一員，由秘書、課長、督察長、會計主任輪值，正值日官一員，以課員、督察員、會計員輪值，副值日官一員，以辦事員、僱員輪值，遇有緊急事件隨時報告處長副處長核示辦理，並將經辦情形，記入輪值日記簿，於次日上午八時，送由秘書轉呈處長副處長核閱。

第四十九條　職員如因事不克到處辦公，其在三小時以內者，應事前聲請主管課室長官許可，在三小時以上者，應先填具請假單，送主管課室長官及秘書轉呈處長副處長核准。

第五十條　職員在辦公時間，不得接見賓客，但因公接洽者不在此限。

第五十一條　各職員經辦事務，不得洩露秘密。

第五十二條　職員所領公有物品，應撙節使用，不得浪費。

第八章　附則

第五十三條　本細則呈奉　財政廳核准施行。

潯梧州租捐規程及辦事細則

三二

广东省各级征收机关组织规程

广东财政局 编

廣東財政局
民國二十九年二月印

廣東省各級征收機關組織規程 附表

廣東省各級徵收機關組織規程

——民國二十八年十二月十九日省府第九屆委員會第九十次會議議決通過

第一章 總則

廣東省政府爲統一各級征收機關增進征課效能起見，特按照行政區域分縣市設置税務局（簡稱局），並於必要地點設置稽征所（簡稱所），或稽征站（簡稱站），辦理一切省縣賦税捐費征課事務。

凡税收年額不及設局標準之縣市，得設置稽征所。

税務局隸屬於財政廳，稽征所隸屬於税務局，稽征站隸屬於稽征所，但因指揮上之便利，財政廳得設直轄稽征所，税務局得設直轄稽征站。

第三條 各税務局名稱定爲「廣東財政廳某某税務局」，各稽征所名稱定爲「廣東財政廳

廣東省各級征收機關組織規程 二

某某稅務局某某稽征所」，直轄稽征所名稱定爲「廣東財政廳某某稽征所」，各稽征站名稱定爲「某某稅務局某某稽征所某某稽征站」，直轄稽征站名稱定爲「某某稅務局某某稽征站」。

第四條 各局爲執行水面稽征事務，得呈請設置水上稽征所或稽征站。

第五條 稽征所及稽征站設置之地點及管轄區域，由財政廳核定之。

第二章 分等標準

第六條 稅務局分特等及一・二・三・三等，除特等外，每等各分三級，稽征所分特等及甲・乙・丙・三等，稽征站分甲・乙・丙・三等，各局所站等級按照稅收之多寡及事務之繁簡規定之。

按照稅收分等標準如左：

特等稅務局稅收年在國幣三百萬元以上者。

一等一級稅務局稅收年在國幣一百五十萬元以上者。

一等二級稅務局稅收年在國幣一百萬元以上者。

一等三級稅務局稅收年在國幣五十萬元以上者。

二等一級稅務局稅收年在國幣廿五萬元以上者。

二等二級稅務局稅收年在國幣二十萬元以上者。

二等三級稅務局稅收年在國幣十五萬元以上者。

三等一級稅務局稅收年在國幣十萬元以上者。

三等二級稅務局稅收年在國幣七萬元以上者。

三等三級稅務局稅收年在國幣五萬元以上者。

特等稽征所稅收年額達於設局標準者 其經費編製得比照 各該等級稅務局 核定之。

甲等稽征所稅收年額達於二萬以上者。

廣東省各級征收機關組織規程

廣東省各級征收機關組織規程　四

乙等稽征所稅收年額超於一萬五千元以上者。

丙等稽征所稅收年額達於一萬元以上者。

稽徵站分等按照事務之繁簡規定之。

凡稽征所稅收年額不及設所標準者，其經費編製改照稽徵站核定之。

第七條　各局所站等級，按年考核稅收成績釐定之，但因情勢變遷或情形特殊，顯見稅收激增或銳減時，各該機關等級得隨時升降之。

第三章　分部職掌

第八條　特等及一二等局設四課一室，職掌如左：

一・總務課　關於印信之典守、文件之收發、卷宗之保管、票照之管理、人事之考勤及庶務事項。

二・地稅課　關於地稅之編冊、徵課、塡票、稽核、及整理事項。

三·省稅課 關於營業稅、屠宰稅、契稅、及其他各項省稅捐之編册、征課、填票、稽核及整理事項。

四·縣稅課 關於各項縣稅捐之編册、徵課、填票、稽核及整理事項。

五·會計室 關於收支票照之稽核徵收及經費帳目之登記，會計報表之造送，預算決算之編製，及所屬機關會計事務之督導事項。

凡沙田收入較繁之局增設沙田課，掌理沙田鏟稂捐費之編册、徵課、填票、稽核、及整理事項。

在沙田收入較少之局，前項規定之職掌歸地稅課辦理之。

第九條 三等局設置各部份如左：

一·稅務課 前條一至四項所列總務、地稅、省稅、縣稅、各課職掌，均歸本課掌理之。

二·會計室 掌理事務與前條第五項同。

第十條　各局一律設置支金庫，稅收較緊之稽徵所設置金庫收款處，均由代理金庫機關派員駐在徵收機關，直接辦理稅款之收納，經費之支付，及其他一切公款之出納事務。

前項金庫人員應遵守駐在機關之服務規章。

第四章　人員編制

第十一條　各局設局長一人，荐任或委任，承財政廳長之命，綜理局務。

第十二條　各局設稅務督徵委員一人，由稅局所在地縣市長兼任，協助並指導各級征收機關征課事務。

稅務督征委員辦事細則另定之。

第十三條　各局設秘書一人，委任，承局長之命，綜核文稿及辦理機要事務。

第十四條　各課設課長一人，稅務員助理員各若干人，會計室設會計主任一人，會計員助理員各若干人。

第十五條　各局設督導員一人至三人，承局長之命，巡迴督導及稽核所屬機關徵課事務。

第十六條　各稽徵所設所長一人，秉承長官之命，掌理所轄區域內一切省縣賦稅捐費之徵課事務，並按其等級設稅務員助理員各若干人，各所會計事務，應就助理員中指定一人專辦或兼辦之。

第十七條　各稽徵站設站長一人，秉承長官之命，掌理所轄區域內一切賦稅捐費之稽查、檢驗及催徵事務，並按其等級設助理員若干人。

第十八條　各局局長由財政廳呈請　省政府令派之，督徵委員由省政府令派，秘書、課長、會計主任、各所所長，均由財政廳派充，報請　省政府加委，督導員、各站站長、稅務員、助理員，均由財政廳委任，彙報　省政府備案。會計室主辦會計人員及佐理會計人員之任用，由廣東省政府會計處依法分別辦理。各稅務局會計人員應受廣東省政府會計處之指揮監督，並依法受所在機關主管長之指揮，辦理歲計會計事務。

第十九條　各局所對於稅收較少交通不便之地方，得就局所職員內，抽派人員組織巡迴稽徵組，辦理各項賦稅捐費之徵課事務。

第二十條　各局對於所屬稽征所站事務特繁時，得臨時派遣局內職員前往協助辦理，仍受各該所長站長之指揮。

第廿一條　各局所站設稅警若干人，承長官之命，辦理催徵、查驗、稽查、及執行違章事宜，其編制另定之。

第廿二條　各局所站人員編制，不得於本規程規定以外，另立任何名目。

第五章　附則

第廿三條　各局用關防，各所用鈐記，均由省政府頒發，各站用圖記，由財政廳頒發。

第廿四條　各級徵收機關職員服務獎懲規則另定之。

第廿五條　各級征收機關辦事通則另定之。

第廿六條　本規程施行後，所有前頒廣東財政廳稅務局暫行組織章程，廣東財政廳調整稅務機構綱要，廣東省各縣稅捐徵收處組織規程及辦事通則，修正廣東省政府財政廳各屬沙田徵收處組織規程及辦事規則，以及其他法令與本規程抵觸部份，均行廢止。

第廿七條　本規程經省政府公布，自民國二十九年一月一日施行。

廣東省各級徵收機關編制及經費表

(甲) 各稅務局編制及經費表

項別	任別	特別 俸給	特別 員額	特別 每月實支	一等一級 俸給	一等一級 員額	一等一級 每月實支	一等二級 俸給	一等二級 員額	一等二級 每月實支	一等三級 俸給	一等三級 員額	一等三級 每月實支	二等一級 俸給	二等一級 員額	二等一級 每月實支	二等二級 俸給	二等二級 員額	二等二級 每月實支	二等三級 俸給	二等三級 員額	二等三級 每月實支	三等一級 俸給	三等一級 員額	三等一級 每月實支	三等二級 俸給	三等二級 員額	三等二級 每月實支	三等三級 俸給	三等三級 員額	三等三級 每月實支
局長	薦任	4	1	166	5	1	56	6	1	·146	7	1	146	8	1	145	9	1	134	10	1	112									
局長	委任																						2	1	100	3	1	89	4	1	88
秘書	委任	3	1	89	5	1	82	6	1	75	7	1	69	8	1	63	9	1	57	10	1	54	10	-1	54	11	1	50	12	1	47
會計主任	委任	3	1	89	5	1	82	6	1	75	7	1	69	8	1	63	9	1	57	10	1	54	11	1	50	11	1	50	13	1	44
課長	委任	3	3	267	5	3	246	6	3	225	7	3	207	8	3	189	9	3	171	10	3	162			秘書兼			秘書兼			秘書兼
督導員	委任	8	1	63	9	1	57	10	1	54	11	1	50	12	1	47	13	1	44	13	1	44	14	1	41	15	1	40	16	1	39
會計員	委任	8 13	1 1	107	9 14	1 1	98	10	1	54	11	1	50	12	1	47	13	1	44	13	1	44									
稅務員	委任	8 11 15	2 2 4	386	9 12 15	2 1 4	321	10 16	2 4	264	11	2	100	12	2	94	13	2	88	14 15	1 1	81	14 15	1 1	81	15	2	80	16	3	78
助理員	派任	1 2 3 4	4 6 6 6	650	1 2 3 4	1 4 4 6	425	2 3 4 5	1 2 6 5	343	3 4 5	3 4 5	289	5 6	4 4	156	7 6	3 5	153	5 6	2 4	114	5 6 7	2 4 2	144	6 7	2 5	111	6 7	1 2	48
共計			39	1,817		31	1,467		28	1,236		22	980		18	804		18	748		16	665		14	470		13	420		9	344
工役			10	143		8	83		5	49		4	40		8	32		3	32		3	30		3	30		2	24		2	23
稅警			18	200		10	120		9	103		8	90		7	75		4	50		4	45		4	43		3	32		3	30
辦公費				660			400			300			190			104			100			90			87			74			63
督征委員督征旅費				100			80			70			60			50			40			40			40			30			20
局長特別辦公費				80			50			45			40			35			30			30			30			20			20
總計			67	3,000		49	2,200		42	1,800		34	1,400		29	[illegible]		25	1,000		23	900		21	700		18	600		14	500

附　註

(一)本表所列實支數目均照國幣計算下再折扣

(二)助理員中應酌指定人員在會計室辦事特等及一等局至少三人二等局至少二人三等局至少一人前項之助理員應熟諳簿記技術

(三)各稅務局除三等局外均設總務省稅地稅縣稅等四課及會計室三等局設稅務總務各課室均設課長一人但二等局以上總務課長及三等局總務課長均由秘書兼任之

(四)各稅務局如遇特殊情形對於規定員額有變更之必要時得陳明理由呈廳核定之。

(五)設徵稅警在四名以上者應由局長指定一人充任班長。

廣東省各級徵收機關編制及經費表

(乙)各稽征所編制及經費表

項別 \ 任別 \ 俸級員額月支實數 \ 級別 \ 等別		甲等						乙等						丙等					
		一級			二級			一級			二級			一級			二級		
		俸級	員額	每月實支	俸級	員額	每月實支	俸級	員額	每月實支	俸級	員額	每月實支	俸級	員額	每月實支	俸級	員額	每月實支
所長	委任	8	1	63	9	1	57	10	1	54	11	1	50	12	1	47	15	1	40
稅務員	委任	14	1	41	15	1	40												
助理員	派任	3 4 5	2 2 2	148	4 5 6	2 2 1	110	4 5 6	2 2 1	110	5 6	2 2	78	6 7	1 2	48	7	2	30
稅警			3	33		3	33		3	32		2	24		2	20		1	10
工役			2	20		2	20		1	19		2	18		1	8		1	8
辦公費				45			40			35			30			27			12
總計			13	350		12	300		10	250		9	200		7	150		5	100

附註

(一)本表所列實支數目均照國幣計算不再折扣

(二)稽征所之會計事務助理員一人專辦或兼辦之

(三)各稽征所如有特別情形對於規定員額俸級有變更之必要時得陳明主管稅務局轉呈本廳核定之

廣東省各級徵收機關編制及經費表

(丙)各稽征站編制及經費表

項別 \ 等別 俸級員額實支	任別	甲等 俸級	甲等 員額	甲等 每月實支	乙等 俸級	乙等 員額	乙等 每月實支	丙等 俸級	丙等 員額	丙等 每月實支
站長	委任	15	1	40	16	1	39	3	1	28
助理員	派任	5	1	25	7	1	15	7	1	15
工役			1	9						
稅警			1	11		1	11			
辦公費				15			10			7
總計			4	100		3	75		2	50

附註

(一)本表所列實支數目均照國幣計算不再折扣。

(二)各稽征站如有特別情形對於規定員額俸給有變更之必要時得陳明主管稽征所呈報稅務局轉呈本廳核定之。

廣東省各級徵收機關編制及經費表

(丁)稅務局設置沙田課編制及經費表

項別	任別	特等 俸級	特等 員額	特等 每月實支	甲等 俸級	甲等 員額	甲等 每月實支	乙等 俸級	乙等 員額	乙等 每月實支	丙等 俸級	丙等 員額	丙等 每月實支
沙田課長	委任	3	1	89	7	1	69	8	1	63	9	1	57
稅務員	委任	7 14	1 2	151	14 15	2 1	122	14 15	1 1	81			
助理員	派任	1 2 3 4	2 2 2 2	240	3 4 5	2 1 1	102	5 6	1 2	57	5 6	2 1	60
稅警			12	126		2	21		2	21		1	11
工役			2	30		1	10		1	10		1	8
辦公費				64			26			18			14
總計			26	700		11	350		9	330		6	150

附註：

(一)本表所列實支數目，均照國幣計算不再折扣。

(二)沙田收入特繁縣之稅務局分等設置沙田課，由本廳按照實際情形核定之。

(四)沙田課為稅務局之一部，所有會計總務等事項，仍由該局主管部份辦理之。

廣東省各級徵收機關職員俸級表

任別	級別	俸額（毫券數）	折扣	實支國幣	職別
薦任	一	400	七折	195	
	二	380	七折	185	
	三	360	七折	175	
	四	340	七折	166	局長
	五	320	七折	156	
	六	300	七折	146	
	七	280	八折	146	
	八	260	八折	145	
	九	240	八折	134	
	十	220	八折	123	
	十一	200	八折	112	
	十二	180	八折	110	
委任	一	200	八折	112	局長待遇者暫照委任
	二	180	八折	100	
	三	160	八折	89	課長、會計主任、秘書
	四	140	九折	88	督導員
	五	130	九折	82	稽務員、會計員
	六	120	九折	76	
	七	110	九折	69	
	八	100	九折	63	稽征所長
	九	90	九折	57	
	十	85	九折	54	
	十一	80	九折	50	
	十二	75	九折	47	
	十三	70	九折	44	
	十四	65	九折	41	稽征站長
	十五	60	不折	40	
	十六	55	不折	39	助理員
委派	一	50	不折	35	
	二	45	不折	32	
	三	40	不折	28	
	四	35	不折	25	
	五	30	不折	21	
	六	25	不折	18	
	七	20	不折	15	

附工餉表

級別	一	二	三	四	五	六	七	八
實支國幣	20	18	16	14	12	10		8